Tratado de Bioética Jurídica

Tratado de Bioética Jurídica

2022

Organizadoras
Alinne Arquette Leite Novais
Hildeliza Boechat Cabral
Raquel Veggi Moreira

ALMEDINA

TRATADO DE BIOÉTICA JURÍDICA

Organizadoras: Alinne Arquette Leite Novais, Hildeliza Lacerda Tinoco Boechat Cabral, Raquel Veggi Moreira

Diretor Almedina Brasil: Rodrigo Mentz

Editora Jurídica: Manuella Santos de Castro
Editor de Desenvolvimento: Aurélio Cesar Nogueira
Assistentes Editoriais: Isabela Leite e Larissa Nogueira
Estagiária de Produção: Laura Roberti

Diagramação: Almedina

Design de Capa: FBA
ISBN: 9786556275581
Julho, 2022

Dados Internacionais de Catalogação na Publicação (CIP)
(Câmara Brasileira do Livro, SP, Brasil)

Tratado de bioética jurídica / organizadoras Alinne Arquette Leite Novais, Hildeliza Lacerda Tinoco Boechat Cabral, Raquel Veggi Moreira. – São Paulo : Almedina, 2022.
Vários autores.

Bibliografia.
ISBN 978-65-5627-558-1

1. Bioética – Aspectos jurídicos I. Novais, AlinneArquette Leite. II. Cabral, Hildeliza Lacerda Tinoco Boechat. III. Moreira, Raquel Veggi.

22-107969 CDU-340

Índices para catálogo sistemático:

1. Bioética : Aspectos jurídicos 340

Eliete Marques da Silva – Bibliotecária – CRB-8/9380

Este livro segue as regras do novo Acordo Ortográfico da Língua Portuguesa (1990).

Editora: Almedina Brasil
Rua José Maria Lisboa, 860, Conj. 131 e 132, Jardim Paulista | 01423-001 São Paulo | Brasil
www.almedina.com.br

SOBRE AS ORGANIZADORAS

Alinne Arquette Leite Novais

Doutoranda em Cognição e Linguagem no PPGCL da UENF. Mestra em Direito Civil pela UERJ. Especialista em Gestão Judiciária pela UnB. Juíza de Direito Titular da 4ª Vara Cível da Comarca de Muriaé – TJMG. Membro da Sociedade Brasileira de Bioética (SBB), do Instituto Brasileiro de Estudos em Responsabilidade Civil (Iberc), do Instituto Brasileiro de Direito de Família (Ibdfam), do Instituto Brasileiro de Política e Direito do Consumidor (Brasilcon), do Instituto Internacional de Direitos Humanos (IIDH). Autora e coautora de livros e artigos em periódicos nacionais internacionais.

Hildeliza Lacerda Tinoco Boechat Cabral

Doutora e mestra em Cognição e Linguagem pela UENF. Estágio Pós-doutoral em Direito Civil e Processual Civil pela UFES. Membro da Sociedade Brasileira de Bioética (SBB), do Instituto Brasileiro de Estudos em Responsabilidade Civil (Iberc), do Instituto Brasileiro de Direito de Família (Ibdfam), do Instituto Brasileiro de Política e Direito do Consumidor (Brasilcon), da Associação de Bioética Jurídica da UNLP (Argentina), do Instituto Internacional de Direitos Humanos (IIDH), da Academia Itaperunense de Letras (Acil). Coordenadora do Grupo de Estudos e Pesquisa em Bioética e Dignidade Humana (Gepbidh). Professora dos Cursos de Direito e Medicina.

Raquel Veggi Moreira
Doutora e mestre em Cognição e Linguagem pela UENF. Estágio Pós-doutoral em Direito Civil e Processual Civil pela UFES. Especialista em Direito Civil, em Direito de Família e mediação de conflitos pela Ucam e em Planejamento, Implementação e Gestão de Educação à Distância pela UFF. Membro do Instituto Brasileiro de Estudos em Responsabilidade Civil (Iberc). Membro da Associação de Bioética Jurídica da UNLP (Argentina). Docente integrante do Grupo de Estudos e Pesquisa em Bioética e Dignidade Humana (Gepbidh). Advogada.

SOBRE OS AUTORES

Alinne Arquette Leite Novais

Doutoranda em Cognição e Linguagem no PPGCL da UENF. Mestra em Direito Civil pela UERJ. Especialista em Gestão Judiciária pela UnB. Juíza de Direito Titular da 4ª Vara Cível da Comarca de Muriaé – TJMG. Membro da Sociedade Brasileira de Bioética (SBB), do Instituto Brasileiro de Estudos em Responsabilidade Civil (Iberc), do Instituto Brasileiro de Direito de Família (Ibdfam), do Instituto Brasileiro de Política e Direito do Consumidor (Brasilcon), do Instituto Internacional de Direitos Humanos (IIDH). Autora e coautora de livros e artigos em periódicos nacionais internacionais.

Carlos Henrique Medeiros de Souza

Pós-doutorado em Sociologia Política – PPSP/UENF, Doutorado em Comunicação e Cultura (UFRJ). Mestrado em Educação, pós-graduação em gerência de informática e pós-graduação em produção de software (UFJF). Bacharel em Direito pela Universidade Salgado de Oliveira, Licenciado em Pedagogia (UNISA) e Bacharel em Informática (CES/JF). Professor Associado da Universidade Estadual do Norte Fluminense (UENF). Coordenador da Pós-Graduação (Mestrado & Doutorado) Interdisciplinar em Cognição e Linguagem (PGCL/UENF) desde março de 2008. Titular das disciplinas de Gestão Educacional, Pesquisa Educacional, Tecnologias Educacionais e Pesquisa Discente desde 2005 no Curso de Pedagogia/UENF. Ex Diretor da Rede Folkcom, Avaliador de cursos do Conselho Estadual de Educação (CEE/RJ).

Avaliador de cursos e institucional do INEP/MEC, desde 2004. Avaliador Ad hoc CNPq. Associado a CEAD, ABED, INTERCOM, ABCIBER, ANINTER e a SBC. Atuou como Diretor Acadêmico em Universidade Privada. Tem experiência nas áreas da Educação (Gestão, Politica Educacional, Pesquisa Educacional e Tecnologias da Informação e da Comunicação, EAD), Administração (SiG/Gestão de Processos/ Gestão da Informação, Logística, Marketing e Gestão Empresarial), Inteligência Coletiva, entre outras. Autor de vários livros e artigos científicos nas áreas de Gestão Educacional, TICs, Educação e Ciberespaço e interdisciplinaridade.

Christian de Paul de Barchifontaine

Enfermeiro. Mestre em Administração Hospitalar e da Saúde. Doutor em Enfermagem pela Universidade Católica Portuguesa (UCP). Docente no Mestrado e doutorado em Bioética do Centro Universitário São Camilo. Autor e coautor de vários livros e artigos na área da saúde, cidadania e bioética. Atualmente, Assessor Internacional dos Camilianos na área da Saúde.

Claudia Lima Marques

Professora Titular da UFRGS, Professora Permanente do PPGD UFRGS. Doutor Honoris Causa pela Justus-Liebig-Universität Gießen, Alemanha (2018) e pela Université Savoie Mont Blanc, França (2019). Tem Pós-doutoramento (2003) e Doutorado *summa cum laude* (Doctor Iuris Utriusque) pela Universidade de Heidelberg (1996). Mestre na Universidade de Tübingen (1987). Relatora-Geral da Comissão de Juristas do Senado Federal para a Atualização do Código de Defesa do Consumidor. Ex-Presidente do Instituto Brasileiro de Política e Direito do Consumidor (Brasilcon), Brasília. Líder do Grupo de Pesquisa CNPq "Mercosul, Globalização e Direito do Consumidor" UFRGS. Coordenadora brasileira da Rede Alemanha-Brasil de Pesquisas em Direito do Consumidor (Daad-Capes). Bolsista produtividade 1A do CNPq. Advogada.

Cláudia Monge

Professora Auxiliar da Faculdade de Direito da Universidade de Lisboa. Investigadora do Centro de Investigação de Direito Público da Faculdade de Direito da Universidade de Lisboa. Advogada.

Cristiana Guimarães Paes Savoi
Médica formada pela Universidade Federal de Minas Gerais, especialista em Clínica Médica pela Santa Casa de Belo Horizonte. Pós-graduação em Cuidados Paliativos, na Università degli Studi di Milano, Itália. Título de área de atuação em Cuidados Paliativos pela Associação Médica Brasileira (AMB). Membro colaborador da Sociedade de Tanatologia e Cuidado Paliativo de Minas Gerais (Sotamig). Membro da Academia Nacional de Cuidados Paliativos (ANCP). Membro do Corpo Clínico da Rede Mater Dei de Saúde desde 2003, atual Coordenadora da Equipe de Clínica Médica e do Grupo de Estudo Multidisciplinar em Cuidados Paliativos do Hospital Mater Dei. Coordenadora da Pós-Graduação em Cuidados Paliativos pela Faculdade Unimed desde 2016. Membro da Comissão de Cuidados Paliativos do Hospital da Baleia – Fundação Benjamin Guimarães. .

Eduardo Luis Tinant
Abogado. Doctor en Ciencias Jurídicas y Sociales. Profesor Extraordinario Consulto (UNLP). Profesor Titular de Filosofía del Derecho (grado y doctorado, FCJS-UNLP). Presidente de la Asociación Argentina de Bioética Jurídica. Presidente del Consejo de Bioética y Director de su Anuario de Bioética y Derechos Humanos del Instituto Internacional de Derechos Humanos Capítulo para las Américas (IIDHA). Miembro del Comité de Ética del Instituto Multidisciplinario de Biología Celular (IMBICE-La Plata). Miembro del Consejo Académico de Ética en Medicina (CAEEM) de la Academia Nacional de Medicina (Buenos Aires).

Fabiana Rodrigues Barletta
Professora Associada III da Universidade Federal do Rio de Janeiro nos cursos de Graduação e Mestrado da Faculdade Nacional de Direito. Trabalha com o direito civil na perspectiva crítica dos direitos humanos, da solidariedade constitucional e da democracia, com enfoque no direito do consumidor; no direito do superendividado, no direito do idoso, nos direitos das mulheres, no direito da parentalidade socioafetiva, entre outros direitos humanos de pessoas vulneráveis e sua necessária inclusão. Estuda direitos humanos fundamentais e sua aplicabilidade nas relações privadas como o direito à revisão contratual em favor do contratante onerosamente lesado. Possui estágio pós-doutoral em Direito (Área de Concentração:

Direito Público e Filosofia/Direito do Consumidor) pela UFRGS (2015 e 2016), Doutorado em Direito (Área de Concentração: Teoria do Estado e Direito Constitucional) pela Pontifícia Universidade Católica do Rio de Janeiro (2008); Mestrado em Direito (Área de Concentração: Direito Civil) pela Universidade do Estado do Rio de Janeiro (2001). Graduação em Direito pela Universidade Federal de Juiz de Fora (1994). Autora de livros e artigos jurídicos, parecerista de periódicos jurídicos. Autora de pareceres técnico-jurídicos. É associada do Instituto Brasileiro de Política e Direito do Consumidor (Brasilcon), membro fundadora do Instituto Brasileiro de Responsabilidade Civil (Iberc) e membro do Instituto Brasileiro de Direito Civil (IBDCivil).

Fermin Roland Schramm
Doutor em Saúde Pública pela ENSP/Fiocruz, com Pós-doutorado em Bioética pela Universidade do Chile. Pesquisador Titular da ENSP.

Fernanda Schaefer
Pós-Doutora em Bioética da PUC-PR. Doutora em Direito das Relações Sociais na Universidade Federal do Paraná. Professora e Coordenadora da Pós-Graduação *lato sensu* em Direito Médico e do Curso de Pós-Graduação em Direito Civil e Processual Civil EAD do UniCuritiba. Professora de Direito Civil, Direito do Consumidor e Biodireito do Curso de Direito do UniCuritiba. Advogada em Curitiba-PR.

Francisco Javier León Correa
Dr. Filosofía, Mg. Bioética. Director del Centro de Bioética, Facultad de Ciencias de la Salud, Universidad Central de Chile.

Hildeliza Lacerda Tinoco Boechat Cabral
Doutora e mestra em Cognição e Linguagem (Uenf). Estágio Pós-doutoral em Direito Civil e Processual Civil (Ufes). Membro da Sociedade Brasileira de Bioética (SBB), do Instituto Brasileiro de Estudos em Responsabilidade Civil (Iberc), do Instituto Brasileiro de Direito de Família (Ibdfam), do Instituto Brasileiro de Política e Direito do Consumidor (Brasilcon), da Associação de Bioética Jurídica da UNLP (Argentina), do Instituto Internacional de Direitos Humanos (IIDH) e da Academia Itaperunense de Letras (Acil). Coordenadora do Grupo de Estudos e Pesquisa em

Bioética e Dignidade Humana (Gepbidh). Professora dos Cursos de Direito e Medicina.

Karla de Mello Silva
Mestranda em Cognição e Linguagem. Advogada.

João Carlos de Aquino Almeida
Licenciatura em Ciências Biológicas pela Universidade Federal do Rio de Janeiro (UFRJ) e Bacharelado em Filosofia pela Universidade do Sul de Santa Catarina (Unisul). Mestrado e Doutorado em Ciências Biológicas (Biofísica) pela Universidade Federal do Rio de Janeiro, com estágio (Doutorado) na University of Illinois at Urbana-Champaign (UIUC). Atualmente é Professor da Universidade Estadual do Norte Fluminense Darcy Ribeiro.

Joyceane Bezerra de Menezes
Doutora em Direito pela Universidade Federal de Pernambuco (2004). Mestra em Direito Constitucional (Direito e Desenvolvimento) pela Universidade Federal do Ceará (1995). Graduadao em Direito pela Universidade de Fortaleza (1990), Pós-Doutorado em Direito Civil pela Universidade do Estado do Rio de Janeiro (2014). Exerce o magistério superior como professora titular da Universidade de Fortaleza, integrando o Programa de Pós-Graduação Stricto Sensu em Direito, responsável pelas disciplinas de Direito de Personalidade e Direito dos Danos. É professora adjunto, nível 4, da Universidade Federal do Ceará – Faculdade de Direito (Departamento de Direito Privado), ministrando as disciplinas de Direito de Família e Direito das Sucessões. Desenvolve projetos de pesquisa e publicações na área de Direito Civil, com ênfase na análise de questões existenciais correlacionadas à pessoa com deficiência, à tutela da personalidade e à família. Experiência na área de Direito Civil. Editora da Pensar, Revista de Ciências Jurídicas (ISSN – impresso: 1519-8464; ISSN – eletrônico: 2317-2150). Advogada.

Jussara Maria Leal de Meirelles
Graduada em Direito pela Universidade Federal do Paraná, com Mestrado e Doutorado em Direito das Relações Sociais pela Universidade Federal do Paraná e Pós-Doutorado no Centro de Direito Biomédico da Universidade

de Coimbra. Professora Titular de Direito Civil da Pontifícia Universidade Católica do Paraná, Professora do Programa de Pós-Graduação em Direito Econômico e Socioambiental (Mestrado e Doutorado) e do Programa de Pós-Graduação em Bioética (Mestrado), da Pontifícia Universidade Católica do Paraná. Procuradora Federal aposentada.

Laís Bergstein
Doutora em Direito do Consumidor e Concorrencial pela Universidade Federal do Rio Grande do Sul (UFRGS). Mestre em Direito Econômico e Socioambiental pela Pontifícia Universidade Católica do Paraná (PUCPR). Premiada com Menção Honrosa no Prêmio Capes de Teses (2019) pela pesquisa "O tempo do Consumidor e o Menosprezo Planejado", orientada pela Profª Drª Dr. h. c. Claudia Lima Marques. *Alumni* do Centro de Estudos Europeus e Alemães (CDEA), com estada na Justus-Liebig-Universität Gießen (2018). Pesquisadora vinculada aos grupos Mercosul, Direito do Consumidor (UFRGS), Globalização e Observação da Violência como Sistema (UFRGS) e Virada de Copérnico (UFPR). Advogada. lais@dotti.adv.br

Maíla Mello Campolina Pontes
Mestre (PUCMinas) em Direito Privado. Especialista em Direito Civil (IEC-PUCMinas)

Maria de Fátima Freire de Sá
Doutora (UFMG) e Mestre (PUCMinas) em Direito. Professora na Graduação e no Programa de Pós-graduação (especialização, mestrado e doutorado) em Direito na PUCMinas. Pesquisadora do Centro de Estudos em Biodireito (Cebid). Advogada.

Maria Eduarda Pereira Arquette Leite
Mestranda em Cognição e Linguagem na UENF. Pós-graduanda em Direito da Diversidade e Inclusão pela Legale. Pós-graduada em Direito Penal e Processo Penal pela FACUMINAS. Membro do Grupo de Estudos e Pesquisa em Bioética e Dignidade Humana (GEPBiDH). Advogada.

Moyana Mariano Robles-Lessa
Mestranda em Cognição e Linguagem (Uenf). Especialista em Direito Tributário com capacitação para o Ensino Magistério Superior. Bacharel

em Direito (Universidade Iguaçu – Campus V). Licenciada em Letras – português/literatura (Unifsj). Membro da Sociedade Brasileira de Bioética (SBB). Membro do Grupo de Estudos e Pesquisa em Bioética e Dignidade Humana (GEPBiDH). Membro do Grupo de Estudo "Desafios do Processo" (Ufes).

Raquel Veggi Moreira
Doutora e mestre em Cognição e Linguagem pela Uenf. Estágio Pós-doutoral em Direito Civil e Processual Civil pela Ufes. Especialista em Direito Civil; Direito de Família e mediação de conflitos pela Ucam; e Planejamento, Implementação e Gestão de Educação a Distância pela UFF. Docente integrante do Grupo de Estudos e Pesquisa em Bioética e Dignidade Humana (Gepbidh). Advogada.

Valquíria Elita Renk
Graduada em Geografia pela Universidade Federal do Paraná. Mestre em Educação pela Pontifícia Universidade Católica do Paraná. Doutora e Pós-Doutora em educação pela Universidade Federal do Paraná. Professora Titular da PUCPR. Ministra aulas no Programa de Pós-Graduação em Bioética (Mestrado) e no Programa de Pós-Graduação em Direitos Humanos e Políticas Públicas na PUCPR (Mestrado). Professora Visitante da Universidade Católica de Moçambique. Líder do Grupo de Pesquisa Bioética e Educação (CNPQ).

Verusca Moss Simões dos Reis
Professora Associada da Estadual do Norte Fluminense (Uenf) no Laboratório de Cognição e Linguagem (LCL). Doutora em Filosofia pela Universidade do Estado do Rio de Janeiro (2010). Mestre em Filosofia pela Universidade Federal do Rio de Janeiro (2005). Graduada em Ciências Sociais pela Universidade Federal do Rio de Janeiro (1999). Pós-Doutora (PDJ/CNPq) em Filosofia na Uerj.

NOTA DA ORGANIZAÇÃO

Van Rensselaer Potter, de forma pioneira, propôs, na década de 1970, a bioética como um campo do conhecimento voltado para o estudo da sobrevivência humana. Passaram-se cinquenta anos e o dilema persiste: qual é o maior anseio da ciência senão a sobrevivência digna? E agora numa perspectiva ainda mais ousada, não só a dignidade da pessoa humana, mas uma Bioética ampla e ao mesmo tempo profunda, calcada nos grandes questionamentos da humanidade rumo a um futuro incerto, mas certamente sustentável, se de fato se pretende a perpetuação das espécies. Esta Bioética plural, alicerçada sobre novas bases, com vieses de proteção (Schramm) e de intervenção (Volnei Garrafa), vem estudar questões cada vez mais delicadas e inovadoras, consoante os largos passos da evolução da sociedade aos quais correspondem posições que a Bioética é chamada a enfrentar diuturnamente. Assim, com olhos fitos no horizonte dos referenciais da Bioética Global identificados pela UNESCO – a vulnerabilidade, a precaução e a solidariedade – que atuam como um sistema moderador das incertezas deste tempo, que aguçam a insegurança humana ante os riscos naturais e provocados impostos à humanidade de forma cada vez mais frequente e impactante.

Apresentamos, então, esta obra que contém estudos e pesquisas acerca de questões polêmicas da Bioética contemporânea que inquietam o espírito humano neste novo tempo e desafiam o Direito na sua regulamentação, contribuindo para as grandes reflexões bioéticas de um mundo globalizado que caminha para uma realidade que exige das nações unidade, mãos dadas e cooperação, pois o objetivo de sobrevivência digna diz respeito a todos os povos!

Gratidão aos autores e à Editora Almedina.

Belo Horizonte, maio de 2022.

ALINNE ARQUETTE LEITE NOVAIS,
HILDELIZA LACERDA TINOCO BOECHAT CABRAL
RAQUEL VEGGI MOREIRA

APRESENTAÇÃO

Organizar uma obra de tamanha envergadura, reunindo jurista e bioeticistas de escol, não é tarefa das mais fáceis, mas certamente não é um desafio que amedronta essas três mulheres enérgicas que ora tenho a satisfação de lhes apresentar, leitores. Somente pessoas tão generosas me dariam a oportunidade de apresentá-las neste Tratado que já nasce como uma referência na área.

Conheci a professora Hildeliza Boechat Cabral há alguns anos, passando a produzir com ela textos jurídico-acadêmicos, o que culminou com um contato mais próximo quando me coube supervisioná-la em seu estágio de pós-doutorado no Programa de Pós-Graduação em Direito da Universidade Federal do Espírito Santo (UFES), realizado logo após concluir seu doutorado em Cognição e Linguagem na UENF. Sua carreira acadêmica se iniciou com a licenciatura em Pedagogia, mais tarde graduação em Direito e mestrado em Cognição e Linguagem.

Essa relação com Hildeliza foi extremamente profícua, resultando em artigos e capítulos em coautoria, além de organização de livros e congressos que pudemos compartilhar, pois ela é, atesto, uma inquieta e competente pesquisadora, grande estudiosa dos temas da bioética contemporânea, que nortearam toda a sua formação desde o mestrado, passando pelo doutorado e pelo estágio pós-doutoral feito na UFES.

Essas credenciais tornam Hildeliza uma autoridade no estudo de temas afetos à mistanásia, ortotanásia, distanásia, eutanásia, cuidados paliativos e todos os aspectos que envolvem o início e a finitude da existência humana, além de outros assuntos próprios da bioética e do biodireito. Toda essa experiencia a tornou membro do Instituto Internacional de Derechos Humanos Capitulo para Las Americas.

Além de todas essas atividades, a professora Hildeliza fundou e coordena há pouco mais de dez anos o Grupo de Estudos e Pesquisa em Bioética e Dignidade Humana (Gepbidh), composto por pesquisadores, docentes e discentes, por meio do qual desenvolve vários projetos de pesquisa, iniciação científica e extensão, organizando e publicando obras de enorme relevância para o estudo das questões bioéticas. Desse grupo resultou, até o momento, 28 livros organizados e publicados, além de cinco obras autorais, das quais destaco "Consentimento informado no exercício da medicina e tutela dos direitos existenciais: uma visão interdisciplinar Direito e Medicina" (em sua segunda edição) e "Mistanásia em tempos de COVID-19". Recentemente escreveu "Mistanásia, el hambre y la miseria y la Agenda 2030 da ONU a lá luz de la Bioética Global Contemporánea" para o Boletín de maio da Bioeticar Asociación Civil.

Ela ainda escreve poemas, memórias e crônicas, organiza obras também no âmbito da Academia Itaperunense de Letras (Acil), da qual é membro efetivo.

Também tive o enorme prazer de conhecer Raquel Veggi Moreira no estágio de pós-doutorado no PPGDIR da UFES, quando a supervisionei. Trata-se de uma pesquisadora comprometida com a bioética jurídica, tendo se dedicado a esse ramo no mestrado e no doutorado em Cognição e Linguagem. Além disso, é advogada militante.

Raquel publicou a belíssima obra "Maternidade em (re)construção: implicações filosófico-bioético-jurídicas da gestação de substituição", em que analisa com propriedade e de forma interdisciplinar esse fenômeno proporcionado pelos avanços da bioteconologia e suas consequências jurídicas, éticas e sociais, buscando na dignidade da pessoa humana o parâmetro para os dilemas que se impõem. Além disso, Raquel tem vários capítulos de livro e artigos publicados em periódicos nacionais e internacionais.

Já Alinne Arquette me foi apresentada há alguns anos pela professora Hildeliza e, a partir de então, passamos a participar de debates e eventos jurídicos, pois, assim como eu, suas raízes estão no Direito Civil e isso nos aproximou. Nossa clara paixão pela mesma área do Direito é um ponto de convergência singular, embora nem sempre nossas visões sejam coincidentes, pois nossas escolas são diversas: eu com doutorado em Direito Civil pela PUC-SP e ela com mestrado em Direito Civil pela UERJ.

Alinne ama o Direito Civil e o pratica como Juíza da 4ª Vara Cível da Comarca de Muriaé há anos, mas sem se descuidar das questões bioético-jurídicas e da necessidade de analisar o Direito como fenômeno social, tanto que está cursando o doutorado interdisciplinar em Cognição e Linguagem, justamente para ampliar seu campo de análise.

Ela é autora da obra "A teoria contratual e o Código de Defesa do Consumidor", participou como coautora da coletânea organizada por Gustavo Tepedino, Heloíza Helena Barboza e Maria Celina Bodin de Moraes denominada "Código Civil interpretado conforme a Constituição da República", tem vários capítulos de livros e artigos publicados, estes em periódicos nacionais e internacionais, em temas que variam entre Direito Civil, Direito do Consumidor, Direitos da Pessoa com Deficiência e Bioética Jurídica, já acumulando experiência suficiente para integrar como membro o Instituto Internacional de Derechos Humanos Capitulo para Las Americas.

Nessa obra, as organizadoras se propuseram a compilar em um grande volume os assuntos mais importantes da Bioética Jurídica. Não à toa (e legitimamente) a obra se apresenta como um Tratado.

Paralelamente aos trabalhos de referência, este Tratado reúne os juristas da área que produziram pesquisas das mais importantes dentro das temáticas da Bioética Jurídica.

Este Tratado não é "mais do mesmo"; traz diferenciais quanto ao formato, quanto aos juristas que reúne e quanto aos trabalhados compilados. Nem é preciso desejar a todos uma boa leitura, pois ela certamente assim será.

Parabéns a Hildeliza, Raquel e Alinne pela iniciativa e pelo esforço de reunir em uma obra tudo aquilo que precisamos saber para conhecer as bases e os temas sofisticados da Bioética Jurídica.

Vitória – ES, maio de 2022.

GILBERTO FACHETTI SILVESTRE
Professor da Universidade Federal do Espírito Santo (UFES).
Doutor em Direito Civil pela Pontifícia Universidade Católica de São Paulo (PUC-SP).
Mestre em Direito Processual Civil pela UFES.
Pós-Doutorado em Direito pela Faculdade Nacional de Direito
da Universidade Federal do Rio de Janeiro (UFRJ).
Advogado.

PREFÁCIO

Em tempos tão sofridos para todos os povos como os que reúnem uma pandemia e uma guerra, o surgimento de uma obra dedicada à Bioética Jurídica é, sem dúvida, um acontecimento alvissareiro. Constata-se, de pronto, do conjunto de trabalhos aqui reunidos a preocupação com a proteção do ser humano nas situações que vem sendo denominadas “casos difíceis”. Os *hard cases* caracterizam-se por sua complexidade, na medida em que envolvem, a um só tempo, uma diversidade de aspectos, que não podem ser preteridos na solução a ser-lhes aplicada. Destaque-se que, com frequência, esse tipo de caso configura uma questão de natureza existencial atinente à saúde dos seres humanos, sem previsão específica no ordenamento jurídico, a qual desafia a Ética por suas consequências individuais e sociais.

Na verdade, por um lado, adentram tais casos no campo da Bioética, entendida de modo geral como “ética da vida”, mas que pertence num sentido amplo à filosofia moral da vida, como esclarece Fermin Roland Shcramm, autor do artigo que analisa as diferentes definições dadas à ética prática que se dedica aos problemas das ações em saúde e das ciências biomédicas. Por outra vertente e de modo simultâneo, as soluções para os *hard cases,* os quais não possuem, como destacado, regulamentação legislativa especial, nem permitem o recurso à analogia em razão de seu ineditismo, devem buscar nos princípios jurídicos, notadamente os de sede constitucional, que constituem diretrizes inafastáveis em cada situação.

Quando se considera que os princípios do Direito resguardam e traduzem os valores consagrados pelo ordenamento nacional, constata-se a profunda e sólida interseção entre a Bioética e o Direito, que revela, por si só, a importância do presente Tratado de Bioética Jurídica. Os temas enfrentados pelos autores, por sua vez, demonstram as francas dificuldades de se resolverem os problemas decorrentes da interferência da ciência médica em fatos consagrados como "naturais" e, por conseguinte, infensos à atuação humana, dos quais são bons exemplos as situações do início e fim da vida.

Uma breve incursão pelas matérias que compõem a presente obra deve ser feita, não apenas revelar alguns pontos relevantes trazidos à baila pelos autores, mas sobretudo pela qualidade técnica dos artigos que delas trataram. Observa-se a presença de algumas temáticas comuns, mas com distintas abordagens, que conferem à obra uma estrutura peculiar e rica.

Nessa linha, a Bioética foi apreciada sob várias perspectivas, que incluem o próprio Ensino da Bioética. Narra-se uma experiência de ensino com uma metodologia de problematização, envolvendo elementos culturais, cognitivos e sociais, numa proposta interdisciplinar e não somente de justaposição de conceitos e saberes, de todo adequada à ínsita interdisciplinariedade da bioética. As relações da Bioética com a Saúde Pública mereceram também dois artigos que apresentam interessantes **tópicos.** No primeiro (A bioética de proteção e seus laços com a responsabilidade na saúde p**ública**) é apresentada a concepção da bioética de proteção, defendida pelo autor como a mais adaptada às necessidades da Saúde Pública. O segundo artigo (Bioética y salud pública en latinoamérica) analisa a interpretação dos princípios bioéticos na América Latina e esclarece haver algo diferente entre ela e as propostas norte-americanas e europeias. Interessante abordagem é feita, ainda, no artigo (Saúde da pessoa com deficiência: humanização e bioética no cuidado) que trata da humanização e bioética no cuidado, com foco na pessoa com deficiência.

Duas complexas questões relacionadas às técnicas de reprodução assistida da vida foram objeto de reflexão: a primeira diz respeito à edição genética em humanos (Crispr-cas9: reflexão jurídico-filosófica da técnica de edição gênica em seres humanos); a segunda (Vulnerabilidade na saúde da família e a autoinseminação) trata da denominada "inseminação caseira", prática que se popularizou e que acarreta intrincadas consequências de ordem médica, jurídica e ética.

O fim da vida foi abordado sob vários aspectos que compreendem: o gerenciamento da própria morte à luz do direito português (As diretivas antecipadas de vontade no ordenamento jurídico português); o direito à morte digna e a autonomia existencial (Cuidados paliativos e direito à morte digna: a caminho da autonomia existencial); a eutanásia social (Mistanásia: aspectos da morte miserável no Brasil); e a denominada obstinação terapêutica (Responsabilidade civil do médico na distanásia).

A prática médica também foi objeto de exame e reflexão em abordagens que vão desde a necessidade de uma compreensão holística do sujeito adoecido, que tem voz e desejo reconhecidos e valorizados, tendo participação ativa no processo de tomada de decisão (Prática médica na contemporaneidade: reflexões sobre limites, disrupções e perspectivas), até a análise polarizada da autonomia existencial quando se trata da decisão de terapias (Recusa terapêutica e objeção de consciência). Objeto de estudo foram também duas questões que acabam se imbricando na atualidade: as denominadas "pesquisas terapêuticas" envolvendo crianças (Participação de crianças em pesquisas clínicas terapêuticas: entre a obstinação terapêutica dos pais e o melhor interesse da criança) e os impactos sanitários, psicológicos, pessoais, econômicos e sociais da Covid 19, examinados à luz da bioética jurídica, diante da necessidade de preservação da dignidade humana (Pandemia: questões preliminares da covid-19 à luz da bioética jurídica).

Questões de importantes efeitos práticos fazem parte da apreciação bioético jurídica. Foi objeto de exame a proteção do consumidor na assistência domiciliar pelos planos de saúde (Diálogos a favor do consumidor-paciente na cobertura da assistência domiciliar (*home care*) pelos planos de saúde). Nessa linha, o processo de envelhecimento foi analisado sob aspecto ainda pouco estudado, o da gerontofobia (Gerontofobia: reflexões (a)temporais sobre o envelhecer e seu impacto para além do jurídico).

Neste doloroso momento em que a contagem cotidiana do número de mortos tornou-se parte do noticiário internacional, a retomada da busca de soluções para os *hard cases*, através da bioética jurídica, assume papel fundamental para a proteção do ser humano. A presente obra se inscreve no rol dos trabalhos pioneiros na matéria.

Rio de Janeiro, abril de 2022.

HELOISA HELENA BARBOZA

SUMÁRIO

1. A BIOÉTICA DE PROTEÇÃO E SEUS LAÇOS COM A RESPONSABILIDADE NA SAÚDE PÚBLICA

FERMIN ROLAND SCHRAMM

Introdução

Desde que surgiu no campo das assim chamadas *éticas aplicadas*, como necessidade de dar conta dos problemas éticos no campo das ações em saúde e das ciências biomédicas, a bioética tem sido definida de muitas e diferentes maneiras. E tem sido vista com muitas tarefas. Algumas pertinentes, outras menos. Muitas das definições dadas (embora algumas sejam muito genéricas como "ética da vida", e outras demasiado restritas como "ética biomédica") podem ser consideradas legítimas desde que fiquem explícitos seus pressupostos, pertencentes a alguma tradição ética, e que exista inteligibilidade e razoabilidade em suas finalidades, assim como rigor e consistência em seus métodos e abordagens.

De fato, suas funções podem variar da mera análise crítica de algum conflito (e de um dilema, para o qual, a rigor, não tem uma solução possível, pelo menos *a priori*), passando pela tentativa de resolver tal conflito (que é a verdadeira função prática da bioética entendida como uma ética aplicada), até uma nova maneira, *ideológica* (no pior sentido da palavra que é aquele dado por Marx), de atualização de discursos moralizantes e omnicompreensivos da realidade vivida que, teoricamente, pretendem supostamente defender a vida a qualquer custo mas que, de fato, só defendem preconceitos contra a angústia frente ao devir do mundo e da vida de cada um e de todos, inclusive do mundo natural (ou ambiente).

Quem, como quem escreve, se preocupa ao mesmo tempo com um *máximo* de lucidez perante a condição humana, sempre vivenciada, antes, em primeira pessoa; não necessariamente em polêmica (*polemós*: "guerra" e "fogo": Heráclito) com a preocupação para com o(s) outro(s) que me solicita(m), mas também com um mínimo de pragmatismo para resolver os conflitos, não pode – acredito – não ter em conta que entre o desejo e a realidade só tem a frustração, o fracasso ou a negociação, mesmo que o "negócio" seja, muitas vezes, contrário às crenças mais arraigadas e indispensáveis de cada um.

A bioética, entendida genericamente como uma filosofia moral da vida deve, em outros termos, ter em conta também aquilo que Ortega y Gasset queria dizer, ao afirmar que a "realidade radical" constituída pela vida, para cada um de nós, é ao mesmo tempo o que nos sustenta, preocupa e faz naufragar! No entanto, não quero entregar a filosofia da vida nem à melancolia (uma paixão romântica poderosa na terra da saudade onde morreu Stefan Zweig!) nem ao questionável racionalismo que, de fato, é mera "racionalização" (ou "má elaboração" das angústias) de "coisas" (*Dinge* não *Objecte*) que nos preocupam, creio, a todos.

Sejamos, portanto, "propositivos" e indiquemos o que, eventualmente, a bioética pode dizer para ajudar a enfrentar nossas angústias e nossas hilaridades frente a problemas que se referem à "qualidade de vida" pessoal, social e planetária. Para tanto é importante que as condições de pertinência e aceitabilidade da forma de ética aplicada, chamada bioética, sejam respeitadas – o que dá a princípio legitimidade à "intensão" do conceito de bioética. Mas, ainda assim, temos o problema de sua "extensão", pois existem concepções mais ou menos abrangentes, que vão desde a definição muito ampla de "ética da vida" até a mais tradicional e restritiva definição de "ética médica", passando pela atualização desta em termos de "ética biomédica".

A seguir, não será pressuposta nenhuma das três concepções anteriores (ética da vida, ética médica, ética biomédica), pois as considero praticamente inutilizáveis para dar conta dos problemas morais envolvidos pelas ações em saúde de cada um e *a fortiori* de todos.

Com efeito, a concepção que considera a bioética como mera "ética da vida" é demasiado genérica e, a rigor, redundante, pois se aplica a toda a biosfera sem caracterizar, no entanto, quais são as características da vida que seriam pertinentes para a análise ética. Em outras palavras, esta concepção abrange, praticamente, todo o universo discursivo referente às "qualidades" da vida; e isso é conceitualmente problemático porque a ética se refere sempre e necessariamente a práticas humanas que envolvam seres vivos, sejam esses humanos, animais sencientes e até o meio ambiente. De fato, só há questão ética quando existe um possível conflito resultante de atos humanos que podem prejudicar, de alguma forma a ser mais bem qualificada, outros seres vivos ou as condições de existência, presente ou futura, de outros seres vivos, considerados sempre em seu ambiente.

Os sujeitos da bioética podem ser "agentes" ou "pacientes" morais, isto é, atores que agem sobre os outros (seres ou entes vivos) e que são, portanto, *a princípio* responsáveis pela sua *práxis*, ou atores que sofrem as consequências dos atos dos primeiros, sendo, portanto, destinatários das consequências de tais atos. Sendo assim, a bioética vem a se confundir com todo o campo da ética, feita talvez exceção daquela parte, chamada metaética, que se ocupa das questões formais das proposições éticas, que são, de fato, objetos de segunda ordem.

Noutra perspectiva, a concepção de bioética entendida como "ética médica" e, em parte, aquela, mais atualizada, de "ética biomédica", é também redundante, pois a rigor utiliza um novo nome para indicar os conteúdos da tradicional ética hipocrática, que pode muito bem continuar sendo legítima quando referida ao comportamento correto do médico vigente desde Hipócrates. Mas esta concepção pode ser considerada também reducionista, visto que não permite compreender o sentido das transformações profundas que afetaram as práticas atuais no campo das ciências da vida e da saúde, as quais tornaram, em muitos casos, a ética tradicional, ou hipocrática, parcialmente obsoleta; ou seja, tais transformações criaram a necessidade de repensar a ética médica tradicional em termos justamente "bioéticos", de acordo com a metodologia interdisciplinar ou transdisciplinar utilizadas atualmente.

A seguir, tentaremos caracterizar uma concepção de bioética que nos parece mais adaptada às necessidades da Saúde Pública, pois é este o campo no qual trabalhamos e refletimos.

1. Qual bioética para a saúde pública?

Considerando que a vocação da saúde pública é a de se ocupar e preocupar com a saúde de populações humanas, consideradas em seus contextos naturais e socioculturais, e do ponto de vista da prevenção das formas de adoecimento evitáveis e da promoção de estilos de vida considerados consensualmente "mais saudáveis" (ou menos nocivos à saúde), surge então a necessidade de termos uma concepção de bioética que evite, por um lado, o "reducionismo" do olhar biomédico (quando utilizado fora do contexto do encontro clínico) e, por outro, a "generalidade" do olhar biocêntrico (quando utilizado sem a capacidade de articular os problemas éticos gerais da biosfera com aqueles da saúde populacional e da saúde individual). Por isso, optamos por um outro sentido de bioética, que devemos, inicialmente, ao bioeticista chileno Miguel Kottow, que foi quem, pela primeira vez, concebeu a bioética como "o conjunto de conceitos, argumentos e normas que valorizam e legitimam eticamente os atos humanos [cujos] efeitos têm uma influência [significativa] irreversível, real ou potencial, sobre os processos vitais"[1] (KOTTOW, 1995, p. 53).

A meu ver, esta concepção tem duas vantagens comparativas com relação às outras definições lembradas. A primeira vantagem consiste em definir claramente a característica pertinente dos fenômenos e processos vitais que pode ser tida como objeto da preocupação ética; qual seja, os efeitos significativos e irreversíveis, reais ou potenciais, dos atos humanos livremente decididos, considerados no contexto das transformações que afetam as práticas atuais em saúde, assim como os novos desafios morais nelas implicados; isto é, ela tem a vantagem comparativa de definir com bastante rigor a extensão do conceito "bioética". A segunda vantagem consiste no fato da definição se inscrever na própria tradição das éticas aplicadas, visto que a "aplicabilidade" da bioética implica necessariamente duas tarefas distintas, mas inseparáveis: a descrição e compreensão dos conflitos de valores envolvidos nos atos humanos em pauta, e a prescrição dos comportamentos moralmente corretos e a princípio aceitáveis por todos os envolvidos, razoáveis e pacíficos, que possam resolver tais conflitos, sendo que a primeira pode ser considerada condição necessária do ato bioético (visto que permite entender as "boas razões" que movem um agente moral) e a segunda condição suficiente (visto que basta aos envolvidos chegarem a um acordo para que o conflito tenha boas chances de acabar ou de ser pelo menos suspenso).

Ademais, a concepção de Kottow tem uma terceira vantagem, pois ela permite resgatar o sentido "protetor" da ética. Com efeito, visto que as duas tarefas da bioética (descritiva e normativa) são distintas, mas também vinculadas, ambas podem ser subsumidas a um conceito ético

[1] Kottow M. Introducción a la bioética. Santiago: Editorial Universitária, 1995: 53.

mais primordial e geral, que é o de defender os interesses legítimos dos afetados pelos atos humanos que podem ter efeitos significativos e irreversíveis sobre eles. Mas isso pode ser também pensado como uma forma de justamente *proteger* os afetados por tais atos.

Em suma, a bioética, como a entendemos aqui, tem de fato três tarefas: descritiva, normativa e protetora, e é com esta concepção que podemos, em nossa opinião, enfrentar os principais desafios éticos da saúde pública, dentre os quais se destaca a alocação justa e equitativa de recursos, preocupação inscrita na própria Constituição Brasileira de 1988 ("a saúde é um direito de todos e um dever do Estado") e nas Diretrizes do Sistema Único de Saúde ("universalidade, integralidade e equidade" na assistência), sendo que, nos últimos tempos, ela voltou ao debate público sob a forma de controvérsia entre políticas públicas universalistas e focalizadoras.

2. Bioética da proteção

A tarefa protetora da ética tem respaldo tanto na filologia da palavra *ethos* como na tradição da saúde pública.

Com efeito, a bioética pode ser entendida em sentido restrito como o estudo das implicações éticas ou morais (não faremos aqui a distinção entre os dois termos considerando-os, portanto, como sinônimos para os propósitos deste texto) das práticas no campo das assim chamadas ciências da vida e da saúde. Neste caso, ela se inscreve, embora de forma crítica, na tradição da ética médica, confrontando-a com os atos que se tornam possíveis graças aos avanços da biomedicina, razão pela qual é chamada também de "ética biomédica"[2] (BEAUCHAMP; CHILDRESS, 1979). Mas a bioética pode ser entendida também num sentido amplo de "ética da vida" seja no sentido da expressão "ética da sobrevivência", entendida em sentido ecológico ou interdisciplinar que visa assegurar a conservação da biosfera[3] (POTTER, 1970), seja como conjunto de ferramentas conceituais e práticas que visam dar conta dos atos humanos que podem ter consequências irreversíveis sobre qualquer ser vivo.[4] (KOTTOW, 1995).

[2] Beauchamp TL & Childress JF. Principles of Biomedical Ethics. Oxford: Oxford University Press, 1979.

[3] Potter VR. Bioethics, science of survival, *Biology and Medicine,* 14: 127-153.

[4] Kottow M, 1995, Op. Cit.

Em ambos os casos, a bioética tem uma relação, que poderíamos chamar de tipo estrutural, com o sentido da palavra *proteção*, a qual significa – de acordo com o *Dicionário Houaiss da Língua Portuguesa* – "cuidado (com algo ou alguém) mais fraco"; "aquilo que serve para abrigar", "resguardo", "guarita"[5] (HOUAISS; VILLAR, 2001, p. 2317).

A palavra *ética* vem da palavra grega *ethos*, que pode referir-se seja à moralidade do agente moral seja à moralidade de seus atos, ou seja, tanto ao "caráter" de um indivíduo que atua no mundo quanto aos "costumes" de uma comunidade ou população. No entanto, a filologia da palavra *ethos* mostra que seu significado primordial é de "guarita", "abrigo", inicialmente utilizado com relação aos animais domésticos e, em seguida, para indicar o abrigo para as pessoas contra ameaças naturais ou de terceiros, em suma, com o sentido de "proteção"[6] (SCHRAMM; KOTTOW, 2001, p. 949-956).

Por sua vez, a palavra grega *bíos* é, via de regra, traduzida em português com a palavra "vida". Só que os gregos tinham também a palavra *zoé*, para indicar o que nós traduzimos pela palavra "vida". De fato, para os gregos, *zoé* indicava a mera vida orgânica e animada, referida a qualquer ser vivo, ao passo que *bíos* referia-se à maneira humana de viver, entendida como "vida prática", que incluía a vida racional e a vida moral[7] (FERRATER MORA, 1999, p. 3689). Por isso, legitimados pela filologia, pode-se dizer que a bioética tem a ver com a proteção da qualidade da vida humana; e considerando que a saúde é uma condição essencial dessa qualidade, pode-se também afirmar que a bioética se ocupa, de maneira geral, da proteção da saúde de indivíduos e populações humanas.

Aqui defendemos a ideia de que a Saúde Pública não só tem a ver com a proteção, mas que este caráter protetor constitui sua tarefa ao mesmo tempo específica e a mais abrangente. Com efeito, podemos entender a Saúde Pública de maneira ampla como o conjunto de disciplinas e práticas que têm por objeto a proteção da saúde das populações humanas em seus contextos naturais, sociais e culturais (definição que corresponde *mutatis mutandis* àquela de saúde dada pela OMS). Neste sentido, podemos

[5] Houaiss A & Villar MS. Dicionário Houaiss da língua portuguesa. Rio de Janeiro: Editora Objetiva, 2001: 2317.

[6] Schramm FR & Kottow M. Princípios bioéticos em salud pública: limitaciones y propuestas, *Cadernos de Saúde Pública*, 2001, 17(4): 949-956.

[7] Ferrater Mora J. Diccionario de Filosofia. Barcelona: Ariel, 1999: 3689.

reformular a dupla tarefa de prevenção do adoecimento e de gestão dos riscos à saúde, por um lado, e de promoção de estilos de vida considerados saudáveis, por outro; ou seja, como os dois aspectos inseparáveis (um pouco como as duas faces de uma mesma moeda) da proteção: uma proteção "defensiva", entendida como proteção *contra* o adoecimento; uma proteção "proativa", entendida como proteção em prol de estilos de vida considerados saudáveis ou não prejudiciais à qualidade de vida de uma população humana. Assim sendo, a proteção se torna a característica universal, ou o denominador comum, da prevenção e da promoção, as quais poderiam, portanto, ser reformuladas como sendo os dois aspectos complementares do mesmo ato de proteger.

Sobre esta definição muito geral e, no fundo bastante genérica, de Saúde Pública, existem evidentemente críticas, pois o conceito de "saúde populacional" não é muito preciso sendo, portanto, objeto de controvérsias. De fato, o conceito de saúde só se aplica, rigorosamente falando, a pessoas ou indivíduos, ao passo que sua aplicação às populações humanas e às respectivas políticas públicas de saúde só é possível por analogia, a qual, por sua vez, só é possível graças à metaforização do corpo individual entendido como "corpo social", supostamente com as mesmas características pertinentes do primeiro, o que é longe de ser evidente. Isso pode ser visto como uma razão de muitos sanitaristas para substituir "saúde pública" com "saúde coletiva". No entanto, nosso escopo aqui não é o de discutir os aspectos epistemológicos e metodológicos dos conceitos de "saúde" e de "saúde pública" / "saúde coletiva", reflexão já feita parcialmente em outra ocasião[8] (SCHRAMM; CASTIEL, 2001, p. 379-390), e sim se é possível vincular o conceito de saúde pública, mesmo que definido de maneira imprecisa e analógica, àquele de proteção, e ver em que medida podemos considerar o princípio de proteção como um princípio legítimo da bioética em Saúde Pública. Tampouco é nossa intenção discutir aqui a controvertida expressão de "direito à saúde" nem o de dissertar sobre a pertinência de substituí-la pela expressão, considerada, de forma bastante consensual, como sendo mais razoável, de "direito aos cuidados em saúde".

[8] Schramm FR & Castiel LD. Processo saúde/doença e complexidade em epidemiologia, *Cadernos de Saúde Pública*, 2001, 8(4):379-390.

2.1. Da proteção individual à proteção coletiva

Intuitivamente, o conceito de proteção está ligado aos cuidados que os pais têm, ou deveriam ter, com as suas criaturas, que é, aliás, um comportamento comum no mundo animal, sem o qual a maioria das crias não sobreviveria. Em suma, o ato de proteger é algo que nos lembra que somos mamíferos. Para os humanos, isso implica o binômio "direito" da criança de ser protegida – "dever" dos pais de protegê-la. A partir do surgimento do Estado Moderno e da emergência da figura do indivíduo como pessoa ao interior da assim chamada "cultura dos direitos", o direito da criança à proteção deve ser entendido como um subconjunto dos Direitos Humanos, os quais, por sua vez, estão vinculados a precisos deveres, ou responsabilidades, do Estado para com seus cidadãos, em particular, no que se refere à sua segurança e a seu bem-estar.

A partir da proposta do filósofo Hans Jonas – conhecido por ser quem, a partir de uma releitura da célebre conferência de Max Weber sobre a ciência como vocação[9] (JONAS, 1987) reformulou e radicalizou o *princípio da responsabilidade*, a tal ponto de considerá-lo o principal princípio moral da condição do Homem contemporâneo[10] (JONAS, 2006) –, e apesar das inegáveis diferenças que existem entre responsabilidades parentais e responsabilidade para com a sociedade como um todo (que é um dos papeis do Estado), podemos, no entanto, detectar um nexo profundo entre os dois tipos de responsabilidades.

De fato, a responsabilidade parental (que é, como diz o verbo *responder*, dar resposta a um pedido vindo do outro) diz respeito às obrigações diretas dos pais para com suas crias, consideradas do ponto de vista de suas identidades individuais, ao passo que a responsabilidade do Estado é (ou deveria ser) para com os membros da sociedade, considerados não meramente em suas individualidades, mas, também, em sua cidadania, isto é, considerados de maneira mediada pelo aparelho administrativo e organizacional do Estado, que deve proteger as populações sob sua responsabilidade.

Embora Jonas não se ocupe diretamente da questão do papel do Estado, podemos, entretanto, detectar a existência de vínculos profundos

[9] Jonas H. Wissenschaft als persöhliches Erlebnis. Göttingen: Vandenhoeck & Ruprecht, 1987

[10] Jonas H. O princípio responsabilidade (1979). Rio de Janeiro: Contraponto, 2006.

entre responsabilidade individual e responsabilidade social, visto que o Estado – através de seus "homens de Estado", leia-se de seus funcionários públicos e, em particular, de seus gestores da Saúde Pública – é responsável pelo bem público e pelo bem-estar da coletividade sob sua responsabilidade, inclusive no que se refere a seus aspectos de saúde. Sendo assim, a responsabilidade do Estado para com a saúde da população sob sua responsabilidade tem uma abrangência pelo menos análoga àquela que os pais têm para com seus filhos. Como escreve Jonas: "a esfera da educação mostra de maneira mais evidente como se interpenetram (e se complementam) a responsabilidade parental e a estatal, a mais privada e a mais pública, a mais íntima e a mais universal"[11] (JONAS, 2006, p. 181).

No entanto, pensando em termos de ética aplicada, deve-se lembrar que esta atribui também responsabilidades aos indivíduos, partindo do pressuposto de que toda ação moral humana tem sido decidida livremente por um agente moral, responsável por suas escolhas e pelas consequências advindas de tais escolhas. De maneira análoga, pode-se razoavelmente supor que os responsáveis pelo planejamento das políticas públicas atuem em situação de não coerção. Entretanto, suas deliberações têm a ver com decisões coletivas, que tornam qualquer programa sanitário uma política pública de tipo impessoal, visto que está limitada por vínculos institucionais. Portanto, se devemos analisar eticamente tais políticas públicas, teremos que atribuir claramente responsabilidades, ou seja, de forma análoga à atribuição das responsabilidades parentais, o que levanta inevitavelmente a pergunta de como fazer isso em ações determinadas e legitimadas coletivamente.

Com isso, não se pretende, evidentemente, sugerir que ações públicas não impliquem responsabilidades individuais dos agentes morais que agem em nome do bem público; caso contrário, tais agentes seriam literalmente irresponsáveis visto que um agente moral, mesmo que atue em nome de políticas coletivas, continua sendo necessariamente um indivíduo que, enquanto agente moral, deve responder pelos custos sociais de seu agir ao implementar uma política pública, mesmo que decidida coletivamente.

Mas é também verdadeiro que o agente público, pelo seu próprio *status* profissional outorgado coletivamente, tem sérias limitações em suas decisões e ações, o que, evidentemente, significa tampouco que ele possa

[11] Jonas 2006, Op. Cit., p. 181.

se tornar, impunemente, um mero executor de ordens. A este respeito vale lembrar que as "desculpas" dos carrascos nazistas, aduzidas durante o Processo de Nürenberg, não foram aceitas pelos seus juízes do tribunal, exatamente porque foram considerados moralmente responsáveis também individualmente. Aliás, foram os abusos e atrocidades cometidos durante a Segunda Guerra Mundial contra seres humanos vulneráveis e desprotegidos (sobretudo aqueles perpetrados por cientistas e médicos em nome dos interesses do Estado burocrático e criminoso nazista) que trouxeram não só a necessidade imperiosa de proteger indivíduos e populações humanas, mas a de uma ética aplicada efetiva. Isso é demonstrado por importantes documentos nacionais e internacionais como o Código de Nürenberg (1947), as várias versões da Declaração de Helsinque (1964), o Relatório Belmont (1979) e a mais recente Convenção sobre os Direitos Humanos e a Biomedicina da Comunidade Europeia (1997), dentre outros, documentos que se referem sempre, implícita ou explicitamente, ao conceito de *proteção*. É verdade que este último documento destaca, sobretudo, o indivíduo, como sendo "o sujeito de interesse ético primário", podendo, portanto, ser interpretado como passagem de "uma concepção puramente passiva dos direitos, como proteção contra possíveis interferências externas sobre o direito de cada um à esfera individual, para uma concepção ativa do direito individual, isto é, à reivindicação do direito à liberdade de autodeterminação"[12] (CANAVACCI, 1999, p. 4-5). Sendo assim, poder-se-ia pensar que via de regra haveria sempre uma prioridade léxica do princípio de autonomia pessoal sobre qualquer outro princípio moral. No entanto, o problema é mais complexo e para enfrentá-lo devemos distinguir âmbitos diferentes de moralidade, também em saúde. Com efeito, se é inegável que no âmbito da relação médico-paciente o fundamento que justifica todo ato médico é *prima facie* a vontade esclarecida do paciente a aceitá-lo, entretanto, não podemos esquecer que, mesmo neste âmbito, existem exceções admitidas. Este é o caso de sujeitos que não podem ser considerados, com razão, verdadeiramente autônomos, para a proteção dos quais existe uma delega de autoridade sobre si em benefício de terceiros (pais, representantes legais), podendo-se, portanto, considerar que a autonomia é um bem diretamente proporcional à competência de

[12] Canavacci L. I confini del consenso. Un' indagine sui limiti e l' efficacia del consenso informato. Torino: Edizioni Medico Scientifiche 1999: 4-5.

discernimento do sujeito (que pode, por exemplo, ser avaliada em termos de estágios cognitivo-morais numa escala como aquela de Piaget-Kohlberg, dentre outras). Neste caso, a prioridade léxica da autonomia não vale necessariamente, podendo ceder o passo ao princípio de beneficência, pois "a autonomia não é [mais] o único valor merecedor de salvaguarda: muitas vezes, a intervenção sanitária encontra suas razões em outros princípios tais como a própria tutela da saúde e o bem do paciente"[13] (CANAVACCI, 1999, p. 10). *A fortiori*, isso vale no caso de políticas públicas de saúde, nas quais, embora não necessariamente, pode-se razoavelmente supor que a proteção das populações tenha uma prioridade léxica sobre o exercício da autonomia pessoal (o caso da vacinação compulsória é o exemplo clássico disso). Mas, de qualquer forma, tanto a questão da relação entre o âmbito da autonomia pessoal e aquele da proteção coletiva, assim como a questão de conservar uma responsabilidade individual em ações coletivas é um assunto intricado que a bioética deve, muitas vezes, deixar de lado devido às pressões e urgências que as afetam.

Assim sendo, da mesma maneira como a liberdade, a responsabilidade está no cerne da ética visto que os atos escolhidos livremente, e para os quais podemos ser cobrados, são a princípio objetos de avaliação ética. Este sentido está inscrito na própria filologia da palavra *responsabilidade*, a qual (como vimos) vem do verbo *responder*, com o sentido portanto de "responder por algo (ato) e para alguém (outro)" numa situação que permita de fato escolher. Este sentido está inscrito também no direito, quando este prevê uma responsabilidade limitada para todos os indivíduos considerados incapazes de escolher livremente, logo que não podem exercer a autonomia. Mas, nem a filologia da palavra nem o direito dão conta da indeterminação que, de fato, acompanha o conceito de *responsabilidade*.

2.2. Bioética da responsabilidade?

A presença constante da palavra *responsabilidade* na cultura ocidental tem criado uma "ética da responsabilidade", termo que, como vimos, foi introduzido por Max Weber no começo do século XX e retomado por Hans Jonas, em seu célebre livro *O princípio de responsabilidade* (1979), que representa a primeira análise sistemática da responsabilidade enquanto princípio moral. À primeira vista, e considerando as colocações de Weber

[13] Canavacci 1999 Op. Cit., p. 10.

sobre a responsabilidade do político e do cientista, parece que este princípio dê conta da avaliação moral dos atos da saúde pública. Entretanto, pelo menos três considerações tornam isso improvável.

Em primeiro lugar, a responsabilidade enquanto princípio moral da ação refere-se a identidades que "devem ser de caráter pessoal"[14] (FERRATER MORA, 1999, p. 3082), não podendo, portanto, guiar ações que não tenham um destinatário identificável, como seria uma população que, como vimos anteriormente, é o objeto principal de preocupação da saúde pública (ou saúde coletiva), mas que, como vimos também, é dificilmente caracterizável como "saudável", visto que o que, de fato, pode ser dito (e a princípio medido, como no caso da epidemiologia) são ocorrências de doenças.

A este respeito pode-se perguntar se Jonas, para além de seu programa de nos termos que responsabilizarmos para com um genérico "ser" (uma evidente reminiscência heideggeriana, embora não se trate do "ser da linguagem", mas do "ser natural") e, em particular, perante as gerações futuras, quer dizer que somos responsáveis por tudo o que acontece no Mundo? Se for assim, isso seria pelo menos objeto de controvérsia, senão algo considerado por muitos como utópico, pois a responsabilidade depende de uma série de condições: o grau de liberdade de cada pessoa, seu estágio moral, suas condições objetivas de inserção social e cultural, seu poder efetivo de controle sobre sua vida. Então, poder-se-ia supor que o princípio de responsabilidade se refere, sobretudo, aos deveres das elites privilegiadas e poderosas, conforme uma hierarquia intuitiva segundo a qual quem tem mais saber e poder tem mais responsabilidade, ou conforme os dados da psicologia moral evolutiva de Piaget e Kohlberg, segundo os quais pode-se pensar uma maior ou menor responsabilidade de acordo com o estágio moral da pessoa? Ou seja, a responsabilidade deve sempre ter em conta o contexto no qual é requerida, dependendo, portanto, das características do agente moral, das situações concretas nas quais ele tem que agir. Ademais – e este é o ponto mais importante –, estas condições, talvez válidas quando referidas a indivíduos ou a sujeitos identificáveis, tornam-se extremamente mais problemáticas e nebulosas se referidas a populações e à sociedade como um todo, que são justamente "sujeitos" *sui generis*.

[14] Ferrater Mora 1999, Op. Cit., p 3082.

Em segundo lugar, na visão de Jonas, a responsabilidade em situações de incerteza (como são de fato a maioria das situações às quais ele se refere, como aquelas das gerações futuras ou as dos avanços das biotecnologias, mas também as da saúde pública) só podem levar a uma posição de prudência em nossas ações e de frugalidade na tentativa de satisfazer nossas pretensões. Entretanto, o próprio Jonas afirma que uma política de inversão no desenvolvimento tecnológico implicaria consequências incalculáveis para a sociedade como um todo, a começar pelo desemprego em massa e, do ponto de vista da alocação de recursos em saúde, uma menor cobertura para os mais desprotegidos, o que é certamente um mal do ponto de vista da saúde coletiva, pois infringiria pelo menos o princípio de equidade, que é, como já vimos, o principal princípio moral que norteia (ou deveria nortear) as ações da saúde pública.

Em terceiro lugar, pode-se também razoavelmente perguntar qual seria a confiabilidade de técnicas diagnósticas e prognósticas desenvolvidas em campo biomédico e aplicadas ao campo da saúde coletiva, quando se pretende detectar vínculos causais entre ações individuais e consequências coletivas a fim de poder atribuir claramente responsabilidades. De fato, se não temos dados confiáveis para a ação sanitária, a responsabilidade não pode funcionar como um princípio moral legítimo, visto que não só não temos um destinatário da ação, mas tampouco teremos fatos fidedignos aos quais aplicar a avaliação moral.

Assim sendo, num mesmo conceito teremos vários graus de responsabilidade, o que torna este conceito praticamente pouco viável em campo sanitário. De fato, com um pouco de imaginação pode-se detectar diferentes tipos de responsabilidade, desde uma responsabilidade por causas e consequências, identificáveis de forma probabilística (como nos permite a princípio a epidemiologia) até uma responsabilidade por atitudes morais referidas ao caráter do agente e consideradas como supostas "causas" do agir moral. Desta forma, todos os tipos de responsabilidade se resumem a indicar que um agente causal deve ser responsável pelas consequências de seus atos perante a sociedade e de acordo com normas válidas de uma instância avaliadora. Mas, na prática, isso é de dificílima atuação, devido às incertezas que afetam os cálculos probabilísticos utilizados em saúde pública, como mostram praticamente todos os estudos epidemiológicos. Em suma, tendo detectado que a responsabilidade é certamente um componente essencial, mas complexo, da moralidade de um ato, resta saber como a responsabilidade pode ser um elemento de orientação na implementação e avaliação moral dos programas sanitários e das políticas públicas em saúde.

Num escrito anterior de Schramm e Kottow (2001)[15], destacamos, dentre os vários tipos de responsabilidade reconhecidos na literatura, dois candidatos, aparentemente razoáveis, para a ética da saúde pública: a *responsabilidade ôntica* (ou "responsabilidade para com o Ser"), de Hans Jonas (já apresentada), e a *responsabilidade diacônica* (ou "responsabilidade para com o Outro"), de Emanuel Lévinas (1979)[16].

Os dois tipos de responsabilidade têm características comuns (pois não são frutos de um requerimento feito por algum paciente moral), mas oferecidas livremente por um agente moral, ou obedecendo a um dever imperfeito, ou virtude, isto é, dependendo do caráter ou *éthos* individual ou relativo a uma "perfeição" da conduta moral individual, mas que, por isso mesmo, não podem ser consideradas deveres propriamente ditos, valendo a rigor tão somente (pelo menos em sociedades complexas e pluralistas) para os assim chamados "amigos morais", mas não necessariamente para os assim chamados "estranhos morais"[17] (ENGELHARDT, 1998).

Por fim – e esta é a crítica mais importante devido a suas implicações pragmáticas –, o tipo de responsabilidade assumida é um compromisso *sui generis,* pois não tem objetivos finais claros, nem um programa ou uma agenda definidos sobre benefícios específicos que se queiram obter, nem tampouco os meios legítimos e mais adequados para a realização dos fins desejados.

Assim sendo, surge então a pergunta: o que é que um agente decide quando se regula conforme um ou outro tipo dessas responsabilidades? De fato, nada de específico está sendo pedido e nenhuma ação particular é requerida, nem existe nenhum dever chamado em causa. A este respeito, Jonas indica, como já vimos, que a situação arquetípica que leva a assumir a responsabilidade ôntica é a dos pais frente ao recém-nascido, e Lévinas cita como exemplo da responsabilidade diacônica o caso do outro desamparado. Já vimos também que se pode estabelecer, de acordo com

[15] Schramm & Kottow 2001, Op. Cit.

[16] Levinas, E. 1979. Le temps et l'autre. Paris : Quadrige/PUF,

[17] Engelhardt HTJr. Os fundamentos da bioética. São Paulo: Ed. Loyola, 1998.

Jonas, uma analogia entre a proteção parental e a proteção do Estado para com as populações sob sua responsabilidade. Mas, vimos ainda, que esta analogia tem também seus limites devido à relação complexa e, muitas vezes, tensa, entre os âmbitos individual e coletivo da moralidade, vigentes nas sociedades contemporâneas. Por sua vez, e pelas mesmas razões, a responsabilidade diacônica exige do sujeito uma relação com o outro que nem sempre é factível, sobretudo tendo em conta o individualismo difuso que permeia nossas sociedades, por um lado, e a valorização da reciprocidade no mesmo tipo de sociedades.

Se nenhuma ação concreta está indicada para este tipo de oferta livre e de responsabilidade aberta, resulta difícil exigir uma cobrança de responsabilidade definida. Em outros termos, responsabilidade sem a obrigação de responder concretamente a alguém para algo se torna de fato um requerimento ético fraco e sem consequências tangíveis. Esta é a principal razão pela qual parece mais razoável substituir o princípio de responsabilidade pelo "princípio de proteção", que guie a ação de maneira diferente e mais comprometida.

2.3. O princípio de proteção em Saúde Pública

A proteção pode ser vista como o resgate do sentido da oferta voluntária de cuidados aos outros (contido nas duas versões da responsabilidade indicadas anteriormente) em vista de prevenir o adoecimento e de promover seu bem-estar. Entretanto, diferentemente da responsabilidade ôntica e diacônica, a proteção é, além de engajada livremente, também comprometida praticamente, o que pode torná-la irrevogável moralmente, visto que o agente e as consequências de seus atos estão a princípio definidos e identificados.

Assim sendo, outra maneira de encarar a bioética da saúde pública consiste em lembrar qual é o sentido social primário, ou talvez o único legítimo, das medidas sanitárias da saúde coletiva. Com efeito, a responsabilidade moral está no cerne da ética de uma maneira tradicionalmente associada ao dever de ter que prestar contas concretamente perante a sociedade pelo tipo de medidas adotadas, isto é, uma responsabilidade associada a cobranças. Mas se é possível derivar um princípio de proteção das insuficiências, em termos de "cobranças", da responsabilidade ôntica e diacônica, isso parece oferecer uma nova perspectiva para a avaliação ética dos programas da saúde pública.

Para caracterizar melhor a bioética da proteção em Saúde Pública, uma das maneiras possíveis é a de identificá-la "por diferença", comparando-a com correntes da bioética existente, que pretendem dar conta dos problemas morais envolvidos pela Saúde Pública. Aqui analisaremos, brevemente, duas correntes que podem ser consideradas como concorrentes da bioética da proteção: o consequencialismo e sua vertente utilitarista; e a teoria dos direitos.

2.4. Consequencialismo/Utilitarismo

A análise da moralidade das políticas públicas em saúde implica a avaliação de suas consequências, em particular, a consideração e ponderação daquelas consequências que, conforme J. Bentham (1748-1832), implicam o maior bem-estar possível para o maior número de indivíduos afetados, o que em sua terminologia constitui a medida de utilidade, ou "cálculo hedonístico", que garante a moralidade de uma ação. Atualmente, existem duas versões principais de utilitarismo: a subjetivista, que considera que o melhor juiz para avaliar o bem-estar individual é o próprio indivíduo, e a objetivista, a qual, ao contrário, acredita ser possível medir características "objetivas" do bem-star, isto é, componentes do bem-estar cognoscíveis racionalmente e aceitáveis consensualmente. Apesar dessa diferença, tanto o utilitarismo subjetivista como o utilitarismo objetivista se preocupam com a eficiência da utilização dos recursos disponíveis (considerados sempre finitos e muitas vezes escassos), ou seja, com a utilização que produza o maior bem-estar possível. Em Saúde Pública, isso implica inevitavelmente uma análise da relação entre "custos" e "benefícios": para os utilitaristas subjetivistas, perguntando aos beneficiários individuais seu grau de satisfação para com as políticas públicas adotadas; para os utilitaristas objetivistas, ponderando a utilidade por meio de instrumentos como os assim chamados Qalys (Quality-Adjusted Life Years) ou os Dalys (Disability-Adjusted Life Years). A vantagem da abordagem utilitarista é que faz apelo à intuição, sendo, portanto, de fácil assimilação. No entanto, apresenta uma série de problemas. Por exemplo, a utilização do indicador Dalys enfrenta sérias dificuldades quando deve responder à pergunta se é possível medir as condições de saúde segundo uma escala de valores independente do contexto específico, ignorando assim a variação das atitudes individuais e culturais frente ao adoecimento, o sofrimento e a morte. Em contrapartida, se optarmos por uma variedade de escalas que tenham em devida conta tais variações, como compará-las com uma escala-padrão, supostamente capaz de dirimir os conflitos de interesses? Ademais, do ponto de vista do utilitarismo subjetivista, as ponderações individuais podem muito bem ser suspeitas de parcialidade do juízo e de favorecer o interesse pessoal, enfatizando, por exemplo, a importância relativa da doença de um portador, em detrimento de outras. Assim sendo, a análise utilitarista das consequências, embora possua um papel central na ponderação moral das ações em Saúde Pública, tem também seus problemas não resolvidos, o que parece sugerir a necessidade de fazer apelo a outros referenciais. Por exemplo, se por um lado parece razoável defender, em nome da Saúde Pública, a imposição de hábitos individuais considerados mais saudáveis, tais como não fumar, fazer exercícios físicos, controlar a alimentação, etc., por outro, tal imposição pode ser vista como arbitrária e rechaçada em nome dos direitos individuais. E isso nos leva a enfrentar algumas questões da teoria dos direitos.

2.5. A teoria dos direitos

Atualmente, existem pelo menos três gerações (e para alguns autores quatro) de direitos reconhecidos: os direitos de primeira geração, ou direitos do indivíduo concebido como pessoa; os direitos de segunda geração, ou direitos sociais; os direitos de terceira geração, que incluem o direito a um ambiente saudável; e, por fim, os direitos das gerações futuras. A partir, sobretudo, dos anos 90, os profissionais da Saúde Pública vêm se interessando cada vez mais na ideia de direitos, aplicada à saúde. Isso é patente, por exemplo, na discussão se existiria um direito à saúde, ou se esse direito só se aplicaria aos cuidados em saúde.

A justificação filosófica dos direitos baseia-se na doutrina liberal, a qual, como o utilitarismo, é um produto da cultura Iluminista do século XVIII e XIX. Em particular, baseia-se nas ideias de Kant (1724-1824), para quem o ser humano deve sempre ser respeitado em sua pessoa, no sentido de nunca ser instrumentalizado como mero meio por terceiros e de ser considerado também, e obrigatoriamente, como fim em si. Para o kantismo contemporâneo, visto que os seres humanos têm a princípio a competência de decidir sobre como viver, eles teriam também o direito de fazer isso. Ademais, considerando que este direito lhe é outorgado pelo status de ser humano entendido como pessoa, este direito deve ser visto como sendo ao mesmo tempo individual e universal, isto é, aplicável a cada qual.

Também na teoria dos direitos existem duas vertentes principais, que interpretam diferentemente o princípio do respeito mútuo: a assim chamada corrente "libertária", defendida, por exemplo, por HT Engelhardt Jr, para quem somente os direitos negativos (não prejudiciais a terceiros) deveriam ser protegidos, exigindo, portanto, um Estado Mínimo que garanta os direitos pessoais; a corrente "igualitária", para a qual a igualdade de oportunidade é condição necessária ao exercício *de facto* do direito à escolha.

Agora, para muitos profissionais em Saúde Pública, a saúde é vista como um bem bastante diferente das outras "mercadorias" produzidas, razão pela qual dever-se-ia reservar um tratamento específico, inclusive em termos de proteção. Por isso, autores como Norman Daniels (1985)[18] defendem o argumento de que o nível mínimo de saúde é necessário para se poder fazer escolhas "de vida" razoáveis, inclusive para a obtenção de outros bens importantes. Assim sendo, a saúde faria parte das oportunidades devidas a cada cidadão, da mesma forma que as liberdades fundamentais, logo os governos seriam responsáveis pela garantia de uma quantia mínima de qualidade de vida para todos. A proposta de Daniels está baseada na concepção de John Rawls da "justiça como equidade" (RAWLS, 1997)[19], segundo a qual, respeitados os direitos fundamentais de cada pessoa, um sistema sanitário justo é aquele que privilegia, quando necessário, os menos favorecidos, como maneira de reequilibrar as injustiças existentes (é este o sentido do atual debate sobre universalização *versus* focalização). No entanto, também esta posição tem suas questões não respondidas. Por exemplo: como estabelecer um mínimo *standard* de cuidados para todos? Como garanti-lo considerando os recursos disponíveis? Como considerar a incorporação tecnológica no computo final? Como ponderar as responsabilidades individuais com relação aos estilos de vida?

Uma maneira de responder a esses problemas levantados pela perspectiva liberal "igualitária" é aquela proposta por A. Sen (2000)[20], para quem a saúde não seria um pré-requisito para as escolhas individuais, mas seu resultado, ou consequência. Um estado liberal deveria, portanto, oferecer a seus cidadãos os cuidados em saúde necessários, deixando a

[18] Daniels N. Just Health Care. Cambridge: Cambridge University Press, 1985.

[19] Rawls J. Uma teoria da justiça. São Paulo: Martins Fontes, 1997.

[20] Sen A. Desenvolvimento como liberdade. São Paulo: Companhia das Letras 2000.

cada um a liberdade de aceitá-los ou não e de tomar individualmente as decisões sobre o estilo de vida desejado e apropriado. A proposta deste autor tem bastante em comum com a bioética da proteção aplicada à Saúde Pública, embora possa ser criticada por não ter suficientemente em conta a dimensão social da vida humana, ou seja, por privilegiar o âmbito pessoal em detrimento do social, o que pode, eventualmente, ser aceito do ponto de vista dos direitos fundamentais, mas é bastante problemático para a Saúde Pública.

Conclusões

As autoridades sanitárias, se forem legítimas, podem ser consideradas responsáveis por um nível razoável e efetivo de bem-estar da população; pela garantia de acesso aos serviços de saúde; pela prevenção das epidemias e outros programas de saúde coletiva como a promoção de estilos de vida "saudáveis". A responsabilidade pelas políticas de saúde cabe ao agente sanitário gestor (que representa uma instituição legitimamente constituída), o qual deve assumir as ações necessárias capazes de responder às necessidades de saúde da população *sob a forma de protegê-la frente à sua vulnerabilidade e às ameaças concretas em sua saúde*, apesar das dificuldades que isso representa e que tentamos indicar ao longo deste texto.

A responsabilidade protetora implica necessariamente o controle dos resultados das políticas públicas adotadas, logo a avaliação da performance das instituições públicas e de seus funcionários. Assim sendo, o princípio de proteção implica, também necessariamente, o dever da eficácia como condição para poder intervir legitimamente na vida dos cidadãos, inclusive limitando a autonomia pessoal frente às exigências do bem comum, quando isso for necessário e não havendo outros meios.

O conceito de proteção desenvolvido pela bioética da proteção, quando aplicado aos problemas da Saúde Pública, pretende integrar a responsabilidade moral e a eficácia pragmática, podendo, portanto, ser considerado uma genuína ferramenta da ética aplicada. Isso é indispensável para legitimar políticas sanitárias que se pretendem universalistas do ponto de vista dos valores, como é a política sanitária inspirada na Constituição Brasileira e nos princípios do SUS. Mas pretende também respeitar, na medida do possível, a pluralidade dos valores e interesses que perpassam as coletividades, não impondo comportamentos que poderiam infringir os direitos fundamentais das pessoas, mas oferecendo modelos de comportamentos considerados válidos do ponto de vista da prevenção do adoecimento e de promoção da saúde (nisso ela se aproxima da proposta de Sen), o que via de regra é papel dos programas de educação em saúde.

Mas existem exceções a esta regra geral, como no caso de epidemias que podem afetar sensivelmente a saúde da população e que implicam medidas coercitivas impostas aos indivíduos que formam a população. Neste caso, vale, portanto, o princípio de proteção do "corpo social" contra as ameaças de indivíduos e grupos que possam prejudicá-lo.

De fato, uma bioética da Saúde Pública, baseada no princípio de proteção, recupera o sentido primeiro da ética, enraíza-se numa tradição socialmente importante (a da medicina social do século XIX) e valoriza, nessa época de "Estado Mínimo", um papel relevante do Estado Moderno, o qual, a meu ver, só tem legitimidade se tiver a competência de proteger seus cidadãos, mesmo quando esses decidam não aceitar tal proteção. Mas, nesse caso, os interesses do bem comum tornam legítimas medidas compulsórias, as quais, se não foram acatadas, podem implicar sanções para com os transgressores. Em suma, a proteção da Saúde Pública legitima alguma forma de restrição das liberdades individuais, baseada na prioridade léxica dos direitos sociais sobre os direitos individuais.

Mas para que uma bioética da Saúde Pública, assim como a delineamos aqui, tenha seus frutos maduros, não podemos prescindir da condição de que os indivíduos que compõem a coletividade sejam pelo menos razoáveis, o que nem sempre é verificado na prática, visto que a equidade não consiste somente em distribuir benefícios, mas também, muitas vezes, frustrações.

Referências

BEAUCHAMP, T. L.; CHILDRESS, J. F. **Principles of Biomedical Ethics**. Oxford: Oxford University Press, 1979.

CANAVACCI, L. **I confini del consenso**. Un' indagine sui limiti e l' efficacia del consenso informato. Torino: Edizioni Medico Scientifiche, 1999.

DANIELS, N. **Just Health Care**. Cambridge: Cambridge University Press, 1985.

ENGELHARDT, H. T. Jr. **Os fundamentos da bioética**. São Paulo: Loyola, 1998.

FERRATER MORA, J. **Diccionario de Filosofia**. Barcelona: Ariel, 1999.

HOUAISS, A.; VILLAR, M. S. **Dicionário Houaiss da língua portuguesa**. Rio de Janeiro: Objetiva, 2001.

JONAS H. Wissenschaft als persöhliches Erlebnis. **Göttingen**: Vandenhoeck & Ruprecht, 1987.

JONAS, H. **O princípio responsabilidade**. Rio de Janeiro: Contraponto, 2006.

KOTTOW, M. **Introducción a la bioética**. Santiago: Universitária, 1995.

LÉVINAS, E. **Le temps et l'autre**. Paris: Quadrige/PUF, 1979.

POTTER, V. R. Bioethics, science of survival, **Biology and Medicine**, v. 14, n. 1, p. 127-153, Autumn, 1970.

RAWLS, J. **Uma teoria da justiça**. São Paulo: Martins Fontes, 1997.

SCHRAMM, F. R.; KOTTOW, M. Princípios bioéticos em salud pública: limitaciones y propuestas, **Cadernos de Saúde Pública**, v. 17, n. 4, p. 949-956, 2001.

SEM, A. **Desenvolvimento como liberdade**. São Paulo: Companhia das Letras, 2000.

2. AS DIRETIVAS ANTECIPADAS DE VONTADE NO ORDENAMENTO JURÍDICO PORTUGUÊS

Cláudia Monge

Introdução

As diretivas antecipadas de vontade constituem expressão da vontade, exercício da autonomia, da integridade moral enquanto direito de *liberdade*. Assim, exige-se que essa vontade seja adequadamente formada, seja uma vontade livre e esclarecida.

Para efeitos da realização de prestações de saúde, "a pessoa é chamada a decidir, de forma livre e esclarecida, sobre as intervenções a realizar sobre o seu próprio corpo" (MONGE, 2018, p. 178). O "consentimento para uma intervenção ou tratamento médico para ser válido deve ser prévio, livre e esclarecido" (Idem, 2014a, p. 405). As diretivas antecipadas de vontade podem traduzir o consentimento ou, a mais das vezes, o dissentimento para a realização de determinados atos ou intervenções.

A prestação de cuidados de saúde deve ser entendida como uma relação obrigacional complexa, na qual, a par da obrigação principal, de promoção, de tratamento ou de cuidados de saúde, devem ser reconhecidas diversas situações jurídicas, ativas e passivas.

No seio dessa relação obrigacional complexa, seja de ambiência pública seja privada, têm incidência e realização o direito à proteção da saúde, o próprio direito à vida, o direito à integridade física, e outros direitos fundamentais, como o direito à integridade moral, o direito à reserva da intimidade da vida privada e familiar e o direito à proteção de dados pessoais e os correlativos deveres e obrigações.

As diretivas antecipadas de vontade devem ser entendidas, assim se considera, nesse enquadramento, como manifestação e exercício do direito à integridade moral, direito de *liberdade*, na expressão de autonomia e consentimento prévio e esclarecido.

As diretivas antecipadas de vontade traduzem uma "vontade anteriormente expressa pelo paciente", manifestação de uma "*autonomia prospetiva*" (PEREIRA, 2015, p. 570). Sendo uma manifestação de uma vontade prospetiva, constituem "por isso, um meio subsidiário de realização da autonomia directa e actual do paciente" (RIBEIRO, 2017, p. 65).

Na medida em que as diretivas antecipadas de vontade correspondem à expressão de uma vontade, necessariamente livre, traduzem a "dignidade como respeito da humanidade intrínseca" (NOVAIS, 2016, p. 102-106), que reflete "a ideia de que a pessoa é um agente responsável, um sujeito autónomo, capaz de reflexão sobre si e sobre o que lhe é exterior, capaz de fazer escolhas racionais, de se autodeterminar e, consequentemente, de avaliar e valorar moralmente o seu comportamento, e o dos seus semelhantes, de se responsabilizar por ele e de assumir compromissos e vinculações" (Ibidem, p. 102-103).

Se é certo que as diretivas antecipadas de vontade tinham já expressão no nosso ordenamento jurídico, através do artigo 9º da Convenção sobre os Direitos do Humanos e da Biomedicina, convenção de Direito Internacional[1], sob a égide do Conselho da Europa, vigente no ordenamento jurídico português, nos termos do artigo 8º da Constituição da República Portuguesa, a verdade é que, de acordo com o artigo 9º (*Vontade anteriormente manifestada*) da Convenção, ao dispor que *A vontade anteriormente manifestada no tocante a uma intervenção médica por um paciente que, no momento da intervenção, não se encontre em condições de expressar a sua vontade, será tomada em conta*, claro era o caráter meramente indiciário das diretivas antecipadas da vontade (MONGE, 2014b, p. 33), ao passo que, presentemente, à luz da Lei n.º 25/2012, de 16 de julho, a regra parece ser a da natureza vinculativa destas.

[1] A Convenção para a Proteção dos Direitos Humanos e da Dignidade do Ser Humano face às aplicações da Biologia e da Medicina, aberta a assinatura em 4 de abril de 1997, e que entrou em vigor em 1 de dezembro de 1999, nos termos do n. 3 do seu artigo 33, primeiro dia do mês seguinte ao termo de três meses após a data de ratificação de cinco Estados, incluindo quatro Estados membros do Conselho da Europa, foi aprovada pela Resolução da Assembleia da República n. 1/2001, de 3 de janeiro de 2001, e ratificada por Decreto do Presidente da Assembleia da República n. 1/2001, de 3 de janeiro de 2001.

A Lei n. 25/2012, de 16 de julho, entretanto alterada pela Lei n. 49/2018, de 14 de agosto[2], veio, após um processo legislativo intenso[3], então, estabelecer o regime das diretivas antecipadas de vontade em matéria de cuidados de saúde, designadamente sob a forma de testamento vital[4-5], regular a nomeação de procurador de cuidados de saúde e criar o Registo Nacional do Testamento Vital (Rentev).

A lei apresenta, assim, um triplo objeto,

> [...] o de i) estabelecer o regime das diretivas antecipadas de vontade em matéria de cuidados de saúde, o de ii) regular a nomeação do procurador de cuidados de saúde e o de iii) criar o Rentev, para efeitos da aplicação da Lei n. 25/2012, de 16 de julho, pelo que, à luz do regime legal assim aprovado, importa desde logo distinguir as *diretivas antecipadas de vontade* da *procuração de cuidados de saúde,* reguladas como realidades distintas respetivamente nos Capítulos II e III deste diploma legal. O regime do Rentev será aplicável

[2] A Lei n.º 49/2018, de 14 de agosto, criou o regime jurídico do maior acompanhado, eliminando os institutos da interdição e da inabilitação, previstos no Código Civil, aprovado pelo Decreto-Lei n. 47 344, de 25 de novembro de 1966, e alterou em consonância vários outros regimes em especial, como a Lei n. 25/2012, de 16 de julho, e a Lei da Saúde Mental, aprovada pela Lei n. 36/98, de 24 de julho.

[3] Sobre o processo legislativo, *vide* com desenvolvimento Monge (2014b, p. 44-90).

[4] A expressão tem sido objeto de algumas críticas. Neste sentido, *vide* Ascensão (2012, p. 166) – explicita o Ilustre Professor que os *testamentos vitais* são assim "impropriamente chamados, apressamo-nos a observar desde já, porque de nenhum testamento se trata: o testamento só valeria depois da morte, enquanto esta vontade é expressa para operar ainda em vida, em situações de terminalidade ou quando a manifestação de vontade não for efectivamente possível". Cf. também Fragkou (2012, p. 175). *Vide* ainda Penalva e Teixeira (2009, p. 109-145). Cf. Melo (2011, p. 158. Com desenvolvimento quanto às divergências terminológicas, *vide* Monge (AAFDL, 2014b, p. 15-16); fazemos, porém, notar o emprego de uma expressão já utilizada no léxico jurídico português e que tem um significado próprio, nos termos definidos no artigo 2179º, n. 1, do Código Civil – o testamento é *o acto unilateral e revogável pelo qual uma pessoa dispõe, para depois da morte, de todos os seus bens ou de parte deles* – admitindo o n. 2 do mesmo artigo que sejam inseridas no testamento "disposições de carácter não patrimonial" "se fizerem parte de um acto revestido de forma testamentária, ainda que nele não figurem disposições de carácter patrimonial". No caso em apreço a declaração não dispõe para depois da morte e o objeto da declaração são bens pessoais.

[5] Cf. Raposo (2011, p. 175), quando refere: "Tal como o testamento patrimonial é um acto pessoal, unilateral e revogável. Mas ao invés do testamento referido nos arts. 2179º e seguintes do Código Civil não tem carácter patrimonial nem pretende valer após a morte da pessoa".

quer às denominadas diretivas antecipadas de vontade quer à procuração de cuidados de saúde, nos termos regulados no Capítulo IV da Lei" (Cf. MONGE, 2014b, p. 16-17, que seguimos), [sendo que a] triplicidade do objeto nos termos apresentados no artigo 1º da Lei n. 25/2012 é, desde logo, questionável na medida em que a doutrina vinha já a discutir, na esteira do debate e das intervenções legislativas noutros países, da procuração como um dos instrumentos de diretivas antecipadas da vontade, como, aliás, outras normas desta Lei, como por exemplo o artigo 16, parecem fazer inferir (Ibidem).

Na verdade, quanto ao *nomen iuris*, deve ser analisado se *diretivas antecipadas de vontade* e *procuração de cuidados de saúde* constituem "género" e "espécie" ou duas "espécies" do mesmo "género".

Como descreve a Associação Portuguesa de Bioética, no seu Parecer n. P/05/APB/06[6], a propósito das *diretivas antecipadas de vontade*, "são fundamentalmente duas as formas que estas directivas podem revestir: a de testamento de paciente e a de nomeação de procurador de cuidados de saúde"[7], ou seja, testamento vital e procuração de cuidados de saúde são duas espécies de diretivas antecipadas de vontade.

[6] Cf. Parecer de 5 de maio de 2006, que corresponde a uma iniciativa da Associação Portuguesa de Bioética a propósito das diretivas antecipadas de vontade e que precedeu a apresentação pela Associação Portuguesa de Bioética do "Projecto de Diploma n. P/06/APB/06, que regula o exercício do direito de formular directivas antecipadas de vontade no âmbito da prestação de cuidados de saúde e cria o correspondente registo nacional", de que são relatores Rui Nunes e Helena Pereira de Melo, aprovado pela Assembleia-Geral da Associação Portuguesa de Bioética. Disponível em: www.apbioetica.pt.

[7] Cf. o referido Parecer n. P/05/APB/06, p. 2. De acordo com as definições e considerações adotadas no parecer, ambas as figuras se inserem no conceito de diretivas antecipadas de saúde hoje contido no n. 1 do artigo 2º da Lei n. 25/2012: "O testamento de paciente, por vezes denominado 'testamento de vida (*living will*)' ou 'testamento biológico', é um 'documento escrito no qual uma pessoa consigna as suas vontades quanto aos cuidados médicos que pretende ou não pretende receber se perder a capacidade de se exprimir ou se se encontrar em estado de já não ser capaz de tomar ela própria uma decisão'". À semelhança do que ocorre na sucessão testamentária, o testamento de paciente é um acto pessoal, unilateral e revogável pelo qual a pessoa expressa claramente a sua vontade. No entanto, as disposições nele inseridas são, ao contrário do que ocorre naquela forma de sucessão, apenas de carácter não patrimonial e destinam-se a ser válidas no período anterior à morte do testador. A outra forma que podem assumir as directivas antecipadas é a nomeação de um procurador de saúde (*durable power of attorney* ou *health care proxy*). Esta nomeação é também feita através de um documento que atribui poderes a um 'procurador' para tomar decisões em matéria de saúde

A regulamentação da organização e do funcionamento do Rentev veio a ser aprovada pela Portaria n. 96/2014, de 5 de maio, alterada pela Portaria n. 141/2018, de 18 de maio[8], e o modelo de diretiva antecipada de vontade, de utilização facultativa pelo outorgante, nos termos do n. 3 do artigo 3º da Lei n. 25/2012, aprovado pela Portaria n. 104/2014, de 15 de maio.

Através da Lei n. 95/2019, de 4 de setembro, foi aprovada nova Lei de Bases da Saúde, que revogou a Lei n. 48/90, de 24 de agosto, alterada pela Lei n. 27/2002, de 8 de novembro. A nova Lei de Bases da Saúde reconhece, de forma expressa, o direito, já reconhecido pela Lei n. 25/2012, de cada um "decidir, livre e esclarecidamente, a todo o momento, sobre os cuidados de saúde que lhe são propostos, salvo nos casos excecionais previstos na lei, a emitir diretivas antecipadas de vontade e a nomear procurador de cuidados de saúde" (Cf. alínea f) do n. 1 da Base 2).

De acordo com a entidade responsável pelo Rentev, Serviços Partilhados do Ministério da Saúde, EPE[9], "[à] data de 18 de fevereiro, 29 853 mil portugueses têm testamentos vitais ativos"(SNS, 2020), sendo de assinalar que "[a]s mulheres continuam a exercer mais este direito, com 19 640 registos, ficando os homens nos 10 213 testamentos vitais" e que "para ambos os géneros, a faixa etária com maior número registado situa-se entre os 65-80 anos, seguindo-se as idades compreendidas entre os 50 e

em nome da pessoa que o nomeia quando esta deixe de estar em condições de expressar a sua vontade. Por vezes esta nomeação pela pessoa de alguém que tomará decisões por ela encontra-se associada à elaboração de um testamento de paciente" (*ibid.*, p. 2-3).

8 A Portaria n. 141/2018, de 18 de maio, alterou a Portaria n. 96/2014, de 5 de maio, no sentido de que, "em matéria de consulta de dados de saúde e, nomeadamente, quanto ao acesso a registos informáticos, estes devem estar acessíveis aos profissionais de saúde que deles necessitem para tomar as suas decisões face aos cuidados de saúde que são da sua responsabilidade" e de que "o regime legal das 'Diretivas Antecipadas de Vontade' deve ser interpretado de modo a permitir o acesso ao Rentev aos profissionais de saúde a quem cabe atender às disposições da pessoa, particularmente médicos e enfermeiros", como se lê no seu preâmbulo. *Vide*, no entanto, a esse propósito o Parecer n. 30/2016, de 6 de setembro, da Comissão Nacional de Proteção de Dados (disponível em: encurtador.com.br/dowxV), no sentido de que "apenas devem poder aceder ao Rentev os profissionais de saúde que efetivamente prestem cuidados de saúde suscetíveis de por em causa a declaração antecipada de vontade – o que parece só nas categorias profissionais de médico e enfermeiro".

9 Cf. Decreto-Lei n. 19/2010, de 22 de março, alterado pelos Decretos-Leis n. 108/2011, de 17 de novembro, n. 209/2015, de 25 de setembro, n. 32/2016, de 28 de junho, en. 69/2017, de 16 de junho, n. 38/2018, de 11 de junho, que cria a SPMS, E. P. E., e aprova os seus Estatutos.

os 65 anos". Cumpre ainda destacar, pela relevância prática na aplicação do regime, que o "registo do testamento vital permite que os médicos consultem informação sobre a vontade do doente e, num contexto de urgência ou de tratamento específico, podem consultar o testamento vital desse utente através do Portal do Profissional, garantindo que a vontade anteriormente expressa será cumprida" (Ibidem) e que, por seu turno, "o titular do testamento vital pode acompanhar todos os acessos feitos pelos profissionais de saúde, verificando se o seu documento está correto, ativo e disponível".

Analisemos, pois, alguns dos aspetos essenciais do regime hoje vigente em Portugal.

1. O regime legal e regulamentar português das diretivas antecipadas da vontade

1.1. Enquadramento

A Lei n. 25/2012, de 16 de julho, apresenta, no n. 1 do seu artigo 2º, a seguinte definição de diretivas antecipadas de vontade:

> As diretivas antecipadas de vontade, designadamente sob a forma de testamento vital, são o documento unilateral e livremente revogável a qualquer momento pelo próprio, no qual uma pessoa maior de idade e capaz, que não se encontre interdita ou inabilitada por anomalia psíquica, manifesta antecipadamente a sua vontade consciente, livre e esclarecida, no que concerne aos cuidados de saúde que deseja receber, ou não deseja receber, no caso de, por qualquer razão, se encontrar incapaz de expressar a sua vontade pessoal e autonomamente[10].

De acordo com a definição legal, serão, assim, elementos caraterizadores da diretiva antecipada de vontade (e fundamento para a aplicação do seu regime legal):

[10] Definição esta que, não tem sido expressamente alterada pela Lei n. 49/2018, de 14 de agosto, que criou o regime jurídico do maior acompanhado, eliminando os institutos da interdição e da inabilitação, previstos no Código Civil, e que alterou apenas a alínea b) do seu artigo 4º e aditou um n. 3 ao artigo 14 da Lei n. 25/2012, tem de ser lida atualmente em conformidade a Lei n. 49/2018.

i) O caráter unilateral do documento;
ii) A livre revogabilidade a todo tempo pelo próprio;
iii) A exigência de capacidade;
iv) O caráter antecipado da expressão da vontade (vontade prospetiva) face aos cuidados de saúde cujo sentido da intervenção constituem o seu conteúdo;
v) A vontade consciente, livre e esclarecida;
vi) O objeto respeitar a cuidados de saúde que o declarante expressa desejar receber ou não receber;
vii) A sua aplicação apenas se e quando o paciente declarante se encontra incapaz de expressar a sua vontade pessoal e autonomamente – seguimos Monge (2014b, p. 17-18).

Da definição assim apresentada resultam também vários elementos dos quais entendemos de destacar os seguintes (Ibidem, p. 18-22):

- O testamento vital é apenas uma das formas que pode revestir a diretiva antecipada de vontade, pelo que importa aferir quais as outras, que estarão sujeitas à mesma disciplina legal.
- A diretiva antecipada de vontade é definida como um documento, pelo que revestirá a forma de documento e à mesma aplicar-se-ão as regras da prova documental.
- A diretiva antecipada de vontade é um negócio jurídico – é um negócio jurídico porquanto expressa um ato da autonomia da vontade, expressão da liberdade, realiza o exercício de liberdade de celebração e de liberdade de estipulação (o possível conteúdo da diretiva antecipada de vontade é regulado no n. 2 do artigo 2º da Lei n. 95/2012) e dita efeitos jurídicos. Enquanto negócio jurídico é um negócio jurídico unilateral – realiza apenas um interesse, tem apenas uma Parte e tem-se por concluído mediante a validade e a eficácia de uma só declaração negocial. O negócio tem-se por concluído com a eficácia apenas de uma declaração, a do paciente[11].

[11] Dir-se-ia, num primeiro momento, que esta é uma declaração não recipienda, pois não tem um destinatário específico – serão destinatários todos os possíveis profissionais de saúde colocados futuramente na posição de prestar o cuidado de saúde que corresponde ao conteúdo da diretiva. Se classificada como uma declaração negocial não recipienda, aplicar-se-á, para

- Em coerência com o regime do consentimento no domínio da saúde, nos termos do artigo 5º da Convenção sobre os Direitos Humanos e a Biomedicina, a manifestação antecipada de vontade é livremente revogável pelo próprio; em coerência igualmente com o regime do artigo 81, n. 2, do Código Civil, que determina que a limitação voluntária de direitos de personalidade é a todo tempo revogável. Note-se que a *diretiva antecipada de vontade*, ao mesmo tempo que traduz uma manifestação do direito de personalidade à integridade moral, pode consubstanciar uma limitação voluntária de direitos de personalidade. Importará compreender os termos e alcance admitido a essa limitação, em articulação com o artigo 81, n. 1, do Código Civil, através da análise do possível conteúdo das diretivas antecipadas de vontade nos termos do n. 2 do artigo 2º da Lei n. 25/2012, de 16 de julho.
- A definição enunciada no n. 1 do artigo 2º apresenta como segmentos distintos a capacidade e a manifestação de vontade consciente, livre e esclarecida, como não poderia deixar de ser em matéria de consentimento (e dissentimento) para a prestação de cuidados de saúde; feita a articulação entre essa definição e a previsão do artigo 4º da Lei n. 25/2012, sob a epígrafe *Requisitos de capacidade*, importará, não só atender à capacidade de exercício nos termos consagrados pelo Direito positivo, como à capacidade de facto para juridicamente vincular o sujeito.
- Conforme referido, da definição de diretiva antecipada de vontade resulta claro que, em função do seu conteúdo, nos termos admitidos pelo n. 2 do mesmo artigo 2º, a diretiva pode traduzir consentimento (na referência da definição aos *cuidados de saúde que deseja receber*) ou dissentimento (entendida como recusa de consentimento) (quanto à referência da definição aos cuidados de saúde que *não deseja receber*,

determinar a sua eficácia, o disposto na segunda parte do n. 1 do artigo 224 do Código Civil e a declaração torna-se eficaz quando expedida pelo modo adequado (teoria de expedição). Porém, a eficácia da declaração negocial de diretivas antecipadas de vontade, a produção de efeitos do negócio, a execução da vontade, a possibilidade do seu conhecimento e a sua execução pelo profissional de saúde em concreto que acabe por ser colocado, no futuro, na posição de destinatário daquela vontade implicam uma análise específica e a necessidade de conjugar o regime geral de Direito Civil e o regime deste domínio da saúde.

no caso de, por qualquer razão, se encontrar incapaz de expressar a sua vontade pessoal e autonomamente) para a prestação de cuidados de saúde. Sem prejuízo de outro desenvolvimento, refira-se ainda que, de acordo com a definição de *diretiva antecipada de vontade*, esta expressa a vontade do seu titular, a aplicar no caso de, por qualquer razão, se encontrar incapaz de expressar a sua vontade pessoal e autonomamente", termos em que importa determinar quando o sujeito se encontra "incapaz de expressar a sua vontade pessoal e autonomamente" – na expressão de Ribeiro (2017, p. 65).

É ao profissional de saúde que tem em concreto de realizar o ato ou prestação de saúde do qual depende o consentimento prévio e esclarecido que cabe aferir se o paciente se encontra "incapaz de expressar a sua vontade pessoal e autonomamente". Cumpre ressalvar que o profissional de saúde que assim afira não fixa uma incapacidade em geral, "antes avalia as condições psíquico-volitivas do paciente para decidir autonomamente, não tendo tal juízo valorativo qualquer outra eficácia que não a obtenção de um consentimento no âmbito de um concreto processo de decisão" – como refere Ribeiro (O*p. cit.*, p. 67).

Ainda que tenha exprimido a sua recusa em receber determinado tratamento numa diretiva antecipada de vontade, o paciente pode, *a qualquer momento e através de simples declaração oral ao responsável pela prestação de cuidados de saúde* (Cf. n. 4 do artigo 8º da Lei n. 25/2012), afirmar o seu consentimento. Pode, assim, por exemplo, no momento imediatamente anterior à intervenção, e estando lúcido, consciente e esclarecido, vir manifestar a sua concordância e assentimento com a intervenção (MONGE, 2014b, p. 167). Como refere Ohly, se o paciente ainda estiver em condições de manifestar a sua vontade, então a situação juridicamente, na maior parte das vezes, não se distingue do caso normal da intervenção médica para efeitos de cura (Cf. OHLY, 2002, p. 245). Assim, conclui, se o paciente consentir eficazmente no tratamento, então o tratamento é lícito.

Como dita o n. 4 do artigo 8º da Lei n. 25/2012, a revogação da diretiva antecipada de vontade pode ser feita "através de simples declaração oral". Ora, não é estranha a regra de consensualidade para a modificação ou para a revogação *vs* a regra da exigência de forma para a declaração antecipada de vontade. É que a revogação é prestada pelo próprio paciente perante o profissional de saúde – é assim fidedigna a sua autenticidade, ao passo que a declaração antecipada de saúde é isso mesmo, anterior, e não na presença de quem carece do consentimento para intervir. À exigência de forma presidem razões de ponderação e segurança – a garantia de autenticidade protege o próprio e a sua integridade, garantia de que, no caso da declaração prestada no momento do ato, não se carece (Cf. MONGE, 2014b, p. 167).

No sentido da solução que veio a ser consagrada no n. 1 e 4 do artigo 8.º da Lei n.º 25/2012, já se havia pronunciado o Conselho Nacional de Ética para as Ciências da Vida ao afirmar que "o CNECV considera imperativo que a lei deixe claro que uma declaração antecipada de vontade pode ser revogada em qualquer momento, podendo tal ser feito de modo verbal pelo seu autor, sem prejuízo de posterior formalização"[12].

Como descreve Ohly, como em qualquer consentimento, também a disposição do paciente tem de ser revogável, podendo colocar-se à revogação requisitos menores do que à própria disposição (*Vide* OHLY, 2002, p. 249)[13].

A livre revogabilidade, expressamente reconhecida no n. 1 e no n. 4 do artigo 8º, quanto às diretivas antecipadas da vontade, e no n. 1 do artigo 14, no que respeita à procuração de cuidados de saúde em especial, traduzem a própria autonomia[14], o exercício do direito à integridade moral e a limitação voluntária eventual de outros direitos, como o direito à integridade física, e é consentânea, como referido, com o regime do artigo 81 do Código Civil, quanto à limitação voluntária de direitos de personalidade. É um novo exercício de tal autonomia que revoga vontade anterior e prospetiva, o que

[12] Cf. Parecer n. 59/CNECV/2010, do Conselho Nacional de Ética para as Ciências da Vida, "Parecer sobre os projectos de lei relativos às declarações antecipadas de vontade", de dezembro de 2010, p. 3. Disponível em: encurtador.com.br/clnA1. Também no sentido de que "essa revogação não deveria obedecer a qualquer formalidade e deveria poder ser feita a qualquer momento" (MELO, 2011, p. 192).

[13] A consagração legal da livre revogabilidade a todo o tempo respeita igualmente o Princípio 17 do Apêndice da "Recommendation CM/Rec (2009) 11 of the Committee of Ministers to member states on principles concerning continuing powers at attorney and advance directives for incapacity", adotada pelo Comité de Ministros a 9 de dezembro de 2009, que recomenda aos Estados-membros que "An advance directive shall be revocable at any time and without any formalities»". Disponível em: https://rm.coe.int/168070965f.

[14] A propósito da livre revogabilidade refira-se, pois, que a própria "soberania reconhecida ao paciente capaz de facto pressupõe que este possa livremente revogar as directivas antecipadas de vontade", na expressão de Ribeiro (2017, p. 66).

pode suceder no momento presente da prestação de cuidados de saúde, como anui o n. 4 do artigo 8º da Lei n. 25/2012, ao salvaguardar que "a qualquer momento e através de simples declaração oral ao responsável pela prestação de cuidados de saúde" o outorgante pode "modificar ou revogar o seu documento de diretivas antecipadas de vontade". A circunstância de o mesmo n. 4 do artigo 8º ditar ainda que tal modificação ou revogação do documento de a diretiva antecipada de vontade deve ser inscrita "no processo clínico, no Rentev, quando aí esteja registado, e comunicado ao procurador de cuidados de saúde", revela a importância dessa manifestação de vontade como elemento de atualidade que pode pôr em crise em situações ulteriores a eficácia da diretiva antecipada de vontade, sob a luz do n. 2 do artigo 6º da Lei n. 25/2012.

Apresentados estes segmentos ou elementos sumários, importa desenvolver alguns dos seus aspetos essenciais do ponto de vista jurídico.

1.2. Conteúdo e limites das diretivas antecipadas de vontade; eficácia das diretivas

O enquadramento fáctico que fez afirmar doutrinariamente e nascer a figura das diretivas antecipadas da vontade respeita a estados de doença terminal da vida e ao escopo de impedir situações de encarniçamento terapêutico e de futilidade do tratamento[15-16]. O respeito de uma vontade

[15] Segundo afirma Loureiro (2004, p. 162-163), "a renúncia a ou a interrupção de *tratamento fúteis ou manifestamente desproporcionados*, sendo que a sua continuação se traduz naquilo que se chama, impropriamente, 'encarniçamento ou obstinação terapêutica' não deve ser considerado 'um caso de eutanásia em sentido próprio' e 'a não cessação de tratamentos médicos corresponde a má prática médica, ficando os enfermos, não raro, como que pendurados entre a vida e a morte' e que, aliás, estas práticas de uma medicina agressiva, alicerçada numa impressionante panóplia técnica, [...] contribuíram para estimular as vozes que, perante a distanásia, propugnam a eutanásia".

[16] *Vide* a este propósito com especial interesse para a discussão da matéria, o n. 1 do artigo 66 (sob a epígrafe *cuidados paliativos*) e o n. 3 e n. 4 do artigo 67 (sob a epígrafe *morte*) do Código Deontológico da Ordem dos Médicos, aprovado pelo Regulamento n. 707/2016 da Ordem dos Médicos, publicado no Diário da República, 2ª série, n. 139, 21 de julho de 2016, quando dispõem respetivamente que, "Nas situações de doenças avançadas e progressivas cujos tratamentos não permitem reverter a sua evolução natural, o médico deve dirigir a sua ação para o bem-estar dos doentes, evitando a futilidade terapêutica, designadamente a utilização de meios de diagnóstico e terapêutica que podem, por si próprios, induzir mais sofrimento, sem que daí advenha qualquer benefício" (n. 1 do artigo 66); e "O uso de meios

anteriormente expressa no sentido do não recurso a tais práticas vinha associado um estado terminal da doença, tendo sido ulteriormente também discutido a propósito de um estado que, ainda que não terminal, fosse caracterizado como um estado vegetativo persistente[17].

O próprio *nomen iuris* que vulgarizou esta discussão, "living will", expressava isso mesmo.

O n. 2 do artigo 2º da Lei n. 25/2012 estabelece o "conteúdo admitido" das diretivas antecipadas de vontade. Nos termos aí previstos podem "constar do documento de diretivas antecipadas de vontade as disposições que expressem a vontade clara e inequívoca do outorgante", não só "a) Não ser submetido a tratamento de suporte artificial das funções vitais" e "b) Não ser submetido a tratamento fútil, inútil ou desproporcionado no seu quadro clínico e de acordo com as boas práticas profissionais, nomeadamente no que concerne às medidas de suporte básico de vida e às medidas de alimentação e hidratação artificiais que apenas visem retardar o processo natural de morte", em consonância com o "fez nascer" a figura, como também, em linha com o referido enquadramento fáctico de estados de doença avançada, "c) Receber os cuidados paliativos adequados ao respeito pelo seu direito a uma intervenção global no sofrimento determinado por doença grave ou irreversível, em fase avançada, incluindo uma terapêutica sintomática apropriada", como também "d) Não ser submetido a tratamentos que se encontrem em fase experimental" e "e) Autorizar ou recusar a participação em programas de investigação científica ou ensaios clínicos".

extraordinários de manutenção de vida deve ser interrompido nos casos irrecuperáveis de prognóstico seguramente fatal e próximo, quando da continuação de tais terapêuticas não resulte benefício para o doente" e "O uso de meios extraordinários de manutenção da vida não deve ser iniciado ou continuado contra a vontade do doente" (n. 3 e n. 4 do artigo 67).

[17] A propósito dos problemas colocados pela situação clínica denominada como de "estado vegetativo persistente", *vide* Parecer 45/CNECV/05, do Conselho Nacional de Ética para as Ciências da Vida, *Parecer sobre o estado vegetativo persistente*, de fevereiro de 2005, disponível em www.cnecv.pt. Como salienta Loureiro (1994, p. 30), "o universo dos pacientes em estado vegetativo crónico toca problemas como o conceito de morte, o valor dos chamados testamentos vitais, a distinção entre cuidados e tratamentos médicos, a noção de futilidade dos tratamentos, a ideia de meios ordinários e extraordinários, a distinção entre eutanásia, ortotanásia e distanásia, as dimensões prestacionais do direito à protecção da saúde".

A aposição do advérbio de modo "nomeadamente" na parte final do n. 2 do artigo 2º da Lei n. 25/2012, de 16 de julho, parece, porém, determinar ser de afastar o entendimento de que o regime a aprovar visava regular apenas as decisões de fim de vida.

Na verdade, "a lei tem um âmbito de aplicação material e consequentemente tem uma incidência prática que extravasa aquilo que na aparência era a sua fundamentação teórica e o que historicamente fez nascer a figura – um estado terminal da doença" (MONGE, 2014b, p. 27).

A aposição do advérbio de modo "designadamente" ao referir-se, no objeto, nos termos do artigo 1º da Lei n. 25/2012, ao "testamento vital" como uma manifestação de "diretiva antecipada de vontade" e a aposição do advérbio de modo "nomeadamente" no final do corpo do n. 2 do artigo 2º podem ser entendidas como uma tomada de posição do legislador português no sentido de as diretivas não se limitarem à consideração da obediência a uma vontade prospetiva no momento da morte, em razão de um estado terminal da doença ou de encarniçamento terapêutico, mas também noutras situações clínicas nas quais, no momento da sua realização, o paciente está incapaz de expressar a sua vontade. Esta aposição faz entender que o legislador tomou a posição de consagrar no ordenamento jurídico português um lato âmbito para as diretivas antecipadas de vontade (*Ibidem*, p. 28-29).

O artigo 5º da Lei n. 25/2012 vem determinar como *juridicamente inexistentes, não produzindo qualquer efeito, as diretivas antecipadas de vontade: a) que sejam contrárias à lei, à ordem pública ou determinem uma atuação contrária às boas práticas; b) cujo cumprimento possa provocar deliberadamente a morte não natural e evitável, tal como prevista nos artigos 134.º e 135.º do Código Penal; c) em que o outorgante não tenha expressado, clara e inequivocamente, a sua vontade.*

Desta forma, não inclui expressamente nestes limites o respeito pelos requisitos e pelo conteúdo nos termos admitidos no artigo 2º e como fundamento de inexistência a não observância dos pressupostos e do conteúdo da diretiva antecipada de vontade admitido no artigo 2º. No entanto, uma diretiva que não respeite o artigo 2º da Lei n. 25/2012 deverá considerada como contrária à lei, sendo, assim, "inexistente" na expressão da lei, de acordo com a alínea a) do artigo 5º (*Ibidem*, p. 116).

O fundamento de inexistência ditado na alínea c) do artigo 5º resultaria também da própria definição do no n. 1 do artigo 2º. Se a manifestação de vontade não é clara e inequívoca não temos sequer uma diretiva antecipada de vontade de acordo com os termos definidos no n. 1 do artigo 2º. Desta forma, se uma diretiva não expressa uma "vontade consciente, livre e esclarecida" será "juridicamente inexistente", pois nega a sua própria natureza e definição (*Ibidem*). Tendo em conta a sua definição, se a declaração não realiza a definição que lhe é imposta pelos termos do n. 1 do artigo 2º, consequentemente não pode produzir os efeitos que lhe são gizados na Lei n. 25/2012. A eventual ambiguidade das diretivas seria minimizada se o legislador, assim entendemos, tivesse expressamente consagrado a exigência de aconselhamento adequado por profissional de saúde ou expressão de vontade perante alguém que fosse capaz de aferir, do ponto de vista da prática assistencial, da clareza da expressão da vontade.

Há evidentes conexões no objeto normativo do artigo 5º da Lei n. 25/2012 e do artigo 280 do Código Civil. Na alínea a) do artigo 5º da Lei n. 25/2012 parece referir-se ao objeto do negócio jurídico aqui enquanto *quid* sobre que recai a declaração. A interpretação desta norma padecerá, porém, das mesmas dificuldades interpretativas que o n. 2 do artigo 280 do Código Civil suscita ao erguer como limite do conteúdo do negócio jurídico ou seu pressuposto ou requisito o respeito pela ordem pública, como aliás também sucede, nos termos do n. 1 do artigo 81, especificamente para os negócios que têm como conteúdo a limitação voluntária de direitos de personalidade. Da nossa parte, entendemos o conceito de ordem pública como agregador dos vetores que são essenciais à subsistência da sociedade, que são valores fundamentais do ordenamento (*Ibidem*, p. 117-118)[18]. Ainda

[18] Para Pedro Pais de Vasconcelos, "a Ordem Pública é o complexo dos princípios e dos valores que informam a organização política, económica e social da Sociedade e que são, por isso e como tal, tidos como imanentes ao respectivo ordenamento jurídico", deste modo, "constitui expressão e instrumento do interesse público, do *bem comum*, tal como é definido naquela colectividade e corresponde geralmente aos grandes princípios consagrados na parte programática da respectiva constituição política" (VASCONCELOS, 2012a, p. 504). Jorge Reis Novais salienta que "as concepções éticas e sociais dominantes" caracterizam a ordem pública "como pressuposto indispensável a uma adequada convivência na comunidade" (NOVAIS, 2003, p. 476). Quanto à doutrina dos limites imanentes dos direitos fundamentais Novais (Op. cit., p. 528) apresenta análise crítica e conclui pela "inadequação de uma adesão global à doutrina dos limites imanentes quando perspectivada na função de resolver o problema das restrições não expressamente autorizadas", referindo que essa adesão sem reservas pressuporia que "esses limites fossem objectivamente perceptíveis e susceptíveis de declaração por qualquer operador jurídico e de existência intersubjectivamente demonstrável com mero apelo à sensibilidade jurídica dos intervenientes" (*Ibidem*). Entre outras críticas,

quanto à alínea a) do artigo 5º, o legislador ergue como limite o respeito pelas "boas práticas", pela ética profissional e pelas *leges artis*[19].

Relativamente ao limite previsto na alínea b) do artigo 5º da Lei n. 25/2012 é manifesta a intenção do legislador de "distanciar" a diretiva antecipada da vontade dos crimes contra a vida[20]. A alínea b) do artigo 5º da Lei n. 25/2012 remete para os artigos 134 e 135 do Código Penal, que respetivamente tipificam no ordenamento jurídico português como crimes o homicídio a pedido da vítima e o incitamento ou ajuda ao suicídio[21]. Aliás, pela própria letra da alínea b) do artigo 5º, torna-se claro que o limite é estabelecido pela "morte não natural e evitável". No quadro legislativo presente, não obstante a discussão legislativa atual em torno da eutanásia, a diretiva antecipada de vontade será tida como inexistente, não devendo por isso ser atendida e executada, se o seu cumprimento provocar um homicídio a pedido da vítima ou uma ajuda ao suicídio. A diretiva será considerada como juridicamente inexistente quando a sua execução possa provocar deliberadamente a morte não natural ou evitável.

Após estabelecer os limites das diretivas antecipadas de vontade no artigo 5º, o legislador regula no n. 2 do artigo 6º as situações em que essas

como o prejuízo para a aplicação do princípio da proporcionalidade, o Ilustre Professor identifica o risco de a doutrina dos limites imanentes desvalorizar a intervenção do legislador e constituir risco de violação da reserva de lei.

[19] Importa a esse respeito ter presente o artigo 4.º da Convenção dos Direitos Humanos e da Biomedicina, dedicado às *Obrigações profissionais e regras de conduta*, quando dita que "Qualquer intervenção na área da saúde, incluindo a investigação, deve ser efetuada na observância das normas e obrigações profissionais, bem como das regras de conduta aplicáveis ao caso concreto".

[20] Cf. Raposo (2011, p. 174-175), quando, a propósito da recusa de tratamentos de suporte vital e diretivas antecipadas de vontade, esclarece "se a morte eventualmente ocorrer será o resultado de uma doença e não de lesões auto ou hetero-infligidas" e refere que a "intenção não é fomentar a eutanásia activa, mas somente deixar ao paciente a decisão do momento no qual os esforços terapêuticos devem ser interrompidos. Nesta medida não vai contra o disposto no ordenamento".

[21] *Vide* a esse respeito Ohly (2002, p. 246), quando, quanto às diretivas antecipadas de vontade (que analisa a propósito da autonomia do paciente no fim da vida) e independentemente da regulação desta matéria no *Bürgerliches Gesetzbuch* (BGB), através da introdução dos § 1901 a), § 1901 b) e § 1904, operada pela Lei 12/2009 (*Das Patientenverfügungsgesetz*), que produziu os seus efeitos a partir de 1 de setembro de 2009, lembra que o homicídio a pedido é punível (§216 do *Strafgesetzbuch*) e que a vedação do consentimento estabelecida incidentemente nesta norma, vale, segundo a opinião geral atual, também no Direito Civil.

diretivas devem ser consideradas ineficazes. Neste ponto, o legislador entabula uma solução harmoniosa com o regime constante do n. 2 do artigo 156 do Código Penal português e que entendemos materialmente como a solução adequada. A diretiva antecipada de vontade é considerada ineficaz e *não deve ser respeitada,* na expressão do legislador, *quando: a) Se comprove que o outorgante não desejaria mantê-las; b) Se verifique evidente desatualização da vontade do outorgante face ao progresso dos meios terapêuticos, entretanto verificado; c) Não correspondam às circunstâncias de facto que o outorgante previu no momento da sua assinatura.*

A observância da diretiva antecipada de vontade e a sua consequente execução, dentro dos limites estabelecidos, ou o seu afastamento no caso concreto, nos casos admitidos, devem ser ponderados de acordo com o que melhor salvaguarda os direitos de personalidade daquele que se visa proteger (MONGE, 2014b, p. 124).

Em qualquer caso, exista ou não uma diretiva antecipada de vontade, o profissional de saúde que deve realizar a intervenção ou tratamento deve aferir qual a vontade hipotética real do paciente. Se existe diretiva antecipada de vontade, mas esta não corresponde ou já não corresponde à vontade hipotética atual, nos termos do n. 2 do artigo 6º da Lei n. 25/2012 e n. 2 do artigo 156 do Código Penal, a mesma não deve ser respeitada. Se não existe, o profissional de saúde deve intervir, salvo se se verificarem circunstâncias que permitam concluir com segurança que o consentimento seria recusado, nos termos do n. 2 do artigo 156 do Código Penal). Nessa aferição a família e os mais próximos afetivamente do paciente têm um importante papel[22] na busca pelo profissional de saúde, cuidadoso e interessado apenas na proteção e no respeito do seu paciente, dessa vontade hipotética real atual do paciente.

[22] Um "papel importante" não significa que tenham "poderes de representação", ou que a sua vontade se possa substituir àquela que é a vontade hipotética do paciente que se visa alcançar. A este propósito veja-se com Pereira (2012, p. 43), que, "no plano específico do direito à informação e a consentir ou recusar um determinado tratamento, o ordenamento jurídico não estatui normas legitimadoras para que os familiares se substituam ao paciente na tomada de decisões, nem sequer para os representarem caso de incapacidade deste", mas deve, porém, ser defendido que "o papel da família consiste, por um lado, em ajudar e apurar a vontade hipotética do doente (art. 340.º, n.º 3, do Código Civil e art. 39 do Código Penal), *acompanhar* o doente e *cuidar* do doente" (*Ibidem*).

A solução constante do n. 2 do artigo 6º da Lei n. 25/2012 deve ser entendida à luz da característica da atualidade própria do consentimento[23]. O profissional de saúde, em concreto, perante a execução da declaração *in casu*, deve aferir se aquela é ainda a vontade presumível do declarante e, se não for, não deve executar a declaração nos termos em que foi formulada (MONGE, 2014b, p. 146).

Na expressão da alínea c) do n. 2 do artigo 6º, que determina que as diretivas antecipadas de vontade não devem ser respeitadas quando não correspondam às circunstâncias de facto que o outorgante previu no momento da sua assinatura, identificamos a teoria do erro, cabendo apenas, em concreto, discutir se a situação se subsume, enquanto erro nos motivos determinantes da vontade, no n. 1 do artigo 252 do Código Civil , ou se consubstancia um erro sobre a base do negócio e deve ser reconduzida ao quadro dogmático que preside ao n. 2 do artigo 252 do Código Civil (*Ibidem*, p. 148).

Quanto à alínea b) do n. 2 do artigo 6º, se a desatualização ocorreu supervenientemente à declaração e teremos uma manifestação concreta da repercussão do tempo nas situações jurídicas, em aplicação prática da cláusula *rec sic stantibus*, na sua manifestação de alteração das circunstâncias, que o legislador civil veio a consagrar, numa ôntica obrigacional e patrimonial, no artigo 437 do Código Civil (*Ibidem*). Assim, o profissional de saúde poderá considerar a ineficácia da diretiva se se verificar a *desatualização da vontade do outorgante face aos progressos dos meios terapêuticos, entretanto* verificados.

Parece-nos tratar-se de um adequado equilíbrio entre a autonomia e a vontade prospetiva do paciente e a beneficência e a proteção do paciente, respeitando as primeiras aferindo da vontade real presumida atual e não deixando de prosseguir as segundas na prestação do melhor cuidado ao doente (MONGE, 2014ª, p. 534).

É de salientar que há uma imprevisão face ao que foi o considerado pelo declarante ao tempo da declaração, pelo que se for confirmado, através

[23] Veja-se Ribeiro 2013, p. 113) quando afirma, precisamente a propósito do artigo 6º da Lei n 25/2012 e da interpretação e aplicação da diretiva antecipada pelo médico que tem o dever de a respeitar, que "não basta o resultado declarativo, pois é dever do médico obter um consentimento actual, o que pressupõe um segundo momento interpretativo de natureza teleológica e com vista à qualificação do acto médico em concreto e a vontade manifestada".

da investigação atual da vontade do paciente, que a vontade já não seria mantida como declarada, a diretiva não deve ser executada. Neste sentido, a alínea a) do n. 2 do artigo 6º prevê que a diretiva não deve ser respeitada quando se comprove que o declarante não desejaria mantê-la (MONGE, 2014b, p. 149).

Em suma, o n. 2 do artigo 6º consagra a prevalência da vontade real, ainda que presumida, sobre a vontade prospetiva declarada. O profissional de saúde, quando colocado na posição de vir a executar a diretiva antecipada de vontade, é responsável por investigar essa vontade real, beneficiando a interpretação das situações em concreto, na aferição da sua licitude ou ilicitude, da dogmática civil interpretação do negócio jurídico, nos termos do artigo 236 do Código Civil. Na diretiva, enquanto negócio jurídico unilateral, com efeitos pessoais para o paciente e não um negócio bilateral com efeitos patrimoniais em que se tenha de atender ao equilíbrio material das prestações, o profissional de saúde deve "buscar sempre e respeitar aquela que presume, com confiança e segurança, a que seria a vontade real do paciente se tivesse que decidir no momento atual da intervenção e é em conformidade com aquela que presume, com rigor e com base em elementos seguros, ser a vontade do paciente que deve tomar a decisão de intervenção (Ibidem, p. 151-152).

Desta forma, o profissional de saúde, aplicador da diretiva, deve procurar a vontade real do declarante, à luz da referida norma e em conformidade com a previsão geral do artigo 236 do Código Civil e atendendo ao contexto em que a diretiva foi gerada.

Se o profissional de saúde verificar que, no momento da decisão da aplicação ou não da diretiva, as *circunstâncias de facto* não correspondem às *circunstâncias de facto* que o declarante *previu no momento da sua assinatura*, o profissional de saúde deve considerar a diretiva como ineficaz (Ibidem, p. 152-153).

Antes da aprovação da Lei n. 25/2012, Manuel da Costa Andrade enuncia, desde logo, que deveria ser acautelada "a prescrição de um conjunto apertado de pressupostos materiais, formais e procedimentais como condição de eficácia do *testamento* de paciente" e que este "deve ser sempre interpretado com naturais momentos de abertura e contingência" (ANDRADE, 2012, p. 621-622). E nesse sentido, propõe o Ilustre Professor que "a possibilidade de revogação ou alteração a todo o tempo" e "noutra direcção, a alteração significativa dos meios terapêuticos trazida pelo progresso científico e técnico", isto "sobretudo nas constelações em que resulte claro que a recusa do tratamento está directamente associada a uma determinada terapia" (*Ibidem*, p. 622-623). Estas propostas vieram, com aplauso, a ser consagradas pelo legislador, respetivamente no artigo 8º e na alínea b) do n. 2 do artigo 6º da Lei n. 25/2012, de 16 de julho (Cf. MONGE, 2014b, p. 147).

Devemos considerar que o "n. 2 do artigo 6º confere uma solução jurídica que permite ao profissional de saúde interpretar a vontade do declarante e afasta, assim, a vinculatividade das diretivas" (pelo menos nos casos aí considerados – e parece que só nesses, embora devesse ter ido mais longe na consagração da não vinculatividade para abranger os casos em que a diretiva não foi precedida de um cabal dever de esclarecimento por profissional de saúde adequado[24]). Na verdade, este preceito consagra uma solução próxima da vertida no nº 2 do artigo 156 do Código Penal e faz aplicar o consentimento ou o dissentimento presumido de acordo com os indícios que o caso concreto determina e que o profissional de saúde deve interpretar (Ibidem, p. 127).

Tendo presente o regime do n. 2 do artigo 156 do Código Penal, a violação da diretiva não pode gerar um ilícito penal se, atenta a diretiva (que expressa prospectivamente a recusa) a par de outros elementos, o profissional fundadamente concluir que, se o paciente pudesse, com atualidade, expressar a sua vontade consentiria no ato. Também não haverá ilícito civil se a norma se subsumir numa situação de ineficácia nos termos do n. 2 do artigo 6º da Lei n. 25/2012 (Ibidem, p. 105).

1.3. A forma das diretivas antecipadas de vontade

Quanto à forma, afirma-se: a forma é escrita, como está descrito no n. 1 do artigo 3º da Lei n. 25/2012, de 16 de julho, *As diretivas antecipadas de vontade são formalizadas através de documento escrito, assinado presencialmente perante funcionário devidamente habilitado do Registo Nacional do Testamento Vital ou notário, do qual conste: a) A identificação completa do outorgante; b) O lugar, a data e a hora da sua assinatura; c) As situações clinicas em que as diretivas antecipadas de vontade produzem efeitos; d) As opções e instruções relativas a cuidados de saúde que o outorgante deseja ou no receber, no caso de se encontrar em alguma das situações referidas na alínea anterior; e) As declarações de renovação,*

[24] Para o desenvolvimento desse tópico *vide* Monge (2014b, p. 158-166).

alteração ou revogação das diretivas antecipadas de vontade, caso existam. Deste modo, o legislador não regula apenas a forma, mas também a formalidade, o registo (convolando a forma com a formalidade quando o documento é assinado perante funcionário devidamente habilitado do Rentev), e até elementos do conteúdo (Ibidem, p. 129).

Entendemos que a diretiva antecipada de vontade é um negócio jurídico unilateral e que como negócio jurídico fica sujeita à disciplina geral do Código Civil, quanto à forma e aos efeitos da inobservância da forma, nos termos dos artigos 219 e 220 do Código Civil. Entre as várias razões que fundamentam a exigência de forma da declaração negocial, julgamos que a que terá presidido a esta opção do legislador da Lei n. 25/2012 foi a de reflexão ou de ponderação, mas também a de segurança e certeza jurídicas. A exigência de forma favorece a ponderação, a maturação sobre a manifestação de vontade (Ibidem, p. 130).

Note-se, porém, que a "previsão de documento escrito com assinatura presencial perante o notário ou perante o funcionário do Rentev e o caráter meramente declarativo do registo não salvaguardam que, no momento da assinatura, haja verificação do conteúdo, nem aferição se a declaração corresponde à expressão de uma vontade esclarecida por ter sido prestada informação adequada, informação essa que cabe a um profissional de saúde competente e habilitado atentas as prestações de saúde objeto da diretiva" (Ibidem, p. 131-132). Desta forma, não está garantida a cabal salvaguarda que a vontade declarada é uma vontade esclarecida. Tal como dita o artigo 157 (*Dever de esclarecimento*) do Código Penal, o esclarecimento é requisito indispensável do consentimento. Estabelece em qualquer caso, porém, o n. 1 do artigo 3º da Portaria n. 96/2014, de 5 de maio, que, quando os serviços de saúde recebem o pedido de registo devem aferir da conformidade dos documentos com os requisitos constantes da Lei n. 25/2012, de 16 de julho[25].

A consulta prévia com profissional de saúde (adequado, face o conteúdo da diretiva que se perspectiva fazer) é defendida, e deve sê-lo, por

[25] Cf. n. 1 do artigo 3º da Portaria n. 96/2014, na sua redação atual, quando dispõe: "Os documentos recebidos nos termos do n. 2 e n. 3 do artigo 2º e do artigo anterior são verificados pelo Agrupamento de Centros de Saúde (ACES) ou Unidade Local de Saúde, EPE (ULS, EPE) respetivos para aferição da sua conformidade com os requisitos constantes da Lei n. 25/2012, de 16 de julho".

vários fundamentos. O primeiro, e quanto a nós o mais importante, é o de que essa consulta favorece o esclarecimento quanto às medidas de consentimento ou de dissentimento que o sujeito visa fazer constar no documento de diretivas antecipadas de vontade, quando é consabido que o esclarecimento é elemento essencial de uma vontade adequadamente formada (Cf. RAPOSO, 2011, p. 179). Assim, para "aferir o carácter esclarecido do consentimento se deve exigir a presença de um médico, de forma a certificar que o outorgante tem rigoroso conhecimento dos cuidados médicos que está a solicitar ou a rejeitar" (Ibidem). Outro fundamento que tem vindo a ser destacado é o de que a consulta médica prévia à diretiva de vontade permite que, através do médico, seja aferida da competência mental do paciente e identificados indícios que possam sugerir que a vontade do paciente não é formada livremente por sofrer "pressão" dos seus familiares ou de outras pessoas (Cf. VERREL, 2013, p. 34).

Claro que a esses argumentos se contrapõem outros, essencialmente, no sentido de que o próprio ato de consulta deve ser uma adesão livre e que o paciente pode ter uma vontade já esclarecida e bem formada sobre o que prospectivamente deseja ou não deseja ainda que receba essa consulta prévia à declaração e que a obrigatoriedade de uma consulta médica pode constituir obstáculo à implementação de diretivas antecipadas – como aponta e defende Verrel (2013, p. 34).

Nas palavras de André Dias Pereira "[t]eria sido ideal impor um sistema em que um *médico* fosse envolvido no processo de aconselhamento de um testamento do paciente" (Cf. PEREIRA, 2015, p. 596)[26], sobretudo, considerando que esse "profissional permitiria assegurar o esclarecimento e a liberdade do paciente que assume – antecipadamente – uma decisão tão importante" (*Ibidem*).

[26] Recorda ainda Pereira (Ibidem, p. 596) que este era já o caminho seguido pela lei austríaca de 8 de maio de 2006, que "distingue as declarações antecipadas de vontade *vinculativas* e as declarações antecipadas de vontade *indicativas*", sendo que, "[p]ara aquelas, a lei exige que a pessoa tenha uma entrevista prévia com um médico, o qual irá atestar que a pessoa tem capacidade para redigir um testamento vital e está livre de qualquer coerção para consentir ou recusar qualquer intervenção médica no futuro" e que seja feita "junto de um *Notário*, de um *Advogado* ou de um *funcionário de uma Associação de Doentes*" (*Ibidem*, p. 598), salientando, que o modelo, da "*consulta médica prévia obrigatória* e do *controlo jurídico* no momento da sua assinatura ou redação, garante que o testamento de paciente que consente ou que recusa uma determinada intervenção foi tomada em liberdade e com o devido esclarecimento".

Não exigindo a Lei n. 25/2012 expressamente o aconselhamento médico para efeitos da outorgante de uma diretiva antecipada de vontade, não é, desde logo, de desconsiderar que a falta desse aconselhamento pode afetar uma vontade esclarecida. Como refere Geraldo Rocha Ribeiro, "pode não existir uma verdadeira informação que valide o consentimento prospectivo inscrito na directiva quando esta seja invocada, ou que torne o conteúdo da directiva antecipada indecifrável, abstracto ou inadequado, quando contraposto a um determinado cuidado de saúde" (Cf. RIBEIRO, 2017, p. 60)[27].

Da articulação do artigo 2º (*Definição e conteúdo do documento*), n. 1, com o artigo 3º (*Forma*), n. 1 e com o artigo 16º (*Registo do testamento vital/procuração no Rentev*)[28], n. 1, todos da Lei n.º 25/2012 – seguimos Monge (2014b, p. 133-135) –, parece resultar que:

i) A forma exigida é uma forma escrita especial, com garantia de fé pública – *documento escrito, assinado presencialmente perante funcionário devidamente habilitado do Registo Nacional do Testamento Vital ou notário* (corpo do n. 1 do artigo 3º);
ii) Uma diretiva antecipada de vontade sendo feita por escrito, e não sendo feita presencialmente perante um *funcionário devidamente habilitado do Registo Nacional do Testamento Vital* nem registada, terá de ser assinada presencialmente perante o *notário*, só pena de nulidade;
iii) O legislador afirma, no nº 1 do artigo 16, que o efeito do registo é meramente declarativo. O legislador propositadamente baralha

[27] Refere a esse propósito o Autor que "Quanto às limitações decorrentes do objecto das directivas, aquelas prendem-se com o risco de tais directivas terem um carácter abstracto ou ininteligível, tornando-se difícil apurar a real vontade do outorgante ou validar a adequação do seu conteúdo em função de um concreto cuidado de saúde. Risco tanto maior quando não se encontra prevista a obrigação do outorgante obter previamente à outorga da directiva qualquer aconselhamento médico" (Ibidem).

[28] Atente-se, a propósito do registo, na consideração feita por Vera Lúcia Raposo antes da publicação da atual lei: "A criação do instituto das DAV gozaria de pouca eficácia prática caso não fosse simultaneamente criado um registo para as mesmas, com vista a assegurar o seu depósito centralizado num local de fácil acesso aos prestadores de cuidados de saúde, e assim evitar que a revelação da existência da directiva fique dependente da vontade dos acompanhantes do doente" (Cf. RAPOSO, 2011, p. 183).

forma e formalidade – no artigo 3º a previsão de assinatura presencial perante o funcionário do Rentev constitui regulação da *forma*; no artigo 16, n. 1, quando prevê a eficácia do registo parece referir-se ao registo como formalidade subsequente à forma. O registo, enquanto formalidade, só terá efeito meramente declarativo se a diretiva for válida e para que seja válida tem de ser celebrado na forma legalmente exigida no artigo 3º;

iv) Não tendo sido registada, para que seja eficaz, como refere o n. 1 do artigo 16, e entendemos aqui eficácia em sentido amplo, abrangendo a validade (o que entendemos resultar como necessário em conformidade com o artigo 3º), tem de ter *sido formalizada de acordo com o disposto na presente lei, designadamente no que concerne à expressão clara e inequívoca da vontade do outorgante*, sendo o efeito do registo meramente declarativo (Cf. n. 1 do artigo 16); tal significa que tem de ser dado cumprimento à forma prevista no artigo 3º, significa também que têm de ser observados os elementos constantes da definição de diretiva antecipada de vontade constante do n. 1 do artigo 2º (e daí resulta, não só que a vontade tem de ser *clara e inequívoca*, como tem de ser *esclarecida*), a vontade tem de ser clara e inequívoca, como reforça o n. 2 do mesmo artigo;

v) Assim, e sem que a adequada conexão com o artigos 219 e 220 do Código Civil tenha sido feita de modo expresso pelo legislador, parece ser de entender que a exigência de forma, cuja falta dita a aplicação do artigo 220 do Código Civil e assim a nulidade da declaração antecipada de vontade, não produzindo quaisquer efeitos por falta de forma, é a escrita com assinatura presencial perante notário ou funcionário do Rentev; essa expressão de vontade tem de ser clara e inequívoca da vontade; como essa clareza e firmeza se aferem é que o legislador não esclarece, criando, assim, incerteza quanto à validade (ou melhor eficácia em sentido amplo, na expressão do n. 1 do artigo 16) da diretiva;

vi) Quando a diretiva é feita por escrito, em obediência à definição legal e ao disposto no referido artigo 16, n. 1, mas não é feita *perante funcionário devidamente habilitado do Registo Nacional do Testamento Vital* será válida, em conformidade com o que resulta da conjugação do artigo 3º da Lei com o artigo 220 do Código Civil, desde que seja assinada perante *notário*.

Por sua vez ainda, é necessário conjugar os preceitos legais enunciados com o artigo 9º da Convenção sobre os Direitos Humanos e da Biomedicina. Dessa conjugação, entendemos que, se a diretiva não corresponder aos requisitos de forma previstos na Lei n. 25/2012, parece claro que apenas se poderá afirmar a sua força indiciária, como elemento entre outros a ponderar para efeitos de tomada de decisão pelo profissional de saúde. Em suma, se uma diretiva não tiver sido emitida com cumprimento da forma prevista no artigo 3º será nula não produzindo os efeitos gizados na Lei n. 25/2012. Atento o disposto no artigo 9º da referida Convenção, será de considerar que uma diretiva emitida sem cumprimento da forma prevista na Lei n. 25/2012, mas consubstanciando uma vontade clara e esclarecida apenas poderá constituir um indício, a ponderar a par de tantos outros, para efeitos de consentimento presumido ou de dissentimento presumido, na aferição da hipotética vontade real.

Dispõe o n. 1 do artigo 6º (*Eficácia do documento*) que: "Se constar do Rentev um documento de diretivas antecipadas de vontade, ou se este for entregue à equipa responsável pela prestação de cuidados de saúde pelo outorgante ou pelo procurador de cuidados de saúde, esta deve respeitar o seu conteúdo, sem prejuízo do disposto na presente lei". Esta redação é dúbia e suscita algumas dificuldades de interpretação em articulação com o disposto no artigo 3º quanto à forma do documento. Entendemos que, se o documento exibido à equipa não tiver sido celebrado em conformidade com a forma exigida no artigo 3º, a equipa não ficará vinculada ao documento e adstrita a considerá-lo apenas como um elemento entre outros para pautar a vontade presumida do paciente no momento da intervenção. A diretiva poderá apenas ter caráter indiciário, nos termos do artigo 9º da Convenção. Claro, porém, que se o profissional de saúde concluir que corresponder a uma vontade clara e atual nos termos apresentados pelo paciente será essa a vontade a atender.

1.4. Análise do regime: a procuração de cuidados de saúde, em especial

Ao procurador e à procuração de cuidados de saúde[29] a Lei n. 25/2012, de 16 de julho, dedica em especial o seu Capítulo III. A procuração é um instrumento de representação voluntária e o regime da procuração de cuidados de saúde, em especial regulada na Lei n. 25/2012, tem de ser

[29] Sobre este ponto *vide* com desenvolvimento Monge (2014b, p. 184-205).

articulado e aplicado em harmonia com o regime da procuração, constante dos artigos 262 e seguintes do Código Civil. A nosso ver, o esboço ou pressuposto dessa articulação não foi adequadamente enunciado pelo legislador na Lei n. 25/2012. No n. 2 do artigo 12 da Lei n. 25/2012 determina-se que é *aplicável, com as necessárias adaptáveis, o disposto nos artigos 262, 264 e no n. 1 e n. 2 do artigo 265 do Código Civil.* Ora, ou o legislador considerava uma remissão geral para o regime da procuração constante do Código Civil ou melhor seria que não tivesse remissão alguma.

A regulação da extinção da procuração no artigo 14 da Lei n. 25/2012 torna desnecessária a remissão feita no artigo 12, n. 2, para os n. 1 e n. 2 do artigo 265 do Código Civil.

Por um lado, feita a remissão do artigo 12, n. 2, para o artigo 265, n. 2, o preceituado no n. 1 do artigo 14 da Lei n. 25/2012 torna-se tautológico. Por outro, cabe perguntar como se deve entender a remissão do n. 2 do artigo 12 para o n. 1 do artigo 265, n. 1, quando a redação do n. 2 do artigo 14 da Lei n. 25/2012, ao fixar que *A procuração de cuidados de saúde extingue-se por renúncia do procurador, que deve informar, por escrito, o outorgante*, não é inteiramente coincidente com o regime que resulta do n. 1 do artigo 265 Código Civil.

Teria sido mais adequado uma remissão geral para o regime da procuração constante do Código Civil acompanhada da ressalva do especialmente disposto em sentido diferente na Lei n. 25/2012. Por sua vez, matérias há nas quais o legislador, sem se referir às normas do Código Civil, afasta a sua aplicação através do regime da Lei n. 25/2012. Nesse sentido, veja-se o disposto no n. 2 do artigo 11 que estabelece, por remissão para os requisitos de capacidade fixados no artigo 4º, requisitos de capacidade do procurador, afastando o regime do artigo 263 do Código Civil.

Da natureza e regime da procuração enquanto instrumento de representação voluntária e negócio jurídico unilateral, resultará que o *dominus*, neste caso o paciente, confere poderes ao procurador "para que este o represente na prática de certo acto ou na celebração de determinado negócio jurídico, agindo por conta e no interesse deste" (VASCONCELOS, 2012b, p. 44).

Falta à lei exigência, como condição de validade ou eficácia em sentido amplo da procuração, que a mesma contenha a delimitação clara dos poderes representativos (Cf. MONGE, 2014b, p. 217).

A procuração de cuidados de saúde é, como já afirmámos, um negócio jurídico unilateral, e enquanto tal deve refletir e ser executada "exclusivamente o interesse do dominus" (Cf. VASCONCELOS, 2012b, p. 44). Nesse sentido e com esse fundamento, dever-se-ia ter expressamente afastado a possibilidade de intervir como procurador daquele que tem um interesse que pode ser contrário à subsistência e proteção da vida do constituinte.

Conclusões

Perante um regime jurídico estabelecido, deve ser reconhecido o direito do paciente a celebrar diretivas antecipadas da vontade, como exercício do seu direito fundamental à integridade moral. Deve ser salvaguardado, porém, que é essa a vontade real do paciente, que se mantém atual e que não opera nenhuma das situações que ditam a sua ineficácia.

Perante uma realidade que faz compulsar a incidência cada vez maior de situações de incapacidade de facto, não acompanhadas do reconhecimento judicial de restrições à capacidade de exercício e consequentemente do funcionamento de meios de suprimento através da representação legal, deve ser promovido que as diretivas sejam celebradas quando estão reunidos todos os requisitos de capacidade, para que possa ser, adiante, em momento em que o paciente já não possa expressar a sua vontade pessoal e autonomamente, ainda atendida a sua vontade. O envelhecimento da população, o incremento de doenças neurodegenerativas, a necessidade de proteger a autonomia do sujeito, ... reforçam esta afirmação.

Atente-se, designadamente, que muitas das situações da vida apontam uma realidade fáctica de desconsideração da pessoa idosa, que vê desrespeitada a autonomia da sua vontade e a expressão da sua autodeterminação. A pessoa idosa é, pelo mero facto de ser pessoa, titular do seu direito fundamental à integridade moral e autonomia consagrado no artigo 25 da Constituição da República Portuguesa, direito de *liberdade*, direito de *personalidade*, direito de ser *sujeito* e de como tal agir. Não pode, pois, pela simples condição da idade, ver diminuída a sua capacidade, como na prática se assiste muitas vezes. Tem direito à sua autodeterminação pessoal e a decidir sobre o seu estado de saúde. É a si que cabe a expressão livre da vontade para a intervenção ou tratamento; é sua a manifestação do consentimento livre e esclarecido. A expressão da autonomia através do consentimento para a prestação de cuidados de saúde constitui o exercício do seu direito à integridade moral (Cf. MONGE, 2020, p. 171).

A cada sujeito deve ser reconhecida liberdade, desde logo, no "planeamento do cuidado em situação de incapacidade" (Cf. RIBEIRO, 2017, p. 61), constituindo o "reconhecimento jurídico de instrumentos que permitam a autodeterminação dos seus interesses e a sua participação nos processos de decisão que lhe digam respeito" (Ibidem) e o "reconhecimento e garantia do exercício da sua autodeterminação em igualdade de circunstâncias" (Ibidem) vetores e salvaguarda de *igual dignidade.*

O escopo de garantia da proteção da autonomia deve mover o indivíduo a adotar mecanismos prospetivos de expressar a sua vontade, livre, dotando-se para tal dos esclarecimentos necessários para uma vontade adequadamente formada. Esse seu direito à informação tem nos profissionais de saúde o correlativo dever de esclarecimento.

Referências

ANDRADE, Manuel da Costa. Anotação ao artigo 156º. In: DIAS, Jorge de Figueiredo (Direção). **Comentário Conimbricense do Código Penal**, Parte Especial, Tomo I, artigos 131º a 201º, 2. ed. Coimbra: Coimbra, 2012.

ASCENSÃO, José de Oliveira. A terminalidade da vida. *In:* ASCENSÃO, José de Oliveira (Coord.). **Estudos de Direito da Bioética**, v. IV. Coimbra: Almedina, 2012.

FRAGKOU Roxani. Entre paternalisme médical e autonomie absolue, une autonomie du patient à geomterie variable. Les directives antecipées en droit compare. **Revue générale de droit médical**, n. 42, mar. 2012.

LOUREIRO, João. Metáfora do Vegetal ou Metáfora do Pessoal. **Cadernos de Bio-ética**, 8 dez. 1994.

LOUREIRO, João. Os Rostos de Job: Tecnociência, Direito, Sofrimento e Vida. **Boletim da Faculdade de Direito**, n.º 80, 2004.

MELO, Helena Pereira de. As diretivas antecipadas de vontade no Direito Português. In: NUNES, Rui; MELO, Helena Pereira de. (Orgs.). **Testamento Vital**. Coimbra: Almedina, 2011.

MONGE, Cláudia. A proteção e a promoção da saúde da pessoa idosa. *In:* GOMES, Carla Amado; NEVES Ana Fernanda (Coords.). **Direito e direitos dos idosos**. Lisboa: AAFDL, 2020.

MONGE, Cláudia. Prestação de cuidados de saúde e a idade para consentir. In: NOVAIS, Jorge Reis; FREITAS, Tiago Fidalgo de. (Orgs.). **A dignidade da pessoa humana na justiça constitucional**. Lisboa: Almedina, 2018.

MONGE, Cláudia. **O direito fundamental à proteção da saúde e o conteúdo da prestação pública**. Tese de doutoramento na área de especialização de Ciências Jurídico-Políticas. Faculdade de Direito da Universidade de Lisboa, 2014a.

MONGE, Cláudia. **Das Diretivas Antecipadas de Vontade**. Lisboa: AAFDL, 2014b.

NOVAIS, Jorge Reis. **A dignidade da pessoa humana**, v. II. Dignidade e inconstitucionalidade. Coimbra: Almedina, 2016.

NOVAIS, Jorge Reis. **As restrições aos direitos fundamentais não expressamente autorizadas pela Constituição**. Coimbra: Coimbra, 2003. OHLY, Ansgar *"Volenti non fit iniuria" Die Einwilligung im Privaterecht,* Jus privatum, Beiträge zum Privaterecht, Tübingen, Mohr Siebeck, 2002.

PARECER n. **P/05/APB/06**. sobre Diretivas Antecipadas de Vontade, de 05.05.2006, aprovado pela Assembleia-Geral da Associação Portuguesa de Bioética, Relatores Helena Melo e Rui Nunes. Disponível em www.apbioetica.org. Acesso em: 20 jul. 2021.

PARECER n. **30/2016, de 6 de setembro, da Comissão Nacional de Proteção de Dados**. Disponível em: encurtador.com.br/kpBF7. Acesso em: 21 jul. 2021.

PARECER n. **59/CNECV/2010**, do Conselho Nacional de Ética para as Ciências da Vida, "Parecer sobre os projectos de lei relativos às declarações antecipadas de vontade", de dezembro de 2010, p. 3. Disponível em: encurtador.com.br/doAJZ. Acesso em: 22 jul. 2021.

PARECER n. **45/CNECV/05**, do Conselho Nacional de Ética para as Ciências da Vida, *Parecer sobre o estado vegetativo persistente,* de fevereiro de 2005. Disponível em: www.cnecv.pt. Acesso em: 22 jul. 2021.

PENALVA, Luciana Dadalto; TEIXEIRA, Ana Carolina Brochado. Terminalidade e autonomia: uma abordagem do Testamento vital no Direito Brasileiro, **Revista de Direito Médico e da Saúde**, ano V, n. 8, 2. sem. 2009.

PEREIRA, André Gonçalo Dias. **Direitos dos pacientes e responsabilidade médica**. Coimbra: Coimbra, 2015.

PEREIRA, André Gonçalo Dias. Valor do Consentimento num Estado Terminal. *In:* ASCENSÃO, José Oliveira (Coord.). **Estudos de Direito da Bioética**, v. IV. Coimbra: Almedina, 2012.

RAPOSO, Vera Lúcia Raposo. Directivas Antecipadas de Vontade: em busca da lei perdida, **Revista do Ministério Público**, jan./mar. 2011.

RECOMMENDATION CM/Rec (2009) 11 of the Committee of Ministers to member states on principles concerning continuing powers at attorney and advance directives for incapacity", adotada pelo Comité de Ministros a 9 de dezembro de 2009. Disponível em: https://rm.coe.int/168070965f. Acesso em: 20 jul. 2021.

RIBEIRO, Geraldo Rocha. A Decisão Médica no Âmbito dos Cuidados de Saúde de Incapazes Adultos. **Lex Medicinae, Revista Portuguesa de Direito da Saúde**, ano 14, n. 27-28, 2017.

RIBEIRO, Geraldo Rocha. Direito à autodeterminação e Directivas Antecipadas: o caso Português. **Lex Medicinae, Revista Portuguesa de Direito da Saúde**, ano 10, n. 19, jan./jun. 2013.

SNS. Serviço Nacional de Saúde. **Testamento Vital, um direito dos portugueses**. 19 fev. 2020. Disponível em: encurtador.com.br/afC27. Acesso em: 20 jul. 2021.

VASCONCELOS, Pedro Pais de. **Teoria Geral do Direito Civil**. 7. ed. Lisboa: Almedina, 2012a.

VASCONCELOS, Pedro Pais de. **A procuração irrevogável**. Coimbra, Almedina, 2012b, p. 44.

VERREL, Torsten. Problems and future perspectives of advance directives. In: COSTA Jorge de Faria Costa; KINDHÄUSER, Urs (Coords.). **O sentido e o conteúdo do bem jurídico vida humana**. Coimbra: Coimbra, 2013.

3. BIOÉTICA Y SALUD PÚBLICA EN LATINOAMÉRICA

Francisco Javier León Correa

Introducción

La actividad de atención de la salud se presta actualmente, en su mayor parte, en instituciones complejas, con equipos de salud, regidos por políticas públicas de salud o por idearios institucionales. Es fundamental que las instituciones, tanto públicas como privadas, pero especialmente en todo lo relacionado con la salud pública, pongan en un primer plano los valores éticos de la atención en salud como garantía de una calidad de atención que va más allá de los criterios de excelencia y gestión empresarial, por encima de los criterios economicistas o de rentabilidad económica.

Analizaremos en primer lugar la Bioética como nueva ética aplicada, su posible definición y su aporte en la deliberación práctica en salud.

Veremos después los principios, valores y normas de la Bioética, que estructuran el orden moral y las decisiones prácticas, y analizaremos cómo se pueden aplicar y qué principios bioéticos necesitamos en el ámbito de la salud pública.

1. Bioética como nueva ética aplicada

La ética médica tradicional se centró en dos principios éticos, presentes desde el Juramento hipocrático: el principio de no maleficencia, no hacer daño al paciente, y el principio de beneficencia, hacerle el mayor bien posible. El médico nunca puede utilizar su saber, su arte, para dañar a las personas, y por el contrario, debe tratar de hacerles el mayor bien posible. A estos principios, se han añadido en el último tercio del siglo XX otros dos, el de autonomía del paciente y el de justicia. El principio de autonomía significa reconocer la madurez moral de cada paciente, que debe participar en la toma de decisiones que afectan a su salud y su vida, con voluntariedad, información y competencia, con respeto por su capacidad de autodeterminación. El de justicia significa no realizar discriminaciones injustas en la atención de salud, por criterios de edad, creencias, nacionalidad, etc. y a la vez, distribuir con equidad los recursos disponibles en nuestros sistemas de salud.

A finales de los años 70 surge la Bioética, como consecuencia de tres factores fundamentalmente. El primero es la aparición de la ética de la investigación biomédica, iniciada al terminar la primera Guerra Mundial, con el Código de Nüremberg, y consolidada después con la Declaración de Helsinki. De hecho, la primera formulación de unos "principios bioéticos" se debe al Informe Belmont, propuesta principialista que recogen enseguida Beauchamp y Childress para el ámbito de la ética clínica.

El segundo factor es el avance de la propia Medicina, con adelantos técnicos extraordinarios, que le generan una capacidad mucho mayor de intervenir en la vida humana, en su inicio y en su final, y de curar las enfermedades, a la vez que le plantean dilemas éticos nuevos. También a partir de los 70 se desarrollan las técnicas de diálisis, cuidados intensivos, trasplantes, etc., que plantean dilemas en torno al tratamiento de pacientes terminales, a la "muerte digna", la proporcionalidad de los tratamientos, los criterios de muerte, etc. Al inicio de la vida, los debates sobre la legislación del aborto en muchos países dieron comienzo a reflexiones éticas, que se extendieron después a la reproducción médicamente asistida, fecundación in vitro, manipulación de embriones, células madre, clonación, manipulación genética, manipulación cerebral desde la neurología, y el actual planteamiento de un mejoramiento humano y los límites del "enhacement" en una Medicina ya no curativa sino mejorativa.

El tercer factor que se suma a los anteriores, es el cambio en la atención en salud con la creación de sistemas integrados de salud, como respuesta a la concepción del derecho humano a la salud, entendido como derecho a una atención de salud digna y de calidad, sostenida por el estado fundamentalmente, aunque se complemente con el sector privado. Del médico de cabecera o de familia se pasa a los equipos de profesionales de la salud en grandes hospitales cada vez más especializados, con una importancia cada vez mayor de la gerencia económica de las instituciones de salud, y un proceso muy positivo de universalización de la atención en salud, que al mismo tiempo burocratiza y en cierto modo deshumaniza la relación entre los profesionales y los ahora considerados usuarios de los sistemas de salud, tanto en atención primaria como en la hospitalaria.

En un pequeño libro, Mark Siegler ha expuesto las que él considera cuatro etapas fundamentales de la relación médico-paciente en Estados Unidos. En los años setenta, dentro del paternalismo médico, el profesional médico decidía y el paciente obedecía; en los ochenta, con la expansión inicial de la Bioética en Norteamérica, y la exaltación de la autonomía del paciente, el médico ya no decide, decide el paciente en una relación más contractual, informativa y técnica; ya en los noventa, con el surgimiento del "managed care" y la expansión de las grandes empresas de salud, ya no deciden, –según Siegler- ni los médicos ni los pacientes, sino los gerentes de las instituciones de la salud: entre el médico y su paciente están ahora las instituciones, los seguros de salud, la medicina prepagada, etc., que "deciden" lo que el médico puede realizar y lo el paciente tiene derecho a recibir. La última etapa, sería a partir de comienzos del siglo XXI, con la propuesta desde la bioética de una "toma de decisiones compartidas" entre todos los afectados por las decisiones en el ámbito de la atención en salud: gerentes, médicos y pacientes.

La Bioética viene precisamente a tratar de afrontar estos nuevos problemas y dilemas éticos, unidos a los avances tecnológicos, a los grandes cambios en la investigación científica y biomédica, y a la atención de las personas en los sistemas de salud modernos. Para ello ofrece fundamentalmente un modo de reflexión interdisciplinaria: no basta solamente con la ética del científico, la ética médica, la ética de la enfermera, etc., es necesaria una mirada integral desde varias profesiones, y también desde el derecho y la filosofía a problemas nuevos más complejos, que dan lugar a debate sociales cada vez más intensos.

También ofrece modelos de toma de decisiones que en la práctica ayuden a los profesionales de la salud y a los pacientes a tomar las mejores decisiones posibles y más prudentes en los casos concretos, tanto en situaciones extraordinarias más complicadas, como en la práctica clínica habitual. Pero no es solamente, esto, la Bioética propone un modo de afrontar los nuevos conflictos de valores que surgen en un mundo cada vez más multicultural y complejo. También, como toda ética aplicada, tiene que terminar por ser normativa, por `proponer normas, guías éticas, leyes, regulaciones, códigos, por consenso en las sociedades democráticas, dentro de una ética de mínimos, que suele estar definida por las normas jurídicas y las leyes. Pero también, más allá, debe proponer ciertos ideales, ciertos valores exigentes, no como moral de máximos, sino como ideales éticos fundamentales para el funcionamiento de una sociedad democrática, donde el progreso científico y médico sea guiado también por criterios éticos humanistas.

Por eso, podemos dar una definición de Bioética, que sitúa en el centro el respeto por la vida, y la dignidad de la persona humana: "La Bioética es una deliberación práctica de las exigencias éticas que lleva consigo el respeto por la vida humana y no humana, y la promoción de la dignidad de la persona, en el ámbito biomédico, en la asistencia en salud, en las instituciones, políticas y sistemas de salud".

Revisaremos ahora los términos presentes en esta definición, y veamos los principios bioéticos que podemos aplicar en la salud pública.

2. La deliberación práctica

La Bioética propone como método propio la deliberación práctica, y como ámbito, las exigencias éticas del respeto por la vida humana y no humana, y la promoción de los derechos de las personas en la atención de salud, en la investigación biomédica, en la organización y funcionamiento de las instituciones y los sistemas de salud, a través de las políticas de salud. La forma de abordar estos temas es la deliberación racional práctica, que analiza las diversas posibilidades de acción, es capaz de justificarlas o rechazarlas mediante principios éticos universales, y trata de salvaguardar valores fundamentales de la persona.

Deliberamos solamente sobre lo que está a nuestro alcance y es realizable, no sobre lo ideal e irrealizable. No deliberamos sobre lo que nos sucede por la naturaleza, la necesidad o el azar, sino sobre las realidades que dependen de nuestro actuar libre humano, sobre lo que nosotros mismos podemos hacer o no hacer, sobre lo que puede hacerse de una manera o de otra, sobre lo que no está predeterminado o es objeto de un conocimiento cierto, riguroso y suficiente. Este es el caso de la mayoría de los conocimientos en Medicina, con un saber de probabilidades, no de certezas absolutas, ni de vías únicas de solución generales.

La deliberación se da respecto de las cosas que generalmente suceden de una manera, pero pueden suceder de otra, cuyo resultado no es claro o está indeterminado.

Por eso es un instrumento esencial en el trabajo de los comités de ética, tanto de investigación como asistenciales o clínicos, y también en cualquier debate de bioética en torno a las decisiones que debemos tomar individual o socialmente respecto a nuevas tecnologías, atención en salud, etc. Es fundamental en la toma de decisiones en el ámbito clínico, donde debemos ajustar la conducta a las normas y reglas, pero debemos poder justificarla en base a principios éticos universales, que a su vez, protegen y promueven valores éticos fundamentales.

3. Valores, principios y normas en Bioética

A los profesionales de la salud suele preocuparles la existencia de unas normas claras, precisas, que digan lo que se debe hacer –la buena praxis- y lo que debe evitar, como mala praxis. En este nivel están las leyes, reglas, normativas, guías clínicas y ético-clínicas, códigos deontológicos, cada uno con más o menos exigencia moral para el profesional de la salud. Determinan la acción, facilitan la decisión, y nos hacen sentir más seguros al actuar. Pero no pueden nunca abarcar toda la riqueza de la vida real, y son normas morales heterónomas, que deben pasar por nuestra propia conciencia. A veces coincidirán y en otras ocasiones claramente sentiremos que debemos hacer una excepción o que se oponen directamente a nuestros propios valores.

Debemos poder justificar esas reglas o normas mediante principios éticos universales, que son grandes orientaciones del actuar práctico. Desde la Bioética norteamericana se nos proponen cuatro: no maleficencia, justicia, autonomía y beneficencia. Veremos enseguida el debate en torno a estos principios. Beaucamp y Childres proponen que son lso principios lo9s que justifican las reglas o normas, y no se justifican a su vez respecto a los valores. Por eso su propuesta se califica de principialista. También proponen que estos principios son iguales, no admiten priorización entre ellos y que en cada caso concreto debemos examinar cuál debe prevalecer. Es bien conocida la propuesta de Diego Gracia de jerarquización de estos cuatro principios en dos niveles, así como otras propuestas de otros principios diferentes, como la europea centrada en la dignidad, la integridad, la autonomía y la vulnerabilidad, o sistema de principio –único, como el de permiso en el caso de Engelhardt, o el de beneficencia, de Edmund Pellegrino. También son muy conocidas las críticas al principialismo y respuestas a estas críticas, y los intentos de superación desde otras visiones de la Bioética: Bioética basada en los derechos humanos, hermenéutica, narrativa, ética del cuidado, bioética personalista.

Pensamos que lo fundamental es recoger las propuestas que se refieren a la relación entre valores, principios y normas. Las normas deben poder justificarse mediante principios éticos fundamentales. Tenemos también principios éticos instrumentales que nos ayudan a decidir con prudencia, como el doble efecto, proporcionalidad, observador imparcial. Pero debemos fundamentar esos principios en valores, en un "sistema de referencia", en términos de Diego Gracia, que podemos analizar como valores, derechos humanos fundamentales, bienes humanos básicos de la persona, o capacidades humanas en el sentido de Sen o Nussbaum. Sin ser exhaustivos ahora, proponemos como más importantes los siguientes:

Valores: bienes humanos básicos, derechos humanos, capacidades humanas
- Fundamentales: Vida, libertad, paz, salud, bienestar material
- Intelectuales: Conocimiento-cultura, armonía interior y exterior
- Vida de relación próxima: Familia, Amor-amistad, solidaridad
- Vida de relación social: Tolerancia, diálogo, empatía, compasión, reconocimiento, inclusión

Principios: grandes orientaciones, actitudes:
- Fundamentales: no maleficencia, justicia, autonomía beneficencia
- Instrumentales: doble efecto, observador imparcial, proporcionalidad, etc.

Reglas o normas: determinan la acción, facilitan la decisión
- Leyes, códigos deontológicos, guías ético-clínicas, *evidencia*

En definitiva, la interpretación de los principios bioéticos depende del marco de referencia de valores o derechos humanos. Para el principialismo norteamericano la no maleficencia es sobre todo evitar la mala praxis; la justicia fundamentalmente es equidad y respeto por los derechos; la autonomía significa autodeterminación; y la beneficencia consiste en hacer el bien según los valores del propio paciente, esto es, respeto por la diversidad.

En cambio, en la propuesta europea, el principio de dignidad es respeto por la persona; el de integridad, es el respeto por la persona en su integralidad física y moral; el principio de autonomía no es solamente autodeterminación sino corresponsabilidad del paciente con el profesional que le atiende; y finalmente, el de vulnerabilidad tiene en cuenta que en muchas ocasiones no estamos frente a un paciente autónomo, competente, adulto e informado, sino ante personas vulnerables que debemos proteger. Quizás en esta propuesta –en nuestra opinión- no se está hablando de principios del obrar moral concreto, sino de presupuestos premorales que son antropológicos, con repercusiones éticas evidentes: la libertad, la dignidad, la vulnerabilidad, son condiciones antropológicas de la persona, que fundamentan los derechos humanos, los bienes humanos básicos que son valores éticos, que necesitan a su vez de concreción en normas y reglas.

Si analizamos cómo es la interpretación de los principios bioéticos en Latinoamérica, vemos que entendemos algo diferente de las propuestas norteamericana y europea. En nuestro ámbito, la maleficencia supone sobre todo no abandono; la justicia es protección de los más vulnerables y reparación de los ya vulnerados en sus derechos fundamentales; la autonomía es liberación de coacciones externas e internas y también el deber de promover la competencia de las personas; y finalmente, la beneficencia es inclusión, humanización y solidaridad, con una amplia repercusión en el modo de plantear los dilemas bioéticos.

Algunas éticas promueven en un primer plano la importancia de las reglas y normas, como la deontología de las profesiones, o el positivismo jurídico, o algunas concepciones que critican los sistemas éticos de principios y quieren "juridificar" la Bioética, o al menos, dar preponderancia a las leyes sobre los valores y principios, por considerar que no es posible fundamentarlos a nivel universal. Otras, como el principialismo, ponen el énfasis en los principios, que justifican las reglas o normas y no quieren entrar en el "mundo subjetivo y cambiante" de los valores. Finalmente, otras éticas promueven la validez universal de los derechos humanos como base del respeto por la dignidad de las personas; o un ideal de felicidad, vida buena y virtud centrada en los bienes humanos básicos. Pensamos que el equilibrio entre valores, principios y normas es fundamental en cualquier propuesta ética que quiera fundamentar nuestros deberes éticos para con los demás.

4. Principios bioéticos para la salud pública

En trabajos anteriores hemos expuesto los principios que desarrollan esos cuatro fundamentales propuestos por la Bioética norteamericana, precisamente para darles un mayor contenido. Los analizaremos exponiendo sobre todo la relación con la salud pública y las políticas de salud.

La no maleficencia es primariamente no dañar física o psíquicamente, evitar el dolor físico y el sufrimiento psíquico. Puede concretarse en tres principios:

- **deber de no abandono** del paciente o sujeto de investigación;
- **principio de precaución**, que nos ayuda a evitar cualquier mala praxis, a nivel del equipo clínico y de la institución;
- y **principio de responsabilidad** ante las consecuencias de las decisiones ético-clínicas, o de toma de medidas en una institución o en salud pública.

Pero también existe el abandono, no sólo por parte del equipo profesional de salud, sino de la familia y la comunidad: están los deberes de **responsabilidad familiar** (no abandono familiar del paciente).

El principio de precaución es fundamental en la salud pública e integra todo el ámbito de **la seguridad** en las intervenciones con los pacientes, que evitan la mala praxis clínica o los eventos adversos en las investigaciones, más **la planificación de los cuidados**, y **la previsión en la prevención** de las enfermedades, uno de los objetivos básicos de la salud pública.

Y la **responsabilidad** no es solamente individual, es también **comunitaria** (no abandono institucional y social). Es el principio fundamental en la **promoción de la salud**, objetivo que debiese ser prioritario en las políticas de salud, no sólo en la Atención Primaria de salud, sino en todo el sistema. En nuestros sistemas de salud, no maleficencia es, muy en primer término, no abandono e inclusión frente a la marginación presente en algunos sectores sociales, y que se evite totalmente la corrupción y la ineficacia en las políticas de salud, que dañan finalmente a los pacientes, así como poner muy en primer lugar la promoción y prevención que evitan el daño ante de que se produzca.

El principio de justicia es primariamente dar a cada uno lo suyo, lo debido, a lo que tiene derecho, pero contiene otros varios:

- **principio del respeto a los derechos o a la legalidad vigente**; ver en el paciente o usuario también un sujeto de derechos legítimos, y claridad en los derechos y deberes mutuos de los profesionales de la salud y los pacientes y entre ellos y el sistema. El paternalismo sustituye los derechos por la confianza pasiva del enfermo con su médico. Es de justicia promover esos derechos de los pacientes, dentro de una relación mutua de confianza, no de confrontación o de Medicina defensiva.
- **principio de equidad**, que es distribuir las cargas y beneficios equitativamente, más que mero equilibrio entre costes/beneficios o recursos/servicios prestados. Primero consiste en **no realizar discriminaciones injustas** (caben las discriminaciones justas por motivos clínicos, de urgencia, en catástrofes, etc) y segundo en la **igualdad en las posibilidades de acceso y en la distribución de los recursos de la salud,** al menos dentro del mínimo ético exigible en cada situación concreta;
- Pero antes de esto pensamos que es primordial en la situación de muchos países de América Latina, **el principio de protección**, para conseguir efectivamente un nivel adecuado de justicia con los más vulnerables, y **el principio de reparación** de las injusticias ya realizadas, con las personas ya vulneradas en la atención de salud o en la investigación biomédica.
- También pertenece a la justicia el **deber de eficiencia a nivel profesional, institucional o del propio sistema de salud.** Es exigible la eficiencia a los profesionales que trabajan en el sistema de salud, a las instituciones privadas o públicas que están dentro de una medicina gestionada que debe necesariamente racionalizar el gasto. Aquí es primordial poner el fin de la salud – propio del profesional y del sistema- por encima del fin económico, importante pero secundario.
- Es de justicia finalmente **asegurar la continuidad de la atención**, tanto entre Centros de Salud y Hospitales, como del médico tratante, en lo posible. A nivel institucional, es un deber **asegurar la sostenibilidad del sistema** y la continuidad de la atención al usuario. Y es un deber de justicia prioritario para el sistema de salud asegurar **la sostenibilidad de las prestaciones** que se ofrecen a los ciudadanos.

En cuanto a la autonomía, no es solamente el **respeto por las decisiones libres, voluntarias e informadas del paciente**, a través del proceso del consentimiento informado. Existe también más allá el **deber ético de los profesionales de promover la competencia,** y de ayudar –sin paternalismos- a que el paciente pueda **ejercer una libertad responsable.** Y más allá de la subrogación de la autonomía desde el punto de vista legal –muchas veces confundido con el ético- en los casos de falta de competencia momentánea o definitiva, está buscar al representante mejor de los intereses del paciente, y el papel de la familia en nuestra cultura. No se trata de una autonomía individualista, en muchos casos, sino del individuo en el ámbito familiar, y a veces comunitario, más amplio. Coexisten en nuestros países de hecho dos modelos, el de la salud privada y el de la salud pública. Pero no podemos mantener la idea de que la privada sería el ámbito del paciente que desea ser autónomo, mientras la pública queda –de hecho, no en los teóricos derechos- como el ámbito de la beneficencia y la justicia. Este planteamiento sería radicalmente injusto.

También corresponde al principio de autonomía la **participación de todos los ciudadanos en el control social y en la elaboración de las políticas de salud públicas, o en las líneas de investigación biomédica.** En la medida que todos sean más autónomos de hecho, deberán también participar en mayor grado en la delimitación de los valores éticos presentes en el sistema de salud y en las políticas de salud.

Por último, **el principio de beneficencia,** que es hoy en día mucho más que hacer al paciente el mayor bien posible según su propia escala de valores.

En primer lugar, la beneficencia supone atender el bien de **la calidad de vida del paciente** como fin propio de la Medicina: no solamente curar, sino cuidar y dar la mejor calidad de vida posible. Calidad de vida se entiende así como un bien del paciente, y no sólo como un instrumento o principio instrumental para medir la proporcionalidad de un determinado tratamiento. Es objetivo importante de las tareas de rehabilitación y reinserción del paciente después de una intervención clínica, donde juega un papel importante todo el equipo de salud.

Se entiende que el paciente desea una **atención de calidad y excelencia**, y éstas son valores que deben incorporar los equipos y profesionales de la salud. La calidad de la atención conlleva varios aspectos: excelencia en cuanto a obtener los mejores resultados, valor en cuanto al precio de los servicios ofrecidos, ajuste a unas determinadas especificaciones o estándares, y **satisfacción de las expectativas de los usuarios**. Esto se puede conseguir mediante los compromisos explícitos de las instituciones a través de las Cartas de Servicios, por ejemplo, y mediante los procesos de acreditación institucionales de las instituciones de salud.

Se requiere también una medicina mucho más cercana al paciente, con una **relación más personal, mas humanizada,** tanto por parte del médico y demás profesionales de la salud, como por parte de la institución, por ejemplo, con planes concretos de humanización de la atención que se presta.

El médico está ligado al paciente por un contrato profesional, y en el marco de una institución. Es, por tanto, el médico un agente que interviene en lo que denominamos con Paul Ricoeur el tercer nivel de la intención ética, el de la justicia. Pero a la vez, debe establecer relaciones personalizadas con los pacientes que atiende, y por eso su actuación se mueve en el segundo nivel ético del "con y para los otros". No puede ignorar la justicia, pero debe actuar con beneficencia, desde una ética de las virtudes que ayude al otro a conseguir una vida lograda, en la mayor medida posible. Y aquí son básicos los postulados de **la ética del cuidado**, que acerca la decisión al paciente concreto, con atención a lo singular, circunstancial, y no sólo al universalismo racional de los principios.

Y también es imprescindible **el principio de solidaridad**, más allá de la justicia, tanto a nivel social como individual. Una sociedad puede implementar un sistema que generalice la asistencia en salud a todos, con prestaciones de alta calidad si lo permite el desarrollo económico, pero podría ser calificado como deshumanizado, distante, no acogedor, por parte de los usuarios, y puede dar lugar a un aumento de las quejas o a una mala percepción de la atención recibida. Mientras que por el contrario, un sistema con menos recursos –económicos y humanos- como el sector de salud público chileno, ve de hecho compensadas sus deficiencias actuales por una solidaridad beneficente desde la propia sociedad o los individuos. Pero existe también un deber ético de solidaridad por parte de todas las instituciones públicas a todos los niveles, que para el estado se convierte en **deber de subsidiariedad** allí donde no llegue la iniciativa particular de los ciudadanos.

4. CRISPR-CAS9: REFLEXÃO JURÍDICO-FILOSÓFICA DA TÉCNICA DE EDIÇÃO GÊNICA EM SERES HUMANOS

Raquel Veggi Moreira
Verusca Moss Simões dos Reis
João Carlos de Aquino Almeida

Considerações iniciais

Na década de 1970, quando Steptoe e Edwards (1978) relataram a técnica de reimplantação de um embrião concebido fora do útero materno, estavam dando um passo gigantesco, com desdobramentos que iam muito além do fato de permitir que casais com problemas no campo da fertilidade pudessem vir a gerar seus próprios filhos. A partir de então, não fazia mais parte unicamente do acaso se – e quando – um embrião viável poderia vir a se desenvolver em um ser humano, visto que o processo reprodutivo não era mais somente algo íntimo e natural, mas sim o resultado da técnica. O embrião, o potencial de ser humano, foi retirado do útero e colocado dentro de um tubo de ensaio. Caberia agora ao desejo dos pais e à decisão de um especialista sobre se aquele ser humano em potencial se tornaria um "ser" em sua totalidade.

A partir do advento de tais técnicas, a própria ideia ontológica do que seria o ser humano está sendo colocada em xeque, no contexto de quando poderemos ter uma redefinição do que seja a humanidade e o que a define. A técnica da reimplantação de embriões, seu desenvolvimento e o surgimento de outras técnicas de seleção de espermatozoides e óvulos, e, posteriormente, o surgimento de técnicas de manipulação de células embrionárias – como a terapia de células tronco embrionárias –, além das técnicas mais recentes de edição gênica, colocariam o homem na condição de meio, de objeto de estudo e como fruto da manipulação biológica. Essas técnicas trouxeram implicações sociais e levantaram questões éticas e jurídicas: seria correto os pais escolherem o sexo de seus filhos com a possibilidade de interferir em um equilíbrio numérico característico da espécie? Um embrião criopreservado tem direito à herança de pais falecidos? Seria correto utilizar uma "barriga de aluguel" para gerar filhos para pessoas que, normalmente, não poderiam gerá-los pelas vias naturais? (MOREIRA, 2018). Quais seriam as consequências psíquico-sociais de uma irmã gerando seu irmão (DONALD, 2014) e avó gerando netos (PIRES, 2020)? – casos já conhecidos na barriga solidária. Seria correto os pais devolverem um filho que havia sido manipulado geneticamente, mas ainda assim nasceu com uma doença, por esse não estar de acordo com o previsto? Seria adequado utilizar embriões (não implantados) para pesquisas em terapias de doenças para salvar a vida de outros seres humanos?

Várias dessas questões têm sido fruto de debates – algumas vezes acirrados – e já são praticadas, em vários países do mundo, respostas sedimentadas que foram transformadas em lei. Tecnologias posteriores envolvendo a edição de genes, como a técnica do RNA recombinante, permitiram a troca de genes mesmo entre espécies diferentes. Ou seja, um gene que desenvolve uma função específica em uma dada espécie pode ser transplantado para um organismo de uma espécie diferente, conferindo-lhe características que não faziam parte da herança genética desse novo organismo (CHETVERIN, 1999), proporcionando assim um grande avanço na sua evolução.

Tais tecnologias abrem perspectivas um pouco mais assustadoras para a imaginação, quando se pensa na possibilidade da recriação de seres como as quimeras da mitologia grega, com características comuns a diferentes animais, especialmente se relacionadas à espécie humana. A ideia de que seja necessária uma orientação ética e uma regulamentação jurídica para esses casos surge de forma bastante evidente, principalmente quando se fala, nos dias de hoje, em técnicas ainda mais poderosas, como o CRISPR-Cas9 (JINEK et al., 2012; CONG et al., 2013), que liberam não apenas a troca de genes entre espécies diferentes, mas a edição de porções altamente específicas do DNA, permitindo a supressão ou troca precisa de sequências específicas de DNA (genes), incluindo a possibilidade de introdução de sequências de DNA sintéticas em um determinado genoma (MATSUDA; OINUMA, 2019). O desenvolvimento dessas ferramentas coloca nas mãos dos seres humanos o poder de reescrever o genoma, como se eles possuíssem a gramática da vida.

No próximo item, será explicado o significado e funcionamento da técnica CRISPR. O cenário jurídico será delineado, bem como os aspectos bioéticos no contexto dessa técnica.

1. A técnica CRISPR

De maneira simplificada, pode-se dizer que a técnica do CRISPR (sigla que significa em inglês *Clustered Regularly Interspaced Short Palindromic Repeats*, ou em português Repetições Palindrômicas Curtas Agrupadas e Regularmente Interespaçadas) deriva de um sistema de defesa contra invasões virais presente em bactérias, adaptado para ser utilizado como uma ferramenta de edição de DNA. O que ocorre é que, ao longo do seu ciclo de vida, bactérias podem ser atacadas por vírus bacteriófagos ("comedores de bactérias") que injetam suas próprias sequências de genes nas bactérias. Esses genes exógenos se incorporam ao DNA bacteriano e subvertem a maquinaria de síntese proteica das bactérias. Normalmente, a síntese bacteriana se dá à medida que a informação genética contida no DNA bacteriano (os genes) – como um manual de instruções de montagem em uma fábrica – é lida e utilizada pela maquinaria da célula para produzir proteínas com diferentes funções. Essas proteínas (ou os produtos feitos por meio da informação contida nesse manual de instrução) permitem que a bactéria sobreviva e se reproduza, gerando outras bactérias. No entanto, os vírus conseguem enxertar o seu próprio material genético no meio do DNA bacteriano, sabotando – por assim dizer – o livro de instruções dessa fábrica, colocando nele genes que contêm a instrução de fabricação de proteínas do próprio vírus. À medida que esses genes são "lidos" e traduzidos em proteínas, as bactérias começam a produzir proteínas do vírus e não suas próprias proteínas, passando a se transformar em uma fábrica de montagem de novos vírus.

O sistema CRISPR atua como um supervisor, como se fosse o responsável pelo controle de qualidade da fábrica. Quando ele identifica uma instrução errada no manual da fábrica (uma sequência específica de DNA "invasor"), ele a retira, colocando no seu lugar uma sequência "correta", fazendo que a linha de montagem da bactéria volte a fabricar proteínas do seu interesse. Dessa forma, o sistema CRISPR é capaz de identificar essas sequências virais e cortá-las fora do DNA bacteriano, funcionando como um marcador que indica de forma precisa o local onde a enzima (chamada "nuclease" devido à sua capacidade de cortar ácidos nucleicos) Cas pode atuar como uma verdadeira "tesoura molecular", cortando fora a porção indesejada de DNA "alienígena", de forma bem precisa.

A utilização desse sistema de reconhecimento formado pelo sistema CRISPR e pela enzima Cas9 como uma ferramenta molecular permitiu a criação de uma ferramenta poderosa de edição gênica, capaz de alterar de forma precisa o DNA ou o RNA de qualquer organismo conhecido. Dessa forma, pode-se simplesmente remover uma sequência de DNA indesejada como, por exemplo, o DNA do vírus da Aids introduzido em uma célula do sistema imunológico (HUANG et al., 2017; SANCHES-DA-SILVA et al., 2019). No caso das doenças virais, passou-se a ter uma ferramenta específica para o tratamento de toda infecção viral, já que atua sobre o mecanismo básico que os vírus utilizam para se reproduzir. A síndrome de imunodeficiência causada pela AIDS resulta da ativação desse DNA viral na fábrica celular que teve seu manual de instruções alterado pelo vírus invasor. Se o nosso supervisor CRISPR consegue corrigir a sabotagem e eliminar o DNA viral do DNA da célula hospedeira, pode-se obter, efetivamente, a cura.

No entanto, a utilização da técnica pode ir muito mais longe do que isso, pois, além de retirar uma sequência de DNA, pode-se introduzir outra, agindo de maneira de certa forma similar ao vírus, ou seja, fazendo com que a nossa "fábrica celular" produza aquilo que nós desejarmos. Na teoria pode parecer simples, mas na prática pode ser algo não tão fácil assim introduzir uma sequência que produzirá uma proteína que estará inserida dentro de um organismo, ou seja, que terá um efeito na homeostase interna ou equilíbrio metabólico daquele organismo. No futuro, poderá existir a possibilidade da modificação da estrutura de organismos, alterando o corpo, suas características naturais, apenas reorganizando, colocando ou retirando informações do seu manual de instruções. Já é realidade, por exemplo, bloquear a produção de miostatina, uma proteína que controla o crescimento muscular em porcos, editando o seu material genético (WANG et al., 2017). Dessa forma, conseguiu-se obter porcos muito mais musculosos do que seriam naturalmente, o que parece ser uma notícia alvissareira para a pecuária, já que assim se pode obter o dobro da quantidade de proteína por animal criado para alimentar seres humanos. Animais há muito tempo são criados com "propósitos", como servir como força de tração, fornecedor de alimento e matérias-primas. Mas e se alguém quisesse "fazer" seres humanos mais musculosos? Ou mais (ou talvez menos) inteligentes? E se resolvesse criar seres humanos com um propósito específico? Outro importante ponto a ser refletido com relação à CRISPR é saber exatamente os limites dessa técnica. A partir de qual etapa ela passa a ser um instrumento de eugenia no sentido de se buscar um ser humano perfeito? Pode-se declarar com certeza que a CRISPR não será apenas uma maneira de seleção humana?

Tendo em vista tais questões, no próximo item será exposta uma análise jurídica da técnica CRISPR segundo o direito brasileiro.

2. Análise jurídica da CRISPR

O direito brasileiro é positivista por excelência, na medida em que possui em sua estrutura uma forte tradição do direito romano-germânico, chamado *civil law*. Assim sendo, uma regra pertencerá ao sistema jurídico brasileiro desde que emane de uma autoridade que tenha competência para a criação de determinada norma, observando um procedimento já determinado. A lei é, portanto, a principal fonte do direito em nosso ordenamento, porque é por meio dela que se encontra a perspectiva da estabilidade e segurança de um sistema jurídico positivado. A solução dos conflitos que porventura surjam será embasada primeiramente em uma lei existente. É por meio dela que se proíbe determinadas condutas e se estabelecem sanções.

Contudo, ao Direito é ofertada a solução das mais variadas relações sociais que são, por sua natureza, cambiantes. Sabe-se que um problema envolvendo certa pessoa dificilmente terá as exatas características de outra relação levada ao crivo do ordenamento jurídico para uma resposta eficaz. A dificuldade em se conseguir, através da letra da lei, encontrar soluções para os problemas do convívio social, em especial no que se refere às inúmeras evoluções da ciência, tem mostrado que, cada vez mais, o Direito não pode se furtar de evoluir junto com essas mudanças. Para isso é preciso mais do que a lei, sendo necessário interpretar os impasses de uma maneira abrangente, abarcando também os princípios contidos na Constituição Federal, lei que se encontra no ápice da pirâmide normativa.

Por meio dessas mudanças, quebrando o paradigma de ser o Direito uma ciência estática, com o fim de resolver as relações que lhes são levadas para uma solução da maneira mais adequada e eficaz possível, sempre sob a perspectiva constitucional, é que o Direito deve analisar os avanços científicos recentes, como as técnicas de edição gênica. Sabe-se que, apesar dos benefícios que essas técnicas possam oferecer, surgem também muitas preocupações, sob o ponto de vista da Ética e do Direito, em decorrência do grande leque de possibilidades que se abre com a sua utilização.

Assim, muitos questionamentos e dúvidas emergem não só dos possíveis efeitos colaterais da utilização das técnicas de edição gênica. Algumas dessas implicações, decorrentes tanto da aplicação direta da técnica quanto do seu resultado na homeostase interna de um organismo modificado, podem gerar consequências éticas e sociais que poderão nos conduzir a refletir sobre o que nos tornam humanos e o fato de se poder interferir ou não no que um ser humano poderá vir a ser. Trata-se aqui, com relação à temporalidade, do direito de se decidir previamente a vida de alguém. Embora a aplicação dessas técnicas para a cura de doenças não pareça causar controvérsias, seu uso no melhoramento de características não relacionadas a patologias merece uma observação cuidadosa por parte da ética e do direito, necessitando de um debate intenso e eficaz no intuito de identificar e solucionar qualquer tipo de questão. Vivanco et al. (2018, p. 76) concordam, ao afirmarem:

> Embora promissora esta técnica carece de estudos conclusivos sobre efeitos deletérios a médio e longo prazo sobre a saúde do indivíduo submetido à terapia e também reflexos sociais que dela resultem, como o risco do surgimento de uma nova eugenia. Consequentemente, o debate bioético e legal é premente para a evolução da ciência gênica.

É por meio dos avanços da tecnologia e da ciência que o mundo se transforma, visto que tais mudanças ocorrem para que novas técnicas sejam incorporadas para a cura de doenças, para controle delas, proporcionando assim um acalento para pessoas que outrora sofriam de algum mal ou doença sem a mínima perspectiva de cura ou melhora. É preciso notar que, de certa forma, as doenças também evoluem, necessitando de novas abordagens terapêuticas quando métodos consagrados passam a se tornar menos eficientes. Um bom exemplo é a evolução da resistência bacteriana a antibióticos. Alguns antibióticos que algumas décadas atrás eram altamente eficientes, hoje mostram-se praticamente inúteis frente a cepas de bactérias altamente resistentes. Os métodos de edição gênica, como o CRISPR, apesar de não ter sua utilização regulamentada no ordenamento jurídico brasileiro, pode caminhar nesse sentido da evolução para melhoria de qualidade de vida da humanidade ou então transformar-se em uma ferramenta de neoeugenia positiva[1].

Desta forma, não promover discussões sobre a regulamentação da utilização de técnicas de edição gênica pode ser muito prejudicial frente não só à proteção legal do indivíduo, mas também com relação a dificultar a realização de pesquisas que podem vir a salvar vidas. Técnicas de edição gênica como a CRISPR tem muito a oferecer para o bem da humanidade, mas também trazem inúmeras inquietudes sobre seu eficaz manejo e seu uso. Além da promessa de cura de doenças como a Aids e mesmo doenças hereditárias consideradas incuráveis, abre-se um leque de possibilidades de melhoramento da espécie que pode impactar tanto na criação de projetos de vida prévios para um determinado indivíduo, ou seja, na criação de seres humanos criados para cumprir uma finalidade específica dentro da sociedade, como na alteração permanente da própria herança genética da humanidade (KAMINSKI et al., 2016; BALIOU et al., 2018; CHEN; YU; GUO, 2018; PAPASAVVA; KLEANTHOUS; LEDERER, 2019).

Analisando-se a legislação brasileira relativa a organismos geneticamente modificados – Lei nº 11.105/2005 (BRASIL. LEI, 2005) –, observa-se que, em geral, há um descompasso da legislação em acompanhar os avanços científicos. A legislação se refere de forma generalista apenas à utilização de células tronco e de organismos geneticamente modificados, proibindo de maneira peremptória a edição gênica de seres humanos. Nesse sentido, como não há disciplina específica a respeito do tema, essa lacuna não pode ser utilizada como escudo protetivo para a prática de ilicitudes condenadas pelo ordenamento jurídico pátrio.

Se não há disciplina sobre o tema, há que se achar um caminho para que essa prática seja devidamente orquestrada no cenário nacional, analisando-se caso a caso, podendo gerar efeitos positivos e trazendo benefícios para

[1] A neoeugenia se refere às práticas seletivas por meio da manipulação gênica humana propiciada pelas modernas técnicas biomédicas, sendo que a positiva visa ao aperfeiçoamento da espécie e a negativa tem a finalidade de tratamento, caracterizando-se como terapêutica.

aquelas que utilizam da técnica. Deve-se entender ainda que o Direito não deva ter a finalidade de obstar qualquer tipo de evolução científica, apesar de as relações trazidas por novas técnicas serem, *ab initio*, um tema a ser discutido pelos princípios do Direito, para se tirar o melhor proveito do que pode ser oferecido pelo avanço da Ciência.

Na prática, a Constituição Federal de 1988 (BRASIL. CF, 1988) assegurou, no seu artigo 5º, §2º, o manejo de princípios não contidos nela e também o de tratados internacionais, mostrando assim ser um Estado aberto a outras legislações, especialmente no tocante à matéria dos direitos humanos e fundamentais. O rol elencado no artigo 5º não é fechado, podendo se buscar outras fontes e outras práticas, ainda que do direito comparado para a solução dos conflitos, dentro das balizas legais do nosso ordenamento jurídico.

Ademais, é cediço que a Carta Magna resguarda em seu artigo 225, §2º, a diversidade e a integridade do patrimônio genético, mostrando a preocupação com a manipulação genética (BRASIL. CF, 1988). Em consequência dessa disposição inserida no texto constitucional, houve a premente imprescindibilidade de se estabelecer os meios pelos quais haveria a fiscalização das entidades que realizam a manipulação genética. Nesse mesmo diapasão, a Lei nº 11.105/2005 (Lei de Biossegurança), especificamente em seu artigo 25, proíbe a prática de engenharia genética de célula germinativa humana, zigoto humano, embrião humano, bem como a previsão de punição com reclusão de 1 a 4 anos e multa (BRASIL. LEI, 2005). Desse modo, a percepção que se deve ter das novas técnicas de manipulação genética é de que deve haver uma proteção com relação à integridade e diversidade genética, embora, por outra perspectiva, não se preveja a utilização benéfica que possa advir da utilização terapêutica da técnica.

Embora essa cautela quanto ao tema pareça ser relevante, o descaso para questões específicas a ele pode dificultar tanto aplicações salutares no campo da eugenia negativa, retardando a aplicação de terapias que podem salvar vidas – o que, muitas vezes, pode ser crítico, quanto à questão do tempo em deliberações na matéria, como deixar brechas para que questões relativas à eugenia positiva possam ocorrer sem o devido controle. Nesse caso, Carvalho e Carvalho (2007, p. 7) observam que o legislador busca

> [...] proteger a integridade ou intangibilidade do patrimônio genético da humanidade, que poderia ser profunda e irreversivelmente alterado pela

> manipulação levada a cabo sobre essas células, cujos efeitos alcançariam não só o genótipo do indivíduo submetido à intervenção como também se perpetuariam através de toda a sua descendência futura [...]. Em realidade, embora conjugue distintas condutas, entendemos que essa figura típica tem por finalidade tutelar um mesmo bem jurídico: a integridade do patrimônio genético da humanidade ou do genoma humano, que seria abalada pela alteração da carga genética do pré-embrião, que, ao ser ulteriormente transferido ao útero materno, a transmitiria de forma irreversível a todos os seus descendentes.

Segundo o Conselho Federal de Medicina (CFM), em sua Resolução n. 2.294/2021 (BRASIL. CFM, 2021), as técnicas de reprodução assistida estão proibidas de, quando aplicadas, possuir a finalidade de seleção de sexo (sexagem) ou de qualquer outra característica do embrião. Dessa determinação se observa a ideia de que a área médica não considera como algo positivo a ingerência em embriões, exceto se o escopo seja de evitar doenças (neoeugenia negativa). Sendo assim, mesmo que não haja qualquer tipo de regulamentação para a utilização de técnicas modernas de edição gênica, já há resistência da medicina em utilizar essa técnica de manipulação genética para fim de aperfeiçoamento humano.

Ao tentar, de certo modo, delinear um caminho a ser seguido por técnicas de manipulação genética, como a CRISPR, a Organização das Nações Unidas (ONU), por meio da Declaração Internacional sobre Dados Genéticos Humanos da Unesco (2004), reconhece que a carga de dados que o gene humano conduz indica as predisposições contidas naquele indivíduo, carga genética esta que contém dados que podem ter efeito significativo sobre a família daquele indivíduo. Dessa forma, há de se ter o maior cuidado e zelo diante de técnicas que podem manipular algo que envolva um determinado grupo, não só um indivíduo isolado, considerando-se sobretudo que a manipulação dos genes de um indivíduo pode impactar tanto no papel e no modo, como aquele ser vai se situar e ser percebido dentro da sociedade. Essa preocupação pode ser ainda maior se o indivíduo for "projetado" com um propósito, levando-se em consideração como essa modificação pode ser repassada aos seus descendentes, caso seja efetuada em embriões, que adquiririam assim a possibilidade de repassar seus genes modificados a seus descendentes.

Os dados genéticos humanos têm uma especificidade resultante do seu caráter sensível e podem indicar predisposições genéticas dos indivíduos. Essa capacidade indicativa pode ser mais ampla do que sugerem as avaliações feitas no momento em que os dados são recolhidos. Tais dados, por sua vez, podem ter um impacto significativo não só sobre a família, incluindo a descendência, ao longo de várias gerações, como também sobre a própria espécie humana ao longo de gerações. Charles Darwin, no seu livro "A origem das Espécies" (2014), cita como as características fenotípicas das populações se modificam, ao longo de gerações, com a fixação nessas pessoas de genes que antes estavam presentes nesses seres em pequena porcentagem (mas que já pertenciam à herança genética dessa população ou vieram a surgir a partir de modificações aleatórias dessa herança, como no caso das mutações) e que tendem a se fixar de forma mais extensiva em função da chamada seleção natural. Com a evolução tecnológica do homem e do seu potencial de modificar o ambiente em que está inserido, a seleção natural observada por Darwin deixou de exercer uma pressão seletiva tão significativa sobre a nossa espécie. Agora fala-se da possibilidade de se retirar genes que foram fixados por essa homeostase do homem com o seu meio por milhares de anos ou mesmo de introduzir genes que não fazem necessariamente parte da sua herança genética, levando a alterações imprevistas não só do equilíbrio do homem com o meio ambiente, mas de sua própria homeostase interna como organismo biológico, e mesmo frente à teia social onde esse homem está imerso. Destaca-se, nesse ponto, que poderemos ter o surgimento de duas classes de homem: um natural, sem uma programação prévia, que pode desenvolver seus potenciais naturais de acordo com a sua própria vontade; e outro projetado, cujas metas e expectativas sobre o seu plano de vida pode ter sido planejado previamente, de forma não aleatória e independente de sua vontade, que podem conter informações cuja importância não é necessariamente conhecida no momento em que são colhidas as amostras biológicas e que podem assumir importância cultural para pessoas ou grupos.

Ainda com relação à Declaração Internacional sobre Dados Genéticos Humanos (UNESCO, 2004), o artigo 1º apregoa, de forma muito clara e significativa, que deve haver o respeito à dignidade humana, alicerce de todo e qualquer Estado Democrático, como o Brasil. Não há que se falar, ademais, em lesão de qualquer direito já estabelecido, o que se deve procurar é estabelecer quais serão os princípios aplicados à técnica. Assim, o artigo 1º diz:

> (a) A presente Declaração tem por objectivos: garantir o respeito da dignidade humana e a protecção dos direitos humanos e das liberdades fundamentais na recolha, tratamento, utilização e conservação dos dados genéticos humanos, dos dados proteómicos humanos e das amostras biológicas a partir das quais eles são obtidos, daqui em diante denominadas "amostras biológicas", em conformidade com os imperativos de igualdade, justiça e solidariedade e tendo em devida conta a liberdade de pensamento e de expressão, incluindo a liberdade de investigação; definir os princípios que deverão orientar os Estados na formulação da sua legislação e das suas políticas sobre estas questões; e servir de base para a recomendação de boas práticas nestes domínios, para uso das instituições e indivíduos interessados (UNESCO, 2004).

Nesta mesma linha de defesa do genoma humano, tal como a ONU determinou, a Unesco já na Declaração Universal sobre o Genoma Humano e os Direitos Humanos de 1997 declarou, em seu artigo 1º, que o genoma humano se compreende como um todo que também pertence à unidade essencial dos membros da família humana e, sendo assim, deve ser estabelecido que ele tem em sua estrutura dignidade e representa "herança da humanidade".

Ainda no cenário internacional, de acordo com Jasanoff e Hurlbut (2018), foi realizada em 2015 a Cúpula Internacional do Genoma Humano, que aconteceu na cidade de Washington DC. Como havia a necessidade de se encontrar um consenso a respeito de normas que devem ser impositivas referente à utilização da técnica do CRISPR, buscou-se uma uniformidade de pensamento e atitudes por meio de discussões amplas e questionadoras.

Além disso, a Organização Mundial de Saúde (OMS), atenta aos efeitos que a CRISPR possa oferecer e, tendo a real consciência de que há uma imprescindibilidade em se criar um registro global dos estudos com relação ao genoma humano, reuniu especialistas em 2019 para que fosse debatido os efeitos da CRISPR. Nesse sentido, concluiu-se que seria, no mínimo, imprudente persistir na edição do genoma germinativo humano antes que se tenha um maior amadurecimento sobre as consequências da utilização desta técnica tanto em nível biológico do indivíduo quanto do desenvolvimento biológico sistêmico quanto social. De acordo com Reardon (2019), por meio de seu comunicado, o painel da OMS contestou pesquisas que tenham aplicação clínica que alteram o genoma de células germinativas (óvulos, espermatozoides ou embriões humanos) de forma que possam ser transmitidas para as gerações vindouras.

Todo o cenário relatado demonstra que a técnica CRISPR, assim como outras técnicas de edição gênica que venham a surgir, ainda deve ser muito debatida no tocante a sua regulamentação e, primordialmente, com relação a sua aplicação. A preocupação mundial no que pode ser difundido por esta técnica traduz as consequências que o seu mau uso pode implicar. Na Rússia, por exemplo, "[...] a engenharia genética é proibida na maior parte dos casos. No entanto, como o CRISPR ainda é uma técnica relativamente nova, não há regras específicas por lá, o que é o caso em praticamente todo o mundo", esclarece Pollo (2019, s/p). O mundo está atento às mudanças na engenharia genética sem se distanciar da dignidade humana e do respeito a uma legislação que seja embasada em um forte alicerce técnico, que aparentemente está em fase de construção, já que atualmente a ciência, a filosofia e as ciências sociais, de forma geral, podem não ter todas as respostas necessárias referentes às questões levantadas pela utilização das técnicas de edição do genoma humano.

3. A Bioética como marco regulatório da CRISPR

Desde o advento dessa nova técnica de edição de genomas (a CRISPR), há uma preocupação dos órgãos regulatórios em padronizá-la para que sejam definidos limites claros para sua utilização, na medida em que, como algo novo, ela ainda não dispõe de regulamentação legal específica, podendo trazer inúmeros questionamentos e também inseguranças. O limite que pode ser dado ao uso da CRISPR-Cas9 e de outras técnicas de edição gênica é de suma importância para que sua eficácia seja alcançada de maneira adequada, sem abusos e práticas ilícitas.

Hans Jonas (1974, p. 176), em uma citação que se mantém bem atual quanto ao avanço da tecnologia, adverte que "[...] nunca houve tanto poder ligado com tão pouca orientação para seu uso [...]". Assim sendo, há também que se buscar, além dos limites legais, os questionamentos éticos para que todo e qualquer procedimento feito por meio da edição gênica busque também balizamento na Bioética, que é a filosofia/ética aplicada ao caso concreto. A Bioética é, ao mesmo tempo, prática e teórica, porque consegue conciliar seus fundamentos ao caso concreto que a ela é ofertado.

Nesse contexto, Schramm (2010, p. 105) elucida que "Em suma, a bioética analisa a moralidade das biotecnologias e a biossegurança calcula e pondera os riscos inerentes às biotecnologias do ponto de vista de sua segurança." Essa disciplina procura, por meio de seus princípios, evitar que abusos sejam impostos aos que necessitam da técnica CRISPR, a partir de estudos das suas complicações e analisando também quais as consequências morais que podem advir de sua utilização. Considera Hans Jonas (2013, p. 51):

> Que a ética, falando de modo geral, tenha algo a dizer sobre o tema da técnica, ou que a técnica esteja submetida a considerações éticas, eis algo que se segue do simples fato de que a técnica é um exercício do *poder* humano, isto é, uma forma de ação [*Handelns*], e toda forma de ação humana está sujeita a uma avaliação moral. É também uma obviedade que um mesmo poder pode ser utilizado para o bem e para o mal, e que em seu exercício se pode cumprir ou infringir normas éticas. A técnica, enquanto poder humano enormemente aumentado, claramente se enquadra nessa verdade geral. Mas constitui ela um caso especial que exige um esforço do pensamento ético, diferente daquele que condiz com toda ação humana e que foi o suficiente para todos os seus tipos no passado? (Grifos do autor).

A Bioética, então, se mostra indispensável para que se evite, ou minimize, algum tipo de consequência de aplicação da edição gênica, não apenas sob uma visão de solução de problemas, facilmente compreensíveis quando se fala na cura de doenças (eugenia negativa), mas principalmente quando se fala em ampliar as possibilidades físicas e mentais do ser humano (eugenia positiva), em que essas propriedades são geridas pelo acaso e decorrentes da herança adaptativa da espécie. Nesse caso, pode-se refletir no limite que poderia haver em se editar, por exemplo, um gene que produz uma determinada proteína, que poderia levar a um desequilíbrio fisiológico que acabasse provocando um retardo mental.

Muito provavelmente, com a evolução da técnica, sua aplicação poderia ser inclusive compulsória, ou seja, poderia passar a ser considerada um direito universalizado pela legislação. Como exemplo, apresenta-se o caso de técnicas que surgiram como a do teste do pezinho dos bebês, para detectar fenilcetonúria, posto que, atualmente, é um teste de realização compulsória, previsto por lei em nosso país. A universalização do uso e a consideração legal como um direito forçam a sua realização regulamentada pela Bioética.

Em contrapartida, pode haver a possibilidade de editar um gene que venha a produzir uma proteína que possa aumentar a capacidade intelectual do indivíduo, nesse caso, uma eugenia positiva. Não se trata aqui de uma "cura", e talvez por isso não se entenda que seja um tratamento a ser aplicado compulsoriamente de forma universal. Sua aplicação poderia ser vinculada ao gosto pessoal e à condição financeira dos indivíduos. Pais zelosos, com certeza, gostariam que seus filhos tivessem mais "proteína gênio" em seus cérebros e as transmitissem aos seus descendentes. Se tivermos mais pessoas com esse mesmo pensamento e possibilidades financeiras gerando uma classe de indivíduos com um potencial diferenciado da humanidade "natural", quais serão os impactos sociais e biológicos decorrentes desse fato?

A Bioética, então, se mostra indispensável para que se tente impedir qualquer tipo de risco de mau uso da técnica CRISPR, pois ela tem o escopo de resolver conflitos éticos que possam vir a existir. Dentre alguns exageros que porventura podem ocorrer está inserida a neoeugenia positiva, uma prática abusiva na qual há o intuito de melhoramento genético, podendo levar a uma categorização de quem seria suficientemente bom ou "perfeito" e de quem não seria. Sandel (2013, p. 75-76) elucida ser habitual reconhecermos que os poderes de melhoramento que temos atualmente

> [...] surgiram como subprodutos da evolução da biomedicina – que a revolução genética apareceu, por assim dizer, para curar as doenças, mas perdurou para nos tentar com a perspectiva de melhorar nosso desempenho, projetar nossos filhos e aperfeiçoar a natureza.

Isso significa, segundo Sandel, que temos dificuldades de lidar com as imperfeições advindas da natureza. No entanto, temos que avaliar, de forma consciente, quais são os limites que não devem ser ultrapassados, no sentido de entender qual seria, por exemplo, o limite entre impedir que a falta de uma proteína impeça um retardo mental e aumentar a sua quantidade em um ser projetado para se criar um supercérebro fora dos padrões usuais em nossa espécie, hipoteticamente falando.

Um debate social amplo e irrestrito se torna necessário diante deste cenário, em que tudo é novo, sem regulamentação específica, e que atinge de forma direta uma noção da ontologia da espécie humana, ou seja, como nós nos veremos como seres construtores, ou no sentido habermasiano de uma ética da espécie. Habermas (2010) questiona se a tecnicização da natureza humana modificaria a autocompreensão ética da espécie de forma que não possamos mais nos compreender como seres vivos eticamente livres e moralmente iguais, orientados por normas e fundamentos.

Ainda nesse viés, Latour (1996, p. 165) afirma que "[...] o que é uma propriedade da técnica é esse caráter imprevisto dos fins", no sentido de que a utilização de qualquer tipo de técnica traz consigo algum tipo de risco, seja ele a curto ou longo prazo. Uma técnica inovadora, como a CRISPR, traz ainda mais impactos na vida de uma sociedade, o que torna imprescindível uma discussão minuciosa de seus efeitos.

Sendo assim, apesar da ausência momentânea de regulamentação jurídica, as técnicas de edição gênica não deixarão de ser regulamentadas, seja por princípios do direito, pela Bioética, seja pelos órgãos reguladores na área que auxiliarão à utilização da técnica sem, contudo, renunciar às vantagens que ela pode trazer. Dentre esses órgãos que procurarão delimitar os efeitos da CRISPR está a Comissão Técnica Nacional de Biossegurança (CTNBio), que é uma comissão que regula processos e produtos relacionados a Organismos Geneticamente Modificados (OGM).

> A CTNBio é uma instância colegiada multidisciplinar, criada através da lei n. 11.105, de 24 de março de 2005, cuja finalidade é prestar apoio técnico consultivo e assessoramento ao Governo Federal na formulação, atualização e implementação da Política Nacional de Biossegurança relativa a OGM, bem como no estabelecimento de normas técnicas de segurança e pareceres técnicos referentes à proteção da saúde humana, dos organismos vivos e do meio ambiente, para atividades que envolvam a construção, experimentação, cultivo, manipulação, transporte, comercialização, consumo, armazenamento, liberação e descarte de OGM e derivados (CTNBio *online*, s/p).

Contudo, o Sistema de Informação em Biossegurança (SIB), que seria fundamental na disseminação de informações e no fomento ao debate de questões relacionadas à Biossegurança, apesar de ter sua criação prevista no capítulo VI, artigo 19 da lei n. 11.105 de 2005, não foi implementado, não havendo, até a data desta publicação, um sistema que articule as informações e, consequentemente, o debate sobre o tema, mesmo a nível técnico, por meio da CNTBio.

Por seu turno, a legislação vigente presente na mesma lei exclui, de forma geral, a possibilidade de edição do genoma humano, atendo-se apenas à possibilidade de utilização de embriões humanos não editados em terapia ou pesquisa científica, não incluindo a possibilidade de consideração de embriões humanos na categoria de organismos geneticamente modificados. Embora se considere válida a preservação do genoma humano, acredita-se que a legislação deva abordar o assunto de forma dialógica, principalmente em função da possibilidade de cura real de várias doenças, e a impossibilidade de atuação na pesquisa pela improbabilidade de permissão jurídica pode ser tão deletéria quanto a inexistência de balizadores éticos que possam vir a orientar a criação de uma legislação apropriada. Dessa forma, necessariamente, essa técnica terá que ser regulada pela CTNBio, que analisará seu correto uso no seio social.

Em se tratando especificamente da edição gênica, pode ser difícil – senão impossível –, por exemplo, detectar se houve ou não uma edição, justamente por não se tratar da introdução de um DNA exógeno que vai necessariamente produzir um metabólito estranho ao organismo, como um rato que possui um gene que produz uma proteína fluorescente, mas a edição de um gene do próprio organismo, o que poderá, por exemplo, aumentar, diminuir ou bloquear a síntese de uma proteína produzida pelo próprio organismo. Dessa forma, acredita-se que o mais importante não é ter uma legislação punitiva, que atuará na última instância de um ato técnico, mas na criação de balizadores bioéticos que venham a direcionar práticas dentro da atuação profissional dos profissionais pesquisadores e médicos (LOIS et al., 2002). De acordo com França (2018, p. 36), "A conduta ética do pesquisador é a garantia de se evitar abusos nas pesquisas clínicas com seres humanos. Abusos nas pesquisas em nome do desenvolvimento científico devem ser combatidos, pois [...] colocam em risco a sua sobrevivência". Ressalta-se, aqui, como de suma importância não só a adequação da legislação, mas também a formação bioética de pesquisadores.

No que se refere aos impactos que a técnica pode trazer e a preocupação com o seu resultado final, há de ser fazer uma reflexão no intuito de se promover o debate esclarecido entre pesquisadores, especialistas e a opinião pública com o propósito de informar, esclarecer e observar os reflexos que porventura podem ocorrer diretamente na vida daqueles que procuram a técnica e, por via reflexa, em toda a sociedade. Todo e qualquer debate deverá ter a Bioética como gestora desse importante avanço científico para que se tire o melhor proveito que ele oferece, tendo-se o cuidado de preservar o patrimônio genético de nossa espécie, antevendo--se os efeitos deletérios que a edição gênica indiscriminada poderia levar às gerações futuras, tanto em seus impactos sociais, quanto talvez na nossa própria identidade enquanto espécie.

Conclusões

É inegável a importância que a utilização de metodologias de edição gênica, em particular a técnica do CRSPR, pode trazer para a humanidade, tais como a eliminação de genomas virais, como da Aids, de células somáticas de indivíduos infectados ou de certos tipos de câncer e doenças raras de origem hereditária (BALIOU et al., 2018; DASH et al., 2019; PAPASAVVA; KLEANTHOUS; LEDERER, 2019). No entanto, assim como toda nova técnica, ela traz em sua estrutura questionamentos, desconfianças e cautela. É normal que algo novo gere discussão, ainda mais quando não há qualquer tipo de regulamentação legal do tema. No entanto, a falta de disposição legal específica não necessita ser impedimento para a realização da técnica, visto que se deve fazer e se valer de outros tipos de marcos regulatórios, como os princípios do Direito e a Bioética. Por meio deles buscar-se-á uma possível solução para os conflitos que porventura surjam e se evitará que práticas eivadas de ilicitude sejam realizadas, dentre elas a neoeugenia positiva, que seria a seleção de genes mais qualificados com a finalidade de melhoramento humano.

O que se pode depreender de toda essa conjuntura é que, em outra circunstância, seja a ciência jurídica baseada em leis preexistentes, o prisma da interdisciplinaridade deve ser verificado principalmente quando o assunto trazido ao crivo do Direito ainda não seja totalmente abarcado por ele. A Bioética, aliada aos ditames legais, deve amparar as decisões a respeito de novas técnicas advindas da evolução da ciência. Sendo a CRISPR uma técnica que decorre de vários aspectos sociais, biológicos, médicos e, consequentemente, éticos e jurídicos imprevistos, deve-se ter a mais absoluta cautela para que seja aplicada com o fim de cura e tratamento de doenças, preservando a dignidade do indivíduo e da humanidade, assim como o que se pode definir com alteridade e humanidade em seu sentido amplo. A abertura do sistema jurídico tem justamente o escopo de, diante de uma nova e complexa relação social, garantir os direitos individuais e coletivos, ao identificar e sanar o problema.

Já a Bioética busca justamente a criação de referenciais éticos que venham orientar procedimentos e a aplicação de técnicas existentes ou que venham a ser criadas. Por meio de seus conceitos, ela buscará sempre analisar o caso concreto sob a ótica da ética, objetivando transformar a aplicação desses procedimentos em benefícios, buscando, contudo, a preservação da dignidade humana e do genoma da espécie como um patrimônio indissociável da nossa própria definição como humanidade.

No contexto da manipulação de humanos, a edição gênica deverá criar balizadores éticos para orientar os debates que deverão ainda amadurecer a ponto de tornarem-se leis que venham a regulamentar práticas. Isso porque essa área do conhecimento, em sentido amplo, se refere à preservação da vida humana e à saúde com a observância de procedimentos de segurança. É uma afirmação de que não haverá violação de qualquer direito envolvido no caso concreto, muito embora será possível considerar que a aplicação ampla dessas tecnologias poderá trazer à tona questões éticas ainda não previstas devido ao ineditismo das situações criadas pela aplicação da técnica. Contudo, a reflexão sobre esses parâmetros éticos deve começar, desde agora, com a compreensão das possibilidades técnicas e suas consequências biológicas e sociais frente à jurisprudência.

A aliança entre a Bioética, o Direito e a sociedade será um propulsor da efetividade da CRISPR, que, desse modo, trará avanço para a sociedade e esperança para quem dela precisar.

Referências

BALIOU, S.; ADAMAKI, M.; KYRIAKOPOULOS, A. M.; SPANDIDOS, D. A.; PANAYIOTIDIS, M.; CHRISTODOULOU, I.; ZOUMPOURLIS, V. CRISPR therapeutic tools for complex genetic disords and câncer (Review). **International Journal of Oncology**. [S.I.]. Spandidos Publications, v. 53, n. 2, p. 443-468, 2018.

BRASIL. CF. **Constituição da República Federativa do Brasil**, promulgada em 5 de outubro de 1988. Disponível em: encurtador.com.br/zOV14. Acesso em: 25 nov. 2019.

BRASIL. CFM. Conselho Federal de Medicina (2021). **Resolução CFM nº 2.294, de 15 de junho de 2021**. Disponível em: https://sistemas.cfm.org.br/normas/arquivos/resolucoes/BR/2021/2294_2021.pdf. Acesso em: 14 mai. 2022.

BRASIL. LEI. [Lei de Biossegurança (2005)]. **Lei nº 11.105, de 24 de março de 2005**. Disponível em: encurtador.com.br/dyX69. Acesso em: 21 dez. 2019.

CARVALHO, G. M. de; CARVALHO, E. M. de. A Lei de Biossegurança (Lei 11.105/2005) e os novos crimes contra o patrimônio genético humano. **Revista dos Tribunais Online, Thomson Reuters**. Ciências Penais, v. 7, p. 1-21, jul. 2007.

CHEN, S.; YU, X.; GUO, D. CRISPR-Cas targeting of host genes as na antiviral strategy. Viruses. [S.I.]: MDPI AG. **Viruses**, v. 10, n. 40, p. 1-28, 2018.

CHETVERIN, A. B. The puzzle of RNA recombination. **FEBS Letters**. [S.I.]: Elsevier., v. 460, p. 1-5, 1999.

CONG, L.; RAN, F. A.; COX, D.; LIN, S.; BARRETO, R.; HABIB, N.; HSU, P. D.; WU, X.; JIANG, W.; MARRAFFINI, L. A.; ZHANG, F. Multiplex genome engineering using CRISPR/Cas systems. **Science**, v. 339, n. 6121, p. 819-823, 15 fev. 2013.

CTNBio *online*. [Comissão Técnica Nacional de Biossegurança]. Disponível em: http://ctnbio.mcti.gov.br/inicio. Acesso em: 15 nov. 2019.

DARWIN, C. **A origem das espécies:** a origem das espécies por meio da seleção natural ou a preservação das raças favorecidas na luta pela vida. São Paulo: Ubu, 2014.

DASH, P. K.; KAMINSKI, R.; BELLA, R.; SU, H.; MATHEWS, S.; AHOOYI, T. M.; CHEN, C.; MANCUSO, P.; FERRANTE, P.; SARIYER, R.; DONADONI, M.; ROBINSON, J. A.; SILLMAN, B.; LIN, Z.; HILAIRE, J. R.; BANOUB, M.; ELANGO, M.; GAUTAM, N.G; MOSLEY, R. L.; POLUEKTOVA, L. Y.; MCMILLAN, J.; BADE, A. N.; GORANTLA, S.; SARIYER, I. K.; BURDO, T. H.; YOUNG, W.-B.; AMINI, S.; GORDON, J.; JACOBSON, J. M.; EDAGWA, B.; KHALILI, K.; GENDELMAN, H. E. Sequential LASER ART and CRSIPR Treatments Eliminate HIV-1 in a Subset of Infected Humanized Mice. **Nature Communications**, v. 10, n. 1, 1 dez. 2019.

DONALD, Kevin. **Associated Newspapers Ltd**. 26 May 2014. Disponível em: encurtador.com.br/gqyB0. Acesso em: 10 dez. 2019.

FRANÇA, B. Aspectos éticos na pesquisa clínica. *In:* WITIUK, I. L.; FRANÇA, B.; KRÜGER, C.; GUEBERT, M. C. C. **Ética em pesquisa envolvendo seres humanos**. 2. ed. Curitiba: PUCPRESS, 2018.

HABERMAS, J. **O futuro da natureza humana**. São Paulo: WMF/Martins Fontes, 2010.

HUANG, Z.; TOMITAKA, A.; RAYMOND, A.; NAIR, M. Current application of CRISPR/Cas 9 gene-editing technique to eradication of HIV/AIDS. **Gene Therary**, v. 24, Issue 7, p. 377-384, 2017. Nature Publishing Group.

JASANOFF, S.; HURLBUT, J. B. A global observatory for gene editing. Sheila Jasanoff and J. Benjamin Hurlbut call for an international network of scholars and organizations to support a new kind of conversation. **Nature**, v. 555, p. 435-437, 21 mar. 2018. Disponível em: encurtador.com.br/hxzHK. Acesso em: 24 out. 2019.

JINEK, M.; CHYLINSKI, K.; FONFARA, I.; HAUER, M.; DOUDNA, J. A.; CHARPENTIER, E. A programmable dual-RNA-guided DNA endonuclease in adaptive bacterial immunity. **Science,** v. 337, n. 6096, p. 816-821, 17 ago. 2012.

JONAS, H. Philosophical essays: from ancient creed to technological man. **Prentice Hall**, Englewood Cliffs, 1974.

JONAS, H. **Técnica, medicina e ética**: sobre a prática do princípio da responsabilidade. São Paulo: Paulus, 2013.

KAMINSKI, R.; CHEN, Y.; FISCHER, T.; TEDALDI, E.; NAPOLI, A.; ZHANG, Y.; KARN, J.; HU, W.; KHALILI, K. Elimination of HIV-1 Genomes from Human T-lymphoid Cells by CRISPR/Cas9 Gene Editing. **Scientific Reports**, v. 6, n. 1, p. 22555, 4 abr. 2016. Disponível em: encurtador.com.br/uxAOW. Acesso em: 30 nov. 2017.

LATOUR, B. Do humano nas técnicas/F. Bayle... [*et. al.*]; entrevistados por Ruth Scheps. *In:* SCHEPS, R. (Org.). **O império das técnicas**. Trad. Maria Lúcia Pereira. Campinas/SP: Papirus, 1996. p. 155-165.

LOIS, C.; HONG, Elizabeth J.; PEASE, S.; BROWN, E. J.; BALTIMORE, D. Germline transmission and tissue-specific expression of transgenes delivered by lentiviral vectors. **Science**, v. 295, n. 5556, p. 868-872, 1 fev. 2002.

MATSUDA, T.; OINUMA, I. Optimized CRISPR/Cas9-mediated in vivo genome engineering applicable to monitoring dynamics of endogenous proteins in the mouse neural tissues. **Scientific Reports**, v. 9, n. 11309, p. 1-13, 5 ago. 2019.

MOREIRA, R. V. **Maternidade em (re)construção:** implicações-filosófico-bioético--jurídicas da gestação de substituição. Rio de Janeiro: Autografia, 2018.

PAPASAVVA, P.; KLEANTHOUS, M.; LEDERER, C. W. Rare Opportunities: CRISPR/Cas-Based Therapy Development for Rare Genetic Diseases. **Molecular Diagnosis and Therapy**. [S.l.]. Springer International Publishing, v. 23, n. 2, p. 201-202, 2019.

PIRES, Vanessa. **G1 Triângulo e Alto Paranaíba.** 10 mar. 2020. Disponível em: encurtador.com.br/krDY8. Acesso em: 12 dez. 2019.

POLLO, L. Copia, cola e cria. **Nova tecnologia facilita edição de genes e complica discussão sobre melhoramento humano**. Disponível em: encurtador.com.br/kGHTV. Acesso em: 15 nov. 2019.

REARDON, S. World Health Organization panel weighs in on CRISPR-babies debate. Advisory committee calls for a global registry of studies that involve editing the human genome. **Nature,** n. 567, p. 444-445, 2019. Disponível em: encurtador.com.br/sxTZ9. Acesso em: 20 nov. 2019.

SANCHES-DA-SILVA, G. D. N.; MEDEIROS, L. F. S.; LIMA, F. M. The Potencial use of the CRISPR-Cas System for HIV-1 Gene Therapy. **Hindawi. International Journal of Genomics**, v. 19, p. 1-14, 2019.

SANDEL, M. J. **Contra a perfeição**: ética na era da engenharia genética. [Trad. Ana Carolina Mesquita]. Rio de Janeiro: Civilização Brasileira, 2013.

SCHRAMM, F. R. Bioética, biossegurança e a questão da interface no controle das práticas da biotecnociência: uma introdução. **Revista Redbioética/Unesco**, ano 1, v. 1, n. 2, p. 99-110, 2010.

STEPTOE, P. C.; EDWARDS, R.G. Birth after the reimplantation of a human embryo. **The Lancet,** v. 312, n. 8085, p. 366, 12 ago. 1978. Disponível em: encurtador.com.br/wxyWX. Acesso em: 12 jan. 2019.

UNESCO-Portugal. **Declaração Internacional sobre os Dados Genéticos Humanos.**16 out. 2004. Disponível em: encurtador.com.br/cwxKV. Acesso em: 26 out. 2019.

UNESCO. Organização das Nações Unidas para a Educação, a Ciências e Cultura. **Declaração Universal sobre o Genoma Humano e os Direitos Humanos.** 11 nov. 1997. Disponível em: encurtador.com.br/FGJV7. Acesso em: 25 out. 2019.

VIVANCO, C. R.; CARVALHO, R. R. P.; ALMEIDA, W. C. de; VALLE, R.; NASCIMENTO, G. C. do; LEITE, B. E. V. CRISPR-CAS9: aspectos bioéticos e normativos do método. **Revista Brasileira de Bioética,** v. 14 (Edsup), p. 76-77, 2018.

WANG, K.; TANG, X.; XIE, Z.; ZOU, X.; LI, M.; YUAN, H; GUO, N; OUYANG, H.; JIAO, H.; PANG, D. CRISPR/Cas9-mediated knockout of myostatin in Chinese indigenous Erhualian pigs. **Transgenic Research**, v. 26, n. 6, p. 799-805, 2017.

5. CUIDADOS PALIATIVOS E DIREITO À MORTE DIGNA: A CAMINHO DA AUTONOMIA EXISTENCIAL[1]

ALINNE ARQUETTE LEITE NOVAIS

> Que se chegue aqui alguém, disse, Quer água, perguntou uma das filhas, Não quero água, quero morrer
>
> (José Saramago, *As intermitências da morte*).

Introdução

A Constituição da República, inspirada pela Declaração Universal dos Direitos Humanos, estabeleceu como fundamento da República a dignidade da pessoa humana, princípio que, então, norteia o sistema jurídico nacional, embasando todos os direitos e garantias fundamentais.

O direito à vida, como requisito para os demais direitos fundamentais, pressupõe, também, o direito à morte, eis que morrer é consequência natural de viver. Assim, sendo vicissitude inafastável da vida, a ocorrência da morte deve ser permeada pela dignidade indisponível que ao ser humano se deve garantir.

O respeito à escolha de um paciente em fim de vida entre se submeter ou não a um tratamento, longe de ser um atentado à sua vida, é a ela inerente, pois consubstancia o respeito ao seu direito, também fundamental, de liberdade e, consequentemente, de autonomia.

[1] A primeira versão desse capítulo foi publicada no livro Cuidados Paliativos: estudos acadêmicos transdisciplinares, referenciado ao final, tendo sido generosamente autorizada sua publicação nesta obra pela Editora Brasil Multicultural.

Tal opção, embasada na autonomia privada, deve ser expressa pelo paciente dotado de capacidade, de forma livre e autônoma, para que seja válida, podendo ele se valer, além da própria expressão concomitante à proposta terapêutica, através do consentimento informado, de instrumentos em que deixa sua inequívoca vontade registrada para ser respeitada nos momentos em que não possa se expressar validamente, como as diretivas antecipadas de vontade. Outras alternativas são discutidas, porém não acolhidas no ordenamento jurídico brasileiro, como o suicídio assistido e a eutanásia. Para os incapazes, também surgem questões profundas, considerando as recentes e importantes mudanças legais na teoria das incapacidades.

Ademais, a vida, como todos os demais direitos fundamentais, não é um direito absoluto, concorrendo com direitos como a liberdade, a segurança, a saúde, de modo que, em caso de conflito, necessária é a ponderação dos interesses, em que deverá preponderar a dignidade.

Portanto, absoluta é a necessidade de respeito à dignidade da pessoa humana, no exercício tanto do seu direito à vida, quanto no seu direito à liberdade, inclusive na escolha por uma morte digna.

1. Sobre o direito de morrer

A pessoa nasce, vive e morre – essa certeza acompanha a sociedade humana desde sempre, sendo a morte claramente um termo, embora não conhecido previamente o momento de sua ocorrência, e não uma condição.

No entanto, cada vez mais a morte tem sido encarada como a antítese da vida, como se dela não fizesse parte, como um verdadeiro fracasso pessoal e social, devendo, portanto, ser evitada a qualquer custo.

O desenvolvimento da ciência e da tecnologia e suas aplicações à medicina reforçam essa busca incessante pela evitabilidade da morte, pelo prolongamento da sobrevivência e pela ideia de que, enquanto há vida, há esperança.

De fato, o direito à vida é fundamental e pressuposto para o exercício dos demais direitos inerentes à pessoa humana. Sem vida não há pessoa e, portanto, nenhum outro direito, como liberdade, igualdade, segurança, saúde, existe.

Contudo, a garantia do direito à vida pressupõe a necessidade de garantia ao seu exercício com dignidade. Portanto, não assiste à pessoa humana simplesmente o direito à vida, mas o direito à vida digna, adjetivo dela indissociável. E tal direito à vida digna independe de positivação normativa, pois não é criado por lei, sendo, antes, inerente à condição humana.

É nesse sentido que leciona Antunes Rocha (2001, p. 51):

> A justiça humana, aquela que se manifesta no sistema de Direito e por ele se dá à concretude, emana e se fundamenta na dignidade da pessoa humana. Essa não se funda naquela, antes, é dela fundante. Dignidade é o pressuposto da ideia de justiça humana, porque ela é que dita a condição superior do homem como ser de razão e sentimento. Por isso é que a dignidade humana independe de merecimento pessoal ou social. Não se há de ser mister ter de fazer por merecê-la, pois ela é inerente à vida e, nessa contingência, é um direito pré-estatal.

Reconhecendo a dignidade como um valor fundamental e inerente à condição humana, esse fundamento da vida foi estabelecido formalmente, de maneira explícita, na Declaração Universal dos Direitos Humanos, aprovada em Assembleia Geral da ONU, em 1948, que reconheceu a necessidade de promover a dignidade da pessoa humana como forma de garantir a liberdade, a justiça e a paz no mundo, delineando os direitos civis e políticos, bem como os direitos sociais, econômicos e culturais, tendo como fundamento a igualdade.

Conquanto o direito à vida digna preceda à sua formalização, não se pode olvidar da importância de sua previsão na Declaração, traduzindo a aceitação da universalidade de tal valor, partilhado pela humanidade, pois ela deu início, no dizer de Norberto Bobbio (2004, pp. 29/30) à fase

> na qual a afirmação dos direitos é, ao mesmo tempo, universal e positiva: universal no sentido de que os destinatários dos princípios nela contidos não são apenas os cidadãos deste ou daquele Estado, mas todos os homens; positiva no sentido de que põe em movimento um processo em cujo final os direitos do homem deverão ser não mais apenas proclamados ou apenas idealmente reconhecidos, porém efetivamente protegidos até mesmo contra o próprio Estado que os tenha violado.

No Brasil, a Constituição de 1988, seguindo os passos da Declaração, trouxe, como fundamento da República, a dignidade da pessoa humana, que, portanto, norteia todo o sistema jurídico nacional, sendo estabelecido como imperativo de justiça social.

Assim, protege-se a vida com dignidade e, para que ela ocorra, outras garantias devem ser asseguradas ao indivíduo, notadamente a liberdade, conferindo a ele o poder de autodeterminação, segundo sua consciência, sua vontade, seu entendimento.

A autonomia privada, como uma das dimensões do direito fundamental à liberdade, é, então, um direito fundamental também constitucionalmente garantido, que permite a concreção da dignidade da pessoa humana (HUPSEL, 2016, pp. 91/92). Embora tenha sido secularmente tratada no campo patrimonial, a autonomia privada também se revela no plano existencial, como liberdade de o indivíduo regulamentar sua própria vida, respeitadas a intersubjetividade e a ordem pública, conforme salienta Luciana Dadalto (2015, pp. 15/18).

O direito à vida digna, como direito existencial, também é alcançado pela autonomia privada, na medida em que a vida é um direito e não um dever (DELMANTO JÚNIOR, 2017, p. 113; BORGES, 2007, p. 232; MABTUM e MARCHETTO, 2015, pp. 54/55).

Portanto, a dignidade deve ser garantida ao indivíduo em todos os seus aspectos existenciais, devendo acompanhá-lo do nascimento à morte, por toda a sua vida, sem interrupção, sem concessões, sem relativização, pois a vida, assim como todos os demais direitos fundamentais, não é absoluta, mas a dignidade o é.

A morte digna é parte da vida digna. Nesse aspecto entra em cena a importante discussão sobre a existência de um direito de morrer dignamente.

O termo final da vida é inafastável, embora incerto o momento de seu acontecimento. Como realidade inexorável, a morte precisa voltar a ser tratada como decorrência natural da vida. Não antecipada. Não postergada inutilmente.

Assim, surge para o indivíduo o direito, no exercício de sua vida com dignidade, de escolher entre se submeter ou não a tratamentos médicos inúteis, abusivos, que revelem obstinação terapêutica, que violem sua liberdade de crença e de consciência.

Nas palavras de Roxana Cardoso Brasileiro Borges (2007, p. 232) "o direito de morrer dignamente é a reivindicação por vários direitos, como a dignidade da pessoa, a liberdade, a autonomia, a consciência; refere-se ao desejo de ter uma morte humana, sem o prolongamento da agonia por parte de um tratamento inútil."

De fato, a imposição ao doente de um tratamento contra a sua vontade pode ser claro atentado à sua dignidade, pois atinge frontalmente sua liberdade de autodeterminação, sua intimidade, sua honra. Conforme Rachel Aisengart Menezes (2006, p. 96):

> A medicina contemporânea é centrada no combate à doença, categoria reificada, biologizada e assim tornada 'objetiva'. Entretanto, aquele que padece de um sofrimento é um indivíduo e, justamente por tal condição, é sujeito a uma variabilidade infinita de reações que podem escapar ao modelo descrito na literatura médica.

Toda pessoa transcende profundamente a sua dimensão biológica e o respeito às suas demais expressões humanas deve ser sempre observado e garantido pelo ordenamento jurídico, em prol de sua dignidade.

Ainda que se considere a vida como um dom sagrado e inviolável, como concluem Pessini e Barchifontaine (2014, p. 446),

> [...] o princípio da sacralidade da vida afirma que a vida física é um bem básico, fundamental, mas não absoluto, que deva ser preservado a todo custo. Com tal orientação, ao lidarmos com pacientes terminais, a "morte física" não é um mau absoluto e a vida física não é um "valor absoluto". São realidades que precisam ser matizadas, principalmente neste contexto de final de vida em que a presença da dor e do sofrimento são uma constante.

Assim é que se pode afirmar que há um direito à morte digna, como um direito constitucional implícito (PIOVESAN; DIAS, 2017, p. 77). Não um direito à morte. E tal direito, sem embargo de opiniões em contrário (CARNEIRO; RAMPAZZO, p. 5/7), surge como corolário de um direito à vida digna, podendo a pessoa, no exercício de sua dignidade, escolher, com liberdade e autodeterminação, os procedimentos terapêuticos e tratamentos a que aceita ou não se submeter.

2. Os instrumentos para exercício da autonomia da vontade de morrer dignamente

A concepção de morte digna pressupõe situações em que a pessoa tenha sido diagnosticada como portadora de uma doença ou situação clínica irreversível, que a coloque, no dizer de Luciana Dadalto, em situação de fim de vida, não necessariamente de terminalidade (2015, p. 25).

Portanto, não se fala em direito de morrer, mas em direito de morrer dignamente, justamente para delimitar o tema, que não se refere a quaisquer situações em que a pessoa não queira mais viver, mas àquelas circunstâncias em que o indivíduo está, de fato, prestes a morrer, em razão de seu quadro clínico e, em vez de se submeter a infindáveis e inúteis tratamentos, decorrentes da obstinação terapêutica, que prolongam não sua vida, mas sua sobrevivência, lhe causando dor e sofrimento, opta por aceitar a morte sem intervenções que a evitem artificialmente.

Segundo Adriana Caldas do Rego Freitas Dabus Maluf (2015, p. 436) "repousa essa dignidade humana na noção de autonomia, tão valorizada em todos os momentos da prática médica, seja ela experimental, científica, cirúrgica, clínica e que encontra muitas vezes impossibilitada de se manifestar plenamente nos derradeiros momentos de vida."

Ademais, conforme Hildeliza Lacerda Tinoco Boechat Cabral (2016, p. 112), "obviamente as garantias deferidas aos direitos da personalidade incluem o direito ao não sofrimento. Ninguém em sã consciência elegeria uma morte angustiante, dolorosa, lenta e tardia. Assim todas as pessoas em condições de exercerem escolhas livres e conscientes optariam por morrer com dignidade."

Nessa perspectiva, ganham relevo as discussões acerca dos meios para se alcançar uma morte digna, notadamente porque a concepção de dignidade, ao lado da dimensão objetiva, eis que impacta a sociedade e não apenas o indivíduo, tem forte dimensão subjetiva, envolvendo o entendimento pessoal do que seja digno (CARNEIRO; RAMPAZZO, p. 6; DADALTO, 2015, p. 48).

Assim, surgem os conceitos de eutanásia, distanásia, mistanásia, ortotanásia, e suicídio assistido, como meios para se alcançar o fim, ora abreviando, ora prolongando a vida, ora apenas se resignando diante da morte, causando aceitação ou repulsa pelos estudiosos e pelos ordenamentos jurídicos.

A eutanásia, embora etimologicamente signifique "boa morte ou morte sem dor, tranquila, sem sofrimento" (BORGES, 2007, p. 234), atualmente é entendida como "a morte provocada, antecipada, por compaixão, diante do sofrimento daquele que se encontra irremediavelmente enfermo e fadado a um fim lento e doloroso" (VILLAS-BÔAS, 2017, p. 102), podendo ser ativa, se provocada por ação de terceiro, ou passiva, se decorrente de omissão de terceiro. Sendo abreviação da vida, é considerada, no ordenamento jurídico brasileiro, como crime de homicídio.

O suicídio assistido, que para Pessini e Barchifontaine (2014, p. 409) é sinônimo de eutanásia ativa, diversamente do que entende Luciana Dadalto (2015, p. 53), é, no dizer de Adriana Caldas do Rego Freitas Dabus Maluf (2015, p. 442), a situação "em que a morte advém do ato praticado pelo próprio paciente, orientado ou auxiliado por terceiros ou pelo médico". Tal prática é tipificada no Código Penal Brasileiro como crime de induzimento, instigação ou auxílio a suicídio.

A distanásia, significando a morte depois do tempo (VILLAS-BÔAS, 2017, p. 105) decorre da obstinação terapêutica, significando o afastamento da morte, com o prolongamento artificial de tal processo, mantendo a vida a qualquer custo. Conforme lecionam Cabral, Muniz e Carvalho (2016, 136), "a distanásia ocorre quando se impõe a obstinação terapêutica ao doente, que passa por sofrimento extremo devido ao excesso de medicamentos e procedimentos a que é submetido, pondo sua dignidade em risco ou mesmo chegando a ter um final indigno, em razão das angústias que suporta." Nesse caso, o tratamento imposto ao doente é evidentemente fútil e o respeito à dignidade exige, no dizer de Roxana Cardoso Brasileiro Borges (2007, p. 233) o reconhecimento de que ele apenas prolonga sua vida biológica, sem nenhum outro resultado. Embora não seja conduta tipificada como crime, a distanásia pode violar, portanto, a dignidade da pessoa humana.

Outro conceito afeto ao tema é o de mistanásia, a morte miserável, que ocorre em consequência da omissão estatal na promoção de políticas públicas de proteção à vida e à saúde, submetendo a população ao abandono e à falta de atendimento sanitário de qualidade, gerando a morte prematura (CABRAL et al., 2016, p. 149). Ela geralmente é, no dizer de Pessini e Ricci (2017, p. 182), a morte do pobre, causada de forma indireta pelo abandono, omissão ou negligência social e pessoal, resultante de uma vida precária e sem qualidade. Também aqui ocorre claro desrespeito ao princípio da dignidade da pessoa humana, pois o contrário importaria, necessariamente, em garantir o seu direito a uma vida saudável, com qualidade e acesso aos serviços de proteção e recuperação da saúde (ARQUETTE, 2016, p. 175).

Em vez de antecipar a morte ou retardá-la, o ideal seria garantir a ocorrência da morte no tempo certo, surgindo o conceito de ortotanásia, situação em que os profissionais da saúde não interferem no desfecho letal, quando este é inevitável e iminente em razão da situação clínica do paciente, não havendo, portanto, encurtamento do período vital, tampouco prolongamento do processo de morte (VILLAS-BÔAS, 2017, p. 105).

Diversamente da eutanásia e do suicídio assistido, na ortotanásia não se busca ou se provoca a morte, "mas se aceita a mesma como o fim natural de todas as pessoas" (GODINHO, 2017, p. 135). Portanto, ela não se confunde com a eutanásia, nem mesmo na sua modalidade passiva, pois nesta a omissão perpetrada e que leva à morte refere-se a tratamentos ou cuidados proporcionais, capazes de preservar a vida do paciente, enquanto na ortotanásia os tratamentos omitidos são aqueles considerados fúteis, incapazes de trazer qualquer benefício ao doente (GODINHO, 2017, p. 135).

Na ortotanásia, portanto, o direito de morrer dignamente encontra total realização, sem que se viole qualquer norma jurídica, ao contrário, permitindo a garantia da realização material de um dos viéses do princípio da dignidade da pessoa humana.

No entanto, na eutanásia e no suicídio assistido, para além de sua tipificação criminal no direito brasileiro, a discussão é mais polêmica e tem gerado profundas, intrigantes e, por vezes, indigestas questões éticas, com forte influência da religiosidade e da moral.

Sendo a dignidade da pessoa humana fundamento do sistema jurídico pátrio e, antes disso, fundamento da vida, é razoável perguntar se, para sua plena garantia, em casos efetivamente justificados, as práticas de abreviamento da vida não seriam compatíveis, na medida em que "permitir que a pessoa determine o fim de sua pessoalidade é fazer com que ela realize, no momento de sua finitude, suas configurações enquanto agente da própria vida" (SÁ; MOUREIRA, 2017, p. 200).

Nesse sentido é que Maria de Fátima Freire de Sá e Diogo Luna Moureira refletem sobre o tema, afirmando que o suicídio assistido, dependendo da hipótese, encontra amparo constitucional, na preponderância da dignidade, o que afasta a sua ilicitude penal, traduzindo-se em garantia do exercício da autonomia para morrer do sujeito titular do direito (2017, p. 204), pois "impor a alguém a obrigação de prolongamento da própria vida, quando não o deseja e se encontra em estado de terminalidade e sofrimento, implica em tratamento desumano e degradante, hipótese expressamente vedada pelo texto constitucional (art. 5º, III)" (2017, p. 211). E dessa mesma reflexão podem se valer os defensores da eutanásia.

Longe de haver uma resposta conclusiva, a questão traz muitos questionamentos e grandes dificuldades, não apenas objetivas, mas principalmente subjetivas, diante da resistência que temos em conversar sobre a morte, essa certeza que tanto nos amedronta, perante o desconhecido.

De qualquer sorte, continuar evitando o assunto não é uma saída possível, ante a atual conjuntura social, médica e jurídica, em que os casos começam a ser postos à análise concreta, para discussão e, até mesmo, para decisão. Se tais questões não são tratadas na legislação de forma expressa, havendo, até o momento, omissão do Estado-legislador, é fato que o Estado-juiz, quando instado a dizer o direito, não pode se furtar a decidir, o que demonstra a urgência dessas reflexões.

As escolhas do indivíduo quanto ao seu fim de vida podem ser feitas através do consentimento informado, expresso no momento em que a conduta médica pode ser realizada, sendo possível, portanto, apenas quando o paciente, ainda que em estado de terminalidade, esteja consciente. Podem também ser expressas através das diretivas antecipadas de vontade, por meio do testamento vital, pelo qual o paciente consigna, prévia e expressamente, usando de sua autonomia privada, as condutas que pretende ou não verem implementadas em seu futuro tratamento e das quais o médico se valerá quando ele estiver inconsciente, ou por meio do mandato duradouro, em que ele nomeia alguém para decidir em seu lugar, em caso de sua incapacidade, sobre a recusa ao tratamento, de acordo com a sua vontade antes relatada (DADALTO, 2015, p. 30-31, 86 e 91).

Tais meios, em regra, devem ser dispostos por pessoas em pleno exercício de sua capacidade civil, de direito e de fato, para que tenham validade, muito embora as recentes mudanças na teoria das incapacidades, perpetradas pelo Estatuto da Pessoa com Deficiência, Lei nº 13.146/2015, imponham também uma reflexão acurada sobre a possibilidade de pessoas sob o regime de curatela expressarem sua vontade, considerando que para elas se mantém intacta a liberdade de autodeterminação existencial (FARIAS; VEIGA, 2017, p. 35).

O consentimento informado no campo médico decorre do direito à informação, constitucional e legalmente garantido (art. 5º, XIV, CRFB; art. 6º, III, CDC), além de também estar presente em resoluções do CFM, notadamente aquela que instituiu o Código de Ética Médica, sendo que "a manifestação do paciente deve corresponder a uma decisão consciente de pessoa informada" (AGUIAR JR., 2017, p. 349).

O gênero diretivas antecipadas de vontade não possui regulamentação legal específica no Brasil, embora esteja prevista na Resolução nº 1.995/2012 do CFM, que não tem força de lei, por óbvio, mas representa um marco importantíssimo no Brasil sobre o tema. Entretanto, já há decisões judiciais que garantem o seu respeito, em claro atendimento à dignidade da pessoa humana e ao direito à liberdade e, como seu reflexo, à autodeterminação. Foi o que decidiu o TJRS no Agravo de Instrumento nº 70065995078, julgado em 03/09/2015, em que há referência expressa às diretivas antecipadas de vontade, e na Apelação Cível nº 70054988266, julgada em 20/11/2013, em que a vontade do paciente, expressa em testamento vital, foi atendida.

Conforme Nelson Rosenvald (2017, p. 88),

> Seja pela possibilidade de enunciarmos declarações prévias ou nomearmos um procurador para cuidados com a saúde, é libertador contarmos com um instrumento de autonomia prospectiva, pelo qual hoje expressaremos validamente as nossas determinações sobre os cuidados desejados, com a segurança de que serão respeitadas pelo médico e familiares, na eventualidade de algum dia estarmos silentes quando a morte irromper.

Enfim, o direito de morrer dignamente, decorrência do direito à vida digna e da liberdade de se autodeterminar, encontra amparo na ordem constitucional brasileira, e envolve, ainda, o direito de ser cuidado, não sendo abandonado no momento de terminalidade.

3. A escolha pela morte digna e os cuidados paliativos

Diagnosticada a situação de fim de vida, em que "a doença avança até o ponto em que se esgotam os tratamentos curativos, não sendo possível restabelecer a saúde do paciente ou estender sua vida de forma natural" (VON-HELD e outros, 2017, p. 35), sua condição de pessoa humana, dotada de dignidade, deve continuar sendo respeitada, garantindo-se que possa exercer sua liberdade de autodeterminação.

Nessa escolha, o paciente pode decidir por não se submeter a determinados tratamentos, atuais ou futuros, inclusive porque a situação de fim de vida não coincide, necessariamente, com a terminalidade, expondo sua vontade diretamente ao médico, quando isso for possível, ou formulando diretivas antecipadas de vontade que serão observadas em caso de sua inconsciência.

A decisão pela não adoção de procedimentos inúteis, aliás, não deve ser apenas do paciente. A equipe médica, ciente da futilidade do tratamento, que causará apenas mais sofrimento ao doente, deve se posicionar no sentido de sua não adoção, justamente em respeito à dignidade.

Portanto, entre prolongar a vida do paciente, de forma artificial e inútil (distanásia) e antecipar ou auxiliar que se antecipe a sua morte (eutanásia e suicídio assistido), encontra-se a opção mais condizente com o respeito à sua dignidade, em que o paciente recebe os cuidados para que a morte ocorra naturalmente, no tempo certo (ortotanásia), em que a adoção de cuidados paliativos é fundamental (GODINHO, 2017, p. 132-133).

Assim, o término das possibilidades de uma terapia curativa, longe de significar o fim do tratamento, representa uma mudança de postura e a adoção de práticas diferentes de tratamento, em que os cuidados deixam de ser direcionados à manutenção da vida a qualquer custo para se direcionarem à garantia da melhor qualidade de vida possível, para o paciente e sua família, garantindo o alívio da dor e prestando assistência, além de física, também psicológica, emocional, social e espiritual, não apenas em hospitais, mas também na casa do paciente (PESSINI e BARCHIFONTAINE, 2014, p. 390-391).

Para a OMS, em conceito lançado em 1990 e atualizado em 2002,

> cuidados paliativos consistem na assistência promovida por uma equipe multidisciplinar, que objetiva a melhoria da qualidade de vida do paciente e seus familiares, diante de uma doença que ameace a vida, por meio da prevenção e alívio do sofrimento, da identificação precoce, avaliação impecável e tratamento de dor e demais sintomas físicos, sociais, psicológicos e espirituais.

De tal conceito é possível entender, na esteira de Andréa Rodrigues Von-Held (2015, p. 168), que "os cuidados paliativos buscam promover a humanização no momento final da vida, através de uma abordagem que proporcione o morrer com dignidade, guiado pelos princípios éticos de respeito a vida humana".

Portanto, mesmo que, havendo vida, não haja mais esperanças, há sempre, até o fim, dignidade, e essa tem que ser o centro de todas as decisões médicas, jurídicas, familiares e até pessoais a respeito da abordagem a ser dada ao paciente em fim de vida, permitindo que ele, através dos cuidados paliativos, caminhe para a morte digna.

Conclusões

As discussões sobre a morte atualmente, talvez mais que em tempos antigos, amedrontam as pessoas, demonstrando o reflexo negativo da obstinação terapêutica e, ainda, da própria mudança na abordagem religiosa sobre o tema, em que se prega a promessa messiânica de cura e libertação do corpo, diversamente do que dispõem os textos sagrados de várias religiões, em que se prega a redenção espiritual.

O medo de falar sobre a morte reflete o pavor de vivê-la, seja pessoalmente, seja através de pessoa muito próxima, como se algo pudesse mudar essa inexorável realidade. Mas de nada adianta fugir, a verdade se impõe.

Conhecer a terminalidade de perto não é uma escolha, mas é possível uma escolha profunda, pautada no amor, da maneira de vivê-la.

A jurista escreveu o ensaio, a mãe o conclui, afirmando que é digno cuidar e é digno ser cuidado, é digno amar e é digno ser amado, é digno viver, mas também é digno ter a coragem de morrer.

Álvaro Arquette Leite Novais nasceu em 23 de fevereiro de 2001, teve um desenvolvimento aparentemente normal até completar dois anos, então começando a apresentar déficit no desenvolvimento neuropsicomotor. Medo, angústia, dúvida, questionamento, exames, consultas, tratamentos. A perda foi progressiva e irreversível. O diagnóstico não era fechado, mas a conclusão de se tratar de uma doença neurodegenerativa era implacável. Internações, mais exames, dor, impossibilidade de cura. Cuidados paliativos nos mantiveram vivos, firmes, fortes, até o fim, e ele chegou em 20 de março de 2010, naturalmente, em casa. Meses depois, o diagnóstico – Doença de Tay Sachs.

A ausência é uma presença constante, mas a certeza do amor em forma de cuidados familiares e de toda uma equipe de profissionais é o conforto de uma mãe e de um pai que presenciaram a partida de um filho.

Referências

AGUIAR JR., Ruy Rosado. Consentimento informado. In: GODINHO, Adriano Marteleto; LEITE, George Salomão; DADALTO, Luciana (Orgs.). **Tratado brasileiro sobre o direito fundamental à morte digna**. São Paulo: Almedina, 2017. p. 339-362.

ANTUNES ROCHA, Carmem Lúcia. O princípio da dignidade da pessoa humana e a exclusão social. **Revista do Instituto Brasileiro de Direitos Humanos**, [S.l.], n. 2, p. 49-67, maio 2001. ISSN 1677-1419. Disponível em: encurtador.com.br/ktuB3. Acesso em: 27 set. 2017.

ARQUETTE Leite Novais, Alinne. Cuidados paliativos e direito à morte digna: a caminho da autonomia existência. In: CABRAL, Hildeliza Lacerda Tinoco Boechat; VON-HELD, Andréa Rodrigues; DADALTO, Luciana. (Orgs.) **Cuidados paliativos: estudos acadêmicos transdisciplinares**. Campos dos Goytacazes: Brasil Multicultural, 2018, p. 154/169.

ARQUETTE Leite Novais, Alinne. Não à mistanásia: a saúde pública como tutela do hipossuficiente e a judicialização. In: CABRAL, Hildeliza Lacerda Tinoco Boechat; ZAGANELLI Margareth Vetis. (Orgs.). **Mistanásia: a "morte miserável"**. Campos dos Goytacazes: Brasil Multicultural, 2016. p. 172/185.

BOBBIO, Norberto. **A era dos direitos**. Rio de Janeiro: Elsevier, 2004. 212 p.

BORGES, Roxana Cardoso Brasileiro. **Direitos da personalidade e autonomia privada**. 2. ed. São Paulo: Saraiva, 2007. 257 p.

CABRAL, Hildeliza Lacerda Tinoco Boechat. Ortotanásia: a morte "no tempo certo" e o respeito à autodeterminação do enfermo terminal. In: CABRAL, Hildeliza Lacerda Tinoco Boechat; ZAGANELLI Margareth Vetis. (Orgs.). **Mistanásia**: a "morte miserável". Campos dos Goytacazes: Brasil Multicultural, 2016. p.106-129.

CABRAL, Hildeliza Lacerda Tinoco Boechat; MUNIZ, Manuela Soares de Freitas, CARVALHO, Vívian Boechat Cabral Carvalho. In: CABRAL, Hildeliza Lacerda Tinoco Boechat; ZAGANELLI, Margareth Vetis. (Orgs.). **Distanásia**: morte tardia e lesão à dignidade do enfermo. Campos dos Goytacazes: Brasil Multicultural, 2016. p. 132-145.

CABRAL, Hildeliza Lacerda Tinoco Boechat et al. Mistanásia: os matizes da "morte miserável". In: CABRAL, Hildeliza Lacerda Tinoco Boechat; ZAGANELLI, Margareth Vetis. (Orgs.). **Mistanásia**: a "morte miserável". Campos dos Goytacazes: Brasil Multicultural, 2016. p. 146-171.

CARNEIRO, Leandro da Silva; RAMPAZZO, Lino. **A morte digna à luz da bioética e do biodireito.** Disponível em: encurtador.com.br/bvCW6. Acesso em: 29 set. 2017.

DADALTO, Luciana. **Testamento vital.** 3. ed. São Paulo: Atlas, 2015. 245 p.

DELMANTO JÚNIOR, Roberto. Existe o direito de morrer? In: **Medicina, direito, ética e justiça**: reflexões e conferências do VI Congresso Brasileiro de Direito Médico. Brasília: Conselho Federal de Medicina, 2017. p. 109-127.

FARIAS, Cristiano Chaves de; VEIGA, Melissa Ourives. Possibilidade de diretivas antecipadas de vontade por pessoas com deficiência (em regime de curatela ou não). In: CABRAL, Hildeliza Lacerda Tinoco Boechat; ZAGANELLI, Margareth Vetis. (Orgs.). **Diretivas antecipadas da vontade**: autonomia e dignidade do paciente. Campos dos Goytacazes: Brasil Multicultural, 2017. v. 1. p. 24-41.

GODINHO, Adriano Marteleto. Ortotanásia e cuidados paliativos: o correto exercício da prática médica no fim da vida. In: GODINHO, Adriano Marteleto; LEITE, George Salomão; DADALTO, Luciana. (Orgs.). **Tratado brasileiro sobre o direito fundamental à morte digna.** São Paulo: Almedina, 2017. p. 131-150.

HUPSEL, Francisco. **Autonomia privada na dimensão civil-constitucional**: o negócio jurídico, a pessoa concreta e suas escolhas existenciais. Salvador: JusPodivum, 2016. 223p.

MABTUM, Matheus Massaro; MARCHETTO, Patrícia Borba. **O debate bioético e jurídico sobre as diretivas antecipadas de vontade.** [recurso eletrônico] 1.ed. São Paulo: Cultura Acadêmica, 2015. Disponível em: encurtador.com.br/uLRS0. Acesso em: 29 set. 2017. 156 p.

MALUF, Adriana Caldas do Rego Freitas Dabus. **Curso de bioética e biodireito.** 3. ed. São Paulo: Atlas, 2015. 496 p.

MENEZES, Rachel Aisengart. **Difíceis decisões**: etnografia de um Centro de Tratamento Intensivo. Rio de Janeiro: Fiocruz, 2006. 107 p.

PESSINI, Leo; BARCHIFONTAINE, Christian de Paul de. **Problemas atuais de bioética.** 11. ed. São Paulo: Centro Universitário São Camilo, 2014. 680 p.

PESSINI, Leo; RICCI, Luiz Antonio Lopes. O que entender por mistanásia? In: GODINHO, Adriano Marteleto; LEITE, George Salomão; DADALTO, Luciana. (Orgs.). **Tratado brasileiro sobre o direito fundamental à morte digna.** São Paulo: Almedina, 2017. pp. 167/191.

PIOVESAN, Flávia; DIAS, Roberto. Proteção jurídica da pessoa humana e o direito à morte digna. In: GODINHO, Adriano Marteleto; LEITE, George Salomão; DADALTO, Luciana. (Orgs.). **Tratado brasileiro sobre o direito fundamental à morte digna.** São Paulo: Almedina, 2017. p. 55/77.

ROSENVALD, Nelson. **O direito civil em movimento**: desafios contemporâneos. Salvador: JusPodivm, 2017. 315 p.

SÁ, Maria de Fátima Freire; MOUREIRA, Diogo Luna. Suicídio assistido. In: GODINHO, Adriano Marteleto; LEITE, George Salomão; DADALTO, Luciana. (Orgs.). **Tratado brasileiro sobre o direito fundamental à morte digna.** São Paulo: Almedina, 2017. p. 193-215.

VILLAS-BÔAS, Maria Elisa. Eutanásia. In: GODINHO, Adriano Marteleto; LEITE, George Salomão; DADALTO, Luciana. (Orgs.). **Tratado brasileiro sobre o direito fundamental à morte digna.** São Paulo: Almedina, 2017. p. 101/ /129.

VON-HELD, Andréa Rodrigues. Adoção de tratamentos paliativos In: CABRAL, Hildeliza Lacerda Tinoco Boechat; ZAGANELLI Margareth Vetis. (Orgs). **Ortotanásia**: bioética, biodireito, medicina e direitos da personalidade. Campos dos Goytacazes: Brasil Multicultural, 2017. v. 2. p. 34/43.

VON-HELD, Andréa Rodrigues et al. Paciente em fim de vida e adoção de cuidados paliativos baseada em diretivas de vontade do paciente. CABRAL, Hildeliza Lacerda Tinoco Boechat; ZAGANELLI Margareth Vetis. (Orgs.). **Diretivas antecipadas da vontade**: autonomia e dignidade do paciente. Campos dos Goytacazes: Brasil Multicultural, 2017. v. 2. p. 34-43.

6. DIÁLOGOS A FAVOR DO CONSUMIDOR-PACIENTE NA COBERTURA DA ASSISTÊNCIA DOMICILIAR (*HOME CARE*) PELOS PLANOS DE SAÚDE

Claudia Lima Marques
Laís Bergstein

Considerações iniciais

O Direito, além de servir à pacificação de litígios, visa assegurar o respeito aos valores eleitos por uma determinada sociedade. Mas a pós-modernidade não é um tempo fácil, é um tempo de incertezas – vivemos uma "crise da deslegitimação" (LYOTARD, 2015), uma "crise de confiança" (MARQUES, 2016.) No nosso dia a dia, a abundância e a rapidez das informações nos confundem. Não sabemos muitas vezes qual é a informação que está certa e qual está errada – por vezes ambas são apenas parcialmente corretas –, é muito difícil diferenciar informação e desinformação. Não se sabe mais qual é a técnica certa, ou qual a teoria certa para se desenvolver alguma coisa, as nossas certezas se esvaem.

Nesse contexto, como ensina o Prof. Dr. Dr. h. c. m. Erik Jayme (1996, p. 259-262), a concepção de que somente as razões de natureza econômica devem determinar as ações do homem não é mais convincente, pois as pessoas lutam por valores mais atraentes, valores inerentes à alma. O "*Leitmotiv*" da pós-modernidade, o elemento-guia que orienta as relações jurídicas é a valorização dos direitos humanos.

O aumento da complexidade das relações sociais, que está relacionado à aceleração do ritmo das operações econômicas e às transformações vertiginosas da tecnologia, resultou na necessidade de acentuação e incremento da tutela jurídica dos interesses das pessoas, sobretudo das mais vulneráveis. No plano jurídico, os interesses individuais entram em conflitos de grande complexidade. O legislador encontra dificuldades em editar leis de caráter geral, pois em muitos temas sensíveis a demanda é por leis diferentes para cada um dos indivíduos que postulam seus interesses. (LORENZETTI, 2010, p. 53). Ao mesmo tempo, o julgador é por vezes açodado com dados imprecisos ou informações incompletas sobre a questão a ser decidida; prática que, além de violar a ética profissional, obstaculiza o exercício da difícil missão de julgar[1].

Em alguns setores econômicos, como mercado de seguros e planos de saúde, a socialização de riscos impõe maior ingerência do Poder Público, a quem compete cuidar da saúde e assistência pública (art. 23, II, CRFB), sem perder de vista que "a saúde é direito de todos e dever do Estado, garantido mediante políticas sociais e econômicas que visem à redução do risco de doença e de outros agravos e ao acesso universal e igualitário às ações e serviços para sua promoção, proteção e recuperação." (CRFB, Art. 196).

Compete ao Poder Público, sobretudo, dar efetividade, concretizar os direitos e garantias fundamentais, harmonizando os direitos e deveres individuais e coletivos, inclusive pela via legislativa. O grande desafio nesse contexto é encontrar o ponto de equilíbrio. A aplicabilidade do Código de Defesa do Consumidor aos contratos de plano de saúde é matéria sumulada pelo Superior Tribunal de Justiça[2]. Ainda assim, os pontos de conflito são abundantes nas relações entre consumidores-pacientes e operadoras

[1] Piero Calamandrei retrata com acuidade a difícil missão de julgar constatando que "em tempos de liberdade, quando as correntes políticas sopram em oposição de todos os lados, o juiz se vê exposto como a árvore no alto do morro: se não tem o tronco bem sólido, a cada vento que sopra corre o risco de se curvar para um lado." (CALAMANDREI, 2000, p. 248).

[2] Por longo intervalo o STJ não diferenciou planos de saúde. Entre 2010 e 2018 vigeu a Súmula nº 469, nos seguintes termos: "Aplica-se o Código de Defesa do Consumidor aos contratos de plano de saúde." (BRASIL. STJ. Súmula 469, Segunda Seção, julgado em 24/11/2010, DJe 06/12/2010)." No entanto, a Segunda Seção, na sessão de 11 de abril de 2018, ao apreciar o Projeto de Súmula n. 937, determinou o cancelamento da Súmula n. 469-STJ e sua substituição pela Súmula nº 608, com a seguinte redação vigente: "Aplica-se o Código de Defesa do Consumidor aos contratos de plano de saúde, salvo os administrados por entidades de autogestão." (BRASIL. STJ. Súmula 608, Segunda Seção, julgado em 11/04/2018, DJe 17/04/2018). 2018a

de planos de saúde, especialmente no binômio legítimas expectativas dos consumidores *versus* o equilíbrio atuarial e econômico dos contratos.

No presente capítulo objetiva-se demonstrar como o microssistema de defesa dos consumidores pode dialogar com a legislação especial em matéria de planos de saúde e demais estatutos legais para orientar a adequada aplicação do Direito em favor dos pacientes que reúnem múltiplas camadas de vulnerabilidade. A problemática analisa concerne especificamente à cobertura de atendimento domiciliar do paciente recomendado pelo médico assistente nas hipóteses em que inexiste previsão contratual ou há cláusula expressamente excludente. Buscar-se-á sistematizar os fundamentos e os critérios para a identificação, no caso concreto, das situações nas quais o *direito está acima da lei*[3] e o tratamento domiciliar deve ser concedido pelo plano de saúde independentemente da previsão contratual específica.

1. A hipervulnerabilidade do consumidor paciente

A aplicação do Direito pressupõe que "na aplicação da lei, o juiz atenderá aos fins sociais a que ela se dirige e às exigências do bem comum" (Decreto-Lei nº 4.657/1942, art. 5º). O processo de interpretação e aplicação da Lei é complexo e não se restringe à mera subsunção do fato à literalidade do dispositivo legal. O jurista é o responsável por dar concretude à norma jurídica, sob pena de a lei e os direitos nela assegurados tornarem-se *letra morta*. A percepção de quais são os fins sociais a que a regra de direito se destina e quais as exigências do bem comum, no caso concreto, perpassa uma avaliação de experiência e um juízo de ponderação dos bens jurídicos em conflito. As características pessoais do jurisdicionado também devem influir nesse processo.

Como explica Otávio Luiz Rodrigues Jr., vivemos uma fase de renovação dos institutos jurídicos e de reconhecimento da pessoa e da sua personalidade, de tal forma que "o conceito de pessoa, ao final do século XXI (ou bem antes disso), deverá suportar um repasse crítico de seus fundamentos. [...] Enquanto milhões seguem famintos, sem teto e sem qualquer acesso à 'nova economia pós-industrial' mantida por 'barões gatunos' que não mais ostentam o 'ócio conspícuo' de Thorstein Veblen. Caberá

[3] Nas palavras de Alain Touraine, "*les droits sont au-dessus des lois.*" (TOURAINE, 2015. p. 13. Tradução livre.)

ao Direito Civil um papel de preeminência na descoberta e na qualificação dessa 'nova' pessoa. Talvez com Kant ou Platão, talvez sem eles." (RODRIGUES JR., 2018, p. 281-291.) Hannah Arendt (2016, p. 10), ao tratar da *condição humana*, afirma que a *pluralidade* é uma condição para a vida pública na medida em que "somos todos iguais, isto é, humanos, de um modo tal que ninguém jamais é igual a qualquer outro que viveu, vive ou viverá." Paradoxalmente, aquilo que nos distingue uns dos outros é justamente o que nos une enquanto seres humanos.

No Brasil, a necessidade de se conferir especial proteção aos consumidores foi consagrada constitucionalmente entre os direitos e as garantias fundamentais (art. 5º, XXXII, CRFB) e os princípios da ordem econômica e financeira (art. 170, V, CRFB), além do compromisso expresso no art. 48 do Ato das Disposições Constitucionais Transitórias (ADCT). Com o advento da Lei nº 8.078 de 11.09.1990, que institui o Código de Defesa do Consumidor, e os seus subsequentes Decretos regulamentadores, inaugurou-se no Brasil um microssistema de proteção e defesa do consumidor, orientado por princípios basilares e normas de ordem pública, de inegável interesse social.

Não é possível indicar um único perfil de consumidor ou de pessoa idosa, especialmente em um país de dimensões continentais marcado por uma severa desigualdade social. A análise dos dados divulgados pelo Instituto Brasileiro de Geografia e Estatística (IGBE) acerca das condições de vida no País é oportuna porque elucida as diferenças abissais da população brasileira em termos de escolaridade, renda, condições de vida, etc. (BRASIL. IBGE, 2019.)

A condição de fragilidade do consumidor, mais que um fenômeno jurídico, é um fato social e econômico. A vulnerabilidade é um estado *a priori*, é o estado daquele que pode ter um ponto fraco, uma ferida (*vulnus*) (LACOUR, 2007. p. 28), aquele que pode ser "ferido" (*vulnerare*) ou é vítima facilmente.[4] A vulnerabilidade do consumidor é reconhecida como primeiro princípio orientador da Política Nacional das Relações de Consumo (CDC, art. 4º, I) e constitui verdadeiro ponto de referência para a aplicação coesa e ordenada de todas as disposições de regência. Como não se trata de uma presunção legal, mas sim de reconhecimento, da vulnerabilidade do consumidor, inexiste possibilidade de produção de

[4] Veja, por todos: FIECHTER-BOULVARD, Frédérique. 2000. p. 16 e ss.

prova em contrário. Alterou-se com este princípio a equivocada noção de que as partes contratantes ocupam uma posição equânime e equilibrada, implicando em uma verdadeira mudança de paradigmas.

No caso dos consumidores-pacientes, verifica-se, em primeiro lugar, que o déficit de informações do enfermo é maior no campo da Medicina pela própria complexidade do tema, além de ser intensificado pela grande quantidade de informações inadequadas ou equivocadas compartilhadas no meio social. O paciente também vive um momento de preocupações e angústia que oscilam a depender da gravidade do quadro clínico, demandando, em razão disso, um maior grau de atenção dos profissionais envolvidos no seu atendimento, englobando também cuidados quanto ao aspecto psicológico. Nota-se, em casos extremos, inclusive uma dependência física e psicológica integral, verdadeira submissão à equipe técnica que o assiste. Logo, a própria doença ou condição física é um fator que o constringe – e vulnera – ainda mais (DOTTI; BERGSTEIN, 2017, p. 75-97).

A vulnerabilidade do consumidor é um conceito multifacetado complexo para o qual não existe uma definição amplamente aceita. (KAPROU, 2017.) A intensidade dos deveres de assistência, cooperação e cuidado dos fornecedores aumenta na medida em que a pessoa do consumidor apresenta camadas múltiplas de vulnerabilidade, consistentes em um conjunto de características da sua personalidade e condição socio-econômica. (BERGSTEIN, 2019. p. 67.) Na jurisprudência, a expressão '*hipervulnerabilidade*', criada por Antônio Herman Benjamin para destacar a situação de vulnerabilidade agravada de alguns grupos de consumidores, doentes, crianças, idosos, dentre outros, acabou se consolidando: "Ao Estado social importam não apenas os vulneráveis, mas sobretudo os *hipervulneráveis*. [...] Ser diferente ou minoria, por doença ou qualquer outra razão, não é ser menos consumidor, nem menos cidadão, tampouco merecer direitos de segunda classe ou proteção apenas retórica do legislador" (BRASIL. STJ, 2007).

Na literatura brasileira a expressão é muito aceita,[5] assim como na Argentina (BAROCELLI, 2018, p. 9 et seq.) A doutrina também emprega expressões diversas – tais como vulnerabilidade agravada (MIRAGEM,

[5] Veja, por todos, Nishiyama e Densa (2010, p. 13 e seg).

2016) ou supervulnerabilidade[6] – para explicitar os diferentes graus de vulnerabilidade dos consumidores que, por características pessoais, são ainda mais suscetíveis às ações dos fornecedores.

A tutela jurídica do consumidor idoso, por exemplo, é feita a partir de um diálogo de fontes (MARQUES, 2010) que orienta e conforma a aplicação das disposições normativas de integram o microssistema de defesa dos consumidores e a Lei nº 10.741/2003, que instituiu e dispõe sobre o Estatuto do Idoso, regula os direitos das pessoas com idade igual ou superior a 60 (sessenta anos). O art. 3º, § 2º, do aludido Estatuto estabelece que "dentre os idosos, é assegurada prioridade especial aos maiores de oitenta anos, atendendo-se suas necessidades sempre preferencialmente em relação aos demais idosos." As pessoas com mais de oitenta anos são, portanto, os super-idosos e, nessa condição, reúnem *múltiplas camadas de vulnerabilidade.*

Para que se possa falar da proteção de qualquer grupo de vulneráveis de uma maneira válida e fiel é preciso, de um lado, analisar o arcabouço protetivo que tais pessoas recebem dos textos normativos aplicáveis em determinada ordem jurídica. De outro, da concretude que a eles é dada pelos poderes constituídos, observadas as devidas competências de cada um (MARQUES; BARBOSA, 2019, p.1-26).

No âmbito das relações jurídicas de prestação de serviços relacionados à preservação e recuperação da saúde humana, essa percepção das características particulares e graus de vulnerabilidade dos pacientes ganha contornos especialmente relevantes e demandam uma intervenção mais acentuada do Poder Público em prol da equidade das relações negociais.

2. *Home care*: cuidados ao paciente na segurança do lar

O contrato de plano de saúde harmoniza interesses patrimoniais e existenciais. De um lado, a operadora o utiliza como instrumento para a obtenção de lucro, enquanto, de outro lado, o contratante busca assegurar o atendimento médico-hospitalar adequado à tutela da sua saúde, com a expectativa de que em razão desse negócio jurídico a sua saúde estará sempre protegida. (GOMES, 2016, p. 169-192).

Hoje não há mais dúvidas em nosso País acerca da aplicabilidade das normas do Código de Defesa do Consumidor aos serviços prestados por

[6] Expressão eleita por Stefan Grundmann ao tratar dos consumidores brasileiros. (RODRIGUES JUNIOR; NUNES-FRITZ; RODAS, 2016, p. 337-350).

médicos, hospitais e clínicas privadas[7], seja na medicina individual ou em grupo, mediante seguro-saúde ou planos de saúde (MARQUES, 2016. p. 533 et seq.), ao passo que a jurisprudência reconhece um importante diálogo das fontes legislativas. Isto é, fixa-se a aplicação simultânea do Código de Defesa do Consumidor, da Lei nº 9.656/1998, que dispõe sobre Planos de Saúde, do Código de Ética Médica (Resolução do Conselho Federal de Medicina – CFM nº1931/2009 (Publicada no D.O.U. de 24 de setembro de 2009, Seção I, p. 90) e das regras subsidiárias sobre responsabilidade médica e prestação de serviços do Código Civil, dentre outros normativos pertinentes, sempre sob as linhas guias e mandamentos da Constituição da República.

A Lei nº 9.656/1998, que dispõe sobre os planos e seguros privados de assistência à saúde, excetua, no seu art. 10, VI, o fornecimento de medicamentos para o tratamento domiciliar do paciente do rol de coberturas e procedimentos obrigatórios, ou seja, como regra geral, o plano-referência de assistência à saúde não contempla o *home care*. Há duas exceções legislativas expressas.

Com a alteração promovida pela Lei nº 12.880/2013, tornou-se obrigatória a oferta pelos planos de saúde da cobertura de tratamentos antineoplásicos domiciliares de uso oral, incluindo medicamentos para o controle de efeitos adversos relacionados ao tratamento e adjuvantes quando o plano incluir atendimento ambulatorial; e, quando a contratação incluir a internação hospitalar, é obrigatória a cobertura para

[7] Assim ensinam Sérgio Filho Cavalieri e Carlos Alberto Menezes Direito: "Muito se discutiu sobre a natureza da responsabilidade médica, se contratual, se extracontratual, se obrigação de meio, se de resultado. Na verdade, tal discussão perde bastante após a vigência do Código de Defesa do Consumidor, e do novo Código Civil Hoje a responsabilidade civil da área médica deve ser examinada por dois ângulos distintos. Em primeiro lugar, a responsabilidade decorrente da prestação de serviços médicos de forma empresarial [...] é objetiva, quer com base na cláusula geral do par. ún. do art. 927, quer com base no art. 14 do CDC, considerando o paciente destinatário final dos serviços médicos e, como tal, consumidor. Em segundo lugar, a responsabilidade decorrente de serviços prestados direta e pessoalmente pelo profissional da área médica. Contratual ou não, essa responsabilidade é sempre subjetiva, pois o artigo [951] refere-se expressamente à negligência, à imprudência e à imperícia, que são elementos da culpa". E concluem, p. 451: "Dúvida já não mais pode existir sobre o enquadramento dos hospitais no âmbito do Código de Defesa do Consumidor, respondendo objetivamente pelos danos causados aos pacientes. É responsável o hospital por todos os atos que sejam de seu domínio [...]" (CAVALIERI; DIREITO, 2004, p. 434-435).

tratamentos antineoplásicos ambulatoriais e domiciliares de uso oral, procedimentos radioterápicos para tratamento de câncer e hemoterapia, na qualidade de procedimentos cuja necessidade esteja relacionada à continuidade da assistência prestada em âmbito de internação hospitalar (Lei nº 9.656/1998, art. 12, I, 'c', e II, 'g').

A inovação legislativa de 2013 representou um importante avanço na defesa dos consumidores de planos de saúde acometidos por doenças graves, como a neoplasia maligna. Contudo, a alteração não solucionou inteiramente a questão. Cite-se, exemplificativamente, o problema relacionado à falta de cobertura de tratamento domiciliar necessário para a prevenção de novas enfermidades, ou seja, quando o quadro clínico do paciente pode ser agravado pela sua permanência no ambiente hospitalar, independentemente de qual seja a sua moléstia.

Por sua vez, a Agência Nacional de Saúde Suplementar – ANS, atenta aos princípios que regem o setor e à necessidade de prevenção de riscos e doenças, normatizou as coberturas assistenciais prevendo no art. 14 da Resolução Normativa nº 428/2017 que: "caso a operadora ofereça a internação domiciliar em substituição à internação hospitalar, com ou sem previsão contratual, deverá obedecer às exigências previstas nos normativos vigentes da Agência Nacional de Vigilância Sanitária – ANVISA e nas alíneas 'c', 'd', 'e' e 'g' do inciso II do art. 12 da Lei nº 9.656, de 1998." O parágrafo único do mesmo dispositivo estabelece que "nos casos em que a assistência domiciliar não se dê em substituição à internação hospitalar, tal assistência deverá obedecer à previsão contratual ou à negociação entre as partes." (BRASIL. ANVISA. Resolução Normativa – RN Nº 428, de 7 de novembro de 2017, que atualiza o Rol de Procedimentos e Eventos em Saúde, que constitui a referência básica para cobertura assistencial mínima nos planos privados de assistência à saúde.)

Na prática, grande parte dos contratos de plano de saúde não oferece a possibilidade de atendimento domiciliar do paciente e, ainda que exista recomendação médica, não raras vezes a cobertura é negada. A fase pré-contratual, de tratativas e negociação, ganha nesses contratos cativos de longa duração[8], que têm potencial para perdurarem por toda a vida do consumidor, uma importância premente.

[8] Veja, em Marques (2016, p. 98 et seq.), mais sobre: "contratos múltiplos", "serviços contínuos", "relações contratuais triangulares", "contratos conexos", "contratos de serviços complexos de longa duração", "contratos pós-modernos".

A estrutura da relação obrigacional, a roupagem da obrigação como um processo, conforme leciona Clóvis do Couto e Silva (2006, p. 346) pressupõe deveres anexos ao dever principal de adimplemento da prestação – dentre eles se destaca o de boa-fé. E os efeitos da relação obrigacional podem ultrapassar o momento da sua extinção (fase pós-negocial ou pós-contratual) (MIRAGEM, 2017, p. 42-43), impondo a ambos os partícipes da relação contratual uma conduta colaborativa.

O contrato é a antecipação do futuro comprometido, do que se infere sua força e também sua função, particularmente econômica. A teoria clássica dos contratos privilegia a compreensão da temporalidade contratual como um tempo instantâneo, fixo, atemporal; mas essa ideia é, atualmente, descontruída pelo direito positivo. Isso porque "o contrato não é instrumento de dominação do futuro, não garantirá a esperada estabilidade linear exceto na condição de se manter a confiança recíproca sobre a que suas bases estão assentadas." Nesse contexto, "o contrato não mais se encontra blindado de possíveis intervenções corretivas dos juízes, preocupados com o reequilíbrio das prestações, com a necessidade de erradicar cláusulas abusivas ou modificar seus termos ao terem em conta a delicada situação do devedor." (OST, 2018, p. 5-11.)

A temporalidade móvel e evolutiva do contrato pressupõe que em face de novas circunstâncias parte de suas cláusulas precisem ser renegociadas ou modificadas por intervenção judicial.[9] Se a teoria clássica é avessa à

[9] Note-se que recentemente, no Brasil, a Lei nº 13.874, de 20 de setembro de 2019, conhecida como a Lei de Conversão da Medida Provisória nº 881/2019 (Medida Provisória da Liberdade Econômica), que institui a Declaração de Direitos de Liberdade Econômica e estabelece garantias de livre mercado, incluiu previsão expressa no Código Civil de revisão contratual – antes inexistente. O fez ao alterar a redação do art. 421 do Código Civil, incluindo o parágrafo único com a seguinte redação: "nas relações contratuais privadas, prevalecerão o princípio da intervenção mínima e a excepcionalidade da revisão contratual." A revisão contratual passou a ser mencionada, também, no art. 421-A, incisos I e III, a saber: "Art. 421-A. Os contratos civis e empresariais presumem-se paritários e simétricos até a presença de elementos concretos que justifiquem o afastamento dessa presunção, ressalvados os regimes jurídicos previstos em leis especiais, garantido também que: (Incluído pela Lei nº 13.874, de 2019); I – as partes negociantes poderão estabelecer parâmetros objetivos para a interpretação das cláusulas negociais e de seus pressupostos de revisão ou de resolução; (Incluído pela Lei nº 13.874, de 2019); II – a alocação de riscos definida pelas partes deve ser respeitada e observada; e (Incluído pela Lei nº 13.874, de 2019); III – a revisão contratual somente ocorrerá de maneira excepcional e limitada. (Incluído pela Lei nº 13.874, de 2019)."

mitigação do *pacta sunt servanda*, uma reavaliação dessa posição é exigida no contexto da pós-modernidade, permeada de novos riscos, de mudanças frenéticas e constantes, em prol da equidade nas relações negociais. É a maior flexibilidade do contrato que possibilita a sua adaptação e, com ela, a sua perpetuação no tempo. (BERGSTEIN, 2019. p. 91-102). O tempo – e, com ele, o avanço tecnológico e as mudanças naturais na pessoa do consumidor – influencia a maneira como as previsões contatuais devem ser aplicadas.

Assim como o direito positivo é lido a partir de um esforço hermenêutico[10], os contratos devem sofrer, por parte do jurista, uma mesma releitura, mas agora à luz da influência do tempo nas suas relações. Conforme alerta Arturo Caumont, o tempo é usado como um aliado essencial para a multiplicação progressiva de receitas, lucros e dividendos para o contratante dominante, que são manifestamente maiores que os benefícios que o contratante vulnerável e cativo pode obter. Por isso defende que, devido às circunstâncias e vicissitudes especiais que o tempo acarreta nos contratos, acentua-se a relevância das funções preventivas e preventivas da responsabilidade civil (Lei de Danos), especialmente diante das formas de negociação com abuso de posição dominante, deslealdade, falta de consideração, falta de cooperação na negociação gestacional e em sua fase de execução, desequilíbrio na atribuição de poderes contratuais e das assimetrias econômicas reais entre os contratantes, aprofundando a vulnerabilidade e alcançando a *hipervulnerabilidade* (CAOUMONT, *Ahead of print.*)

3. A missão criadora da jurisprudência: a necessária harmonização dos interesses em conflito

Enquanto na concepção originária da tripartição de poderes[11], os juízes, que, a princípio, estariam limitados a aplicar o direito criado por outras

[10] "A promulgação da Constituição de 1988, então, foi além de representar o advento de um renovado Direito Constitucional Positivo (a integrar a *constituição formal* do Direito Civil). Inaugurou toda uma principiologia axiológica (conformadora da *constituição substancial*) e franqueou espaço à atividade hermenêutica centrada na atribuição de sentido aos significantes que integram o governo jurídico das relações interprivadas, à vista não só das normativas constitucionais e infraconstitucionais, mas também da força confessadamente jurígena dos fatos (*constituição prospectiva*)." (RAMOS, 2018, p. 1-9).

[11] Veja: Aristóletes (384-311 a.C.). **A política**. (2017); assim como Montesquieu, **O espírito das Leis**. (ano).

instituições, no contexto jurídico-social da pós-modernidade, no qual os interesses individuais entram em conflitos de grande complexidade, nem sempre eles conseguem fazê-lo. Ao mesmo tempo em que o legislador encontra dificuldades em editar leis de caráter geral, pois em muitos temas sensíveis a demanda é por leis diferentes para cada um dos indivíduos que postulam seus interesses (LORENZETTI, 2010, p. 53), em muitas situações, como infere Ronald Dworkin (2010, p. 128-129), não é possível dissociar completamente a aplicação do direito da sua criação.

A natureza e o papel da cultura de massas buscam moldar o indivíduo a um papel pré-formatado, à revelia das suas características próprias e particulares. A massificação da oferta de produtos e serviços, ainda que aparentemente personalizada, na verdade segue sempre um mesmo roteiro. Como afirma Edgar Morin (1997, p. 171), "a técnica transforma as relações entre os homens e as relações entre o homem e o mundo; ela objetiva, racionaliza, despersonaliza." Conforme constata Antônio Herman Benjamin (1992, p. IX), "a revolução industrial trouxe consigo a revolução de consumo", fazendo com que as relações privadas assumissem uma conotação massificada, que substitui a contratação individual pela coletiva. O consumidor perde o poder de barganha.

A despersonalização nas contratações pode resultar em reduções de custos na cadeia produtiva e barateamento da oferta de produtos e serviços. Todavia, a despersonalização acentua a vulnerabilidade do consumidor que é vítima de um acidente de consumo ou enfrenta o inadimplemento da prestação contratada. A falta de atendimento qualificado aos consumidores é testemunhada com muita frequência nos mercados, o que dificulta sobremaneira a resolução de conflitos, por mais simples que sejam, em inúmeras situações. A robotização e a estandardização dos atendimentos, o desestímulo à proatividade dos atendentes e a hierarquização excessiva dentro de muitas estruturas corporativas atrasam a apresentação de soluções para as demandas dos contratantes e lhes custa um precioso tempo de vida.

No contexto dos planos de saúde, o Superior Tribunal de Justiça firmou o entendimento de que "o plano de saúde pode estabelecer as doenças que terão cobertura, mas não o tipo de terapêutica indicada por profissional habilitado na busca da cura, e que é abusiva a cláusula contratual que exclui tratamento, medicamento ou procedimento imprescindível, prescrito para garantir a saúde ou a vida do beneficiário"[12]. A despeito disso, as negativas de cobertura securitárias baseadas em previsões contratuais excludentes de determinadas técnicas terapêuticas são recorrentes.

A Corte reconhece a abusividade da cláusula contratual que veda a internação domiciliar (*home care*) como alternativa à internação hospitalar quando há recomendação médica ao paciente[13], mas diferencia a *assistência domiciliar* da *internação domiciliar*[14].

As modalidades de *home care* (atenção domiciliar) são tratadas em diversos precedentes e foram bem sintetizadas pelo Min. Ricardo Villas Bôas Cueva da seguinte maneira: "as ações de promoção à saúde, prevenção, tratamento de doenças e reabilitação desenvolvidas em domicílio (*atenção domiciliar*) podem se dar nas modalidades de (i) ***assistência domiciliar***, entendida como o conjunto de atividades de caráter ambulatorial, programadas e continuadas desenvolvidas em domicílio, e (ii) ***internação domiciliar***, conceituada como o conjunto de atividades prestadas no domicílio, caracterizadas pela atenção em tempo integral ao paciente com quadro clínico mais complexo e com necessidade de tecnologia especializada." (BRASIL. STJ, 2015a).

A diferenciação baseou-se em Resolução da ANVISA, editada pela da Diretoria Colegiada sob o nº 11/2006, que adota a expressão *atenção domiciliar* como gênero e a subdivide em duas espécies: "- *assistência domiciliar*: conjunto de atividades de caráter ambulatorial, programadas e continuadas desenvolvidas em domicílio; – *internação domiciliar*: conjunto de atividades prestadas no domicílio, caracterizadas pela atenção em tempo integral o paciente com quadro clínico mais complexo e com necessidade de tecnologia especializada".

O Enunciado nº 64 elaborado e revisado, respectivamente na II e na III Jornadas de Direito da Saúde promovidas pelo Conselho Nacional de Justiça indica que "a *atenção domiciliar* depende de cobertura contratual e indicação clínica, podendo ser prestada nas modalidades de *assistência domiciliar* e *internação domiciliar*. A atenção domiciliar não supre a participação da família, responsável também pelo trabalho do cuidador, salvo

[12] Veja: BRASIL. STJ, 2017.

[13] Nesse sentido: BRASIL. STJ, 2019a.

[14] Veja: BRASIL. STJ, 2019b.

cobertura contratual quanto a este último. (RDC 11/2006 – ANVISA). (Redação dada pela III Jornada de Direito da Saúde – 18.03.2019)."

3.1. Internação domiciliar

Tratando-se de *internação domiciliar*, a orientação do Superior Tribunal de Justiça é de que "ainda que, em contrato de plano de saúde, exista cláusula que vede de forma absoluta o custeio do serviço de *home care* (tratamento domiciliar), a operadora do plano, diante da ausência de outras regras contratuais que disciplinem a utilização do serviço, será obrigada a custeá-lo em substituição à internação hospitalar contratualmente prevista", desde que se verifique no caso concreto os seguintes requisitos: "(i) condições estruturais da residência; (ii) real necessidade do atendimento domiciliar, com verificação do quadro clínico do paciente; (iii) indicação do médico assistente; (iv) solicitação da família; (v) concordância do paciente; e (vi) não afetação do equilíbrio contratual, como nas hipóteses em que o custo do atendimento domiciliar por dia não supera o custo diário em hospital."[15]

A conclusão espelha-se no já citado art. 14 da Resolução Normativa da ANVISA nº 428, de 7 de novembro de 2017, segundo o qual "caso a operadora ofereça a internação domiciliar em substituição à internação hospitalar, com ou sem previsão contratual, deverá obedecer às exigências previstas nos normativos vigentes da Agência Nacional de Vigilância Sanitária – ANVISA e nas alíneas "c", "d", "e" e "g" do inciso II do art. 12 da Lei nº 9.656, de 1998." (BRASIL. ANVISA. Resolução Normativa – RN Nº 428, de 7 de novembro de 2017, que atualiza o Rol de Procedimentos e Eventos em Saúde, que constitui a referência básica para cobertura assistencial mínima nos planos privados de assistência à saúde.)

3.2. Assistência domiciliar

Por sua vez, a assistência domiciliar, nos termos definidos pela ANVISA, difere-se da internação domiciliar "pelo caráter ambulatorial do atendimento, abrangendo aqueles serviços que poderiam ser prestados num ambulatório (departamento hospitalar para atendimento – curativos, primeiros socorros, pequenas cirurgias, exames, etc. – de enfermos que podem se locomover), mas são prestados no domicílio do assistido." Com

[15] Veja: BRASIL. STJ, 2015b. E, igualmente, BRASIL. STJ, 2015c.

efeito, considera-se relevante a distinção "do ponto de vista do equilíbrio econômico do contrato de plano de saúde, pois os custos da internação domiciliar podem ser compensados com os valores, naturalmente elevados, da internação hospitalar que foi substituída." (BRASIL. Superior Tribunal de Justiça. REsp 1599436/RJ, Rel. Ministro Paulo de Tarso Sanseverino, Terceira Turma, julgado em 23/10/2018, DJe 29/10/2018.) 2018b

Como regra geral, a orientação do STJ é de que "nos casos em que a assistência domiciliar não se dê em substituição à internação hospitalar, esta deverá obedecer à previsão contratual ou à negociação entre as partes." (BRASIL. STJ, 2015c) Para os consumidores-pacientes, contudo, essa distinção não é clara – ou não é devidamente esclarecida na fase de tratativas pré-contratuais. E, mais do que isso, em algumas situações a imposição de deslocamento à instituição hospitalar pode representar um risco de agravamento do seu quadro-clínico – o que, em última análise, ocorrerá em prejuízo também do plano de saúde, pelos custos acrescidos com a recuperação da saúde então comprometida.

A despeito da posição da Corte Superior quanto à necessidade de previsão contratual para que se possa impor ao plano de saúde a cobertura do *home care* na modalidade de *assistência domiciliar*, o Min. Paulo de Tarso Sanseverino propõe que sempre que houver indicação médica, a análise seja realizada no caso concreto, sopesando-se a complexidade de cada tratamento e o prognóstico de agravando do quadro de cada paciente. Nas suas palavras: "Deveras, apesar de a assistência domiciliar representar um custo adicional imediato, essa modalidade de 'home care' pode se mostrar vantajosa até mesmo para as operadoras, numa visão de médio prazo, especificamente naqueles casos em que o paciente apresenta melhora a ponto de dispensar uma internação, mas não a ponto de afastar o risco de um agravamento do quadro clínico, caso o tratamento não prossiga a contento." (BRASIL. STJ, 2018b).

É interessante notar o sopesamento dos interesses patrimoniais e extrapatrimoniais feito pelo Relator, que considerou a influência do tempo na relação contratual ao fazer uma projeção dos efeitos da negativa de cobertura da assistência domiciliar na saúde do paciente e, consequentemente, no equilíbrio econômico-financeiro do contrato doravante. O seu juízo de ponderação extrapolou a análise do equilíbrio tão somente no momento em que ocorreu a solicitação da cobertura para alcançar uma projeção dos custos no médio prazo, na hipótese de se consolidar o risco de o paciente ter o seu quadro clínico agravado. Fez-se uma análise do contrato durante toda a sua perspectiva de duração, inclusive futura, buscando prevenir os danos que poderiam advir – conforme a constatação médica no caso – da negativa de assistência domiciliar.

Essa avaliação prognóstica depende das circunstâncias de cada caso concreto, da complexidade de cada tratamento e, naturalmente, das características e vulnerabilidade de cada paciente, razão pela qual o Relator consignou que, no que concerne a assistência domiciliar, "não é possível estabelecer um balizamento tão bem definido como no caso da internação domiciliar", ao mesmo tempo em que ressalvou a premissa de que "a assistência domiciliar, ainda que prescrita como prolongamento da internação hospitalar ou domiciliar, não pode ser excluída, de antemão, da cobertura do contrato de plano de saúde." (BRASIL. STJ, 2018c)

As considerações do Min. Sanseverino no precedente acima citado são um belíssimo exemplo do exercício da missão criadora da jurisprudência a partir de um diálogo de múltiplas fontes normativas, realizado com a força hermenêutica dos princípios da dignidade da pessoa humana, da proteção dos contratantes vulneráveis e da harmonização dos interesses dos participantes das relações de consumo. Sob grande influência do movimento dos direitos humanos, os textos constitucionais foram substancialmente modificados. (LORENZETTI, 2010, p. 39-40.) O direito da contemporaneidade tem se *desenhado* sob o formato de regras de caráter mais geral, capazes de atender a uma gama significativa de hipóteses, graças à atividade interpretativa do magistrado em face do caso concreto.

A teoria do diálogo das fontes, apresentada por Erik Jayme (1996, p. 259 et seq.), é um método e um caminho de solução para as antinomias aparentes do ordenamento jurídico. O diálogo das fontes pressupõe a aplicação simultânea, compatibilizadora das normas em conflito "sob a luz da Constituição", com efeito útil para todas as leis envolvidas, mas "com eficácias (brilhos) diferenciadas a cada uma das normas em colisão" em busca do efeito social esperado, de modo que "o 'brilho' maior será da norma que concretizar os direitos humanos envolvidos no conflito, mas todas as leis envolvidas participarão da solução concorrentemente." (MARQUES, 2016, p. 690-691.)

Na sociedade pós-moderna a dinamicidade das relações e os riscos identificados a cada dia demandam um esforço conjunto de reinterpretação e releitura dos institutos jurídicos, em busca de novos aportes e novas soluções para as complexas demandas, em prol de uma evolução da compreensão dos instrumentos jurídicos de tutela material e procedimental dos consumidores e de uma ordem jurídica mais justa e solidária. Esse exercício de aplicação do direito por meio da sua construção e reconstrução é tarefa árdua atribuída aos juristas, mas necessária na pós-modernidade. Como constata Eugen Ehrlich (1986, p. 374), "nossos códigos sempre estão sintonizados com uma época muito anterior à contemporânea e toda a arte jurídica do mundo não seria capaz de retirar deles o verdadeiro direito de seu tempo, simplesmente pelo fato de que eles não o contêm.".

Na medida em que o fornecedor detém o monopólio da informação acerca das características, composição, forma de processamento e peculiaridades dos produtos e serviços que disponibiliza no mercado, é necessário que este assuma uma posição proativa na prestação da informação ao seu parceiro contratual e mesmo perante o Poder Judiciário no curso da lide. É a operadora do plano de saúde, com todo o seu conhecimento atuarial, quem detém melhores condições de promover a socialização dos riscos dentro do sistema de forma a atender as legítimas expectativas dos consumidores, que são um efeito direto da oferta e da publicidade a que estão sujeitos.

O equilíbrio econômico-financeiro dos contratos de plano de saúde é uma preocupação relevante, sobretudo considerando-se os elevados custos envolvidos nesse setor. Em prol da eficiência deste particular mercado, é preciso que as operadoras e seus respectivos departamentos jurídicos fiquem atentos à orientação jurisprudencial sobre a temática e evitem negativas de cobertura que serão reformadas pelo Poder Judiciário[16] com

[16] A multiplicidade de interesses conflitantes e de diferentes perspectivas – inclusive sobre o direito aplicável ao caso – resulta em um incremento dos conflitos. E os elevados índices de litigiosidade contribuem para o congestionamento do Poder Judiciário. A principal ferramenta a explicitar a realidade dos tribunais brasileiros, com detalhamentos da estrutura e dos indicadores da litigiosidade no País, é o Relatório Justiça em Números, divulgado anualmente pelo Conselho Nacional de Justiça (CNJ) para subsidiar a Gestão Judiciária brasileira. Apurou-se em 2018 que o tempo médio de duração dos processos na Justiça Estadual e na Justiça Federal é de cinco anos e cinco meses, na Justiça do Trabalho é de um a dois anos e quatro meses, na Justiça Militar Estadual é de um ano e um mês e nos Tribunais Superiores é de dois anos e um mês. (BRASIL. CNJ, 2018).

custos significativamente acrescidos, como os de honorários advocatícios, despesas e custas processuais, indenizações pelos danos extrapatrimoniais.

Conclusões

O abandono da ideia de que somente as razões de natureza econômica devem determinar as ações humanas é fator marcante da cultura pós-moderna[17] e a harmonização dos interesses dos partícipes das relações de consumo demanda a adoção de uma nova postura frente aos inevitáveis impasses que exsurgem nas relações contratuais de longa duração.

Uma tendência de futuro no contexto dos litígios de consumo envolvendo operadoras de planos de saúde é a constituição de juntas médicas para a realização de perícias preliminares e confirmar, judicialmente, a necessidade do tratamento médico recomendado pelo profissional que assiste ao paciente. A iniciativa é, sob o ponto de vista da eficiência judiciária, louvável. Todavia, é preciso adotar cautelas; sobretudo, é preciso evitar o efeito do "jogador repetido" ou "repeat-player"[18], que sugere que no longo prazo os *players* mais recorrentes nos Tribunais, cujas teses são repetidas à exaustão, acabem por convencer os próprios especialistas.

Mas mais importante do que buscar a eficiência na resolução judicial de litígios, é prevenir a sua ocorrência. O que se deve combater veementemente no mercado de consumo é conduta protelatória, desleal, o legalismo exegético que é repetido por muitas operadoras de planos de saúde e que não se sustenta dogmaticamente no âmbito de um direito privado solidário (MARQUES; MIRAGEM, 2012, p. 29.), ressignificado (FACHIN, 2008, p. 7),

[17] Característica indicada na doutrina do Mestre de Heidelberg no belíssimo tópico denominado *retorno aos sentimentos*, ao lado do *pluralismo* ou *droit à la différence*; da *comunicação*, a vontade de se comunicar que surge como uma força irresistível na pós-modernidade, que é fomentada pela velocidade da transmissão das informações por meio dos instrumentos tecnológicos; da *narração* ou predomínio de normas narrativas, de *soft law*, *standards*, que não têm consequência jurídica clara. (JAYME, 1996, p. 246-247; 251).

[18] Como explica Alderman, o termo remete ao trabalho de Mark Galanter's (Marc Galanter, *Why the "Haves' Come Out Ahead: Speculations on the Limits of Legal Change*, 9 Law & Soc'y Rev. 95 – 1974). Sua tese era bastante simples: jogadores-repetidos com ativos substanciais podem usar o sistema legal em sua vantagem. Esta conclusão foi baseada em suas observações sobre a capacidade dos "ricos", como jogadores-repetidos, manipularem o sistema legal para otimizar os resultados de longo prazo. Aqueles com uma maior participação no resultado futuro do litígio irão tentar otimizar os resultados de longo prazo (ALDERMAN, 2016).

plural e equânime. A negativa de cobertura com base em cláusula manifestamente abusiva, assim como o desrespeito pelo tempo do consumidor e pela orientação jurisprudencial sobre o tema são práticas desleais que somente resultam em custos acrescidos e no congestionamento do Poder Judiciário, devem ser exemplarmente repreendidas.

Referências

ALDERMAN, Richard M. Acesso à Justiça e Reparação de Danos aos Consumidores nos Estados Unidos: o efeito da Arbitragem Compulsória aos Consumidores. Trad.: Laís Bergstein. São Paulo, **Revista dos Tribunais**, v. 108, p. 315-351, nov./dez., 2016.

ARENDT, Hannah. **A Condição Humana.** 12. ed. Rio de Janeiro: Forense Universitária, 2016.

ARISTÓLETES (384-311 a.C.). **A política**. Rio de Janeiro: Nova Fronteira, 2017.

BAROCELLI, Sergio S., "Hacia la construcción de la categoría de consumidores hipervulnerables" In: BAROCELLI, Sergio S. (Director). **Consumidores Hipervulnerables.** Buenos Aires: El Derecho, 2018.

BERGSTEIN, Laís. **O tempo do consumidor e o menosprezo planejado**: o tratamento jurídico do tempo perdido e a superação de suas causas. São Paulo: Revista dos Tribunais, 2019.

BENJAMIN, Antônio Herman V. Benjamin. Apresentação. In: MARQUES, Claudia Lima. (Org.). **Contratos no Código de Defesa do Consumidor**: o novo regime das relações contratuais. São Paulo: Revista dos Tribunais, 1992.

BRASIL. ANVISA. Resolução Normativa. **RN Nº 428, de 7 de novembro de 2017**, que atualiza o Rol de Procedimentos e Eventos em Saúde, que constitui a referência básica para cobertura assistencial mínima nos planos privados de assistência à saúde, Disponível em: encurtador.com.br/owyO5. Acesso em: 6 jan. 2020.

BRASIL. CNJ. Conselho Nacional de Justiça. **Relatório Justiça em Números 2018**. Disponível em: encurtador.com.br/cxL09. Acesso em: 6 jan. 2020.

BRASIL. STJ. Instituto Brasileiro de Geografia e Estatística (**IGBE**). Síntese de indicadores sociais: uma análise das condições de vida da população brasileira. Rio de Janeiro: IBGE, 2019. Disponível em: encurtador.com.br/yI267. Acesso em: 9 jan. 2020.

BRASIL. STJ. Superior Tribunal de Justiça. **Recurso Especial n. 586.316-MG**. Rel. Min. Antonio Herman Benjamin. j. 17.04. 2007.

(BRASIL. STJ. Súmula 469, Segunda Seção, julgado em 24/11/2010, DJe 06/12/2010).

BRASIL. STJ. Superior Tribunal de Justiça. **REsp 1537301/RJ**, Rel. Ministro Ricardo Villas Bôas Cueva, Terceira Turma, julgado em 18/08/2015, DJe 23/10/2015. 2015a.

BRASIL. STJ. Superior Tribunal de Justiça. **REsp 1.378.707-RJ**, Rel. Min. Paulo de Tarso Sanseverino, julgado em 26/5/2015, DJe 15/6/2015. 2015b.

BRASIL. Superior Tribunal de Justiça. **REsp 1.537.301-RJ**, Rel. Min. Ricardo Villas Bôas Cueva, julgado em 18/8/2015, DJe 23/10/2015. 2015c.

BRASIL. STJ. Superior Tribunal de Justiça. **AgInt no AREsp 1.100.866/CE**, Rel. Ministra Nancy Andrighi, Terceira Turma, julgado em 21/11/2017, DJe de 30/11/2017.

BRASIL. STJ. Súmula 608, Segunda Seção, julgado em 11/04/2018, DJe 17/04/2018) 2018a.

BRASIL. STJ. Superior Tribunal de Justiça. **REsp 1599436/RJ**, Rel. Ministro Paulo de Tarso Sanseverino, Terceira Turma, julgado em 23/10/2018, DJe 29/10/2018. 2018b.

BRASIL. STJ. Superior Tribunal de Justiça. AgInt no **REsp 1810061/SP**, Rel. Ministro Raul Araújo, Quarta Turma, julgado em 05/12/2019, DJe 19/12/2019. 2019ª.

BRASIL. STJ. Superior Tribunal de Justiça. **REsp 1766181/PR**, Rel. Ministra Nancy Andrighi, Rel. p/ Acórdão Ministro Ricardo Villas Bôas Cueva, Terceira Turma, julgado em 03/12/2019, DJe 13/12/2019. 2019b.

BRASIL. Lei nº 13.874, de 2019

CALAMANDREI, Piero. **Eles, os Juízes, vistos por um Advogado.** São Paulo: Martins Fontes, 2000.

CAOUMONT, Arturo. *El tiempo como duracion los contratos de ejecucion continuada y su propension al riesgo de causacion de daños.* In: BORGES, Gustavo; MAIA, Maurilio Casas. (Orgs.). **Dano temporal:** o tempo como valor jurídico. 3. ed. *Ahead of print.*

CAVALIERI, Sérgio Filho; DIREITO, Carlos Alberto Menezes. ***Comentários ao novo* Código Civil, Da responsabilidade civil**, v. XIII. Arts. 927 a 965. Rio de Janeiro: Forense, 2004.

COUTO E SILVA, Clóvis V. **A obrigação como processo**. Rio de Janeiro: FGV, 2006, p. 346.

DOTTI, René Ariel; BERGSTEIN, Laís. O direito de o paciente ser ouvido: a responsabilidade civil e criminal do médico. São Paulo, **Revista de Direito do Consumidor**, v. 111, p.75-97, mai./jun., 2017.

DWORKIN, Ronald. **Levando os Direitos a Sério**. 3. ed. Trad.: Nelson Bobeira. São Paulo: WMF Martin Fontes, 2010. p. 128-129.

EHRLICH, Eugen. **Fundamentos da Sociologia do Direito**. Tradução: René Ernani Gertz. Brasília: Editora Universidade de Brasília, 1986. p. 374.

FACHIN, Luiz Edson. **Questões do Direito Civil Contemporâneo**. Rio de Janeiro: Renovar, 2008.

FIECHTER-BOULVARD, Frédérique. La notion de vulnerabilité et sa consécration par le droit. In: COHET-CORDEY, Frédérique (Org.). **Vulnerabilité et droit: le développement de la vulnerabilité et ses enjeux en droit**. Grenoble: Presses

Universitaires de Grenoble, 2000.

GOMES, Josiane Araújo. Plano de saúde e internação em regime home care: da obrigatoriedade de sua cobertura contratual. São Paulo, **Revista dos Tribunais,** v. 968, p. 169-192, jun. 2016.

HIRONAKA, Giselda Maria Fernandes. Principiologia contratual e a valoração ética do Código Civil Brasileiro. **Revista Civilística**, ano 3, n. 1, jan./jun. 2014.

JAYME, Erik. Identité Culturelle et Intégration: Le droit international privé post-moderne. Cours général de droit international privé. p. 9-268. In: **Recueil des Cours: collected courses of the Hague Academy of International Law**. Tomo 251. Haia: Martinus Nijhoff Publishers, 1996.

KAPROU, Eleni. Protecting vulnerable consumers from aggressive commercial practices: The case of the European Unfair Commercial Practices Directive. **16th Conference of the International Association of Consumer Law** (IACL Conference), Porto Alegre, 2017.

LACOUR, Clémence. **Vieillesse et vulnerabilité**. Marseilles: Presses Universitaires d`Aix Marseille, 2007.

LORENZETTI, Ricardo Luis. **Teoria da Decisão Judicial:** fundamentos de Direito. 2. ed. Trad.: Bruno Miragem e Claudia Lima Marques. São Paulo: Revista dos Tribunais, 2010.

LYOTARD, Jean-François. **A condição pós-moderna**. 16. ed. Tradução: Ricardo Corrêa Barbosa. Rio de Janeiro: José Olympio, 2015.

MARQUES, Claudia Lima. **Contratos no Código de Defesa do Consumidor**: o novo regime das relações contratuais. 8. ed. São Paulo: Revista dos Tribunais, 2016.

MARQUES, Claudia. Diálogo entre o Código de Defesa do Consumidor e o novo Código Civil: o "Diálogo das Fontes". *In:* MARQUES, Claudia Lima; BENJAMIN, Antonio Herman V.; MIRAGEM, Bruno. (Orgs.). **Comentários ao Código de Defesa do Consumidor**. 3. ed. rev., ampl. e atual. São Paulo: Revista dos Tribunais, 2010.

MARQUES, Claudia Lima; BARBOSA, Fernanda Nunes. A proteção dispensada à pessoa idosa pelo direito consumerista é suficiente como uma intervenção reequilibradora? **Revista Civilistica.Com**. ano 8, n. 2. 2019.

MARQUES, Claudia Lima; BENJAMIN, Antonio Herman V.; MIRAGEM, Bruno. (Orgs.). **Comentários ao Código de Defesa do Consumidor**. 3. ed. rev., ampl. e atual. São Paulo: Revista dos Tribunais, 2010.

MARQUES, Claudia Lima; MIRAGEM, Bruno. **O novo direito privado e a proteção dos vulneráveis**. São Paulo: Revista dos Tribunais, 2012.

MIRAGEM, Bruno. **Direito Civil**: direito das obrigações. São Paulo: Saraiva, 2017.

MIRAGEM, Bruno. **Curso de Direito do Consumidor**. 6. ed. São Paulo: Revista dos Tribunais, 2016.

MONTESQUIEU, **O espírito das Leis**.

MORIN, Edgar. **Cultura de massas no Século XX:** espírito do tempo 1 – neurose. 9. ed. Tradução: Maria Ribeiro Sardinha. Rio de Janeiro: Forense Universitária, 1997. p. 171.

NISHIYAMA, Adolfo Mamoru; DENSA, Roberta. A proteção dos consumidores hipervulneráveis: os portadores de deficiência, os idosos, as crianças e os adolescentes. **Revista de Direito do Consumidor**, São Paulo, v. 76, p. 13, out. 2010.

OST, François. Tempo e contrato: crítica ao pacto fáustico. Canoas, **Revista Eletrônica Direito e Sociedades, Redes.** UNILASALLE, v. 6, n. 1, maio 2018.

RAMOS, André Luiz Arnt. Ensaio de uma (auto)crítica: o direito civil contemporâneo entre a tábua axiológica constitucional e a constituição prospectiva. **Pensar**: Revista de Ciências Jurídicas. Fortaleza, v. 23, n. 4, p. 1-9, out./dez. 2018.

(RDC 11/2006 – ANVISA). (Redação dada pela III Jornada de Direito da Saúde – 18.03.2019)."

RODRIGUES JUNIOR, Otavio Luiz; NUNES-FRITZ, Karina; RODAS, Sérgio. Entrevista com Stefan Grundmann. **Revista de Direito Civil Contemporâneo**, v. 9. ano 3. p. 337-350. São Paulo: RT, out./dez. 2016.

TOURAINE, Alain. **La fin des sociétés**. Paris: Points Essais, 2015.

7. GERONTOFOBIA: REFLEXÕES (A)TEMPORAIS SOBRE O ENVELHECER E SEU IMPACTO PARA ALÉM DO JURÍDICO

Maíla Mello Campolina Pontes
Maria de Fátima Freire de Sá

Recusamo-nos a nos reconhecer no velho que seremos

(Simone de BEAUVOIR).

Prelúdio sobre o tempo

Quanto tempo resta ao amanhã? Para essa pergunta não há resposta que caiba em uma mensuração, todavia, pensar no escoar dos minutos, talvez, seja um exercício que desperte sensações que vão da ansiedade ao medo, a depender de quem o pratique.

A evolução da humanidade e o domínio da tecnologia têm apresentado situações que demovem os limites, até então, trazidos pela existência. A ideia de se circunscrever dentro da surpresa que mora no instante seguinte começa a incomodar.

As tentativas de estancar o tempo enveredam por diversos caminhos.

Da "medicalização da beleza" à criogenia de corpos, o flerte com a imortalidade seduz e assusta.

O domínio da nanotecnologia e sua inserção com o intuito de transpor os limites orgânicos conduz a indagações nunca antes erigidas: até que ponto eventuais intervenções poderiam alterar a própria natureza humana? Uma pessoa que viesse a adquirir um aperfeiçoamento de suas condições orgânicas por meio da nanotecnologia estaria a se despir de sua humanidade? Haveria graus de humanidade?

As interrogações semeadas advêm, exatamente, da resistência em se enxergar como um ponto final. O ser humano receia sua finitude e o envelhecer se apresenta como o processo que dialoga com seus terrores mais recônditos.

A forma de lidar com o envelhecimento pode alcançar extremos incapacitantes, desembocando em uma gerontofobia, por intermédio da qual os comportamentos apresentados ganham o caráter patologizante.

Diante desses primeiros apontamentos, dentro da temática do envelhecer, há de se perquirir: Onde reside o medo?

Será que existiriam recursos capazes de mitigar o receio trazido pela célebre afirmação de que "todos os homens são mortais"?

Nas próximas linhas, buscar-se-á revolver incômodos e, quem sabe, promover alívios... Afinal, as palavras são sopros capazes de ecoar por todo e para além do tempo.

1. Gerontofobia

A população mundial vem envelhecendo rapidamente, em função da diminuição da taxa de fecundidade e do aumento da expectativa de vida, oriundos da melhoria das condições médico-sanitárias e de diversos fatores socioeconômicos.

Segundo o IBGE (2016), no ano de 2015, de uma população de 204,9 milhões de pessoas, 14,3% corresponderiam àqueles com mais de 60 anos. Para o ano de 2070, estima-se que a porcentagem de pessoas acima de 60 anos, no Brasil, corresponda a 35% da população. Essa mudança no perfil demográfico reflete muito mais que um dado numérico.

Em uma sociedade narcísica, individualista, que valoriza a pessoa pelo que ela é capaz de produzir economicamente, o papel social atribuído ao idoso está imbuído em negatividade e descrédito. Se lhe é permitido deixar a indiferença da invisibilidade, que seja para herdar a culpa por colapsar o sistema previdenciário ou por acirrar o orçamento doméstico familiar.

O envelhecer não produz, porém, impacto, apenas, no meio social. Ele possui um viés muito mais evidente – quiçá petulante! – quando, sorrateiramente, resolve se espraiar pela imagem.

Em eras de culto à beleza, reforçado, especialmente, pelo discurso midiático, o que se perde com a velhice?

1.1. O peso da imagem

A formação de um padrão de imagem acontece de forma sutil. Existe um constante diálogo entre o que se vê e o "como eu me vejo". Dessa interação, aqueles que se sentem insatisfeitos com o produto da comparação são cordialmente convidados a considerar seu corpo defeituoso.

A repetição de um dado modelo estético nos veículos midiáticos favorece o surgimento de estigmas e o corpo não considerado perfeito deve ser corrigido pelos inúmeros rituais de autotransformação disponíveis. A objetivação de um padrão de beleza, como uma instituição, acaba por naturalizá-lo e, assim, cria um universo de significações cada vez mais escasso de possibilidades de novas construções estéticas por parte dos indivíduos (FERREIRA, 2010).

Na medida em que diversos corpos modificados, para atingir o padrão de idealização, passam a ser apresentados como "normais" pelos veículos midiáticos, surge, automaticamente, uma nova norma, atingível, somente, mediante intervenções cirúrgicas e estéticas contínuas, por intermédio das quais o corpo, ainda que envelheça cronologicamente, deixa de envelhecer fisicamente (FERREIRA, 2010).

A internalização dos padrões ditados pelas normas sociais ocasiona dois efeitos: a experimentação da diferença entre o ideal de beleza e a imagem do próprio corpo, causando baixa autoestima e sofrimento, bem como a sensação de que essa busca por determinado espelho de beleza foi produzida pelo livre arbítrio e, não, pela atuação da publicidade sobre a psique (FERREIRA, 2010). Passa a figurar, pois, como um desejo genuíno do indivíduo, que não percebe que foi levado àquela construção de forma inconsciente.

O lapidar da autoimagem desemboca em outra questão indispensável: o papel da relacionalidade na definição do "eu". Não se pode negligenciar a constante busca do olhar pela aprovação. O que o indivíduo sente por si mesmo tem ligação direta com o que o outro sente por ele. Não há "eu" que se faça isolado da interação, sem o reconhecimento alheio.

Nesse processo, o corpo possui uma simbologia complexa, afinal, ele se apresenta como materialização do psiquismo. Ao mesmo tempo em que tenho um corpo, esse corpo sou eu (FERREIRA, 2010).O corpo fala e os reflexos produzidos estão para além da matéria. Ele traz consigo uma gama de significados e se coloca como o objeto sobre o qual recai a opinião daqueles que com ele interagem em um espaço-tempo.

A aceitação de um indivíduo e seu êxito nas relações das quais participa advirá, então, do equilíbrio existente entre sua autoimagem (como ele se percebe), a imagem projetada no espelho e a imagem vista pelo outro (FERREIRA, 2010). Contudo, como fazer do espelho um aliado, principalmente, diante do ecoar do tempo?

Oscar Wilde (2018), em "O Diário de Dorian Gray", traz o personagem principal, que dá título ao livro, como sendo um homem muito bonito, que foi despertado para o impacto gerado por sua beleza a partir de uma pintura que lhe fora feita.Diante da perfeição da obra e do modelo, ali, retratado, Dorian é conduzido ao medo de ver suas feições angelicais apagadas pelo transcurso do tempo e, imbuído em pensamentos desesperadores, diz ser capaz de qualquer coisa para não envelhecer e deixar, pois, de ser belo.No livro, o desfecho metafísico para esse pacto é curioso. Não foi em vão que a obra se tornou um clássico conhecido em todo mundo.

Porém, no mundo real, para além dos apelos transcendentais, de que vale o ser humano para frear o tempo?

1.1.1 A medicalização da beleza

"Espelho, Espelho Meu...". As reticências da memória completam essa frase, trazendo, à superfície da lembrança, a história de "Branca de Neve" e as constantes indagações feitas por sua madrasta ao espelho, para que sua beleza e jovialidade fossem confirmadas diariamente. O poder da imagem refletida já é explorado desde a Mitologia Grega, com a narrativa de Narciso, que se apaixonou pelo seu reflexo visto nas águas e traçou o seu próprio fim ao mergulhar em busca daquele ser por quem se apaixonara.

Junto à realidade, o poder do espelho não está aquém daquele exercido na ficção. O aumento pela procura de cirurgias plásticas e procedimentos não cirúrgicos, ambos com finalidade estética, mostra que a busca pela beleza se faz presente em larga escala, aumentando numericamente, inclusive, entre os jovens.

De acordo com a Sociedade Internacional de Cirurgia Plástica Estética (Isaps) (2018), o ano de 2017, em relação ao ano de 2016, revelou um aumento de 5% no número de procedimentos estéticos. O Brasil, por sua vez, ocupa o 2º lugar no *ranking* mundial (10,4%), ficando atrás, apenas, dos Estados Unidos (18,4%). A Sociedade Brasileira de Cirurgia Plástica (2018), no censo 2018, realizou o comparativo do perfil de procedimentos e dos pacientes com relação aos anos de 2014, 2016 e 2018.

Conforme o texto publicado, os pacientes do sexo feminino representam 79,4% dos procedimentos e os do sexo masculino, 20,6%. No tocante à faixa etária, em relação aos dois censos anteriores (2014 e 2016), vislumbrou-se um aumento no número de procedimentos realizados por pacientes com idade compreendida dentro dos intervalos 36-50, 51-64 e acima de 65 anos. As cirurgias plásticas com fins estéticos representam 60,3% contra os 39,7% daquelas com finalidade reparadora e os procedimentos cirúrgicos, em 2018, representaram 50,1% e os não cirúrgicos, 49,9% dentre as intervenções efetuadas, sendo que, em 2014, essa categoria expressava, apenas, 17,4% do total (SBCP, 2018).

No tocante aos procedimentos não cirúrgicos, a grande expressividade dos índices aparece nas injeções de Toxina Botulínica – Botox – e nos preenchimentos com ácido hialurônico, que visam a atenuar as linhas de expressão e os efeitos da idade sobre a face (SBCP, 2018).

Estudos revelam que a alta procura por procedimentos estéticos está motivada, principalmente, pela insatisfação com o próprio corpo e pelo influxo dos veículos de comunicação. Em contrapartida, curiosamente, restou evidenciado que mulheres que realizaram uma ou mais cirurgias não demonstraram maior satisfação com o corpo. Tal resultado conduz a "dúvidas quanto ao real poder curativo proposto pela cirurgia plástica no âmbito da autoestima e da autoimagem, ao passo que também questiona a influência da mídia como principal precursora para a realização do procedimento" (COELHO et al., 2015, p. 572).

Outros dados que, ainda, hão de ser mencionados se relacionam ao fato de o Brasil liderar o *ranking* de cirurgias plásticas entre adolescentes (TALAMONE, 2018), bem como à explosão no número de procedimentos estéticos não invasivos realizados cada vez mais precocemente.

Todas as informações acima têm por objetivo reforçar o quão forte a busca pela imagem ideal se faz presente junto aos brasileiros e como a preocupação em frear os sinais da idade começou a se manifestar, também, em uma faixa etária jovem, que, ao menos em tese, não deveria se sentir incomodada com os efeitos do tempo.

O corpo e o tempo se entrelaçam quando do estudo do envelhecimento. Seria, no mínimo, irresponsável perquirir acerca dos impactos gerados pelo amanhã, sem que fossem consideradas as preocupações reverberadas pelo hoje com relação à imagem.

1.2. Perdas e limitações

O envelhecimento não impacta, apenas, pelas modificações sofridas na imagem. O estigma e os estereótipos que o cercam são muito fortes na cabeça dos brasileiros.

Em 2017, foi feita uma pesquisa pela Pfizer do Brasil, denominada "Como os brasileiros encaram o envelhecimento – versão 2017", relacionada à campanha "Envelhecer Sem Vergonha – Qualidade de vida não tem idade" (ABERJE, 2017). O resultado apontou que 92% dos entrevistados têm medo de envelhecer e, dentre os principais temores, estão: os problemas de saúde, as limitações físicas, os problemas com a memória, a solidão e as preocupações financeiras (ABERJE, 2017).

O envelhecer traz consigo alguns desafios que transitam pelos receios, em especial, das pessoas mais jovens (ABERJE, 2017), provavelmente, porque elas se façam mais distantes do processo, se comparados àquelas que já iniciaram sua experimentação. Despir-se, aos poucos, de parcelas de autonomia, vivenciando situações de dependência e limitação, torna o decurso do tempo um algoz que, a todo custo, pretende-se afastado.

Afinal, de que realmente se está a falar quando se aborda a velhice?

Goldfarb (1998) traz uma reflexão interessante, ao mencionar que "falando de todas as velhices (dos outros) sempre falamos de uma velhice (a nossa) e dos muitos velhos que poderemos chegar a ser" (GOLDFARB, 1998, p. 3). Talvez, por isso, o assunto suscite certa indigestão, ainda, que imaginária...

Ao se abordar o envelhecimento, várias obras optam, pois, por elucidar a diferenciação entre os conceitos de senescência e senilidade. A senescência é um processo no qual ocorrem alterações de ordem fisiológicas, decorrentes unicamente da passagem do tempo, sem que tenham sido desencadeadas ou promovidas por doenças. Já a senilidade se refere a modificações trazidas por afecções e comorbidades que, frequentemente, afetam a pessoa idosa (FERREIRA, 2010).

Desse modo, não necessariamente o processo de envelhecimento levará ao aparecimento de patologias. Cada vez mais, a população é conscientizada a se preparar para perpassar pelo tempo com saúde física e psicológica. Identificar o envelhecer como uma condenação irrefutável às mazelas da vida é por demais injusto, posto que reduz um espectro de possibilidades que podem ser exploradas nessa fase a um desfecho funesto.

Quando se busca, entretanto, apalpar os receios que gravitam em torno do envelhecimento, é possível deduzir a razão pela qual a senescência é sempre identificada como senilidade. Com o aumento da expectativa de vida, o organismo do idoso pode vir a desenvolver quadros patológicos oriundos da própria degeneração orgânica, como ocorre, por exemplo, no Mal de Alzheimer.

Além das questões afetas ao comprometimento físico em si, a possibilidade de a saúde do idoso exigir uma maior assistência conduziu a um problema social que requer medidas do governo no sentido de atender à demanda dos serviços de saúde no Brasil, em especial, junto às pessoas de menor poder aquisitivo. Concomitantemente, a diminuição da taxa de natalidade e a mudança no perfil demográfico, erroneamente, levaram à crença de que o aumento da população de idosos foi um fato isolado na condução do sistema previdenciário à decadência em vários países do mundo, inclusive, no Brasil, negligenciando-se, pois, toda a conjuntura que orbita a distribuição de renda no país.

A velhice, como fase tão temida, além das agruras que pode acarretar ao corpo físico e à memória, traz, ainda, a possibilidade de se experimentar a solidão. Viver muito seria, então, um convite a despedidas daqueles de quem se gosta, seja pelo afastamento natural dos familiares, que se engajam no curso natural da vida, assoberbados por rotinas e afazeres, seja pelo passamento daqueles cuja vida fez-se menos elástica.

Todo o assombro, acima elencado, ganha mais uma preocupação final diante das possíveis limitações financeiras que o envelhecer pode acarretar. Afinal, será que eventuais comprometimentos da saúde caberão dentro da disponibilidade patrimonial experimentada na velhice?

A velhice é concebida, então, como um fenômeno biológico com implicações sociais dramáticas, que reduz o sujeito a um mundo restrito, limitado, sempre em oposição a um mundo vivido, antes, quando jovem (FERREIRA, 2010). Além das dificuldades resultantes do passar dos anos, existe outro dissabor a ser experimentado: o abalo no flerte com a imortalidade. Se o limite da vida humana é a morte, estar velho é o momento, no processo do viver, que mais aproxima o indivíduo desse desfecho.

"A consciência da própria deterioração põe fim à onipotência. Despojado da beleza e da saúde da juventude, de sua capacidade de produtor de bens e reprodutor de vida, o corpo, em declínio, acaba com a fantasia da imutabilidade e imortalidade" (GOLDFARB, 1998, p. 15). Na mesma direção,

Maria Helena Villas Bôas Concone (2007) reflete sobre o justificável medo de envelhecer no cenário contemporâneo:

> Creio que podemos perceber que há um temor ligado ao envelhecimento, um medo de ser velho. Medo mais que justificado, dado que o envelhecimento é visto quase que exclusivamente como uma fase de perdas: perdas físicas, perdas sociais, perdas psíquicas, perdas afetivas. Não deixa de ser um horizonte tenebroso que é necessário afastar (CONCONE, 2007, p. 29).

Todo o efervescer de emoções, resultantes das preocupações que circundam o envelhecer, pode desencadear, pois, uma ansiedade desproporcional, patológica, conhecida por Gerontofobia ou Gerascofobia.

1.3. Medo Patológico

De acordo com Sampaio (2017), a gerontofobia ou gerascofobia pode ser descrita como um quadro de fobia específica, caracterizado pela aversão à velhice e a tudo que se relacione ao envelhecimento, sendo uma "nova patologia da ciência psiquiátrica", contudo, sem ainda ganhar descrição nos manuais de diagnósticos, como o CID-10 e DSM.

Há de se diferenciar, nesse ponto, o medo natural do medo patológico. O medo natural tem por finalidade atrair a atenção de um indivíduo para um dado problema, de modo que seja acionado diante de um perigo autêntico e, não, perante mera casualidade de risco. O medo patológico – fobia – se perfaz em um medo intenso, que pode ocasionar pânico, tornando-se, por vezes, um medo absurdo e irreprimível, resultando na inibição das ações do indivíduo, que evita o encontro com os objetos ou situações que invocam esse sentimento (ANDRE, 2007).

No caso da gerascofobia, trata-se de um quadro fóbico específico, no qual o indivíduo desenvolve um receio patológico de envelhecer. Há manifestações de ansiedade, medo e constantes pensamentos negativos quando se pensa em velhice (DELBONI et al., 2013).

O que faria, porém, com que algumas pessoas aceitassem o processo de envelhecimento de modo tranquilo e outras desenvolvessem um quadro de gerontofobia? Para os autores acima, o quadro está associado a

> [...] fatores históricos da vida pessoal, como existência de fobias anteriores, falta de realização pessoal e até questões financeiras. Manifesta-se,

frequentemente, em jovens e adultos que temem a chegada da velhice e não em sujeitos de idade avançada, o que seria de se esperar (DELBONI et al., 2013, p. 209).

O medo da morte seria outro fator desencadeante dessa fobia, figurando, destarte, como a interseção entre os receios relacionados à imagem e aos aspectos sociais do envelhecer. O morrer, apesar de fato cristalizador da finitude, paradoxalmente, ganha ares de eternidade ao reverberar no (in)consciente daqueles que o observam e se deixam elucubrar acerca do termo final de sua existência.

Muito embora o universo semântico incutido na morte varie conforme a sociedade, o problema que ela representa se liga invariavelmente à simbologia do corpo, afinal, "o que se teme na morte é, exatamente, o que ela tem de morte" (RODRIGUES, 2006, p. 61), por isso, busca-se dar ao cadáver uma aparência de vida, maquiando-o, vestindo-o e o fazendo parecer bem.

Ainda, sobre os reflexos que a morte gera na sociedade, Rodrigues (2006) explica:

> A destruição do corpo turva a sua imagem, sobretudo enquanto ele se consome. Obriga a sociedade a refletir sobre si e os homens a pensar em seus destinos. Evidencia suas vulnerabilidades. Para uma sociedade que se crê imortal, o espetáculo de degradação do objeto em que se vê não pode ser suportado (RODRIGUES, 2006, p. 61).

O impacto, representações e significados da morte junto ao corpo social revelam, invariavelmente, os abalos sísmicos que ela projeta unitariamente, dentro de cada indivíduo, que se vê tolhido no projetar de suas reticências acerca da extensão infinita de futuro. É sob o teto de um imaginário, que se vê angustiado com as margens de sua existência, que a conjugação do envelhecer atua como catalisador de ansiedade, podendo, pois, resultar no desenvolvimento de um quadro de gerontofobia.

Porém, qual seria o alcance das irradiações geradas pela noção de finitude para além das fronteiras de cada altar particular? Onde e até que ponto essa temática poderia achegar-se ao jurídico?

2. Dentre e para além do Direito

2.1. Evolução legislativa

Ao se pensar sobre os reflexos do envelhecimento junto ao aparato legislativo, depreende-se que os anos trouxeram uma evolução na forma de se conceber o idoso. O Direito Civil, com o advento da Constituição Federal de 1988 – que tornou o Princípio da Dignidade da Pessoa humana um dos fundamentos do Estado Democrático de Direito – tem passado por uma ressignificação. O viés patrimonialista, estruturante do universo civilista, tem sido conformado com uma visão existencialista, que balizou, não apenas, mudanças legislativas, como também, os processos hermenêuticos que se fazem presentes nos planos de justificação e aplicação normativos.

Um exemplo bastante pontual dessa mudança está no já tão debatido regime de separação obrigatória de bens, para aqueles que se casem após determinada idade. Vislumbra-se que o Código Civil de 1916 trazia em seu bojo o art. 258, II, de acordo com o qual se fazia obrigatório o regime da separação de bens para o maior de 60 anos e para a maior de 50 anos que convolassem núpcias.

Mais de um século se passou desde a elaboração do projeto do Código Beviláqua em 1901 até a promulgação do Código Civil de 2002, contudo, mesmo com o decurso de tantos anos, a norma que previa a separação obrigatória de bens para os maiores de 60 anos (idade, agora, igual para homens e mulheres), viu-se insculpida no novo diploma civilista.

Interessante alteração adveio da Lei n. 12.344/2010, que traçou um novo referencial etário, de modo que o art. 1641, do Código Civil de 2002, passou a prever a separação obrigatória de bens, apenas, para aqueles que se casassem após os 70 anos. A alteração se deu sob a fundamentação de que a expectativa de vida do brasileiro se elastecera.

A atividade hermenêutica – influenciada pela mudança paradigmática pela qual tem passado o Direito Civil – começou a questionar a inconstitucionalidade do dispositivo, mesmo antes da mudança ocorrida em 2010. A limitação cunhada pelo legislador infraconstitucional operou em total dissonância do previsto pelo constituinte originário, que, em momento algum, impôs uma condenação *a priori* do discernimento de uma pessoa mais velha.

Em tempos nos quais se fala da eficácia horizontal de direitos fundamentais, a subsistência de tal comando normativo contraria a lógica que rege o Direito Civil hodiernamente. A reestruturação da Teoria das

Incapacidades surge como produto do câmbio paradigmático ocorrido no universo civilista, de modo que a proteção às vulnerabilidades não implica o solapamento da autonomia e da preservação das potencialidades de um ser humano.

O motivo pelo qual se trouxe a questão do regime de separação obrigatória de bens, para pessoas de dada faixa etária, encontra pouso, justamente, no intuito de mostrar que as agruras que permeiam a temática do envelhecer foram albergadas pela proteção a que se visava dar ao patrimônio. Afinal, a senescência, *per si*, já significava o comprometimento do discernimento e o legislador, em um afã paternalista, não poderia admitir que as "vítimas do tempo", também, sofressem a desilusão no amor, por meio do "golpe do baú", que ameaçasse os interesses dos herdeiros biológicos.

Trata-se de um exemplo eficaz para a exploração dos valores que atuaram no plano de justificação (GÜNTHER, 2000) quando do processo legislativo do qual derivou esse comando normativo. Afinal, "por meio dos discursos de justificação, o legislador político avalia um espectro ilimitado de razões de normativas e pragmáticas, traduzindo-as à luz do código do Direito" (PEDRON, 2009, p. 198).

Tão importante quanto discutir o plano de aplicação normativo é perquirir a pretensão de correção (referência ao justo) que fundamentou uma produção normativa no plano de justificação e poder conjugá-la no tempo presente, no qual ela continua a produzir seus efeitos. Como bem explica Pedron (2009),

> [...] no procedimento de justificação de normas, acontece um discurso argumentativo, pautado em pretensões de validade que retiram os falantes do contexto em que se encontram enraizados, de modo que posições e preferências pessoais sejam analisadas e criticadas a partir de uma perspectiva intersubjetiva abrangente (PEDRON, 2009, p. 197).

Dessa maneira, há de se perquirir até que ponto o modo de encarar o envelhecimento como um ceifador de possibilidades – já explorado nos tópicos antecedentes – não se fez presente, também, no pensamento do legislador infraconstitucional?

Ainda, continuando a analisar a legislação que afeta a temática ora desenvolvida, há de se mencionar o Estatuto do Idoso, Lei n. 10.741/2003, que, além de ter cunhado uma definição acerca do que se conceberia por idoso (pessoas com idade igual ou superior a 60 anos), trouxe, também, uma proteção específica a direitos, bem como garantias, a fim de vê-los implementados. Houve, igualmente, a tipificação de condutas praticadas contra esse público.

O Estatuto do Idoso – dentre outros direitos – previu o acesso do idoso à educação, cultura, esporte e lazer, de modo que ele possa ser integrado e, não, alijado do meio social. Para tanto, foram previstos a criação de cursos voltados para pessoas idosas, o desconto no acesso a eventos culturais, artísticos, esportivos e de lazer, o acesso preferencial a estabelecimentos, a oferta de cursos e programas de extensão por instituições de ensino superior.

Não se deixou de lado o direito de a pessoa idosa exercer uma atividade profissional, adequada às suas condições, caso assim o deseje, sendo estipulado o incentivo às empresas privadas para a admissão de idosos ao trabalho. Também foram assegurados a gratuidade de sua locomoção, em transportes públicos municipais, a partir dos 65 anos, a reserva de assentos, de vagas de estacionamento, bem como outros direitos no tocante ao transporte coletivo interestadual.

Não se busca, aqui, exaurir os direitos previstos, apenas, mostrar que, do ponto de vista legislativo, houve um avanço quando da criação de um microssistema voltado a pessoas idosas, balizado pela preocupação em se prever programas de inclusão dessa população.

Em 2015, a Organização dos Estados Americanos aprovou a Convenção Interamericana sobre a Proteção dos Direitos Humanos dos Idosos, que atualiza a política de proteção voltada a esse público. O documento tem um aspecto vanguardista, posto que substitui o trato paternalista pela valorização da autonomia do idoso e de sua capacidade de se autodeterminar, conforme se vislumbra no art. 7º da referida Convenção:

> Os Estados Partes na presente Convenção reconhecem o direito do idoso a tomar decisões, a definir seu plano de vida, a desenvolver uma vida autônoma e independente, conforme suas tradições e crenças, em igualdade de condições, e a dispor de mecanismos para poder exercer seus direitos (OEA, 2015).

O processo para a ratificação da Convenção tramita no Congresso Nacional brasileiro e esse documento pode ser considerado o primeiro instrumento internacional juridicamente vinculante sobre os direitos dos idosos.

Desse modo, vislumbra-se a evolução que existiu no trato da pessoa idosa, antes, considerada, *a priori*, incapaz para escolher o próprio regime de bens e, hoje, devendo ser protegida em suas manifestações volitivas que estejam amparadas pelo discernimento. Ainda há o que melhorar, é claro! As políticas públicas precisam ser criadas para viabilizar e existência das condições asseguradas pela norma. O foco aqui, todavia, foi suscitar os valores e princípios que passaram a preponderar quando do processo legislativo atinente a essa temática.

2.2. Identidade e aceitação

Para além do aparato legislativo, existem outros caminhos que precisam ser percorridos para que a leitura feita da velhice seja ressignificada.

Andrew Salomon (2013), no livro "Longe da árvore: pais, filhos e a busca da identidade", realiza um trabalho de extrema sensibilidade ao estudar a relação de pais com filhos portadores de alguma condição que os torna pertencentes a uma minoria. Ao pesquisar as identidades horizontais – característica inata ou adquirida, que é estranha àquelas ostentadas pelos genitores, tais como: a homossexualidade, a surdez, o autismo, a Síndrome de Down, a Esquizofrenia e os transgêneros – o autor mostra a luta dos pais ao tentarem converter a diferença trazida por seus filhos, de modo a fazê-los aceitos pela sociedade. A aceitação seria o salvatério para o sofrimento.

Ao comparar situações específicas, como as supramencionadas, Salomon (2013) concluiu que, a despeito da singularidade de cada uma delas, a diferença as unia. "Embora cada uma dessas experiências possa isolar aqueles que são afetados, juntos eles compõem um agregado de milhões cujas lutas os conectam de maneira profunda. O excepcional é ubíquo; ser inteiramente típico é o estado raro e solitário" (SALOMON, 2013, p. 14).

Ainda, na estruturação de seu pensamento, o autor cita Erving Goffman, que sustenta que "a identidade se forma quando as pessoas se orgulham daquilo que as tornou marginal, possibilitando assim alcançar autenticidade pessoal e credibilidade política" (SALOMON, 2013, p. 43).

Trasladando, pois, as conclusões erigidas por Salomon para a temática ora trabalhada, até que ponto o temor e o preconceito para com a velhice não advêm da falta de estrutura que deveria ser dada ao envelhecimento? O envelhecer não seria, também, um fator que relegaria o sujeito a uma condição de marginalidade, na qual as características ostentadas não são aquelas revestidas pelo desejo e, tampouco, avalizadas pelo olhar do "outro"?

Assim como as identidades horizontais trazem uma condição fora da regularidade em que se encontra a maioria, a velhice, igualmente, provoca modificações que desafiam o redescobrir-se em todos os seus reflexos, inclusive, na retina em que mora o alheio.

Diante do desafio encontrado pela diferença, que precisa ter seus traços atenuados para se ver validada, depreende-se que o discurso do pluralismo não é aplicado na prática. O entoar tão festejado na teoria se traduz em uma ode à unicidade, e a luta contra o envelhecimento e a tudo o que ele representa nada mais é que uma, dentre as tantas batalhas, travadas dentro e para além das "montanhas do peito".

A partir do momento em que as pessoas se realizem e se vejam acolhidas na e pela condição que as habita, talvez, não exista mais o medo ou, pelo menos, pode ser que, por seu tamanho, já lhe falte a coragem para determinar os destinos.

Vislumbra-se, pois, que a aceitação da velhice, pelo "eu" e pelo "outro", perpasse por melhores condições de vida, alcançadas, principalmente, a partir de políticas públicas que promovam a inserção de pessoas idosas, de modo que, para serem parte, elas não precisem ser feridas em sua própria natureza.

Nesse caminho de reapresentar as pessoas a si mesmas e de promovê-las ao espaço que lhes cabe, outras esferas do saber hão de ser convocadas para contribuírem a partir das abordagens que lhe são próprias. O Direito é apenas mais um instrumento a ser utilizado nessa tarefa que começa dentro de cada um.

Referências

ABERJE. **Pesquisa aponta que brasileiros querem viver muito, mas descuidam da saúde**. São Paulo, 2017. Disponível em: encurtador.com.br/hjyD8. Acesso em: 27 set. 2019.

ANDRE, Christophe. **Psicologia do medo**: como lidar com temores, fobias, angústias e pânicos. Trad.: de João Batista Kreuch. Petrópolis: Vozes, 2007.

BRASIL. Lei nº 10.741, de 1º de outubro de 2003. Institui o Código do Idoso e dá outras providências. **Diário Oficial da União**: Brasília, 3 out. 2003.

CONCONE, Maria Helena Villas Bôas. Medo de envelhecer ou de parecer? **Revista Kairós**: Gerontologia, v. 10, n. 2, São Paulo, 2007. Disponível em: encurtador.com.br/lpAJ7. Acesso em: 27 set. 2019.

COELHO, Fernanda Dias; CARVALHO, Pedro Henrique Berbert de; FORTES, Leonardo de Sousa; PAES, Santiago Tavares; FERREIRA, Maria Elisa Caputo. Insatisfação corporal e influência da mídia em mulheres submetidas à cirurgia plástica. **Revista Brasileira de Cirurgia Plástica**. São Paulo, 2015, v. 30, n. 4, p. 567-573.

DELBONI, Bárbara Slonski; JOAQUIM, Stephanie Bittencourt; PLONER, Kátia Simone; CYRINO, Luiz Arthur Rangel. Gerascofobia: o medo de envelhecer na contemporaneidade. **Revista Brasileira De Ciências Do Envelhecimento Humano**, Passo Fundo, v. 10, n. 2, maio/ago. 2013, p. 203-214.

FERREIRA, Nádia Loureiro. **Medo da velhice**: a relação entre o envelhecer e a demanda pela beleza jovial. 2010. 96 f. Dissertação (Mestrado em Gerontologia). Pontifícia Universidade Católica de São Paulo. São Paulo, 2010. Disponível em: encurtador.com.br/qDHKT. Acesso em: 1 set. 2019.

GOLDFARB, Delia Catullo. **Corpo, tempo e envelhecimento**. São Paulo: Casa do Psicólogo, 1998.

GÜNTHER, Klaus. Uma concepção normativa de coerência para uma teoria discursiva da argumentação jurídica. Trad. Leonel Cesarino Pessoa. **Cadernos de Filosofia Alemã**, São Paulo, n. 6, 2000, p. 85-102.

IBGE. **Síntese de indicadores sociais**: uma análise das condições de vida da população brasileira: 2016. Rio de Janeiro: IBGE, 2016. Disponível em: encurtador.com.br/zHY19. Acesso em: 18 set. 2019.

ISAPS. INTERNATIONAL SOCIETY OF AESTHETIC PLASTIC SURGERY. **Mais recente estudo internacional demonstra crescimento mundial em cirurgia estética**. Nova Iorque, 2018. Disponível em: encurtador.com.br/egFJ2. Acesso em: 24 set. 2019.

PEDRON, Flávio Quinaud. A contribuição e os limites da Teoria de Klaus Günther: a Distinção entre Discursos de Justificação e Discursos de Aplicação como fundamento para uma reconstrução da função jurisdicional. **Revista da Faculdade de Direito da UFPR**, Curitiba, v. 48, n. 0, p. 187-201, 2008. Disponível em: encurtador.com.br/hlmo7. Acesso em: 7 out. 2019.

OEA. ORGANIZAÇÃO DOS ESTADOS AMERICANOS. **Convenção Interamericana sobre a proteção dos Direitos Humanos dos Idosos.** Washington, 14 de junho de 2015. Disponível em: encurtador.com.br/rPUY5. Acesso em: 8 out. 2019.

RODRIGUES, José Carlos. **O tabu do corpo**. 7. ed. Rio de Janeiro: Editora Fiocruz, 2006.

SAMPAIO, César Augusto. Pelo resgate de um envelhecer sem estigmas. **Colloquium Socialis**, Presidente Prudente, v. 01, n. Especial 2, p. 809-814, jul./dez., 2017. Disponível em: encurtador.com.br/wMS45. Acesso em: 18 set. 2019.

SBCP. SOCIEDADE BRASILEIRA DE CIRURGIA PLÁSTICA. **Censo 2018**: análise comparativa das pesquisas 2014, 2016 e 2018. São Paulo, 2018. Disponível em: encurtador.com.br/qDQY3. Acesso em: 19 set. 2019.

SALOMON, Andrew. **Longe da árvore**: pais, filhos e a busca da identidade. São Paulo: Companhia das Letras, 2013.

TALAMONE, Rose. Brasil lidera ranking de cirurgia plástica entre jovens. **Jornal da USP**. São Paulo. 20 de fev. de 2018. Disponível em: encurtador.com.br/dpuG5. Acesso em: 25 set. 2019.

WILDE, Oscar. **O diário de Dorian Gray**. Porto Alegre: L&PM, 2018.

8. ÉTICAS DEL DEBER Y DEL CARÁCTER Y DONACIÓN DE ÓRGANOS EN VIDA*

EDUARDO LUIS TINANT

1. Proemio. La ética ¿para qué sirve realmente...?

Nuestra época nos depara numerosos ejemplos de las consecuencias de la falta de ética en las conductas de muchas personas con responsabilidades políticas y sociales. Y es preciso recordar que la ética "sirve", entre otras cosas, para aprender que es más prudente cooperar que buscar el máximo beneficio individual caiga quien caiga. Ninguna sociedad puede funcionar si sus miembros no mantienen una actitud ética. Ni ningún país puede salir de la crisis si las conductas antiéticas de sus ciudadanos y políticos siguen proliferando con toda impunidad[1].

2. La llamada a la ética, hoy

En todo caso, la llamada a la ética, o a los especialistas en ética, hoy es más sonora que nunca. A nivel disciplinario da cuenta de ello la integración de términos y conceptos de la ética, con la biología (bioética), tanatología (tanatoética), informática (informatética), tecnociencia (tecnoética), neurociencias (neuroética), genética (ética del gen), medicina regenerativa (ética o bioética de las células madre o de las terapias celulares), etc.

* Sobre la base de la conferencia pronunciadaa por el autor el 10/7/13 en el Salón Biblioteca de la Academia Nacional de Medicina, Buenos Aires, Jornada "El pensamiento etico" organizada por el Consejo Académico de Ética en Medicina.

[1] De ese modo, la bioeticista valenciana Adela Cortina, en su libro "*La ética ¿para qué sirve realmente...?*", Paidós, Madrid, 2013, nos recuerda que ahora, más que nunca, necesitamos la ética.

En lo que hace a nuestro cometido, tomaremos aspectos de la ética normativa y de sus modalidades, éticas del deber y del carácter, para analizar los fundamentos de un par de casos de donación de órganos en vida, resueltos en el ámbito de la justicia, uno en 1980 y otro a fines de 2012.

3. Antes, un pequeño glosario

Significados de ética y moral. Ética (gr.: *ethos,* sustantivo: costumbre; *ethikós,* adjetivo: moral). Moral (lat. *Mos, moris,* de *modus*: medida, mesura, "tasa espiritual", costumbre). Ética: filosofía moral (relaciones: la ética es a la moral lo que la filosofía del derecho es al derecho).

Metaética: se ocupa del significado de los términos éticos y la justificación de los principios morales.

Ética normativa: investigación racional sobre los patrones de lo correcto y lo incorrecto, lo bueno y lo malo, con respecto al carácter o la conducta que un grupo más o menos grande de individuos se entiende debería observar. Tiende, no a describir cómo las personas se comportan, sino a prescribir cómo las personas deben comportarse. Su objetivo principal, pues, es formular normas válidas de conducta y del carácter.

Ética aplicada: vinculada estrechamente con la anterior, estudia qué normas éticas cabe aplicar en situaciones o problemas efectivos, esto es, cuestiones morales concretas y controversiales. Así, guarda estrecha relación con la función judicial, donde es marcada la influencia de la ética normativa (deontológica y/o consecuencialista, especialmente), indicando o suministrando los argumentos a utilizar.

4. Algo más sobre carácter o costumbre

Para el filólogo y etimólogo catalán Joan Corominas (*Diccionario crítico etimológico castellano e hispano*) la palabra "ética" proviene del latín *ethĭcus*, y éste del griego antiguo *ἠθικός*, transcripto a nuestro alfabeto, *êthicos*.

El autor señala que es preciso diferenciar al "êthos", que significa "carácter", del "ethos", que significa "costumbre", pues "ética" se sigue de aquel sentido y no de éste. Desconocer tal diferencia, agrega, deriva en la confusión de "ética" y "moral", pues ésta nace de la voz latina *mor, moris*, que significa costumbre, es decir, lo mismo que *ethos.* Ambas doctrinas se fundamentan así en conceptos distintos.

5. Éticas del deber

Consecuencialismo y deontologismo. Intentan responder "cómo debemos actuar", según un catálogo de deberes morales (la primera) y un deber o ley moral, imperativo categórico (la segunda).

Para el consecuencialismo (entre sus diversas corrientes sobresale el utilitarismo), lo "bueno" tiene prioridad sobre lo "correcto". Por consecuencia, lo correcto es maximizar lo bueno. En su versión utilitarista, lo bueno es la felicidad. Por ese motivo, para un consecuencialista no hay límites morales para perseguir lo bueno. Pero, no considera que cualquier medio justifique cualquier fin. No sólo el fin debe estar justificado, también el medio debe ser el mejor medio para producir la mayor cantidad de fin al menor costo.

En cambio, para el deontologismo (ética formal kantiana, la principal), lo "correcto" tiene prioridad sobre lo "bueno". Implica restricciones que constituyen los medios moralmente incorrectos. Lo correcto es el medio para obtener lo bueno. No obstante, el deontologismo no impide que se persiga lo "bueno", pero lo más importante es lo correcto. Persigue lo "bueno" dentro de los límites de la "corrección". Ello no implica que para un deontologista la felicidad no sea buena, pero no cualquier conducta que maximice la felicidad es correcta.

6. Ética del carácter

La **ética del carácter** o **teoría de la virtud.** Pretende decirnos qué rasgos de carácter (el ser interior, el espíritu humano) sería deseable que tengamos o desarrollemos.

Cuando la virtud se refiere a las acciones de la vida práctica, pertenece a las virtudes éticas (Aristóteles: "el hábito por el cual el hombre se hace bueno y por el cual ejecuta bien su función propia").

Ciertas conductas son buenas porque las realiza un individuo que posee carácter virtuoso. En el ámbito judicial, ¿cuál sería nuestro modelo? ¿El juez "*Hércules*"?: el abogado con aprendizaje, paciencia, visión y habilidad sobrehumanas para dirimir intrincadas cuestiones jurisdiccionales, imaginado por Ronald Dworkin (*Los derechos en serio*). O ¿el juez "*Hermes*"?: el mediador universal, el gran comunicador, el virtuoso de los juegos del lenguaje, cuyo derecho es el derecho posmoderno, tan vasto es el programa del cual se encarga, aun cuando le esperan otros retos que se verá obligado a superar, cuestiones ético-jurídicas radicalmente nuevas que suscita la acción combinada de los progresos científicos y de la biomedicina desiderativa, asimismo examinado por el jusfilósofo belga François Ost[2].

7. Un caso pionero de la donación de órganos en vida. El vínculo de parentesco como "soldadura"[3] del requisito de la edad

Corría el año 1980 cuando en la causa "Saguir y Dib, C.G.". se debatió si correspondía o no autorizar la ablación de uno de los riñones de la actora –de 17 años y 10 meses en el momento en que la Corte estudia la misma- en beneficio de su hermano, en inminente peligro de muerte, en razón de que la ley 21.541 (ley nacional de trasplantes, entonces vigente) sobre la materia permitía la dación en vida de órganos o material anatómico a favor de sus familiares sólo a partir de los 18 años de edad. Según los exámenes clínicos realizados, el único dador posible era la citada hermana menor del paciente, quien tenía un estudio de compatibilidad del tipo "A" (histoidéntico).

Del dictamen de los médicos forenses, surgió que el estado del receptor era de crónica gravedad y terminal, a causa de la insuficiencia renal bilateral El mismo no era compatible con una espera del trasplante hasta el 30 de diciembre de 1980 (fecha en que la donante cumpliría los 18 años). De tal modo, se consideró que el trasplante debía efectuarse en forma inmediata. La Defensora de Menores e Incapaces, con fundamento

[2] Ost, François, *"Júpiter, Hércules, Hermes: tres modelos de juez"*, Academia, Revista, n° 8, 2007, 101/130. http://www.derecho.uba.ar/publicaciones/rev_academia/revistas/08/jupiter-hercules-hermes-tres-modelos-de-juez.pdf

[3] Soldadura: acción y efecto de soldar (del lat. solidare, unir, consolidar, volver sólido). De tal modo, cuando deviene inaplicable una restricción legal porque su finalidad difiere de la que requiere el caso real, cabe acudir al requisito que sí la contempla (en la especie, fines exclusivamente altruistas y solidarios en la donación de órganos en vida). Éste asume entonces su parte y consolida el requisito enervado (co-opera, opera conjunta y recíprocamente con el mismo). Coyuntura donde surge cabal la superación de la fragmentación co-existencial por soldadura. Ver. Cossio, Carlos, *"Los valores jurídicos. Meditación sobre la cooperación y la solidaridad"*, La Ley, 84-693; id. Tinant, Eduardo Luis, *"¿Concesión administrativa versus acto cooperativo?"*, La Ley Buenos Aires, 1998-707/717. Basta para ello, cabe agregar, que el juez, en lugar de una mera interpretación estricta o formal, lleve a cabo una interpretación teleológica y previsora, pues, a la par de realizar el fin de las normas aplicadas, le permitira resolver adecuadamente el hondo problema humano planteado. Ver Tinant, Eduardo Luis, *"Bioética, amparo y un nuevo caso de trasplante de órganos, a la luz de la interpretación 'previsora'"*, La Ley Buenos Aires, 1997-385/394; id. "Antología *para una bioética jurídica*", cap. IX, La Ley, Buenos Aires, 2004.

en lo dispuesto en el art. 13 de la citada ley 21.541, aconsejó denegar la autorización. Entendió que la menor no estaba capacitada para evaluar las consecuencias de la ablación de un órgano vital, como tampoco sus progenitores, trastornados emocionalmente por el sufrimiento de su otro hijo. Los padres impugnaron dicho dictamen. Los médicos forenses, al contestar las impugnaciones, desaconsejaron la autorización. En la historia clínica del Centro de Estudios Nefrológicos y Terapéuticos actuante se dejó constancia del estado actual del enfermo, el cual reflejaba una tendencia al desmejoramiento progresivo.

La jueza de primera instancia, con fundamento en la minoría de edad de la pretensa donante y lo dispuesto por los arts. 55 y ss. del Cód. Civil y 11, 12 y 13 de la citada ley 21.541, denegó la autorización para que la menor done uno de sus riñones. Apelada la sentencia, el Centro de Estudios Nefrológicos y Terapéuticos, indicó que la posibilidad del trasplante renal debía ser evaluada de inmediato. La sala A de la Cámara en lo Civil, confirmó la sentencia de primera instancia.

La Corte Suprema de Justicia de la Nación, con fecha 6/11/80, revocó la sentencia resistida y autorizó la ablación solicitada. El Tribunal hizo lugar a la petición a través de dos votos concurrentes en los que, en sustancia, se reconoció la preexistencia del derecho a la vida y del derecho a la integridad corporal, aunque relativamente secundario éste con respecto al primero[4].

8. Un caso más reciente. La amistad como fundamento de la donación de órganos en vida[5]

El Juzgado de Familia nº 7 de Bariloche, en causa "P.H. s/amparo", con fecha 2/11/12, autorizó a una persona a recibir el trasplante de un riñón de una donante viva, con quien mantiene una relación de amistad, dirimiendo así la restricción prevista en el art. 15 de la ley 24.193, que prevé que la

[4] Fallos, 302:1284 (1980). Renato Rabbi-Baldi Cabanillas (*Teoría del derecho*, págs. 144/154., 2da. ed. Äbaco, Buenos Aires, 2009) inscribe el caso en el marco de los derechos "constitucionales" como derechos naturales, y considera que con tales explícitas bases resulta posible estructurar una teoría de los derechos humanos lo suficientemente comprensiva y dinámica de los genuinos requerimientos de la dignidad de la persona en el contexto de sus relaciones intersubjetivas.

[5] Ver mi nota a fallo con el mismo título en Revista La Ley, 4/12/12, págs. 6/8 (tomo 2012-F).

donación entre pacientes vivos sólo podrá realizarse entre quienes tengan un vínculo de parentesco o de convivencia.

La magistrada interviniente consideró inaplicable en el caso tal restricción, por entender que su finalidad es evitar transacciones o condicionamientos para el trasplante, y comprobar que la donante se veía impulsada exclusivamente por fines altruistas y solidarios.

Cuestiones esenciales abordadas entonces: la amistad y la solidaridad en grado de altruismo y las conductas heroicas en la donación de órganos en vida; la dimensión corporal de la persona; la dignidad, autonomía, integridad y disposición del propio cuerpo en materia trasplantológica.

A la inversa del anterior, en este caso el vínculo de parentesco o de convivencia requerido no obró como "soldadura" sino como el recipiendario de su protagonista, la virtud de la amistad.

9. Dudas y certezas

De tal modo, ¿hubo colisión o armonía entre los **derechos a la integridad física** (que incluye la disposición –derecho a donar– del propio cuerpo, con una restricción normativa de jerarquía inferior, según vimos, relacionada con la edad de la donante, en un caso, y vínculo de parentesco o convivencia que los une, en el otro) y **a la vida** (del paciente)?

Desde otra perspectiva, ¿el ordenamiento jurídico puede legítimamente impedir el ejercicio de la facultad de disponer del propio cuerpo? ¿O se trata de conjugar esa facultad, siempre supererogatoria, con el derecho-deber de cuidar la propia salud, la tutela efectiva del principio de integridad y la necesidad de proteger a las personas vulnerables?

Dando pábulo, en todo caso, a la definición de Aristóteles (*Arte de la retórica*): "Amigo es aquel que lleva a cabo, por causa del otro, lo que juzga que es bueno para él; quien posee muchas personas de esta condición, posee muchos amigos, y si además son ellos seres humanos virtuosos, posee buenos amigos".

Así como a la de Cicerón (*La amistad*): "Amor y amistad derivan de amar, y amar no es otra cosa que sentir por el amado un afecto que tiene su fin en sí mismo, independientemente de la necesidad y de la búsqueda cualquier ventaja. El que mira a un verdadero amigo es como si se mirara a un espejo".

O, como sustentaría Martín Buber desde la *dialógica*, propia de la relación humana altruista en grado sumo: ahí el que dona sus órganos (una parte de sí), y aquí el que recibe aquéllos (para salvar el todo propio). Dualidad dinámica que constituye al ser humano. Porque sólo el hombre con el hombre es una imagen cabal, sólo el hombre con el hombre es una forma perfilada. Los dos a una, completándose con la contribución recíproca. A condición de saber comprenderlo como el ser en cuya dialógica, en cuyo estar-dos-en-recíproca-presencia, se realiza y se reconoce cada vez el encuentro del uno con el otro (el yo y el tu).

10. Ética (normativa) aplicada

¿Qué se consideró prioritario en tales casos desde la mirada de las **éticas del deber**: lo "bueno" (**ética consecuencialista**) o lo "correcto" (**ética deontológica**)?

Pero, para comprender mejor la significación de la virtud de la amistad (o de un loable altruismo entre hermanos), y del "derecho al heroísmo", cuyo ejercicio fue homologado judicialmente, ¿no deberíamos valernos asimismo de la **ética del carácter o teoría de la virtud**?

Porque, cabe recordar, ni el derecho ni la sociedad en su conjunto exigen o reclaman –aun cuando las reciban con admiración y beneplácito– conductas heroicas (propias de un *genius ethicus*[6], sino aquéllas esperables de las personas en su término medio.

11. Colofón

En todo caso, la mera compatibilidad entre donante y receptor fue mucho más allá y devino solidaridad, en tanto la procuración de órganos, donación altruista. La búsqueda emprendida por las personas intervinientes, donante y receptor, guarda semejanza de tal modo con la búsqueda única del mensaje bíblico: "*No me buscarías si no me hubieses encontrado*".

[6] Tinant, Eduardo Luis, "*El país de los argenios*", caps. VII y VIII, La Plata, 1991.

9. MISTANÁSIA: ASPECTOS DA MORTE MISERÁVEL NO BRASIL[1]

Hildeliza Lacerda Tinoco Boechat Cabral

Introdução

Ao lado dos conceitos básicos de Eutanásia, Ortotanásia e Distanásia, existe outro importante ao qual o Direito Comparado denomina "Eutanásia social". O último interessa de forma particular a este estudo, tendo recebido no Brasil a denominação de "Mistanásia", por Márcio Fabri dos Anjos, bioeticista brasileiro, que utilizou o neologismo "Mistanásia" para designar o fenômeno da morte miserável e prematura de pessoas marginalizadas pela sociedade, no artigo "Eutanásia em chave de libertação" (ICAPS, junho de 1989, nº 57, p. 6). Prefere-se adotar a expressão "Mistanásia" porque "Eutanásia social", utilizada pela doutrina clássica, remete à eutanásia, comunicando a ideia de "boa morte" ou morte abreviada sem dor, um conceito que não está de acordo com a noção da morte prematura e cruel.

O presente estudo analisa a mistanásia e sua relação com a vulnerabilidade humana no contexto da Bioética Jurídica Contemporânea, passando pela atuação omissiva da Administração Pública (entendendo-se como Administração Pública os entes federativos – União, Estado ou Município)

[1] Parte deste conteúdo foi publicado em espanhol: CABRAL, Hildeliza Lacerda Tinoco Boechat. Mistanasia y aspectos miserables de la muerte en el Brasil. In TINANT, Eduardo Luis (President del Consejo de Bioética del IIDHA y Director del Anuario). **Anuario de bioética y derechos humanos del Instituto Internacional de Derechos Humanos, capítulo para las Américas** (IIDH). Buenos Aires: Amazon Kindle, 2019, p. 67-81.

em relação à prestação de saúde pública como fator que acarreta a mistanásia. Analisa-se o conceito de Mistanásia, como ocorre esse fenômeno, a forma como entendido pelos estudiosos no Brasil, segundo os parâmetros indicados pela literatura específica e por que esse conceito se liga à noção de morte miserável. Discute-se a mistanásia, levando-se em conta a legislação pátria (no âmbito jurídico e da Medicina), as questões de saúde pública e seus reflexos na sociedade.

Apresentam-se importantes aspectos da mistanásia como, por exemplo, suas interfaces jurídico-médico-social, como um fenômeno devido a diversos fatores dentre os quais se destaca a precária condição social de grande camada da população brasileira e a carência de efetiva gestão pública de saúde, acarretando mortes de pessoas vitimadas pela violência, tráfico de drogas e outros riscos provocados nas grandes concentrações populacionais do território brasileiro.

Evidencia-se ainda a importância de se compreender a Mistanásia como relevante tema da Bioética Jurídica Contemporânea, havendo ainda poucos estudos acerca deste tema, as formas pelas quais as mortes mistanásicas (óbitos evitáveis, mas que se tornaram recorrentes e em grande número) se materializam na sociedade e no cotidiano do cidadão, destacando-se a situação de banalização da vida, miséria, fome, precarização do sistema público de saúde e deficiência de saneamento básico adequado, dentre outros fatores que a promovem.

1. A questão da vulnerabilidade humana

O conteúdo de vulnerabilidade foi introduzido recentemente no debate da Bioética como conceito-chave em Filosofia, particularmente nas escolas continentais. Em certo sentido, cada ser humano é vulnerável e, em Bioética, o conceito foi utilizado inicialmente no contexto da pesquisa clínica, referindo-se a grupos ou populações merecedoras de especial proteção. Com a globalização da Bioética, o sofrimento, o risco da pesquisa médica, as tecnologias e os cuidados são realidades globais, por isso, o conceito de vulnerabilidade surgiu como um dos princípios da bioética global, por exemplo, como na Declaração sobre Bioética e Direitos Humanos (HAVE, 2014).

Levando-se em conta o seu conceito etimológico, vulnerabilidade origina-se do latim *vulnerabilis*, que significa exposto a riscos, físicos ou morais; significa ferido ou lesionado, física ou moralmente; evidencia uma debilidade ou fragilidade especial. Trata-se de uma característica latente aos seres humanos (AMATRIAIN, 2017). Pessini e Barchifontaine (2014) defendem a noção de que vulnerabilidade é uma situação que se refere ao ser humano que está sujeito a se tornar vulnerado, ainda que transitoriamente, em algum momento.

A vulnerabilidade não é um fenômeno novo, existente apenas na sociedade contemporânea, mas presente em maior ou menor grau em diferentes culturas, porém difícil de delimitar com precisão. Embora a questão da vulnerabilidade não seja nova, somente na sociedade globalizada do século XXI, vem-se tornando tema central e grande preocupação do discurso da Bioética (AMATRIAIN, 2017).

Tanto é importante que o art. 8º da Declaração Universal sobre Bioética e Direitos Humanos, constatando essa situação vulnerável de pessoas ou grupos, estabelece o seguinte: "Na aplicação e no avanço dos conhecimentos científicos, da prática médica e das tecnologias que lhes estão associadas, deve ser tomada em consideração a vulnerabilidade humana. [...] (DUBDH, UNESCO, 2005). Além das situações em que as pessoas se encontram sob cuidados médicos e de saúde, pode-se constatar o fenômeno da vulnerabilidade nas circunstâncias cotidianas em que há fome, miséria, falta de assistência médico-hospitalar, carência ou inexistência de infraestrutura como saneamento básico, água tratada, sistemas de esgotos, analfabetismo, trabalho infantil; enfim, é uma problemática que envolve todas as situações de exposição a riscos à vida e à saúde das pessoas e capaz de lhes ferir a dignidade.

A vulnerabilidade deflagra uma situação de fragilidade da pessoa em várias situações do cotidiano em que se percebe a exposição a riscos ou à subjugação – caso em que certas pessoas se encontram em desvantagem, em situação desfavorecida nas relações jurídicas e, portanto, estão com reduzida liberdade de expressão, portanto em desigualdade em relação a outra parte ou a outro grupo. Em suma, vulnerabilidade é um traço comum de fragilidade que se estende a todo ser humano não somente nas situações referentes à saúde, mas ainda aos que se encontram expostos a riscos de forma ampla, aos fenômenos da natureza, como erosão, tempestades, cheias dos rios, vendavais e outras circunstâncias de ordem dos fenômenos físicos e geográficos e também os sociais como a questão das moradias em comunidades que não oferecem segurança, proteção à saúde e à vida, como é o caso da alta proliferação de roedores, de vetores de doenças, falta de infraestrutura como água encanada e redes de esgoto – uma realidade ainda presente na maioria dos países da América Latina e que se torna uma séria temática objeto de preocupação da Bioética Jurídica da contemporaneidade.

2. Mistanásia: conceito, caracterização, ocorrência, categorias de causas

É importante explicar a contextualização da Mistanásia: Patrick Verspieren, por exemplo, utilizava a expressão "eutanásia social" para designar as situações coletivas, sociopolíticas nas quais vidas são ceifadas em nível social em razão da desigualdade, iniquidade, injustiça, violência e acidentes de trânsito – o que não caracteriza uma boa morte em nível social, conforme sugere a expressão, mas de "mortes infelizes e sofridas não apenas de alguns privilegiados dentro do sistema hospitalar, mas de milhares de vidas em nível social. O viver sofrido leva a um morrer fora do tempo, ou 'antes da hora'. Estamos diante de uma situação de mortes mistanásicas" (PESSINI et al., 2015, p. 156). Por isso, prefere-se utilizar Mistanásia e não Eutanásia social.

Segundo Pessini, Mistanásia preenche uma lacuna nos conceitos assinalados na Bioética contemporânea, que são eutanásia, distanásia e ortotanásia: "Na literatura bioética, até recentemente, para se falar de morte social causada pela pobreza, violência e desigualdade, utilizava-se o termo "eutanásia social". Na verdade, se formos ver pela etimologia da palavra, o sentido deste vocábulo seria uma morte em paz sem dor ou sofrimento, em nível social" (PESSINI, 2015).

A rigor, etimologicamente eutanásia significa "boa morte", o que demonstra um contrassenso, pois não é concebível uma "boa morte" em decorrência de descuido e abandono, mas sim uma morte "miserável", conforme a semântica da expressão Mistanásia, motivo pelo qual se prefere a segunda expressão à primeira, conforme razões indicadas por Leo Pessini, importante bioeticista brasileiro falecido recentemente, em julho de 2019, explicando a razão pela qual a palavra "Mistanásia" se afigura mais adequada: de etimologia grega *mys*, que significa infeliz, ou seja, morte sofrida, antes e fora da hora, produzida de forma lenta e cruel; uma forma de morte decorrente da desigualdade social e econômica; na maioria das vezes é devida ao descaso da Administração Pública em relação à camada desfavorecida da sociedade (PESSINI, 2015a).

Segundo Eduardo Cabette, "Mistanásia, etimologicamente, tem o significado de 'morrer como um rato'. Traduz o abandono social, econômico, sanitário, higiênico, educacional, de saúde e segurança a que se encontram submetidas grandes parcelas das populações do mundo, simplesmente morrendo pelo descaso e desrespeito dos mais comezinhos Direitos Humanos" (CABETTE, 2013, p. 31). No mesmo sentido, acrescenta Pessini que o despedir-se da vida é marcado pelo sofrimento, abandono, indiferença e violência, dentre outros elementos degradantes que violentam a dignidade do ser humano, trata-se de uma "morte infeliz", "abreviada, antes do tempo", em nível social. "Não se trata da 'morte de alguém' apenas, mas da 'morte de muitos', que antes de sua morte física, praticamente já estão 'mortos socialmente', numa sociedade que descarta as pessoas, principalmente as mais vulneráveis socialmente falando, como descarta coisas imprestáveis" (PESSINI, 2015a).

Leo Pessini estudou o conceito de Mistanásia associando-o à morte "prematura" e relacionando-o "à história, à cultura, e à tecnologia médica disponível, às capacidades e à tecnologia" (PESSINI, 2007, p. 60). Pode-se caracterizar a Mistanásia como uma forma de morte prematura, cruel e miserável da população vulnerável – aquela que não dispõe de condições dignas de saúde e de vida, que não possui acesso aos benefícios que a saúde pública oferece ou deveria oferecer. Assim, as más condições de vida da população carente é um dos mais graves fatores a ocasionar a mistanásia: "Nos países pobres, essa questão está nas políticas públicas de saúde inadequadas e iníquas, com investimentos irrisórios de recursos, que causam a morte no nível social de centenas de milhares de pessoas" (PESSINI, 2007, p. 60).

As hipóteses de ocorrência da mistanásia são enumeradas da seguinte forma, segundo Cabette (2013): há grupos de pessoas que, por questões geográficas, econômicas, sociais ou questões de outra natureza, estão completamente à margem do sistema público de saúde e morrem sem mesmo ter tido acesso aos postos de atendimento (exemplos de pessoas que residem muito distante, na zona rural e ainda os moradores de rua). No segundo grupo estão aquelas pessoas que, mesmo tendo conseguido vislumbrar uma possibilidade de atendimento, tendo chegado a um hospital ou posto de atendimento, morrem nas longas filas de espera, nos corredores, à porta dos hospitais, sem ter tido oportunidade de receber ao menos o *status* de "paciente". O terceiro grupo é composto por pessoas que conseguem dar entrada nos hospitais, mas vêm a óbito em decorrência de situações tais como inexistência de leitos, má qualidade do atendimento médico-hospitalar, erro médico (de diagnóstico ou de procedimento), negligência ou mesmo abandonadas dentro da própria unidade de saúde.

Cristiano Chaves de Farias e Nelson Rosenvald (2019) exemplificam a mistanásia pelo fato de um médico, em caso de acidente, ser obrigado a decidir qual dentre as vítimas terá atendimento prioritário em detrimento da outra. Pessini comenta ainda uma situação de Mistanásia ocorrida nos próprios lares de pessoas que não cuidam de seus idosos doentes, deixando-os ao abandono, na solidão, sem cuidados mínimos indispensáveis à sobrevivência: "Em uma sociedade que marginaliza os doentes crônicos e irrecuperáveis em prol dos agudos e recuperáveis, cujas famílias não são capazes de cuidar de seus idosos e enfermos, ocorre uma 'morte social', muito antes do advento da 'morte física'" (VIEIRA, 2012, p. 256).

Outras hipóteses têm sido identificadas em razão da ausência/deficiência de políticas públicas de saúde, como a falta de infraestrutura como redes de água e esgoto, exposição da população vulnerável ribeirinha e moradores de encostas, cujas vidas estão expostas a riscos naturais e a outras formas de risco à saúde como doenças provocadas pelos vetores do *Aedes aegypti*, ratos, baratas e outros tipos de animais nocivos à saúde humana.

É importante destacar que a ocorrência da Mistanásia viola a dignidade da pessoa humana e os preceitos constitucionais que disciplinam as condutas humanas e do Estado no sentido de garantir vida digna ao cidadão a e, em consequência natural desta postura, promover a morte de forma igualmente digna. Neste sentido, leciona o ilustre estudioso do tema "morte digna" Eduardo Luis Tinant, ao formular as seguintes indagações: dignidade é permitir morrer? Ou permitir viver com dignidade a própria morte? (TINANT, 2013, p. 124). Evidentemente, é fundamental que o momento da morte seja coroado de dignidade da mesma forma como se busca usufruir uma existência digna e plena.

3. Banalização da vida e omissão da Administração Pública quanto ao dever de promover saúde pública

No contexto da sociedade brasileira, presencia-se uma desvalorização da pessoa e uma consequente banalização da vida humana. As pessoas já não se importam com seus semelhantes, não adotam condutas de proteção em relação às outras, vive-se um momento em que os bens de consumo assumem uma posição mais elevada do que as pessoas na sociedade capitalista desta segunda década do terceiro milênio. A era da notícia imediata, da aquisição de bens de consumo e tecnologia de ponta, das redes sociais em constante movimento e autopromoção a qualquer custo são ingredientes indispensáveis à realização humana.

A noção de pessoas anônimas e desprezadas, cada vez mais presente na sociedade, materializa-se em mortes banalizadas, fato que remete à narrativa que lhes atribui qualidade de "indignos" na obra "Indignos de vida": "A certidão de óbito [...] ostenta a condição de simples vivente: 'Homem falecido em 29 de março de 2004, em hora ignorada, no Hospital Miguel Couto, do sexo descrito, cor parda, filho de pai ignorado e mãe ignorada, profissão ignorada, estado civil ignorado, residência ignorada, natural de ignorado' [...]" (ZACCONE, 2016, p. 199).

Observam-se ainda situações nas quais as necessidades básicas dos cidadãos têm sido negligenciadas pela Administração Pública, em diferentes âmbitos da estrutura dos entes federados (federal, estadual e municipal) em razão de falta de efetividade quanto ao atendimento às necessidades básicas do cidadão, tais como saúde, educação e segurança. No caso específico da saúde, que interessa diretamente à temática em análise, a população, notadamente a dos grandes centros urbanos, onde há grande concentração populacional, não dispõe de atendimento de qualidade para todos – o que, na maioria das vezes, gera morte prematura, indigna e em péssimas condições sociais. As localidades menores e distantes das capitais, embora contem com verbas satisfatórias do Sistema Único de Saúde (SUS), muitas vezes não possuem profissionais qualificados para o atendimento (o Governo Federal tem buscado expandir o atendimento com uma proposta de interiorização da assistência médica, visando minimizar essa precariedade da prestação de serviços públicos de saúde). Assim, configura-se a omissão da Administração Pública pelo fato de a assistência médico-hospitalar não funcionar devidamente, pela insuficiência de medicamentos para a população carente e as dificuldades enfrentadas para o acesso e a assistência exitosa nos postos de atendimento médico-ambulatorial-hospitalar.

As situações nas quais as pessoas morrem nas extensas filas de espera dos grandes hospitais antes mesmo de receberem a qualidade de "pacientes" se tornaram fato corriqueiro e têm levado os cidadãos a ajuizarem ações judiciais com o objetivo de obterem, por força de decisão judicial, a prestação do serviço de saúde, que, por lei, deveria ser acessível direta e gratuitamente à população. Assim sendo, o fenômeno da judicialização da saúde obriga o Judiciário a intervir nas questões em que os cidadãos não conseguem acesso a certos medicamentos ou tratamentos por via administrativa simplesmente recorrendo aos órgãos competentes. Os necessitados são obrigados a movimentarem a máquina estatal do Judiciário, em busca de uma sentença, para obterem o tratamento ou medicamento de que necessitam.

No âmbito do Direito, a principiologia constitucional privilegia a morte digna no Brasil, fundamentando-se essa noção na valorização da pessoa e no prestígio à dignidade humana – um preceito implementado no âmbito internacional, segundo Barcellos, sobretudo, pela influência de três fases históricas: com início na Era Cristã; mais tarde, pelo movimento Iluminista-Humanista que marca nova fase de valorização da pessoa e as obras de Kant influenciando no mesmo sentido; por derradeiro, o momento histórico pós-guerra, marcado pelas várias ocorrências de atrocidades cometidas contra a pessoa, sobretudo durante a Segunda Guerra Mundial (BARCELLOS, 2008, p. 126).

No âmbito da Medicina, há vários dispositivos do Código de Ética Médica (CEM) que protegem a dignidade do paciente: Capítulo IV DIREITOS HUMANOS: É vedado ao médico: Art. 22 (Deixar de obter consentimento); Art. 23 (Tratar o ser humano sem civilidade ou consideração, desrespeitar sua dignidade ou discriminá-lo); Art. 24 (Deixar de garantir ao paciente o exercício do direito de decidir livremente sobre sua pessoa ou seu bem-estar, bem como exercer sua autoridade para limitá-lo); Art. 25 (Deixar de denunciar prática de tortura ou de procedimentos degradantes, desumanos ou cruéis, praticá-las); Art. 26 (Deixar de respeitar a vontade de qualquer pessoa considerada capaz física e mentalmente, em greve de fome (BRASIL. CFM. CEM, 2019).

Tanto no âmbito do Direito quanto no da Medicina, apesar de todas as cautelas legais em defesa da dignidade humana – bem maior inerente à qualidade de pessoa e supraprincípio da vigente Constituição Federal (1988), axioma do Estado democrático de Direito –, a Mistanásia é fato recorrente no Brasil, na realidade dos hospitais públicos, nas ruas das cidades e no submundo do crime e das drogas. Há ainda as histórias de manicômios como Hospital Colônia de Barbacena (psiquiátrico), que funcionou de 1930 a 1980. O livro Holocausto Brasileiro, de Daniela Fernandes Arbex, explica como morreram 60.000 seres humanos, com a conivência de médicos, funcionários e de parcela da sociedade (ARBEX, 2013). Todos esses fatos deflagram as más condições de saúde da camada pobre da população brasileira e das pessoas à margem do sistema de saúde, em face do descumprimento da Administração Pública em relação à promoção de saúde pública, fato que concorre para a morte precoce e dolorosa de pessoas vulneráveis, que não importam à sociedade. "Mistanásia significa a morte de pessoas cuja vida não é valorizada, ocorre nos porões da sociedade, no submundo da violência e do tráfico, por isso são desconhecidas, desconsideradas ou até mesmo ocultadas" (PESSINI et al., 2015, p. 159). Trata-se da morte infeliz dos pobres que morrem no esquecimento em desespero (PESSINI; RICCI, 2017, p. 179).

Leo Pessini se referiu à morte prematura explicando que a pessoa morre antes de vivenciar todos os ciclos da vida humana. E conclui: "Nos países pobres, essa questão está nas políticas públicas de saúde inadequadas e iníquas, com investimentos irrisórios de recursos, que causam a morte no nível social de milhares de pessoas" (PESSINI, 2007, p. 60). É o exemplo clássico do "ser vivente" e "indigno de vida", descrito acima, cujo laudo de identificação exibe tantas lacunas preenchidas pela expressão "ignorado", fato que demonstra ignoradas suas condições de dignidade de vida e também de morte – ele e milhares de outras pessoas cujas vidas não são desvalorizadas pela a Administração Pública, por seus semelhantes e pela a própria sociedade.

A Administração Pública não tem conseguido cumprir o dever de promover saúde pública, que, por um lado, é reconhecido e conferido ao cidadão pela vigente Constituição Federal (1988) no art. 6º "[...] direitos sociais fundamentais a educação, a saúde, o trabalho, o lazer, a segurança, a previdência social, a proteção à maternidade e à infância [...]". E, por outro lado, é dever do Estado promover a saúde em virtude do comando do art. 196: "A saúde é direito de todos e dever do Estado, garantido mediante políticas sociais e econômicas que visem à redução do risco de doença e de outros agravos e ao acesso universal e igualitário às ações e serviços para sua promoção, proteção e recuperação" (BRASIL. CF, art. 196, 1988). Cabe ao Estado promoção dessas políticas públicas de forma a criar, desenvolver e fiscalizar todas as condutas no sentido de atendimento à saúde pública.

De forma reiterada vê-se descumprido o dever de promover saúde pública, o que se pode comprovar de forma ampla pelas notícias veiculadas nos telejornais, na mídia e nas redes sociais a respeito de mortes injustificáveis, vidas que se perdem por negligência, abandono e ausência de proteção pelos órgãos que têm o dever constitucional de prestar saúde ao cidadão. Esta realidade tem sido constatada ainda pelas inúmeras decisões emanadas dos Tribunais em que se reconhece morte decorrente de más condições da saúde, negligência, erro médico, contaminação por doenças graves, situações em que o ente federativo responde civilmente por perda dessas vidas cuja existência e a sobrevivência digna não importam à sociedade.

De forma exemplificativa, traz-se o presente julgado:

> EMENTA: ADMINISTRATIVO E PROCESSUAL CIVIL. AGRAVO INTERNO NO RECURSO ESPECIAL. FALECIMENTO DE PACIENTE QUE FOI CONTAMINADO PELO VÍRUS HIV EM TRANSFUSÃO DE SANGUE REALIZADA EM HOSPITAL DA UNIÃO FEDERAL. IRRESIGNAÇÃO DA UNIÃO QUANTO AO VALOR INDENIZATÓRIO. RECURSO ESPECIAL DEFICIENTEMENTE FUNDAMENTADO QUANTO À PRETENSÃO DE REDUZIR A INDENIZAÇÃO. INCIDÊNCIA DA SÚMULA 284/STF. AGRAVO INTERNO DA UNIÃO DESPROVIDO. 1. Cuida-se, na origem, de Ação de Reparação de Danos [...] ajuizada [...] em face da UNIÃO e do ESTADO DO RIO DE JANEIRO, objetivando o ressarcimento pelos danos ocasionados pela contaminação de seu filho com o vírus da AIDS por transfusão sanguínea nas dependências do Hospital da Lagoa, integrante da Unidade Federal. Fato este que resultou no seu falecimento, aos 11 anos de idade. 2. O Tribunal Regional Federal da 2a. Região condenou o ESTADO DO RIO DE JANEIRO e a UNIÃO a indenizarem os Autores por danos morais e materiais decorrentes da contaminação de seu filho pelo vírus TRF 2 e sua superveniente morte em decorrência da AIDS [...] 6. Ademais, a quantificação do dano moral deve adequar-se às circunstâncias do caso sob exame, pautando-se pela razoabilidade, pelo caráter preventivo e repressivo-pedagógico para o seu causador, de modo a evitar que represente uma nova ofensa à vítima, e levando em consideração a situação socioeconômica das partes. 7. Agravo Interno da UNIÃO desprovido (BRASIL. STJ. AgInt nos EDcl no REsp 1176700 / RJ – AGRAVO INTERNO NOS EMBARGOS DE DECLARAÇÃO NO RECURSO ESPECIAL. Relator Ministro NAPOLEÃO

NUNES MAIA FILHO (1133) PRIMEIRA TURMA Data do Julgamento: 06/06/2017. Data da Publicação/Fonte: DJe 14/06/2017).

A decisão proferida nesse julgado reconhece o "falecimento de paciente que foi contaminado pelo vírus HIV em transfusão de sangue", nas dependências de um Hospital no Rio de Janeiro, integrante da Unidade Federal. Ao ingressar em hospital público, a criança de onze anos estava em condição vulnerada pela situação socioeconômica que lhe impõe atendimento em hospital público, um quadro em que se constata deficiência de várias naturezas do atendimento médico-hospitalar, pois morrem de forma prematura, infeliz e com sofrimento. Fora configurada a morte mistanásica, que é condição indigna, miserável de morrer. O julgado reconhece ainda a necessidade de reparação de danos e a indenização por responsabilidade civil do Ente Público pelos danos suportados pela família do menor em razão da perda do filho que, transfundido sem as devidas cautelas para o procedimento, foi contaminado com o vírus HIV, vindo a óbito em razão dessa contaminação "em decorrência da AIDS" (o julgado reconhece que a morte decorre da doença adquirida no hospital).

Observa-se outro recente julgado:

> AGRAVO INTERNO NO AGRAVO EM RECURSO ESPECIAL. AÇÃO DE REPARAÇÃO POR DANOS MORAIS. PACIENTE EM TRABALHO DE PARTO. QUADRO QUE APRESENTAVA GRAVIDADE E ANORMALIDADE. DEMORA NO ATENDIMENTO. FALECIMENTO DA PARTURIENTE E DO RECÉM-NASCIDO. CONDENAÇÃO DO MÉDICO (BRASIL. STJ. AgInt no AREsp 1393707 (ACÓRDÃO) Ministro MARCO AURÉLIO BELLIZZE DJe 09/04/2019 Decisão: 01/04/2019) (BRASIL. STJ, 2019).

O julgado reconhece o descumprimento do dever de oferecer saúde pela Administração Pública e frustrado para o cidadão o direito à saúde. Constata-se no caso em análise o estado de vulnerabilidade, a exclusão social e a deficiência/carência do atendimento médico-hospitalar e a consequente morte miserável (óbito da parturiente e do recém-nascido em face da demora no atendimento), configurada a responsabilidade civil por danos (condenação do médico).

De forma exemplificativa, conforme se enunciou, foram apresentados dois julgados dentre vários disponíveis, pois muitos casos dessa natureza têm ocorrido nos hospitais públicos do país, sobretudo nos grandes centros urbanos. As consequências do abandono da população vulnerada são aumento da pobreza e miserabilidade da população, falta de acesso aos serviços públicos de saúde; judicialização da saúde; péssimas condições de saúde pública (crescente redução de leitos hospitalares, inclusive de Unidade de Terapia Intensiva); ineficácia no controle de vetores e consequente proliferação deles; centenas de milhares de mortes em nível social, de forma que falar de mistanásia se torna uma necessidade em razão de ser um tema pouco debatido e um fenômeno ainda não identificado por alguns segmentos da sociedade e que a Administração Pública precisa se mobilizar de forma efetiva no sentido de busca por soluções.

4. Mistanásia: um problema a ser solucionado no Brasil

Casos de mistanásia estão diuturnamente nos noticiários da imprensa e da mídia, além de estudos sistemáticos apontarem a larga incidência da Mistanásia no Brasil.

> Cerca de 829 brasileiros morrem diariamente em hospitais públicos e privados por falhas que poderiam ser evitadas, segundo o Anuário da Segurança Assistencial Hospitalar no Brasil, realizado pelo IESS (Instituto de Estudos de Saúde Suplementar) em parceria com a Faculdade de Medicina da UFMG (Universidade Federal de Minas Gerais). O número equivale a três mortes a cada cinco minutos. Esta é a segunda causa de morte mais comum no Brasil (BARONI, 2017).

A violência, principalmente urbana, é alarmante no Brasil, sendo a principal causa de muitas vidas ceifadas por questões banais, em razão de fatores sociais. Dados estatísticos demonstram: 729.551 pessoas encarceradas em 2016 (689.947 no sistema prisional e 39.604 sob custódia das polícias); 82.684 desaparecidos em 2017; 63.895 mortes violentas, 367 policiais mortos (um assassinato de policial/dia), 5.159 mortes em intervenções policiais, 61.032 estupros, 1.133 casos de feminicídio, 221.238 registros de violência doméstica (lesão corporal dolosa: 606 casos/dia), 119.484 armas de fogo apreendidas – todos esses registros em 2017 (ANUÁRIO BRASILEIRO DE SEGURANÇA PÚBLICA, Ano 12, 2018).

A classe médica reconhece as más condições de saúde, como o médico catarinense Bastian Junior, que em matéria publicada no portal da Associação Catarinense de Medicina declarou a existência de Mistanásia e as péssimas condições da saúde naquele Estado:

> O que assistimos nos hospitais públicos de Santa Catarina é o exemplo mais concreto e duro de MISTANÁSIA. A morte miserável de pessoas pobres. O Poder Público não tem o direito de optar, nem a prerrogativa de elencar prioridades quando os direitos fundamentais da cidadania estão em pauta. É dever do Estado PARAR TUDO em prol das necessidades essenciais. DEVE suspender campanhas, realocar recursos de investimentos de outra ordem, enxugar seus recursos humanos administrativos e consequentes cabides de emprego e CUMPRIR a missão primeira de um governante democrático: atender o CIDADÃO nas suas necessidades mais essenciais: SAÚDE, SEGURANÇA PÚBLICA e EDUCAÇÃO (BASTIAN JUNIOR, 2012).

Várias são as situações cotidianas a serem corrigidas no sentido de se evitar a mistanásia no Brasil. O referido médico explica que é preciso rever outras situações e canalizar esforços no sentido de resolver a questão das necessidades básicas dos cidadãos, o que inclui providências no sentido de conter as mortes mistanásicas. É necessário que sejam adotadas medidas por parte da administração, por parte dos profissionais e também dos cidadãos. Além das políticas públicas a serem adotadas e levadas a efeito com a máxima urgência no sentido da proteção dos vulnerados, é preciso fomentar o atendimento básico de saúde, retomar o processo de humanização da medicina.

Por parte dos cidadãos, há um sério problema que precisa ser revisto: a excessiva judicialização da saúde e a conscientização a respeito do papel que cada um desempenha no processo de resgate da dignidade por meio do atendimento de saúde de qualidade. A judicialização da saúde é um fenômeno caracterizado pelas demandas ajuizadas pelos cidadãos com a finalidade de obterem por intervenção do Poder Judiciário a concessão de certos bens ou serviços relativos às necessidades referentes à promoção da saúde, que deveriam ser acessíveis administrativamente. Essas demandas em tese são desnecessárias, pois movimentam a máquina estatal para buscar esse benefício, que deveria ser oferecido de forma direta e gratuita, pelo princípio da universalização da saúde, idealizado pela Lei do SUS

– de acesso livre e igualitário a todos os cidadãos (BRASIL. Lei n. 8.080, 1990) e pelo Decreto n. 7.508 (BRASIL. Decreto n. 7.508, 2011), que a regulamenta. Ocorre que na medida em que esses bens, recursos e serviços se tornam escassos, alguns ajuízam ações requerendo ao Poder Judiciário o que precisam, passando à frente de milhares de outros titulares do mesmo direito ou de direitos ainda mais sérios e urgentes, o que causa um desequilíbrio no fornecimento desses produtos ou serviços de saúde. Nesse sentido, "quando a Administração Pública se exime da prestação positiva de promover saúde pública, é necessária a intervenção do Judiciário a fim de que o exercício do direito à saúde seja efetivado por meio de tutela para um determinado caso concreto. "No Brasil ocorre uma judicialização volumosa de demandas em saúde" (ASSENSI apud GARRIDO; CARVALHO, 2018, p. 373). Desse modo, critérios mínimos precisam ser estabelecidos, "observados para que se possa mover uma determinada ação em favor de atendimento médico ou tratamento, a fim de se evitar que o atendimento a um titular inviabilize o tratamento de tantos outros potencialmente curáveis" (GARRIDO; CARVALHO, 2018, p. 375).

A parcela que cabe à Administração Pública no enfrentamento dessa realidade e tentativa de solução dessas mazelas não é simplista, requer adoção de medidas sérias, canalização de esforços, destinação de verbas no sentido da promoção da saúde de qualidade e fiscalização do emprego efetivo dessas verbas em favor da população carente. Envolve ainda a adoção de políticas de melhoria do atendimento, humanização da saúde (atenção especial à saúde básica, ênfase ao toque, ao contato, ao exame médico físico e pessoal e cuidadosa anamnese), idealização e implementação de um portal transparência para que todos tenham acesso às informações sobre atendimentos médicos e ambulatoriais realizados no âmbito da saúde pública. Humanizar importa implantar práticas a fim de que todas as pessoas se reconheçam humanas, apesar das diferenças entre elas existentes; humanizar é incluir, quebrar barreiras, criar relações solidárias (GOMES; RUIZ, 2014). Seria um bom começo. Somente por meio de tomada de medidas efetivas por parte da Administração Pública e esforço conjunto dos cidadãos, governantes e órgãos responsáveis pela administração da saúde, será possível vislumbrar a minimização ou mesmo a solução da Mistanásia na realidade da sociedade brasileira.

Ao cidadão cabe utilizar os serviços públicos de saúde conscientemente, além do controle do direito de demandar de forma irresponsável, pois é responsabilidade de todos zelar pela boa-fé, realização da justiça e promoção da equidade.

Conclusões

No cenário da sociedade contemporânea, muitos são os aspectos do tema mistanásia: os jurídicos, médicos e as questões sociais que se estabelecem a partir da compreensão da vulnerabilidade humana como qualidade inerente a todas as pessoas e do descumprimento do dever de promoção de saúde por parte da Administração Pública. Avultam-se assuntos de interesse social na medida em que produzem sérias consequências na sociedade, que podem ser constatadas na realidade do cotidiano por deficiências das políticas públicas, mau funcionamento da saúde pública e proliferação de vetores, dentre outros fatores. Todas as situações de escassez de recursos evidenciadas pela imprensa, pela classe médica e pela própria sociedade, materializam-se em demandas como essas apresentadas nos julgados analisados, reconhecendo a existência de mortes desnecessárias em razão das políticas públicas deficitárias, além de erro médico e falhas outras do sistema de saúde.

Considerada como morte prematura, infeliz, dolorosa e indigna de pessoas vulneradas que não são valorizadas pela sociedade, a Mistanásia se manifesta de várias formas no Brasil: desde a ocorrência por falta de infraestrurura e saneamento básico a que estão sujeitas algumas parcelas da população até mesmo as mortes que acontecem nos hospitais públicos por mau atendimento, carência de materiais e leitos e erro médico. Essas mortes apresentam alguns traços comuns, quais sejam, são evitáveis, cruéis, lentas e se dão por falta de assistência da Administração Pública. São mortes de pessoas que não importam à sociedade, que vivem no submundo das drogas, do abandono e da exclusão social.

Vários são os fatores que concorrem para a Mistanásia no Brasil, sendo um dos preponderantes a vulnerabilidade como característica de toda pessoa humana, exposta a todo tipo de riscos e, em especial, a camada pobre da população, além das práticas iníquas que acarretam a manifestação de tantos prejuízos à saúde e à vida da população, devido à omissão da Administração Pública quanto à promoção do direito constitucional à saúde do cidadão (que é, por seu turno, dever constitucional). Há, por assim dizer, uma política frágil de proteção à vida e à saúde da população, uma vez que a Administração Pública não estabelece programas efetivos de atendimento à população carente, não desenvolve políticas eficazes de erradicação das doenças, tampouco programas de controle dos vetores como *aedes aegypti* e outros, que vêm assolando a população pobre, levando a óbito um número absurdo de pessoas desprotegidas socialmente e que dependem de forma integral do atendimento de saúde pública.

É necessário o enfrentamento e tentativa de solução das deficiências por meio de medidas sérias, correta utilização das verbas destinadas à saúde, conscientização da sociedade acerca da imperativa necessidade de controle da judicialização da saúde, adoção de políticas de melhoria do atendimento, humanização da saúde (ênfase na prevenção de doenças, exame médico pessoal e anamnese), adoção de portal transparência objetivando controle e acesso às informações sobre atendimentos médicos e ambulatoriais. Além disso, a aglomeração de pessoas nos grandes centros urbanos dificulta o acesso universal e igualitário de todos os cidadãos aos serviços de saúde (conforme previsão na Lei do SUS); e, no interior, há sérias dificuldades para se manter profissionais qualificados da saúde em localidades de difícil acesso.

À vista de todos esses aspectos do estudo da morte miserável e em face das pesquisas até aqui desenvolvidas, pode-se contribuir com um novo conceito de Mistanásia: é a morte prematura, evitável, lenta e indigna de pessoas socialmente excluídas em consequência da banalização da vida humana, devido a causas diversas que vão desde o abandono social e doenças a outros riscos naturais ou provocados a que estão expostas as pessoas (CABRAL, 2020, p. 27).

A partir deste conceito e dos fatores que concorrem para a morte miserável, foi possível reunir causas de mortes mistanásicas em quatro diferentes grupos, em obra específica "Mistanásia em tempos de Covid-19" (CABRAL, 2020):

1) Causas Geográficas – distância dos grandes centros, comunidades localizadas em lugares de difícil acesso, inacessibilidade aos postos de atendimento;
2) Causas Sociais – banalização da vida, desde o abandono pela própria família à exclusão social, tráfico de drogas, conflitos, violência, feminicídio, más condições de habitação, risco provocado (queimadas, acidentes radioativos, explosões e outros que independem de vontade e atuação das vítimas, exemplificativamente);

3) Causas Ambientais – riscos naturais, fenômenos da natureza, catástrofes climáticas, inundações, trombas d'água;
4) Causas Políticas – deficiências da saúde pública, questões referentes à deficiência de saneamento básico (tratamento de água e esgoto), atendimento de saúde deficitário e ineficiente, precariedade do controle de doenças e seus vetores e outras situações que dizem respeito à promoção da saúde humana.

Por todas as razões apontadas e as situações evidenciadas neste estudo, a Mistanásia é uma realidade que precisa ser combatida com ênfase pela Administração Pública e pela sociedade em todos os seus segmentos, em esforço conjunto em busca de resolver o problema das políticas públicas que podem fazer a diferença neste cenário que ora se apresenta, priorizando-se interesses que atendam à dignidade da pessoa humana em detrimento de outros que promovam o mercado de consumo, que fomentem a evolução tecnológica ou cuidem de outros bens, interesses e direitos que não deem à dignidade da pessoa humana a primazia que lhe é conferida por lei e pelos princípios fundantes do sistema médico-jurídico e pela vigente Constituição Federal. O problema da saúde pública há que ter tratamento preferencial em relação a todos os outros que não cuidam diretamente da promoção da vida e da morte digna da população, em especial aquela que depende com exclusividade de atendimento pelo Sistema Público de Saúde. Dentre as medidas já tomadas no sentido de minimizar as mortes mistanásicas, mostra-se importante a iniciativa do Governo Federal com o programa de interiorização do atendimento médico, que objetiva atender a população das localidades longínquas, oferecendo medicamentos e atendimento médico com profissionais qualificados em pontos do território distante dos grandes centros, conforme já mencionado.

Referências

AMATRIAIN, Roberto Cataldi. **Introducción a la bioética del siglo XXI**. Buenos Aires: Hygea, 2017.

ANJOS, Márcio Fabri dos. Eutanásia em chave de libertação. **Boletim do Instituto Camiliano da Pastoral da Saúde** (ICAPS) n. 57, jun. 1989.

ARBEX, Daniela. **Holocausto brasileiro — genocídio: 60 mil mortos no maior hospício do Brasil**. São Paulo: Geração, 2013.

BARCELLOS, 2008

BARONI, Larissa Leiros. **A cada 5 minutos, 3 brasileiros morrem em hospitais por falhas**. UOL. São Paulo, 22 nov. 2017. Disponível em: https://noticias.uol.com.br/saude/ultimas-noticias/redacao/2017/11/22/a-cada-5-minutos-3-brasileiros-morrem-em-hospitais-por-falhas.htm?cmpid=copiaecola. Acesso em: 20 nov. 2019.

BASTIAN JUNIOR, Aguinel. Mistanasia: a morte miserável. In: PEREIRA, Moacir. Greve e a nota da ACM: **"Mistanasia – a morte miserável"**. Blog Moacyr Pereira, [s. l.], 26 nov. 2012. Disponível em: http://wp.clicrbs.com.br/moacirpereira/2012/11/26/greve-e-a-nota-da-acm-mistanasia-a-morte-miseravel/?topo=77,1,1. Acesso em: 20 nov. 2019.

BRASIL. CFM. CEM. **Código de Ética Médica**: Resolução CFM nº 2.217, de 27 de setembro de 2018, modificada pelas Resoluções CFM nº 2.222/2018 e 2.226/2019 / Conselho Federal de Medicina. Brasília: Conselho Federal de Medicina, 2019. Disponível em: <https://bit.ly/2XNUzqP>. Acesso em: 11 maio 2019.

BRASIL. [Constituição (1988)]. **Constituição da República Federativa do Brasil de 1988**. Brasília, DF: Presidência da República, [2020]. Disponível em: http://www.planalto.gov.br/ccivil_03/constituicao/constituicaocompilado.htm. Acesso em: 20 mar.2020.

BRASIL. STJ. AgInt nos EDcl no REsp 1176700 / RJ – AGRAVO INTERNO NOS EMBARGOS DE DECLARAÇÃO NO RECURSO ESPECIAL. Relator Ministro NAPOLEÃO NUNES MAIA FILHO (1133) PRIMEIRA TURMA Data do Julgamento: 06/06/2017. Data da Publicação/Fonte: DJe 14/06/2017.

BRASIL. CFM. CEM. **Código de Ética Médica: Resolução CFM nº 2.217**, de 27 de setembro de 2018, modificada pelas Resoluções CFM nº 2.222/2018 e 2.226/2019 / Conselho Federal de Medicina. Brasília: Conselho Federal de Medicina, 2019. Disponível em: <https://bit.ly/2XNUzqP>. Acesso em: 11 maio 2019.

BRASIL. **Decreto nº 7.508**, de 28 de junho de 2011. Regulamenta a Lei no 8.080, de 19 de setembro de 1990. Disponível em: <https://bit.ly/2jsLz87>. Acesso em: 11 mar 2019.

BRASIL. **Lei Federal N. 8.080**, DE 19 DE SETEMBRO DE 1990. Dispõe sobre as condições para a promoção, proteção e recuperação da saúde, a organização e o funcionamento dos serviços correspondentes e dá outras providências. Disponível em http://www.planalto.gov.br/ccivil_03/leis/l8080.htm Acesso em: 11 mar 2019.

BRASIL. **STJ**. AgInt no AREsp 1393707 (ACÓRDÃO) Ministro MARCO AURÉLIO BELLIZZE DJe 09/04/2019 Decisão: 01/04/2019.

BRASIL. **STJ** AgInt nos EDcl no REsp 1176700 / RJ – AGRAVO INTERNO NOS EMBARGOS DE DECLARAÇÃO NO RECURSO ESPECIAL. Relator Ministro NAPOLEÃO NUNES MAIA FILHO (1133) PRIMEIRA TURMA Data do Julgamento: 06/06/2017. Data da Publicação/Fonte: DJe 14/06/2017.

CABETTE, Eduardo Luiz Santos. **Eutanásia e ortotanásia**: comentários à Resolução 1.805/06 CFM – aspectos éticos e jurídicos. Curitiba: Juruá, 2013.

CABRAL, Hildeliza Lacerda Tinoco Boechat. **Mistanásia em tempos de Covid-19**. Campos dos Goytacazes: Encontrografia, 2020.

FARIAS, Cristiano Chaves de; ROSENVALD, Nelson. **Curso de Direito Civil** – parte geral e LINDB. Salvador: Jus Podyun, 2019.

FÓRUM BRASILEIRO DE SEGURANÇA PÚBLICA. **Anuário brasileiro de segurançapública** 2018. São Paulo: [s. n.], 2018. Disponível em: http://www.forumseguranca. org.br/wp-content/uploads/2019/03/Anuario-Brasileiro-de-Seguran%C3%A7a-P%C3%BAblica-2018.pdf. Acesso em: 21 abr. 2020.

FÓRUM BRASILEIRO DE SEGURANÇA PÚBLICA. **Anuário brasileiro de segurança pública 2019**. São Paulo: [s. n.], 2019. Disponível em: http://www.forumseguranca. org.br/wp-content/uploads/2019/09/Anuario-2019-FINAL-v3.pdf. Acesso em: 21 abr. 2020.

GARRIDO, Rodrigo Grazinoli; CARVALHO, Vívian Boechat Cabral. A distanásia e a judicialização da saúde em prejuízo da sociedade. João Pinheiro: **Altus Ciências**, Revista Acadêmica da Faculdade da Cidade João Pinheiro, ano VI, v. 07, 2018.

GOMES, Annatália Meneses de Amorim; RUIZ, Erasmo Miessa. A Política Nacional de Humanização: o movimento HumanizaSUS. In PESSINI, Leo; BERTACHINI, Luciana; BARCHIFONTAINE, Christian. **Bioética, cuidado e humanização**, v. III. São Paulo: Loyola, 2014.

HAVE, Henk ten. Vulnerability as the Antidote to Neoliberalism. **Revista Redbioética/UNESCO**, [s. l.], v. 5, n. 1, p. 87-92, jan./jun. 2014.

PESSINI, Leo. **Distanásia** – até quando prolongar a vida? 2. ed. São Paulo: Loyola, 2007.

PESSINI, Leo. Elementos para uma bioética global: solidariedade, vulnerabilidade e precaução. **Thaumazein**, Santa Maria, v. 10, n. 19, p. 75-85, 2017.

PESSINI, Leo; BARCHIFONTAINE, Christian de Paul de. **Problemas atuais de Bioética**. São Paulo: Loyola, 2014.

PESSINI, Leo; RICCI, Luiz Antonio Lopes. **O que entender por Mistanásia?** In: GODINHO, Adriano Marteleto; LEITE, George Salomão; DADALTO, Luciana (Coords.). Tratado Brasileiro sobre o direito fundamental à morte digna. São Paulo: Almedina, 2017

PESSINI, Leo; BERTACHINI, Luciana; BARCHIFONTAINE, Christian de P. de; HOSSNE, William Saad. **Bioética em tempos de globalização.** São Paulo: Loyola, 2015.

UNESCO. DUBDH, 2005. **Declaração Universal sobre Bioética e Direitos Humanos**. Disponível em https: <https://bit.ly/2KUoWb9>. Acesso em: 18 jan. 2019.

VIEIRA, Mônica Silveira. **Eutanásia: humanizando a visão jurídica**. Curitiba: Juruá, 2012.

ZACCONE, Orlando. **Indignos de vida**. Rio de Janeiro: Revan, 2016.

10. NOTAS SOBRE O CONSENTIMENTO INFORMADO DO CONSUMIDOR IDOSO E A RESPONSABILIDADE DO FORNECEDOR DE SAÚDE

Fabiana Rodrigues Barletta

Introdução

O presente texto tem por objetivo trazer breves apontamentos sobre o consentimento informado que deve ser conferido ao consumidor idoso nas intervenções médicas em seu corpo e mente, nas relações jurídicas de consumo. Para tanto, serão enunciadas condutas adequadas e inadequadas dos fornecedores de saúde diante do doente e anotados os comportamentos apropriados, levando em conta o desenvolvimento da bioética e do biodireito.

O problema apontado é o da corriqueira não observância da vontade do paciente, sobretudo do paciente idoso, na tomada de decisão sobre os rumos do seu tratamento de saúde. No campo da medicina ainda é comum um paternalismo que diminui a autonomia existencial da pessoa e então, sobressai a opinião da junta médica na deliberação acerca do cuidado de saúde mais adequado à determinada situação clínica ou hospitalar.

A hipótese proposta para a resolução desse problema é a informação detalhada ao paciente idoso sobre todas as implicações dos diversos tipos de tratamento que deverão ser seguidos a partir do seu consentimento ou do seu não consentimento.

Caso o consumidor idoso não seja devidamente informado ou, se informado, contrariado em sua vontade, o plano de saúde deverá ser responsabilizado.

1. A hipervulnerabilidade do consumidor idoso e sua autonomia decisória

"Direitos da personalidade são direitos subjetivos, ou melhor, situações jurídicas existenciais que têm por objeto os bens e valores essenciais da pessoa" (AMARAL, 2017, p. 353). A incapacidade de fato (ou de exercício) é construção necessária para proteger as pessoas desprovidas de discernimento.

Enquanto a capacidade de direito, também chamada de capacidade jurídica (aptidão para ser sujeito de relações jurídicas), é atributo de todas as pessoas, a capacidade de fato "comporta diversidade de graus, pelo que as pessoas naturais possam ser capazes, absolutamente incapazes e relativamente incapazes, caso possam, ou não, praticar validamente atos da vida civil." (Ibidem, p. 332).

Logo, é necessário separar a incapacidade natural, inerente à idade, à fragilidade do corpo advinda com o passar dos anos, da incapacidade jurídica, que não está atrelada ao processo de envelhecimento, mas a outros fatores "[...] como motivos etários, deficiência intelectual, outros contingenciais da vida como prodigalidade, ebriedade e uso de entorpecentes." (ALMEIDA; SANTOS, 2020, p. 149).

Mas, infelizmente, a "fragilidade crescente do corpo com o passar dos anos é vista, socialmente, como um fator incapacitante, desconsiderando o idoso como pessoa dotada de dignidade e em processo de contínua construção de sua personalidade." (Ibidem, p. 148).

Para caracterizar a vulnerabilidade genérica da pessoa idosa, independentemente da situação jurídica de consumidora, apontam-se a debilitação física e mental, a cessação de produtividade, o abandono ou a própria invisibilidade social, por não mais fazerem parte do setor produtivo e economicamente ativo (BARBOZA, 2020, p. 15). Todavia, a debilidade mental referida não faz, irrestritamente, parte do envelhecimento. Há idosos absolutamente conscientes e plenos de discernimento para a tomada decisões nas situações jurídicas patrimoniais ou existenciais de suas vidas.

O idoso provido de entendimento é absolutamente capaz. As escolhas referentes ao tratamento de saúde do idoso devem ser atribuídas a ele porque, entre vários direitos garantidos, entende-se que, na velhice, o direito à integridade psicofísica, que se manifesta no direito à saúde, possui ordem de prioridade, justamente em virtude da perda da saúde biopsicofísica e da autonomia social serem muitíssimo comuns na velhice (BARLETTA, 2010, p. 23). Cada pessoa idosa sabe o que é gozar de saúde conforme seus valores e sua concepção de vida e de envelhecimento.

Pretende-se neste estudo evidenciar como garantir ao consumidor idoso o direito à máxima informação por meio do fornecedor de serviços de saúde e também a manutenção de sua autonomia existencial nos domínios de seu corpo biopsicofísico quando doente e consumidor de planos privados de saúde.

Cuida-se da manutenção da autonomia do idoso nas relações de consumo que têm por objeto a prestação da saúde pela via do consentimento informado, instrumento mantenedor da liberdade do idoso na velhice, quando a perda da saúde não pode significar a perda das condições mínimas de autodeterminação.

Porém, considerando amplamente a maior suscetibilidade biopsicofísica na velhice, a informação dada pelo fornecedor de serviços de saúde não deve incorrer em insuficiência ou exagero, além de dever ser contínua em circunstâncias determinadas, pois, caso insuficiente, poderá retirar do consentimento do idoso a natureza livre e esclarecida que o caracteriza; mas, caso exagerada, poderá levá-lo a receios excessivos sobre hipóteses distantes e macular sua saúde psíquica quando, hipervulnerável pela idade, se doente, terá, em razão da doença, sua própria hipervulnerabilidade potencializada. Outro ponto que merece abordagem é o que decorre da vontade do idoso de não ser informado pelo fato de as informações abalarem seu estado psíquico, ou seja, quando ele não se encontra em condições de proceder à opção.

Estar ou não em condições de fazer opções também tem a ver com a capacidade de exercício do idoso. Há situações excepcionais em que as informações não podem ser passadas diretamente para o idoso, quando ele não possui mais condições físicas ou psicológicas de recebê-las (ALMEIDA; SANTOS, 2020, 154), casos em que será observado também o parágrafo único do Estatuto do Idoso (ano, p.) que dispõe:

> "Art. 17. Ao idoso que esteja no domínio de suas faculdades mentais é assegurado o direito de optar pelo tratamento de saúde que lhe for reputado mais favorável. Parágrafo único. Não estando o idoso em condições de proceder à opção, esta será feita: I – pelo curador, quando o idoso for interditado; II – pelos familiares, quando o idoso não tiver curador ou este não puder ser

contactado em tempo hábil; III – pelo médico, quando ocorrer iminente risco de vida e não houver tempo hábil para consulta a curador ou familiar; IV – pelo próprio médico, quando não houver curador ou familiar conhecido, caso em que deverá comunicar o fato ao Ministério Público."

Assim, o idoso submetido a qualquer intervenção médica ou ensaio clínico tem o direito de ser claramente advertido dos objetivos pretendidos pela ciência por meio de procedimentos medicinais ou que envolvam uso da tecnologia, riscos provenientes deles, possíveis implicações contíguas, consequências colaterais presumíveis, eventuais efeitos que podem ser acarretados no modo de vida do idoso, alternativas de métodos, entre outros esclarecimentos que identifiquem as conjunturas do tratamento com a mais absoluta clareza. Logo, o vocabulário falado ou escrito deverá ser apropriado para o nível intelectual, cultural e senil da pessoa idosa, para que ela possa efetivamente decidir, manifestando sua vontade de maneira verbal ou escrita (CASABONA, 2005).

Consta reconhecido que o aumento da idade amplia as possibilidades de episódios de doenças e de problemas atinentes à funcionalidade biopsicofísica. Envelhecer e morrer com independência, a exercitar direitos da personalidade, é prevalecer até a morte senhor de si, portanto, no domínio das intervenções em seu corpo físico e neuropsíquico, ainda que sofredor de sérios agravos ou em fase terminal.

Observa-se que existe, em alguma medida, saúde, direito prioritário da pessoa idosa, entendida também como autonomia, quando o direito à liberdade do idoso se faz respeitar em situações de doença, ainda que nas adjacências da morte, destino comum de todas as pessoas, que não deve ser dramático ou sujeito a persuasões contrárias ao querer genuíno da pessoa idosa, causando-lhe sofrimento de natureza física e psíquica (BARLETTA, 2010).

O envelhecimento e a morte podem ser dotados de certa dose de tranquilidade, a depender de como são conduzidos os serviços dos fornecedores de planos de saúde contratados com o objetivo de garantir saúde e bem-estar em qualquer circunstância, ainda que apenas propiciem alívio da doença, mas que considerem exatamente as escolhas do consumidor idoso, sob pena de dano à sua integridade biopsicofísica (MARQUES, 2003, *passim*).

2. O direito do consumidor idoso à informação adequada

O consentimento informado dirigido ao idoso é instrumento imperativo e inafastável para sua autodeterminação em situações relativas à sua saúde e para a manutenção da sua autonomia em qualquer escolha de como viver agravos de maior ou menor seriedade e complexidade.

No intuito de prevenir e evitar acidentes de consumo, o fornecedor de serviços de saúde há de observar o *princípio bioético da não maleficência*, que implica imediatamente uma obrigação de não fazer, logo, de não causar danos, especialmente de natureza moral ao idoso, pelo tratamento medicinal não desejado ou pelo prolongamento de sua vida de maneira fútil, sofrida, se não houver manifesta preferência do idoso pela vida nessas condições. De acordo com o *princípio bioético da beneficência*, exige-se dos fornecedores ações proativas em contratos de serviços de saúde, a fim de evitar sofrimento psíquico ou dor física ao paciente. Vê-se que, em situações de igualdade entre os pacientes, vale a compreensão da beneficência como igualdade formal. Todavia, quando tal princípio é aplicado ao Direito do Consumidor idoso e doente, o alcance da beneficência está atrelado ao princípio da igualdade substancial, considerando a desigualdade de situação de vida do idoso das demais pessoas adoentadas. Deverá, em suma, ser considerada a hipervulnerabilidade pelo fato de a pessoa ser idosa, que dá ensejo ao direito à prioridade no atendimento e ao atendimento integral.

Para que prevaleça o direito do consumidor idoso – já doente ou não – à liberdade de consentir diante do fornecedor em seu corpo biopsicofísico, deve o último informar todo o entorno da doença descoberta, seus tratamentos e seus elementos peculiares, o caráter da intervenção tecnológica ou medicamentosa que se pretende executar nesse paciente que possui idade que implica maiores atenção e cuidado (ALMEIDA STEFANO; RODRIGUES, 2008, *passim*), pois, além do direito de saber pormenorizadamente de todo paciente, o idoso, pela própria velhice, possui tendência de ter aumentado o risco de certos procedimentos terapêuticos. Portanto, a oferta da terapêutica escolhida pela equipe médica deve ser suficientemente clara e ostensiva. Todas os detalhes sobre a natureza do específico serviço aventado, de acordo com a moléstia apresentada, devem ser informados. O serviço pensado pelos médicos deverá ser utilizado se o consumidor idoso, após ser informado, consentir.

A regra do Código de Defesa do Consumidor (ano, p.) que consagra o princípio da boa-fé objetiva como transparência dispõe:

> Art. 31. A oferta e a apresentação de produtos ou serviços devem assegurar *informações corretas, claras, precisas, ostensivas e em língua portuguesa* sobre as características, qualidades, quantidade, composição, preço, garantia, prazos de validade e origem, entre outros dados, bem sobre *riscos que apresentem à saúde e segurança dos consumidores.* [Grifou-se]

Jamais se permite ao fornecedor faltar à verdade ao consumidor idoso ou a quem se responsabilize por ele em casos de incapacidade (STANCIOLI, 2004). Ainda que com Alzheimer, por exemplo, ou como portador de outra moléstia incapacitante, propõem-se soluções a partir dos estados da doença, garantindo a autonomia existencial da pessoa idosa enquanto possível (GAMA; NUNES, 2020, p. 92). Quando não for mais possível, devem ser respeitadas as diretivas antecipadas de vontade do idoso, caso existam, ou consultadas as pessoas do parágrafo único do art. 17 do Estatuto do Idoso. No caso de o idoso não possuir mais a capacidade de fato, as pessoas a que se faz referência também devem ser informadas sobre o tratamento, para que sua escolha se assemelhe à qual o idoso optaria caso pudesse decidir.

O direito à informação é previsto no Código de Defesa do Consumidor (ano), nesses termos: "Art. 6º. São direitos básicos do consumidor: III – a informação *adequada e clara sobre os diferentes produtos e serviços*, com especificação correta de quantidade, características, composição, qualidade, tributos incidentes e preço, *bem como sobre os riscos que apresentem*" [Grifou-se]

Conforme a duração da intervenção biopsicofísica, faz-se mister o prosseguimento da informação, porque a pessoa idosa pode se cansar dos efeitos indesejados de um determinado tratamento inicialmente consentido e pedir para que ele cesse, uma vez ciente, posto que informada, das agruras de sua continuidade.

Haja vista cada corpo humano físico e psíquico responder de forma peculiar aos tratamentos propiciados pela tecnologia na seara da saúde, que não se trata de ciência exata, ou seja, absolutamente previsível em seus resultados, o fornecedor de serviços de saúde deverá informar e obter consentimentos ulteriores na medida em que prosseguir com as ações terapêuticas, naquelas que não terminam num só ato, ou cuja peculiaridade só se revela depois do início da assistência à saúde.

Apesar de as Ciências da Saúde não propiciarem certezas ao paciente, posto que inexatas, a informação do fornecedor ao consumidor deve ser transmitida tanto de modo verbal, com vocábulos compreensíveis para os idosos, quanto por escrito, com um tamanho de letra ajustado à capacidade de leitura do idoso, para que lhe seja dada segurança na opção por um tratamento (CASABONA, 2005). O Código de Defesa do Consumidor, ao dispor ainda sobre a informação em seu art. 30, vincula a informação ao que efetivamente deverá ser feito pelo fornecedor, obrigando-o a tal, em caso de consentimento. Assim, "toda *informação* ou publicidade, suficientemente precisa, veiculada por qualquer forma e meio de comunicação com relação a produtos ou serviços oferecidos ou apresentados, *obriga o fornecedor que a fizer veicular ou dela se utilizar e integra o contrato que vier a ser celebrado.*" [Grifou-se]

É obrigação do fornecedor de serviço de saúde oferecer ao idoso a tutela informacional que todo consumidor tem direito conforme os mandamentos do Código de Defesa do Consumidor, jungida à observação dos princípios bioéticos da autonomia, da não maleficência, da beneficência e da justiça, aplicados às situações jurídicas de saúde, vida e morte (BEAUCHAMP; CHILDRESS, 1994, *passim*), considerando, ademais, sua hipervulnerabilidade. Sobre essa última condição explica-se que "o prefixo *hiper* deriva do termo grego *hypér* e serve para designar um alto grau ou aquilo que excede à medida normal." (SCHMITT, 2014, p. 217). A hipervulnerabilidade do idoso é "situação de intensa fragilidade, que supera os limites do que seria uma situação de fraqueza" (Ibidem, p. 218).

Portanto, em relações de consumo de prestação de serviços de saúde deve ser absolutamente observado pelo fornecedor o *princípio bioético* do *respeito pela autonomia do doente* no que diz respeito às suas escolhas, donde se infere que o consentimento ou o não consentimento do consumidor idoso deve ocorrer livre de qualquer de coação ou constrangimento, o que, de imediato, configuraria uma prática abusiva, que o art. 39 do Código de Defesa do Consumidor não tolera, gerando direito à indenização (GOLDIM, 2002, p. 89). Dispõe o art. 39, inciso IV do referido Código: "é vedado ao fornecedor de produtos ou serviços, *dentre outras práticas abusivas*: prevalecer-se da fraqueza ou ignorância do consumidor, tendo em vista sua *idade, saúde,* conhecimento ou condição social, para impingir-lhe seus produtos ou serviços." [Grifou-se]

3. A responsabilidade do fornecedor de acatar o consentimento ou o não consentimento do idoso

Nesse diapasão, o não consentimento do idoso ou das pessoas por ele responsáveis na forma da Lei, em casos de incapacidade, deve ser cumprido quando implicar rejeição à intervenção médica, medicamentosa ou tecnológica – logo, como manifestação da vontade do paciente que não deseja se submeter ao tratamento proposto, seja diagnóstico, de prevenção ou curativo – sob pena do nascimento do direito subjetivo à indenização por dano moral ao consumidor idoso, configurado por acidente de consumo na forma do artigo 14 do Código de Defesa do Consumidor (ano, p.) que dispõe:

> O fornecedor de serviços responde, independentemente da existência de culpa, pela reparação dos danos causados por *defeitos relativos à prestação dos serviços* bem como por *informações insuficientes ou inadequadas sobre sua fruição e riscos.*" [Grifou-se] § 1º *O serviço é defeituoso quando não fornece a segurança que o consumidor dele pode esperar,* levando-se em consideração as circunstâncias relevantes, entre as quais: I – *o modo de seu fornecimento,* II – *o resultado e os riscos que dele razoavelmente se esperam,* III – a época em que foi fornecido. [Grifou-se][1]

Observa-se, nesse caso, que o defeito na prestação do serviço está configurado e deve o fornecedor ser responsabilizado pela própria insuficiência ou inadequação na informação a respeito de um procedimento médico ou medicamentoso concernentes à sua fruição e riscos. Haverá também acidente de consumo, em caso da necessidade de consentimentos reiterados num tratamento de longa duração, se o modo de fornecimento

[1] Neste artigo trabalhou-se com a regra geral do *caput* do art. 14 do Código de Defesa do Consumidor, que imputa aos fornecedores de serviço responsabilidade civil objetiva, técnica legislativa seguida, inclusive, pelo Código Civil de 2002, que abraça a Teoria do Risco e não com a hipótese do § 4º doart.14, que constitui exceção à regra da responsabilidade civil objetiva, segundo a qual, o fornecedor profissional liberal poderá ser responsabilizado na hipótese de existência de culpa, em situações em que seja " trabalhador solitário, que faz do seu conhecimento uma ferramenta de sobrevivência", nas palavras de Herman Benjamim. In: *Manual de Direito do Consumidor.* 6 ed. São Paulo: RT, 2014, p. 192.

do serviço não atentar para as necessárias outras informações e posteriores consentimentos, que devem ser ofertados pela junta médica ou pelos enfermeiros a cada passo da terapêutica. O acidente de consumo acontece também se os médicos elegem um tratamento, o consumidor é informado, coloca sua vontade e não é respeitado, pois há lesão à sua segurança psíquica, o que acaba por lhe causar lesão de índole moral.

Porém, o Direito do Consumidor pretende, antes, ser inibitório e preventivo de danos à saúde e segurança e não meramente ressarcitório ou compensatório, na forma dos artigos 8º e 9º do Código de Defesa do Consumidor. A fim, portanto, de evitar tais danos à autonomia do consumidor idoso, causando-lhe sofrimento físico e psíquico, cabe ao fornecedor acatar a sua decisão concernente ao tratamento ou não tratamento da doença e, em caso de ouvir do consumidor uma negativa, necessariamente indicar outros tipos de terapêutica, ainda que paliativas, para a situação patológica que o acomete. E é no intuito de prevenir e evitar acidentes de consumo que o fornecedor de serviços de saúde há de observar, frise-se, o *princípio bioético da não maleficência*, ou seja, de não causar danos, especialmente de natureza moral ao idoso pelo tratamento medicinal não desejado ou pelo prolongamento de sua vida de maneira fútil, sofrida, se não houver manifesta preferência do idoso pela vida nessas condições.

Logo, devem-se tratar idosos como hipervulneráveis que são, e, portanto, merecedores de um cuidado especial e da prevalência, em seu favor, da igualdade substancial beneficiando-os, em detrimento, se for o caso de colisão inafastável entre o interesse do idoso doente e de outros sujeitos de direitos à saúde em idade adulta, com absoluta prioridade jungida a uma tutela integral conforme mandamento dos artigos 2º e 3º do Estatuto do Idoso, que compõem o princípio do melhor interesse do idoso (BARLETTA, 2010).

Assim dispõem os referidos artigos da Lei 10.741 de 2003, o Estatuto do Idoso:

> Art. 2º
>
> "O idoso goza de todos os direitos fundamentais inerentes à pessoa humana, sem prejuízo da *proteção integral de que trata essa Lei*, assegurando-se lhe, por lei ou por outros meios, todas as oportunidades e facilidades, para a *preservação da sua saúde física e mental* e seu aperfeiçoamento moral, intelectual, espiritual e social, em condições de liberdade e dignidade." [Grifou-se]

> Art. 3º
> “É obrigação da família, da comunidade, *da sociedade* e do Poder Público assegurar ao idoso, *com absoluta prioridade a efetivação do direito à vida, à saúde*, à alimentação, à educação, à cultura, ao esporte, ao lazer, ao trabalho, à cidadania, à liberdade, à dignidade, ao respeito e à convivência familiar e comunitária.” [Grifou-se] (BRASIL. Lei, 2003).

Entende-se que quando o referido art. 3º faz referência à sociedade, faz também à sociedade de consumo.

Seja consentido frisar que o artigo 17 do Estatuto do Idoso (BRASIL, 2003) dá ao ator social que protege “o direito de optar pelo tratamento de saúde que lhe for reputado mais favorável”, considerando evidentemente que, diante de doenças terminais ou de doenças cujo sofrimento é dilacerador, ele possa optar por tratamentos menos invasivos, ainda que não busquem a cura, posto que essa busca pode ser psiquicamente muito onerosa e acompanhada também de dores físicas.

Observa-se que há idosos que até se recusam a comer ou tomar água para que morram, tamanho o sofrimento de estar vivo (VILLELA, 2012, p. 121[2]).

Dentro desse contexto de desistência de tratamentos que visam à cura, a análise do Estatuto do Idoso abre espaço para a chamada ortotanásia (deixar a vida seguir seu curso sem manutenção artificial dela, mas com o uso de paliativos humanizadores no processo de morrer), pois parece que decidir não mais prolongar a vida por medidas tecnológicas que adiem a morte com sofrimento como, por exemplo, procedimentos de ressuscitamento ou manutenção de vida vegetativa ligada a aparelhos, pode até ser a opção de uma pessoa em idade jovem, mas, em regra, não é a de um velho, que já usufruiu da vida o suficiente quando saudável.

O Estatuto do Idoso possibilita compreender que em idades longevas pode ser mais apreciado morrer em paz do que sobreviver envolto em muito sofrimento, pois já não há, comumente, motivações que façam o idoso optar pela chamada distanásia (prolongamento artificial da vida).

Porém, não se admite em nenhuma hipótese deixá-lo, se doente, sem qualquer tipo de tratamento que o alivie dos mal-estares, das aflições psíquicas e das dores. Aliás, esse tipo de tratamento também é obrigação

[2] Trecho em que se refere à greve de fome.

do fornecedor de saúde, sob pena de esse último se responsabilizar pelos danos existenciais causados à pessoa idosa, igualmente na forma de acidente de consumo, que gera responsabilidade objetiva do fornecedor por fato do serviço defeituoso, conforme o mesmo art. 14 do Código de Defesa do Consumidor anteriormente transcrito.

Vê-se que o próprio Código Civil brasileiro, que possui regras insuficientes para a devida tutela dos direitos da personalidade – e sejam elas encontradas principalmente na Constituição da República como direitos fundamentais e em leis especialíssimas como o Estatuto do Idoso de 2003 e o Estatuto da Pessoa com Deficiência de 2015, levando em conta a estatística de que a maioria das pessoas com deficiência são idosas – afirma, em seu art. 15, que "ninguém pode ser constrangido a submeter-se, com risco de vida, a tratamento médico ou intervenção cirúrgica".

Há, pois, no citado artigo, rejeição à intervenção médica em favor da vida, ainda que com maiores limitações do que se o procedimento médico resultasse satisfatório. Na dúvida e em caso de situação de riscos a palavra "vida" da Lei Constitucional em seu art. 5º, *caput* e do art. 15 do Código Civil, deve ser lida como vida em dignidade e preservação da saúde enquanto o ser humano viver, de acordo com o princípio da dignidade da pessoa humana, previsto no art. 1º, inciso III, também da Constituição da República, que assegura a todos, inclusive ao idoso, autodeterminação e autonomia existencial (TEPEDINO, 1999, p. 46[3]).

"A proteção da vulnerabilidade do idoso faz nascer um direito subjetivo personalíssimo e indisponível ao envelhecimento sadio, ao qual corresponde uma multiplicidade de direitos e deveres para assegurá-lo." (MARQUES; MIRAGEM, 2012, p. 146). O art. 8º do Estatuto do idoso dispõe que "o envelhecimento é um direito personalíssimo", logo, as pessoas, têm o direito de envelhecer e de se fragilizar, sem que isso lhes retire os direitos da personalidade e a capacidade de exercício para os atos da vida civil como a tomada de decisões sobre situações relativas à sua saúde.

Conclusões

Manter a medicina tradicional que fazia do fornecedor de plano de saúde, por meio de seus médicos, os responsáveis pelas decisões acerca do tratamento de saúde do paciente, reduziria sua autonomia existencial.

[3] Ao tratar da não tipificação de situações previamente estipuladas.

Negar autonomia decisória dos rumos do tratamento de saúde ao idoso parece ser conduta ainda mais perniciosa porque, além de seu natural vulnerabilidade de consumidor, possui outras que o fragilizam ainda mais: a doença e a velhice que já lhes retiram, parcialmente, do mundo dos vivos enquanto ainda vivos.

Portanto, a informação adequada é a única maneira de manter a condição de pessoa do idoso, capaz de se portar como sujeito de direito para se manifestar, consentindo ou dissentindo, quando tratamentos de saúde disserem respeito à sua integridade biopsicofísica.

Contudo, quem possui o conhecimento da doença e de suas vicissitudes é o fornecedor de saúde, por meio de seu arsenal, que inclui laboratórios, equipamentos para exames, enfermeiros e médicos. É obrigação do plano de saúde levar a informação ao paciente hipervulnerável e, diante de suas escolhas, usar o procedimento adequado para que seja acatada sua vontade, considerando os valores do paciente.

O consentimento ou o não consentimento do idoso, a partir da informação, é que deverá determinar os rumos de seu tratamento. Desse modo, a proeminência decisória é dirigida ao consumidor doente e idoso, que auferirá dignidade por ter as expressões da sua personalidade respeitadas e atendidas.

O fato de o idoso estar mais próximo da morte, portanto bem fragilizado, faz com que a informação que lhe é ofertada, seguida da sua resolução, o trate como pessoa ainda viva e capaz e não como um morto em vida, posto que inábil para o domínio das circunstâncias da sua existência, como ainda acontece ordinariamente.

Referências

ALMEIDA STEFANO, Isa Gabriela; RODRIGUES, Oswaldo Peregrina. O idoso e a dignidade da pessoa humana, p. 241-262. In: PEREIRA, Tania da Silva; OLIVEIRA, Guilherme. (Orgs.). **O cuidado como valor jurídico**. Rio de Janeiro: Forense: 2008.

ALMEIDA, Vitor. SANTOS, Deborah Pereira Pintos dos. Reflexões sobre o direito à autodeterminação existencial da pessoa idosa. In: ALMEIDA, Vitor; BARLETTA, Fabiana Rodrigues; Foco. (Coords.). **A Tutela Jurídica da Pessoa Idosa**. Indaiatuba, 2020.

ALMEIDA, Vitor; SANTOS, Deborah Pereira Pintos dos. Reflexões sobre o direito à autodeterminação existencial da pessoa idosa. In: ALMEIDA, Vitor; BARLETTA,

Fabiana Rodrigues; Foco. (Coords.). **A Tutela Jurídica da Pessoa Idosa**. Indaiatuba, 2020.

AMARAL, Francisco. **Direito Civil**: Introdução. 9 ed. São Paulo: Saraiva, 2017.

BARBOZA. Heloisa Helena. O Princípio do Melhor Interesse da Pessoa Idosa; efetividade e desafios: In: ALMEIDA, Vitor; BARLETTA, Fabiana Rodrigues; Foco. (Coords.). **A Tutela Jurídica da Pessoa Idosa**. Indaiatuba, 2020.

BARLETTA, Fabiana Rodrigues. **O Direito à Saúde da Pessoa Idosa**. São Paulo: Saraiva, 2010.

BEAUCHAMP, Tom L.; CHILDRESS, James F. **Principles of biomedical ethics**. 4. ed. New York, Oxford: Oxford University Press, 1994.

BENJAMIN, Antônio Herman V.; BESSA, Leonardo Roscoe; MARQUES, Cláudia Lima. **Manual de Direito do Consumidor**. 6 ed. São Paulo: RT, 2014.

BEAUCHAMP, Tom L. e CHILDRESS, James F. **Principles of biomedical ethics**. 4 ed. New York, Oxford: Oxford University Press, 1994.

BESSA, Leonardo Roscoe; MARQUES, Cláudia Lima; BENJAMIN, Antônio Herman V. **Manual de Direito do Consumidor**. 6 ed. São Paulo: RT, 2014.

BRASIL. Lei Federal nº 8.078 de 11 de setembro de 1990. Disponível em: http://www.planalto.gov.br/ccivil_03/leis/l8078compilado.htm. Acesso em: 08 set 2021

BRASIL Código de Defesa do Consumidor (ano, p.)

Manual de Direito do Consumidor. 6. ed. São Paulo: RT, 2014.

CASABONA, Carlos María Romeo. O consentimento informado na relação entre médico e paciente: aspectos jurídicos. *In*: CASABONA, Carlos María Romeo e QUEIROZ, Juliane Fernandes. **Biotecnologia e Suas Implicações Ético--Jurídicas**. Coordenadores: Belo Horizonte: Del Rey, 2005.

CHILDRESS, James F; E BEAUCHAMP, Tom L. **Principles of biomedical ethics**. 4 ed. New York, Oxford: Oxford University Press, 1994.

GAMA, Guilherme Calmon Nogueira da; NUNES, Marina Lacerda. Pessoas Idosas com Alzheimer. ALMEIDA, Vitor; BARLETTA, Fabiana Rodrigues; Foco. (Coords.). **A Tutela Jurídica da Pessoa Idosa**. Indaiatuba, 2020.

GOLDIM, José Roberto. Bioética e envelhecimento, *In*: **Tratado de Geriatria e Gerontologia**. DE FREITAS, Elizabete Viana, PY, Ligia, NERI, Anita Liberanesso, CANÇADO, Flávio Aluízio Xavier, GORZONI, Milton Luiz, DA ROCHA, Sônia Maria. (Orgs). Rio de Janeiro: Guanabara Koogan, 2002.

MARQUES, Cláudia Lima. Solidariedade na doença e na morte: sobre a necessidade de 'ações afirmativas' em contratos de planos de saúde e de planos funerários frente ao consumidor idoso. *In*: SARLET, Ingo Wolfgang. (Org.). **Constituição, Direitos Fundamentais e Direito Privado**. Porto Alegre: Livraria do Advogado, 2003.

MARQUES, Cláudia Lima; BENJAMIN, Antônio Herman V.; BESSA, Leonardo Roscoe. **Manual de Direito do Consumidor**. 6. ed. São Paulo: RT, 2014.

MARQUES, Cláudia Lima; MIRAGEM, Bruno. **O Novo Direito Privado e a Proteção dos Vulneráveis**. São Paulo|: RT. 2012.

MIRAGEM, Bruno; MARQUES, Cláudia Lima. **O Novo Direito Privado e a Proteção dos Vulneráveis**. São Paulo: RT. 2012.

NUNES, Marina Lacerda; GAMA, Guilherme Calmon Nogueira da. Pessoas Idosas com Alzheimer. In: ALMEIDA, Vitor; BARLETTA, Fabiana Rodrigues; Foco. (Coords.). **A Tutela Jurídica da Pessoa Idosa**. Indaiatuba, 2020.

RODRIGUES, Oswaldo Peregrina e ALMEIDA STEFANO, Isa Gabriela. O idoso e a dignidade da pessoa humana. In: PEREIRA. Tania da Silva e OLIVEIRA, Guilherme. (Orgs.). **O Cuidado Como Valor Jurídico**. Rio de Janeiro: Forense: 2008.

RODRIGUES, Oswaldo Peregrina; STEFANO, Isa Gabriela Almeida. O idoso e a dignidade da pessoa humana. *In*: In: PEREIRA. Tania da Silva e OLIVEIRA, Guilherme. (Orgs.). **O Cuidado Como Valor Jurídico**. Rio de Janeiro: Forense: 2008.

STANCIOLI, Brunello Souza. *Relação jurídica médico-paciente*. Belo Horizonte: Del Rey, 2004.

SANTOS, Deborah Pereira Pintos dos; ALMEIDA, Vitor. Reflexões sobre o direito à autodeterminação existencial da pessoa idosa. In: ALMEIDA, Vitor; BARLETTA, Fabiana Rodrigues; Foco. (Coords.). **A Tutela Jurídica da Pessoa Idosa**. Indaiatuba, 2020.

SCHMITT, Cristiano Heineck. **Consumidores hipervulneráveis**: a proteção do idoso no mercado de consumo. São Paulo: Atlas, 2014.

STANCIOLI, Brunello Souza. **Relação jurídica médico-paciente**. Belo Horizonte: Del Rey, 2004.

STEFANO, Isa Gabriela Almeida; RODRIGUES, Oswaldo Peregrina. O idoso e a dignidade da pessoa humana. *In*: In: PEREIRA. Tania da Silva e OLIVEIRA, Guilherme. (Orgs.). **O Cuidado Como Valor Jurídico**. Rio de Janeiro: Forense: 2008.

TEPEDINO. A tutela da Personalidade no Ordenamento Civil-Constitucional Brasileiro. In: **Temas de Direito Civil**. Rio de Janeiro: Renovar, 1999.

VILLELA, João Batista. O Código Civil brasileiro e o direito à recusa de tratamento médico. GOZZO, Débora e LIGIERA, Wilson Ricardo. (Orgs.). **Bioética e direitos fundamentais**. São Paulo: Saraiva, 2012.

11. BIOÉTICA, DIVERSIDADE E DIREITOS HUMANOS: ANÁLISE INTERDISCIPLINAR A PARTIR DA METODOLOGIA ATIVA "ARCO DE MAGUEREZ"

Jussara Maria Leal de Meirelles
Valquíria Elita Renk

Introdução

Discutir o desenvolvimento de uma experiência docente é uma tarefa desafiadora, mas ao mesmo tempo uma oportunidade de refletir sobre a prática e o processo de ensino e aprendizagem.

Neste capítulo relata-se uma experiência de ensino com uma metodologia de problematização, o Método do Arco de Charles Maguerez (BORDENAVE; PEREIRA, 2011, p. 145, REIBNITZ; PRADO, 2006, p. 223), na disciplina Bioética, Diversidade e Direitos Humanos, no Mestrado em Bioética. Cada vez mais, os cursos de pós-graduação buscam por metodologias ativas como estratégias de aprendizagem. Neste caso, a organização da disciplina envolveu elementos culturais, cognitivos e sociais, como: a heterogeneidade dos mestrandos, a especificidade da interdisciplinaridade, o tempo de aulas, as habilidades e competências a serem e os resultados esperados (ARROYO, 2019, p. 163). A organização e planejamento da disciplina demandou tempo, pois tinha-se como horizonte de expectativa uma perspectiva interdisciplinar e não somente uma justaposição de conceitos e saberes. Portanto, levou-se em conta inicialmente as características da área de Bioética (a interdisciplinaridade), as especificidades da turma, composta por mestrandos oriundos de diferentes Cursos de Graduação (da área da Saúde, do Direito e das Humanidades) e da disciplina, que envolve saberes de campos diferentes do conhecimento, como a Bioética, os Direitos Humanos, a Ética, as Ciências Sociais e outros. Assim, a partir do delineamento das aulas e das temáticas a serem investigadas, foi objetivando o enfoque específico de análise das diversidades (cultural, religiosa, étnica, política ou outra).

Os resultados deste processo são descritos e analisados neste capítulo.

1. Interdisciplinaridade

A Bioética é, em essência, inter- e transdisciplinar. E assim deve ser o seu ensino. Mas nem sempre foi esse o entendimento sobre o referido ramo científico. O termo **Bioética**, derivado das palavras gregas *bios* (vida) e *ethike* (ética) apareceu inicialmente no título da obra de Van Rensselaer Potter (*Bioethics: bridge to the future)*, em 1971, muito embora com significado bastante distante do que hoje pretende significar. Potter, pesquisador na área de Oncologia, utilizou o vocábulo para designar uma participação racional e cautelosa da humanidade, no processo da evolução biológica e cultural. Segundo a acepção trazida por Potter, *bio* representaria o conhecimento biológico, enquanto *ética* demonstraria o conhecimento dos sistemas de valores humanos (PESSINI-BARCHIFONTAINE, 1996, p. 14).

A palavra **Bioética**, portanto, foi utilizada pela primeira vez, em 1971, na obra de Potter; no entanto, antes disso, já havia uma preocupação ética acentuada em relação ao desenvolvimento científico-biológico e, nesse sentido, dois acontecimentos mostraram-se bastante significativos, à época.

Em 09 de novembro de 1962, a revista *Life* publicou um artigo intitulado "Eles decidem quem vive e quem morre", reportando a história de um Comitê em Seattle cuja finalidade era selecionar pacientes para o programa de hemodiálise crônica, recentemente instituído na cidade. Como havia muito mais pacientes necessitando de diálise do que a capacidade do programa poderia alcançar, a solução teria sido compor o aludido comitê, formado em sua maioria por profissionais não médicos, para determinar critérios de escolha dos pacientes que receberiam a tecnologia salvadora (PESSINI-BARCHIFONTAINE, 1996, p. 16).

Por volta de 1967, quando Christian Barnard transplantou um coração humano de uma pessoa falecida para um paciente cardiopata em fase terminal, iniciou-se o questionamento acerca das justificativas sobre os avanços científicos. Indagava o mundo se os estudos e práticas que a ciência vinha desenvolvendo estariam legitimados tão somente pelo progresso que representavam ou se deveriam estar igualmente protegidos os direitos e o bem-estar das pessoas (LEITE, 1999, p. 145).

Esses fatos marcaram a preocupação em torno dos valores humanos a partir do desenfreado desenvolvimento científico; representam, portanto, o surgimento da Bioética. E, em razão desses acontecimentos, bem como do uso inicial do vocábulo, a definição tradicional de Bioética conduz a que ela seria vinculada apenas às questões voltadas às ciências da vida e da saúde. Assim, tradicionalmente, "bioética é o estudo sistemático da conduta humana no âmbito das ciências da vida e da saúde, enquanto essa conduta é examinada à luz de valores e princípios morais..." (PESSINI-BARCHIFONTAINE, 1996, p. 30).

No entanto, tendo em vista as constantes inovações da moderna ciência biomédica, o campo de atuação da bioética vem constantemente evoluindo e ampliando, abrangendo áreas das mais diversas, tais como: relacionamento profissional/paciente, saúde pública, reprodução humana, pesquisa biomédica e comportamental, saúde mental, sexualidade e gênero, morte e morrer, genética, ética da população, doação e transplante de órgãos, bem-estar e tratamento de animais, meio ambiente etc. (PESSINI-BARCHIFONTAINE, 1996, p. 31).

O vocábulo **Bioética** passou a indicar, portanto, um conjunto de pesquisas e práticas multidisciplinares e transdisciplinares, tendentes a solucionar questões éticas que o avanço das tecnociências biomédicas tem provocado. Os reflexos e relações entre os mais diversos ramos do conhecimento dão nota de que para se estudar Bioética é preciso ir além do conhecimento único, de uma área somente. O estudo da Bioética ultrapassa a área da Medicina, abrangendo a Psicologia, a Biologia, a Antropologia, a Sociologia, a Ecologia, a Teologia, a Filosofia, dentre tantos outros ramos do conhecimento humano (VIEIRA, 1999, p. 15-16).

Como o próprio termo indica, a Bioética está vinculada à Ética que, "em sentido estrito é a ciência do dever moral" (SANTOS, 1993, p. 93). Portanto, todas as regras da Bioética, os seus dogmas, identificam-se com a ideia de consciência, delineando os valores fundamentais que devem reger o que se costumou denominar Revolução Biotecnológica, tendo em vista conciliar o desenvolvimento da tecnociência com as exigências morais da sociedade. Nessa acepção é que se deve tomar a abrangência da Bioética em relação aos demais ramos do conhecimento. E este é o maior desafio do ensino da Bioética: buscar a abrangência da temática, com a atenção devida para que a análise não se torne superficial.

Para enfrentar esse desafio, a Bioética principialista fornece alguns elementos que facilitam um pouco o exercício interdisciplinar: é que os princípios norteadores da Bioética fornecem a orientação necessária às situações concretas e são bastante abrangentes. São eles: beneficência (e não maleficência), autonomia e justiça. Em apertada síntese, o princípio da beneficência corresponderia ao fim primário da Medicina que, numa visão naturalista, é o de promover o bem, em relação ao paciente ou à sociedade, evitando o mal. A não maleficência significa deixar de causar o mal intencional. O princípio da autonomia refere-se ao respeito que se impõe à autodeterminação humana, fundamentando a aliança terapêutica entre médico e paciente e o consentimento aos diversos tipos de tratamentos colocados a seu serviço. E, por fim, o princípio de justiça relaciona-se à justa distribuição dos benefícios dos serviços de saúde, resumindo-se na obrigação de igualdade de tratamento, respeitadas as diferenças de situações clínicas, evidentemente, bem como a proporcionalidade das intervenções (SGRECCIA, 1996, p. 167).

Em face de sua natureza inter- e transdisciplinar, é nítida a abrangência da Bioética no campo da humanização dos avanços científicos. Mas nem por isso é correto concluir que, no tocante aos problemas trazidos pelos avanços biotecnológicos, deva-se buscar solução apenas e tão somente na Bioética. Este é outro aspecto que deve ser evidenciado no ensino da Bioética: por ser extremamente abrangente, sem dúvida se mostra como referência basilar para o exame da conduta humana no campo das ciências biológicas, das inovações que a Biotecnologia descobre e pretende desenvolver e aplicar; no entanto, a Bioética não é suficiente para dar todas as respostas.

É preciso reconhecer que toda orientação ética se resume, essencialmente, em um compromisso de consciência, tão somente. Sem dúvida, a Bioética propõe limites à Biotecnologia, às experimentações, aos avanços que a técnica pode permitir, com a finalidade de ver protegidas a dignidade e a vida da pessoa humana como *prius* sobre qualquer valor. Porém, há que se reconhecer que apenas a norma moral se mostra insuficiente a inibir as atividades científicas. Ainda que alcance a dimensão social da pessoa humana, opera apenas no plano interno da consciência.

Importa reconhecer, sem dúvida, que é extremamente necessária uma visão transdisciplinar para solucionar as complexas questões oriundas do rápido desenvolvimento trazido pela Biotecnologia, porquanto o saber compartimentado já se mostrou insuficiente (SÁ, 1999, p. 16). Esse olhar não apenas interdisciplinar, mas transdisciplinar, que permite verdadeiras pontes (para usar a expressão de Van Potter) entre os mais diversos ramos do conhecimento científico, é o objeto e a natureza da Bioética.

Impõe-se, ainda, a partir dessa visão inter- e transdisciplinar da Bioética, outro ramo do dever ser, mediante o qual se regulem as relações intersubjetivas derivadas dos avanços biotecnológicos e demais questões aqui já apontadas. E é nesse ponto que se chega ao Direito.

Não há dúvida de que os estudos bioéticos alcançam, também, questões jurídicas. De igual modo, indubitável que o amplo leque de princípios que rege o ordenamento jurídico brasileiro tem base ética, eis que o Direito existe para o homem e o homem é valor. Na observação de Francisco Muniz e José Lamartine Corrêa de Oliveira,

> [...] no caso do ser humano, o dado pré-existente à ordem legislada não é um dado apenas ontológico, que radique no plano do ser; ele é também axiológico. [...] O homem *vale*, tem a excepcional e primacial dignidade de que estamos a falar, porque *é*. E é inconcebível que um ser humano seja sem valer (MUNIZ; OLIVEIRA, 1980, p. 16).

Assim, como último desafio ao ensino da Bioética tem-se de evidenciar proximidade entre os princípios bioéticos e a base ética que norteia a ordem jurídica. E reconhecer que, em face da natureza coercitiva das normas jurídicas, a função de "normatizar os efeitos da revolução biotecnológica sobre a sociedade em geral" (SAWEN; HRYNIEWICZ, 1997, p. 56) é do Direito. Se, com efeito, é o paradigma bioético, fundado nos princípios da beneficência, da autonomia e da justiça, que deve orientar a ciência jurídica na busca de soluções sobre temas relativos à biotecnologia (LIMA NETO, 1997, p. 120), nem por isso é possível esquecer a necessidade de se adotar posturas coercitivas (proibições, limitações, impedimentos, todos com sanções determinadas e gerais) em relação a determinados comportamentos. Tais posturas, indubitavelmente, encontram-se no Direito.

Daí porque no ensino e estudo da Bioética faz-se necessário reconhecer o seu fundamental papel inter- e transdisciplinar, e que, para além das normas éticas e da sua influência no Direito, muitas vezes há necessidade de normas jurídicas, e não somente éticas. Isso porque somente o caráter coercitivo daquelas poderá impedir o poder científico de sucumbir à tentação experimentalista e à pressão de interesses econômicos (VILA-CORO, 1995, p. 21-22).

Foi com esse intuito e foco que se delineou a metodologia a seguir exposta, para os mestrandos em Bioética.

2. A Metodologia

O mundo do conhecimento, das tecnologias da informação e das comunicações, trouxe grandes inovações ao ensino superior (TARDIF; LESSARD, 2014, p. 11). Nos últimos anos, no ensino superior, ganharam espaço as metodologias ativas, que partem da concepção que o estudante é o protagonista do processo de ensino aprendizagem e o professor um orientador, um facilitador das experiências. (REIBNITZ; PRADO, 2006, p. 224). As metodologias ativas em sala de aula são desafiadoras, pois instrumentalizam os sujeitos a buscar respostas a problemas propostos ou reais, a ter mais autonomia no processo investigativo, na busca de fontes de pesquisa, exigindo a participação ativa dos envolvidos para chegar a uma proposta ou hipótese de solução.

Este relato da experiência é sobre a aplicação da metodologia do Arco de Maguerez, na disciplina de Bioética, Diversidade e Direitos Humanos, com carga horária de 45 horas semestrais, no Mestrado em Bioética, em uma instituição privada de Curitiba, Paraná. Uma das características do Mestrado em Bioética é ter uma proposta interdisciplinar na organização das disciplinas e nas aulas que são ministradas por professores de áreas diferentes. Neste Programa de Pós-graduação as turmas são compostas 20 a 30 mestrandos oriundos de vários Cursos de Graduação, como Medicina, Enfermagem Direito, Teatro, Teologia, Biologia, Filosofia e outros. A ementa e os conteúdos da disciplina abrangem as interfaces entre Bioética, Diversidade e Direitos Humanos, tais como: igualdade e diferença, as diversidades sociais, étnicas, políticas, religiosas, etárias, de gênero, de orientação sexual e as desigualdades socioeconômicas. A especificidade do tema de cada aula vai se delineando com a formulação dos problemas por cada grupo, que são os estudos de caso.

Nessa disciplina, optou-se pela estratégia de problematização, tendo como referência o Método do Arco de Charles Maguerez, que visa ao desenvolvimento da autonomia intelectual, a busca do pensamento crítico, criativo e político (BERBEL, 1998, p. 144; BORDENAVE; PEREIRA, 2011, p. 149; REIBNITZ; PRADO, 2006, p. 225; PRADO et all, 2012, p. 173). A sua importância teórico-prática é que ela parte de questões reais problematizadas, da busca de fundamentação teórica e é concluída com uma possível solução real. Nesta metodologia, o ponto de partida são os problemas que se relacionam com a vida em sociedade, questões éticas específicas, caracterizando-se como ponto de partida. O ponto de chegada é a reflexão e crítica aos temas; isso incentiva os estudantes a agirem politicamente enquanto cidadãos e profissionais, bem como à reflexão de reconstrução de sua prática social e profissional (BERBEL, 2009, p. 141).

Esta proposta metodológica possibilita aos estudantes o uso da intuição para investigação, conduzindo-os ao desenvolvimento do raciocínio analítico, à pesquisa científica e fundamentada em fontes confiáveis e na resolução de problemas. A utilização deste método possibilita aos mestrandos identificar problemas reais do cotidiano que exigem a investigação de situações, desenvolvendo o raciocínio crítico, a busca de ferramentas teóricas interdisciplinares e éticas e o aprofundamento dos conhecimentos (DELISLER, 2000, p.36). É um caminho que leva o estudante a resolver problemas de sua área do conhecimento ou na perspectiva interdisciplinar (esta, como se observou aqui, própria da Bioética) com foco na aprendizagem, desempenhando um papel ativo na investigação e análise da situação estudada (LEITE; ESTEVES, 2005, p. 1752).

Descrevendo a metodologia

O caminho metodológico que orienta a prática pedagógica mostra que o docente almeja o desenvolvimento dos estudantes em sua autonomia intelectual, visando o pensamento crítico e criativo (PRADO *et al.*, 2012, p. 174). Esta metodologia é organizada em cinco etapas, que são: 1 – a observação da realidade, 2 – os pontos-chaves, 3 – a teorização, 4 – as hipóteses de solução e 5 – a aplicação à realidade, que estão descritas a seguir:

Primeira etapa: observando a realidade

Para executar a primeira etapa do Arco de Charles Maguerez, solicitou-se aos mestrandos a identificação dos seus projetos de pesquisa do Mestrado. Com base nesta informação, posteriormente serão formados os grupos.

A seguir, foi realizado um *brainstorm* em que cada estudante manifestou suas percepções e entendimento sobre os termos diversidade, desigualdade e diferença. Como a classe é composta por um grupo de estudantes oriundos de diversos cursos, as percepções são bastante diferentes. A cada termo mencionado, os docentes fazem suas ponderações e análises para harmonização dos conceitos.

Após esta etapa, passou-se à discussão de documentos fundamentais para a disciplina: a Declaração Universal dos Direitos Humanos (DUDH), a Declaração Universal sobre Bioética e Direitos Humanos (DUBDH) e bibliografia das aproximações, interfaces e diferenças entre Bioética e Direitos Humanos. Nesta etapa, discutiram-se fundamentos de ética em pesquisa, princípios bioéticos contidos nos documentos, o que são os Direitos Humanos e sua importância para os estudos interdisciplinares.

Em sala foi entregue a cada grupo o roteiro do trabalho a ser desenvolvido que contempla as seguintes etapas: a identificação dos sujeitos envolvidos, o papel de cada um na situação a ser analisada, os valores éticos envolvidos, os problemas éticos e bioéticos identificados, a descrição do problema, a fundamentação teórica do estudo de caso, o desfecho da situação e escrevem um parecer ou possível solução. Ressalta-se que a fundamentação teórica de cada situação analisada foi realizada na perspectiva interdisciplinar, sendo indispensável trazer elementos teóricos da Bioética e contemplar os Direitos Humanos, para fundamentar a discussão. Esta metodologia apresenta semelhanças com a desenvolvida em análise de casos clínicos ou de Comitês de Bioética.

No passo seguinte, a turma foi dividida em grupos por aproximação dos temas e objetos de pesquisa de dissertação (5 estudantes por grupo). Cada grupo se reuniu e discutiu uma proposta de investigação, a partir de uma situação real pertinente e convergente aos diferentes objetos de pesquisa ou área de formação acadêmica. Cada grupo delimitou o recorte temático, espacial e temporal, com o critério de que fosse uma situação dilemática e que envolvesse questões éticas e bioéticas. Os mestrandos foram incentivados a se reunir, discutir suas experiências e afinidades na construção de um problema para o estudo de caso.

É importante a participação ativa dos mestrandos para um olhar atento da realidade, efetuando uma primeira investigação sobre o tema a ser trabalhado, selecionando os aspectos a ser desenvolvidos. Nessa fase, puderam usar de diferentes fontes, se necessário se fizesse, para buscar mais elementos técnicos e teóricos a serem pesquisados. A partir da identificação dos temas, as docentes também buscaram aportes teóricos para instrumentalizar os estudantes.

Segunda etapa: identificando os pontos-chave

Nessa segunda etapa, cada grupo já havia delimitado o tema a ser investigado. Passaram então a identificar os pontos-chave do problema, as variáveis que seriam determinantes no caso analisado. O roteiro de pesquisa (anteriormente discutido com a classe) foi fundamental para que pudessem ter segurança na condução do processo. Após esta delimitação, em sala, as docentes conduziram a discussão de outras referências bibliográficas que fundamentam os conceitos de igualdade, diferença, equidade, justiça e desigualdades.

Cada grupo teve autonomia para fazer o planejamento da sua pesquisa, iniciando pela observação da realidade, delimitação das questões norteadoras da pesquisa, buscando os dados estatísticos, as fontes na literatura científica e outras que se fizessem necessárias. Isso porque cada mestrando precisa assumir as responsabilidades individuais e também como parte do coletivo, no estudo de caso. A partir de então os grupos discutiram, delimitaram e sintetizaram um problema a ser explorado, identificando os aspectos a serem conhecidos e trazendo reflexões sobre o tema.

Terceira etapa: teorizando

A terceira etapa é a teorização, em que foi fundamental o papel das docentes na indicação de referencial bibliográfico específico para cada estudo de caso, no processo de fomento à discussão sobre o contexto do tema, sua inserção na realidade social e sua relação com a Bioética e os Direitos Humanos. Cada grupo iniciou a busca e a construção dos aportes teóricos que fundamentam o tema.

O tempo das aulas foi sistematizado em aulas teóricas com a classe, em reuniões individualizadas com as equipes na indicação e busca de mais elementos teóricos para discussão e análise dos problemas de pesquisa. Os grupos de reuniram em espaços como a biblioteca, os laboratórios de informática e salas de estudo. Com o retorno do grupo à sala, foram realizadas novas discussões sobre os problemas das pesquisas, consolidando os conhecimentos adquiridos, pois uma teorização bem-sucedida possibilita a compreensão do tema, a busca pela resolução dos problemas propostos e as situações éticas envolvidas.

Esta é a etapa de investigação, do desenvolvimento do raciocínio analítico, de buscar mais fontes teóricas que tenham os princípios teóricos explicativos que contribuam na construção da narrativa e da possível resolução da questão. É um momento em que todos precisam estar envolvidos no processo, conhecer o tema, buscar fundamentos tanto em suas áreas de formação de graduação, quanto dos conhecimentos adquiridos no Mestrado (BERBEL, 1999, p. 143, BORDENAVE, 2011, p. 152). No processo de aprender, os estudantes colocarão em ação saberes, processos, lógicas e instrumentos culturais adquiridos em sua trajetória de vida (ARROYO, 2019, p. 239). As docentes tiveram uma postura de orientadoras teóricas e técnicas dos estudantes na trajetória, avaliando o envolvimento individual e coletivo e o processo de aprendizagem.

Quarta etapa: identificando hipóteses de solução

A quarta etapa do Arco de Charles Maguerez é a formulação das hipóteses de solução que consiste na elaboração de alternativas viáveis para solucionar os problemas identificados ou na elaboração de parecer bioético sobre a situação analisada por cada grupo. Os grupos estudaram os casos, analisaram o papel de cada sujeito envolvido no processo e buscaram possíveis soluções aos problemas propostos.

Em classe, cada grupo apresentou o seu estudo de caso. As apresentações seguiram o roteiro desenvolvido pelo grupo, iniciando pela situação analisada, o papel dos diferentes sujeitos no problema, as questões éticas envolvidas, a fundamentação teórica buscada e as possíveis soluções para o caso. Este é o momento em que cada grupo usa a criatividade com diferentes recursos e estratégias de apresentação, como os *slides*, filmes, documentários, dramatização e outras que possibilitam a compreensão da temática.

Após a apresentação do grupo, as docentes fizeram os seus comentários, arguições e sugestões, oportunizando o grupo a dirimir as dúvidas e ter um *feedback* do seu trabalho. Posteriormente, abriu-se o momento para que os colegas de classe pudessem fazer suas ponderações, as suas contribuições, colocar suas dúvidas e buscar esclarecimentos. Para que as discussões da classe não se pautassem em situações individualizadas ou "achismos", os estudantes foram incentivados a contribuir com argumentos que demonstrassem incorporação de conteúdos e evidenciassem a fundamentação teórica interdisciplinar, tanto na sua área de formação específica, quanto em Bioética e Direitos Humanos. Por fim, após as apresentações, as docentes esclareceram os pontos conflitantes, fizeram ponderações, indicaram fragilidades e mostraram a consolidação dos conhecimentos adquiridos.

Quinta etapa: aplicação à realidade

Na quinta etapa do Arco de Charles Maguerez, denominada aplicação à realidade, os envolvidos são levados à reflexão da situação apresentada como de sua realidade social e de trabalho. Os novos conhecimentos adquiridos permitem a reelaboração da realidade observada e tem-se como horizonte de expectativa a mudança de comportamento, de construção de novos conhecimentos e transformação da realidade.

Nesta etapa, os mestrandos foram levados a refletir sobre os conhecimentos prévios e posteriores ao desenvolvimento do estudo de caso. Foram levados a avaliar sobre a temática analisada, a busca por novos conhecimentos, a apreensão e internalização dos saberes e conteúdos. Assim como foram incentivados a pensar em diferentes situações da realidade social e da contribuição dos conhecimentos teóricos e da metodologia no enfrentamento de problemas, de questões éticas e na solução de problemas. Em nível individual, é nessa fase que cada estudante reflete sobre seu crescimento pessoal com o desenvolvimento da metodologia, faz uma autoavaliação de sua participação no grupo e analisa os conhecimentos adquiridos.

Importa observar que nessa fase, por fim, são discutidas as vantagens e limites da metodologia, o papel e a responsabilidade de cada envolvido no processo (estudantes, docentes), na transformação da realidade e o quanto a realidade social (observada e refletiva) pode ser objeto de discussão e análise na universidade. As questões éticas e bioéticas que estão presentes no cotidiano ou no mundo dos trabalhos passam a ser redimensionadas, trazendo para a universidade questões reais do cotidiano. Nesta etapa pode-se refletir sobre a importância de experimentar novas metodologias no trabalho docente e não desconsiderar as formas de acesso às informações e conhecimento científico (MASSCHELEIN; SIMONE, 2018, p. 51).

A avaliação ocorreu em etapa formativa e somativa. A avaliação formativa é o acompanhamento do desenvolvimento do trabalho, na forma de *feedback* para cada grupo, na apresentação dos resultados da pesquisa, ponderando os elementos positivos e negativos, no conhecimento que cada um demonstrou na apresentação do tema, na resposta às questões. Na etapa somativa, foi solicitado que cada grupo entregasse um Relatório escrito do trabalho desenvolvido.

Os resultados desta metodologia são muito significativos, pois cada estudante é um protagonista e agente do seu processo. Há um estímulo para a autonomia na busca de soluções de problemas, a partir da realidade social e que contemplam posicionamentos sociais, éticos e políticos, com o horizonte de mudar comportamentos e a realidade social e política (ARROYO, 2019, p. 129).

Considerações finais

Esta prática pedagógica contribui para a formação de um sujeito e profissional crítico-reflexivo. Para tanto, a ação docente é de suma importância na condução das aulas, no estímulo aos docentes para o exercício dos questionamentos, de olhar a realidade, analisá-la e buscar soluções. A prática pedagógica que leva em conta as potencialidades dos alunos contribui na formação de profissionais melhor qualificados e mais humanos, valoriza o contexto social, prima pelo exercício da busca coletiva pela responsabilidade em investigar, resolver problemas e exercitar a ética. Essas as razões pelas quais se optou pela metodologia aqui descrita para o estudo da Bioética, na interdisciplinaridade que lhe é peculiar e essencial.

Referências

ARROYO, M. Imagens quebradas. **Trajetórias e tempos de alunos e mestres**. 9. ed. Petrópolis: Vozes, 2019.

BERBEL, N. A. N. A problematização e a aprendizagem baseada em problemas: diferentes termos ou diferentes caminhos? **Interface**: Comuniccação, Saúde, Educação, v. 2, n. 2, fev. 1998, p. 139-153. Disponível em: encurtador.com.br/cGUX3. Acesso em: 20 dez. 2021.

BORDENAVE, J. D.; PEREIRA, A. M. P. **Estratégias de ensino-aprendizagem**. 31. ed. Rio de Janeiro: Vozes; 2011.

DELISLE, R. **Como realizar a aprendizagem baseada em problemas**. Porto: ASA, 2000.

LEITE, Eduardo de Oliveira. Procriações artificiais: bioética e biodireito. *In*: PEREIRA, Rodrigo da Cunha (Coord.). **Repensando o Direito de Família**. Belo Horizonte: Del Rey, 1999.

LEITE, L.; ESTEVES, E. Ensino orientado para a aprendizagem baseada em problemas na licenciatura de Educação Física e Química. **VIII Congresso Galaico-Português de Psicopedagogia.** Braga: CIED, Universidade do Minho, 2005, p. 1751-1768.

LIMA NETO, Francisco Vieira. **Responsabilidade Civil das Empresas de Engenharia Genética**: em busca de um paradigma bioético para o Direito Civil. Leme: Direito, 1997.

MASSCHELEIN, J.; SIMONE, M. **Em defesa da escola**: uma questão pública. 2. ed. Belo Horizonte: Autêntica, 2018.

MUNIZ, Francisco José Ferreira; OLIVEIRA, José Lamartine Corrêa de. O Estado de Direito e os Direitos da Personalidade. **Revista dos Tribunais**, São Paulo, v. 532, 1980.

PESSINI, Léo; BARCHIFONTAINE, Christian de Paul de. **Problemas atuais de bioética**. São Paulo: Loyola, 1996.

PRADO, M. L.; VELHO, M. B.; ESPÍNDOLA, M. S.; SOBRINHO, S. H.; BACKES, V. M. S. Arco de Charles Maguerez: refletindo estratégias de metodologia ativa na formação de profissionais de saúde. **Escola Anna Nery**, v. 16, n. 1 Rio de Janeiro, mar. 2012, p. 172-177.

REIBNITZ, K. S.; PRADO, M. L. **Inovação e educação em enfermagem**. Florianópolis: Cidade Futura, 2006.

SÁ, Elida. **Biodireito**. Rio de Janeiro: Lumen Juris, 1999.

SANTOS, Maria Celeste Cordeiro Leite dos Santos. **Imaculada Concepção**: nascendo *in vitro* e morrendo *in machina*. São Paulo: Acadêmica, 1993.

SAUWEN, Regina; HRYNIEWICZ, Severo. **O Direito "in vitro"**: da Bioética ao Biodireito. Rio de Janeiro: Lumen Juris, 1997.

SGRECCIA, Elio. **Manual de Bioética**. V. I. São Paulo: Loyola, 1996.

TARDIF, M.; LESSARD, C. (org). **O Ofício de professor**: história, perspectivas e desafios internacionais. 6. ed. Petrópolis: Vozes, 2014.

VIEIRA, Tereza Rodrigues. **Bioética e Direito**. São Paulo: Jurídica Brasileira, 1999.

VILA-CORO, Maria Dolores. **Introducción a la Biojurídica**. Madrid: Servicio de publicaciones facultad derecho Univerdidad Complutense Madrid, 1995.

12. PANDEMIA: QUESTÕES PRELIMINARES DA COVID-19 À LUZ DA BIOÉTICA JURÍDICA

Alinne Arquette Leite Novais
Hildeliza Lacerda Tinoco Boechat Cabral
Raquel Veggi Moreira

Considerações iniciais

A pandemia de Covid-19, que há mais de dois anos assola o mundo, é realmente assustadora e está revelando as fragilidades humanas em vários vieses, demonstrando que, para além de suas necessidades biológicas de preservação da vida e cura da doença, as pessoas têm necessidades psicológicas, sociais e econômicas, todas elas impactando profundamente sua dimensão humana, por sua rápida disseminação de forma incontrolável pelo mundo. O Sars-Cov-2, embora de baixa letalidade, se revelou extremante contagioso e, ainda que uma pequena proporção das pessoas contaminadas desenvolva o estágio grave da doença, o número de indivíduos dessa pequena proporção é alto o suficiente para impactar a sociedade e os sistemas de saúde, que passaram durante o período de pico da doença por dificuldades para prestação de atendimentos a todos os que deles necessitaram.

Nenhum sistema de saúde no mundo está efetivamente preparado para tratar um número tão alto de doentes ao mesmo tempo, conforme revelou a pandemia de Covid-19, mas em países como o Brasil, em que a saúde pública já enfrenta problemas crônicos e antigos, a situação preocupa ainda mais, pois aumentam as estatísticas de mistanásia. Além disso, é fato que o impacto pessoal e social da Covid-19 não é menor que o seu impacto sanitário, pois as medidas tomadas pelos governantes para tentativa de conter o avanço da doença, embora pudessem minimizar a crise nos sistemas de saúde, trouxeram outra série de problemas pessoais e sociais que não podem ser ignorados, tampouco podem ser considerados de menor importância; e certamente serão evidenciados ainda a médio e longo prazo.

De fato, os reflexos da pandemia no homem podem ser analisados sob o ponto de vista não só da existência, mas também da subsistência desse sujeito, a partir de dois institutos, o mínimo vital, que se liga à subsistência, e o mínimo existencial, em que se discute o fato de o homem necessitar de mais do que sobreviver, mas existir de forma digna. Todas essas questões importam em reflexões bioéticas importantes, notadamente porque a questão econômica extrapola profundamente os limites financeiros, afetando as famílias e as pessoas também em sua dimensão mais humana, ferindo sua dignidade e comprometendo sua vida e sua sobrevivência.

Este capítulo objetiva refletir acerca das questões atinentes à pandemia Covid-19 à luz da bioética jurídica, analisando preliminarmente os impactos sanitários, psicológicos, pessoais, econômicos e sociais da nova doença, verificando a dificuldade de preservação da dignidade da pessoa humana diante da precariedade revelada.

1. Covid-19: a doença e a pandemia no contexto bioético

Em dezembro de 2019 a imprensa começou a disseminar relatos de uma nova doença humana identificada na China, que causava problemas respiratórios, sendo que, em janeiro de 2020, as informações davam conta de que ela era altamente contagiosa e poderia ser realmente letal. Segundo informações da Organização Pan-americana de Saúde (2020), em 31 de dezembro de 2019, a Organização Mundial da Saúde (OMS) foi alertada sobre vários casos de pneumonia na cidade de Wuhan, província de Hubei, na República Popular da China, sendo que em 7 de janeiro de 2020 as autoridades chinesas confirmaram que haviam identificado um novo tipo de coronavírus. Desde então, em pouco tempo, aquilo que parecia ser uma questão sanitária da longínqua China, se espalhou pelo mundo rapidamente, sem qualquer possibilidade de contenção, sem reais conhecimentos da evolução, demonstrando o quanto a população mundial, independentemente de estar em países ricos ou pobres, é frágil.

Inicialmente, os estudos apontaram que a doença desconhecida estava sendo causada por um tipo de coronavírus, até então desconhecido, e as especulações foram e ainda são grandes acerca de seu surgimento, havendo quem afirme ter sido o mesmo criado em laboratório, como arma biológica, outros que propalam ter sido transmitido ao homem por animais, havendo ainda quem acredite que ele tenha "escapado" quando da tentativa de fazer uma vacina contra o HIV, embora o entendimento predominante no meio científico seja de que ele evoluiu naturalmente.

Segundo Gruber (2020),

> Várias evidências excluem a hipótese de que o Sars-CoV-2 tenha tido uma origem laboratorial. No caso da Sars, sabe-se que o vírus foi transmitido de morcegos para civetas e desses hospedeiros intermediários para o homem, mas para o Sars-CoV-2 essa questão permanece em aberto. Em dezembro de 2019, iniciou-se um surto que atingiu cerca de 50 pessoas na cidade de Wuhan, na China. A maioria dos pacientes tinha sido exposta ao mercado Huanan. Esse mercado comercializava frutos do mar, mas também animais silvestres, frequentemente vendidos vivos ou abatidos no local. Contudo, vários pacientes desse surto inicial não tiveram relação epidemiológica com o mercado, abrindo a possibilidade de que outras fontes de infecção pudessem estar envolvidas.

Os coronavírus não foram conhecidos recentemente, tendo sido isolados pela primeira vez em 1937 e descritos com esse nome em 1965, em virtude de seu perfil semelhante ao de uma coroa, quando observados em microscópio.

Segundo Oliveira e Iquiapaza (2020),

> Entre 2002 e 2003, a OMS notificou 774 mortes devido à síndrome respiratória aguda grave (Sars-CoV) e, em 2012, foram confirmadas 858 mortes causadas pela síndrome respiratória do oriente médio (Mers-CoV), na Arábia Saudita, ambas as complicações ocasionadas por membros da família do coronavírus. Oito anos depois, em 2019-2020, o mundo se depara com o RNA vírus em mutação, se expandindo, sobretudo de forma assintomática, como uma infecção emergente, com sintomas mais leves que a Sars-CoV e MersCoV, porém com maior transmissibilidade, gerando assim impactos consideráveis para os sistemas de saúde.

O novo coronavírus foi, então, nomeado como SARS-CoV-2, e a doença por ele causada foi chamada de Covid-19, em referência ao ano de seu surgimento e, a partir da sua identificação, o novo coronavírus se espalhou pelo mundo, tendo a OMS declarado, em 30 de janeiro de 2020, que o surto da doença por ele causada constituía, àquela altura, uma Emergência de Saúde Pública de Importância Internacional – o mais alto nível de alerta da Organização, conforme previsto no Regulamento Sanitário Internacional. A disseminação foi além, até que 11 de março de 2020 a Covid-19 foi caracterizada pela OMS como uma pandemia, reforçando a situação de emergência antes declarada. O Regulamento Sanitário Internacional foi aprovado pela OMS em 25 de maio de 2005 e sua versão em português foi aprovada pelo Congresso Nacional, por meio do Decreto Legislativo nº 395/2009, publicado no DOU de 10/07/09. Em seu art. 1º, o Regulamento traz definições e estabelece que

> [...] "emergência de saúde pública de importância internacional" significa um evento extraordinário que, nos termos do presente Regulamento, é determinado como:
> (i) constituindo um risco para a saúde pública para outros Estados, devido à propagação internacional de doença e
> (ii) potencialmente exigindo uma resposta internacional coordenada.

Não há, no citado Regulamento, definição de pandemia, o que revela que a classificação da doença como pandemia não exclui seu reconhecimento como emergência de saúde pública de importância internacional, sendo conceitos complementares. Pandemia é a disseminação mundial de uma nova doença, caracterizando-se quando uma epidemia, surto que afeta uma região, se espalha por diferentes continentes, com transmissão sustentada de pessoa para pessoa. Portanto, a pandemia não está ligada à gravidade da doença, mas à sua disseminação, e nesse aspecto é que a pandemia se diferencia do surto e da epidemia. Enquanto o surto ocorre quando há um aumento do número de casos de determinada doença em uma região específica, a epidemia ocorre quando há surtos em várias regiões. Já a endemia não está relacionada a uma questão quantitativa, pois ocorre quando uma doença se manifesta com frequência e somente em determinada região (Unifesp, 2020). Antes mesmo de ser declarada como pandemia, a Covid-19 já gerava grande temor ante o reconhecimento de sua alta contagiosidade, de modo que teve início, já na China, a adoção de medidas para tentar conter o seu avanço, contudo, como bem observam Werneck e Carvalho (2020),

> [...] o insuficiente conhecimento científico sobre o novo coronavírus, sua alta velocidade de disseminação e capacidade de provocar mortes em populações vulneráveis, geram incertezas sobre quais seriam as melhores estratégias a serem utilizadas para o enfrentamento da epidemia em diferentes partes do mundo.

Depois de se chocar com a evolução da doença na China, o mundo começou a ver o vírus se espalhar, mesmo com a adoção de medidas de isolamento. Navios de cruzeiros ficaram em quarentena, com pessoas infectadas, mas a Europa também foi contaminada, destacando-se a situação da Itália, com a divulgação de cenas de doentes agonizando com insuficiência respiratória e falta de respiradores para atendimento de todos, com cidades em *lockdown*, com profissionais das áreas da saúde morrendo.

Na África a pandemia é uma incógnita. O continente, segundo mais populoso do mundo, era visto pelos especialistas como muito vulnerável à doença, mas ainda não sofreu a catástrofe prevista pelos dirigentes da OMS. Paredes (2020), jornalista da BBC, questionou a situação da África, afirmando que, embora estudiosos do tema alertem que ainda é muito cedo para afirmar que o continente africano saiu vitorioso contra a pandemia, é fato que o "desastre iminente" previsto por John Nkengasong, diretor do Centro de Controle e Prevenção de Doenças da África, ainda não ocorreu. Segundo ele, dentre as causas apontadas pelos especialistas estão a falta de testes, maquiando as estatísticas, a reação rápida e a tomada de medidas de prevenção pelos países africanos, a experiência da África no enfrentamento de epidemias, como o HIV e o ebola, e a pirâmide demográfica africana, que tem a população mais jovem do mundo. Contudo, de acordo com jornalista, a OMS alerta sobre o risco de a doença "arder lentamente" por vários anos na África e matar muitas pessoas, o que demonstra a precocidade de considerar o continente como exceção aos estragos causados pela pandemia.

As Américas, por sua vez, passaram a ser reportadas como o novo epicentro da pandemia, inclusive os Estados Unidos da América, maior potência mundial, o que corrobora a percepção de que a disseminação não está ligada ao desenvolvimento do país, ou à falta dele. De fato, nos Estados Unidos houve um enorme número de casos e de mortes, o que se repetiu também no Brasil, países com cenários econômicos distintos, embora com cenários políticos então convergentes, em maior ou menor grau.

No Brasil, segundo Oliveira e outros (2020), o primeiro caso de Covid-19 foi confirmado em 26 de fevereiro de 2020. O infectado era um homem idoso residente em São Paulo, que havia retornado de viagem à Itália. Contudo, conforme observam os autores,

> A doença se propagou rapidamente. Em menos de um mês após a confirmação do primeiro caso, já havia transmissão comunitária em algumas cidades. Em 17 de março de 2020, ocorreu o primeiro óbito por Covid-19 no país. Era outro homem idoso residente em São Paulo/SP, que apresentava diabetes e hipertensão, sem histórico de viagem ao exterior. Em 20 de março de 2020, foi reconhecida a transmissão comunitária da Covid-19 em todo o território nacional.

Aqui, a partir da primeira contaminação, a doença se disseminou e continuou se espalhando, de modo que a informação de quaisquer números rapidamente se tornou ultrapassada ante a alta contagiosidade e as variantes que se sucederam, ainda que os casos graves tenham diminuído, em razão do desenvolvimento das pesquisas científicas e da vacinação. Os estudos até então publicados revelam que a Covid-19, embora altamente contagiosa, não tem alto grau de letalidade, mas que, quando ocorrem as complicações, os pacientes precisam de internação, muitos deles necessitando de suporte respiratório e uso de ventilação mecânica. Assim, segundo os especialistas, havia necessidade de evitar que muitas pessoas se contaminassem ao mesmo tempo, justamente para obstar que várias delas precisassem de suporte hospitalar também nas mesmas épocas, pois os sistemas de saúde não comportariam um elevado número de atendimentos simultâneos, notadamente em unidades de terapia intensiva.

De acordo com publicação do Instituto D'Or Pesquisa e Ensino (2020), "dados divulgados em jornais e artigos científicos apontam que a taxa de mortalidade do coronavírus (Sars-COV-2) varia de 2% a 4%, informação que é confirmada pela própria Organização Mundial da Saúde". Contudo, o mesmo artigo aponta que essa taxa pode ser muito menor, na medida em que seu cálculo é feito com base no número de pessoas que tiveram a infecção comprovada por exames. Assim, considerando que muitas pessoas infectadas são assintomáticas ou têm apenas sintomas leves e, portanto, não são testadas, elas não entram no cálculo. Então, com baixa ou alta letalidade, o novo coronavírus é extremante contagioso, fazendo com que uma infinidade de pessoas se contamine e, ainda que uma pequena proporção tenha seu quadro complicado, essa pequena proporção, em números de pessoas, é suficientemente alto para impactar a sociedade e os sistemas de saúde.

O impacto pessoal e social da Covid-19 não é menor que o impacto sanitário da doença. De fato, as medidas tomadas pelos governantes para tentativa de conter o avanço da doença, conquanto possam ter minimizado a crise nos sistemas de saúde, trouxeram outra série de problemas pessoais e sociais que não podem ser ignorados, tampouco podem ser considerados de menor importância, merecendo, assim como a análise relativa à questão da saúde, reflexões. Essas questões têm grande importância para a bioética, entendida como "estudo transdisciplinar entre biologia, medicina, filosofia (ética) e direito (biodireito) que investiga as condições necessárias para uma administração responsável da vida humana, animal e responsabilidade ambiental" (MALUF, 2015).

Isolamento social vertical, isolamento social horizontal, distanciamento social e *lockdown* são expressões com as quais a sociedade passou a conviver, significando medidas implementadas pelos governos de vários países e, no Brasil, por Estados e Municípios, na tentativa de conter o avanço da doença, em busca de evitar o caos nos sistemas de saúde. De fato, com a adoção de medidas que modificaram a dinâmica social, evitando-se a convivência e a circulação ampla das pessoas, buscou-se permitir que a contaminação se espalhasse mais lentamente, embora não se pudesse contê-la por completo. E isso ocorreu justamente para possibilitar que o sistema de saúde comportasse todos os pacientes que dele necessitassem, notadamente quando evoluíssem mal, precisando de atendimento hospitalar.

Conquanto nenhum sistema de saúde no mundo, conforme revelação da pandemia, esteja preparado para tratar um número tão alto de doentes ao mesmo tempo, é fato que em países como o Brasil, em que a saúde pública já enfrenta problemas crônicos e antigos, a situação preocupa ainda mais. Se de um lado é necessário evitar o caos no sistema de saúde, o que se buscou através das medidas de contenção de circulação das pessoas, de outro não se pode olvidar que tais providências geraram outros dilemas, relacionados à própria falta de convivência social, eis que o ser humano é gregário por natureza, e também afetos às questões econômicas, com repercussões profundas na sobrevivência das pessoas.

Do ponto de vista sanitário, evitar a contaminação e as mortes é importante, mas também é fundamental analisar a pessoa humana para além de sua dimensão biológica, na medida em que não se pode esquecer que a saúde mental e a psicológica precisam ser observadas e preservadas, com idêntica cautela. Assim, o confinamento, a falta de contato físico, o medo da contaminação, o desconhecimento das consequências da doença no organismo a médio e longo prazo, a solidão nas internações por Covid-19, o adeus negado aos familiares enlutados por perda decorrente da infeção provocada pelo novo coronavírus, a mistanásia pela falta de equipamentos médico-hospitalares são apenas algumas das situações que a sociedade viveu e continua enfrentando e que certamente gerará consequências de extensão ainda desconhecida. Além disso, não se pode esquecer que a questão econômica extrapola profundamente os limites financeiros, afetando as famílias e as pessoas também em sua dimensão mais humana, ferindo sua dignidade e comprometendo sua vida e sua sobrevivência.

Para além da análise rasa consistente em comparar a importância entre vida e economia, é preciso considerar que, sob ambas as perspectivas é a vida e a sobrevivência da pessoa humana de forma digna que está em jogo. Não é por acaso que a Constituição da República estabeleceu a dignidade da pessoa humana como fundamento da República e não a vida pura e simples. Na mesma esteira, o direito à saúde, contemplado na Constituição da República como direito fundamental social, está vinculado à dignidade, que norteia sua concreção. Portanto, a doença e a pandemia, evidentemente, estão trazendo e ainda trarão enormes consequências pessoais e sociais, muito mais profundas que a contaminação em si, das quais a bioética deverá se ocupar em várias de suas dimensões.

No contexto do direito à saúde, emerge com grande importância a bioética da proteção que, segundo Schramm (2017), se trata de expressão "introduzida recentemente no campo da bioética construída da América Latina, sendo, inicialmente, denominada 'ética da proteção' e entendida como reflexão ética sobre a justiça sanitária em situações de escassez". Exatamente essa é a realidade brasileira, em que a saúde pública sofre com a escassez de investimentos, gerando outra gama de consequências negativas, que se evidenciam com toda força em momentos de crise sanitária, como ocorre na atual situação de pandemia. É que o direito à saúde depende, para ser efetivamente garantido, da implementação de políticas públicas por todos os entes federados, na medida em que a Constituição da

República estabeleceu a solidariedade entre União, Estados e Municípios, conforme dispõem seus arts. 196 a 200, devendo tais políticas visarem, sempre, a garantia do mínimo existencial, em respeito ao direito à vida digna. Nesse contexto, é fato que a escolha das políticas públicas em matéria de saúde direciona a atuação estatal em todos os seus âmbitos, sendo certo afirmar que a escassez de ações no campo administrativo gera reflexos profundos no campo social e cria indivíduos efetivamente afetados pela falta de meios para realização de seus direitos, chamados vulnerados, porque

> [...] não são capazes, por alguma razão independente de suas vontades, de se defenderem sozinhos pelas condições desfavoráveis em que vivem ou devido ao abandono das instituições vigentes que não lhes oferecem o suporte necessário para enfrentar sua condição de afetados e tentar sair dela (SCHRAMM, 2008).

De fato, a Bioética da Proteção é um dos vieses da bioética que pode contribuir para os aspectos morais decorrentes da pandemia, inclusive porque esta gerará, certamente, mais um sem-número de vulnerados, sujeitos que precisarão de proteção para se emanciparem, no sentido mais amplo da palavra. A pandemia de Covid-19 está gerando, portanto, várias questões bioéticas, que podem ser analisadas sob o ponto de vista da Bioética da Proteção, mas que exigirão reflexões para além dela, na medida em que os conflitos morais decorrentes de situação tão grave e generalizada ainda não são completamente conhecidos e não se limitam ou se limitarão às questões sanitárias, mas atingem e atingirão questões relativas à pessoa humana em todas as suas dimensões.

2. Reflexos na pessoa humana: existência e subsistência

Analisando o aspecto humanitário e sociológico, tendo como referência o Brasil e em alguns exemplos também visualizadas em uma perspectiva global, as questões pandêmicas acarretaram, no contexto atual, problemáticas já consideradas normais. Além dessas, surgiram cotidianamente outras, principalmente no que tange à ética, como problemas de governança, com a falta de padronização das recomendações estatais, e o maior impacto da saúde às populações vulneráveis sob o ponto de vista socioeconômico. Isso, tendo em vista a situação de sobreviverem em condições precárias de moradia, higiene, saneamento, tendo dificuldades de acesso à água potável e adequada ao consumo humano e, ainda, aglomerados em suas próprias casas, sob condições que não permitiram um adequado isolamento social (WERNECK; CARVALHO, 2020, s/p).

Como "normal" ou habitual, em tempos de pandemia, houve as exigências de prevenção à contaminação, recomendadas pelos órgãos gestores da saúde, que precisaram ser observadas cotidianamente e destiramram-se à redução do contato social, como por meio da utilização de máscaras de proteção facial, com a orientação de sua substituição após determinado tempo de uso; álcool em gel para a higienização das mãos quando não for possível lavá-las com água e sabão; distanciamento social, por meio de medidas de controle do acesso aos estabelecimentos comerciais que estavam em funcionamento, conforme as regulamentações regionais, evitando-se aglomerações; redução do número de passageiros na utilização do transporte público; proibição de eventos com grande circulação de pessoas, dentre outros fatores que fizeram parte do *isolamento vertical* e visavam *achatar a curva* da proliferação do vírus (WERNECK; CARVALHO, 2020, s/p). O *achatamento da curva* referiu-se à prática de estender o período de contaminação do vírus, estabilizando o número de casos, ou seja, equilibrando-se o número de contágio e de pacientes em estado grave, reduzindo assim os *picos,* que são períodos em que a contaminação atinge um grande número de pessoas, congestionando o sistema de saúde.

Não havendo eficiência na implementação do *isolamento vertical,* as medidas de contenção seguintes seriam mais restritas, conhecidas por *isolamento horizontal,* contudo, as implicações, nesse caso, além de econômicas, fariam relação também com problemáticas sociais e psicológicas em grande escala, principalmente em um cenário econômico desigual como o do Brasil, em que é necessário considerar o fato de que uma grande parcela da população é economicamente desfavorecida, além de não dispor de uma estrutura física que permita o isolamento social adequado e seguro, também por não possuir condições de subsistência para tal, em decorrência de fatores financeiros (WERNECK; CARVALHO, 2020).

A descrição desses cenários estratégicos de contenção do vírus tem o intuito de contextualizar a inviabilidade de adequação à rotina, especialmente pela população mais pobre, a esses fatores sanitários, essenciais à manutenção da saúde, e que, como já mencionado no tópico anterior, abalam princípios morais e direitos fundamentais. Nessa linha, a bioética tem também seus princípios basilares da não maleficência (como proibição da provocação de danos intencionais ao paciente), da beneficência (que almeja o maior benefício ao paciente), da autonomia (refere-se ao paciente enquanto indivíduo detentor de autodeterminação alusiva a seu tratamento), e da justiça (que equilibra a autoridade médica ante a autodeterminação do paciente, podendo intervir a justiça nos casos conflituosos) diretamente afetados (PORFIRIO, 2019).

Em uma ramificação da bioética, tem-se a já conceituada Bioética da Proteção, que deve ser utilizada como instrumento facilitador da modificação do *status* de submissão e vulnerabilidade do sujeito frente as atuais condições do cenário pandêmico, de modo a buscar, conforme as palavras de Schramm (2008, p. 11), "entender, descrever e resolver conflitos de interesses entre quem tem os meios que o capacitam para realizar sua vida e quem não os tem". Nesse sentido, Schramm (2008, p. 13) explica que o instituto atua como proteção aos que ele denomina "vulnerados" e àquela população aqui descrita, submetida à desvantagem socioeconômica, que também está englobada nesse termo de extrema vulnerabilidade. A correlação entre a dignidade da pessoa humana, enquanto vítima da Covid-19, e a denominada Bioética da Proteção ocorre de forma expressiva, sendo o parágrafo anterior um explicativo dessa conexão ao passo que se visualiza uma impossibilidade de ser digno enquanto vulnerável, tendo em vista, ainda, os termos do artigo 25 da Declaração Universal dos Direitos Humanos (DUDH, 1948), que asseguram não só ao cidadão de forma individual, mas como estrutura familiar, os direitos mais amplos de uma verdadeira qualidade de vida, o que é claramente abordado na conceituação dos dispositivos do mínimo vital e existencial que serão discorridos a seguir.

Resumidamente descritos os reflexos da pandemia no homem, direciona-se o discurso para a existência e subsistência desse sujeito a partir de dois institutos. O primeiro, mínimo vital, que se liga à subsistência, uma vez que trata do mínimo necessário para viver e, em contraposto, o mínimo existencial, em que se discute o fato de o homem necessitar de mais do que sobreviver, mas existir de forma digna e, para isso, como condicionante, deve ter acesso a um mínimo existencial que envolve questões econômicas como instrumentos e não como fim. O mínimo vital diz respeito ao mínimo que um indivíduo necessita para viver, para subsistir, como alimentação e água, não representando os elementos que o incluem em um contexto social, pois considera-se, em suma, como o ato de manter-se vivo no sentido da sobrevivência física, sem que para isso lhe seja assegurada qualquer dignidade, explicam Sarlet e Zockun (2016). Já o mínimo existencial, na visão de Alexy (2020, p. 15), consuma-se por meio de uma *moradia simples,* da *educação escolar,* e da *formação profissional,* e ainda, por meio de um *nível padronizado mínimo de assistência médica.* Em outras palavras, mas no mesmo sentido, Ismail Filho (2016) relaciona o mínimo existencial à autodeterminação do indivíduo no sentido de que ele seja capaz de exercer suas vontades na esfera individual ou pública sem submeter-se aos desmandos alheios. Afasta-se, assim, a ideia da constância de vulnerabilidade, uma vez que a existência do ser humano de forma digna lhe permite certa autonomia no que concerne ao direcionamento de sua própria vida e dos atos a ela inerentes. É então função do Estado promover o auxílio para que o indivíduo alcance o mínimo existencial, por meio de programas sociais e políticas públicas àqueles que não o detêm (SARLET; ZOCKUN, 2016, s/p).

Esclarece-se, então, que para existir é necessário mais do que apenas viver, notadamente, implicando fatores que têm, na economia, um instrumento essencial que, se não é o objeto central da busca pela existência, é o meio pelo qual os indivíduos em situação de vulnerabilidade alcançarão o mínimo existencial e sentir-se-ão parte de um todo. Contudo, conforme dispõe Espolador e Furlan (2008, p. 13), "infelizmente, por vezes, nem o mínimo existencial, nem a dignidade de uma pessoa são respeitados devidamente" e é o que se tem visto no cenário do Brasil frente à pandemia". Toma-se como exemplo da não observância desses preceitos fundamentais e seu impacto na problemática da pandemia no Brasil, a diferença existente entre os trabalhadores de classe média, que têm a oportunidade de trabalhar em um sistema *home office,* e aqueles das populações carentes, já muito mencionadas, que se diferem nas condições insalubres do ambiente de trabalho, como expôs Moronte (2020, p. 226):

> Seja nos serviços de coleta de resíduos urbanos, na manutenção da nossa energia elétrica, transporte urbano de passageiros, venda e distribuição de alimentos, nos serviços de saúde, estão todos em situação de maior exposição social e maior risco de adoecimento pela Covid-19.

Além disso, a população vulnerável está mais suscetível ao desemprego, que atinge diretamente sua condição de sustento e, ainda, enfrenta maiores dificuldades de subsistência, principalmente com a alta de preços dos produtos da cesta básica e de higiene essencial, como o álcool em gel, desencadeada pela pandemia. E em situação ainda pior encontram-se as pessoas em "condição de rua", não dispondo sequer de condições mínimas de higiene (GABRIEL, 2020, s/p). O papel do Estado é, então, primordial na manutenção e viabilidade da tão falada dignidade, promovendo por meio de políticas públicas a garantia dos direitos sociais fundamentais. No Brasil, visando minimizar os impactos da crise econômica desencadeada pelas medidas de isolamento social, houve alguns incentivos econômicos, desde o financeiro proporcionado aos bancos até o popular auxílio emergencial, que seria destinado a autônomos e desempregados que se enquadrassem nos requisitos de terem uma renda mínima *per capita* e não serem beneficiários da previdência ou programas assistenciais do governo já existentes antes da pandemia, como o Bolsa Família (bolsa destinada a famílias de baixa renda), dentre outros (GABRIEL, 2020). Contudo, em decorrência de problemas técnicos e dificuldades de acesso às plataformas digitais utilizadas para o recebimento do auxílio, além de fraudes ao sistema, não é correto dizer que o programa atingiu com êxito sua finalidade e eficiência (DALL'AGNOL, 2020).

Ainda no âmbito dos direitos fundamentais sociais, destaca-se o direito à saúde. Nesse aspecto, as vulnerabilidades sociais e econômicas, apesar de sempre presentes no cenário brasileiro, refletem, em tempos de pandemia, na saúde, nas questões sanitárias e nos problemas sociais da população mais vulnerável, ganhando destaque. Quando, então, se fala em saúde, pretende-se ampliar a significação da palavra, primeiramente para entendê-la como além de uma questão física e biológica, considerando, principalmente, a afetação psíquica, uma vez que todos os problemas desencadeados, desde a ansiedade, medo, até abalos morais, resultam em questões psicológicas de larga escala.

Nessa primeira perspectiva, tem-se o acometimento da saúde mental ante as dúvidas acerca de tratamentos, sintomas das doenças, grupos de risco, de forma que a incerteza causa grande desconforto aos ansiosos. Ademais, os parentes dos pacientes que conseguem tratamento médico e hospitalar são impedidos de manter contato e fazer visitas (MORONTE, 2020, p. 219) e, assim, o medo e a angústia são bipartidos, sendo sentidos pelo paciente, que vê outros falecerem quando está lúcido, e pela família, que não tem notícias do enfermo.

As questões econômicas, principalmente relativas ao desemprego ou ao impedimento do exercício da profissão, em decorrência de medidas de isolamento social, também abalam profundamente os indivíduos que não têm em quem se amparar, e que, por vezes, são os únicos provedores do sustento familiar e, assim, encontram-se extremamente vulneráveis. Ter conhecimento da situação de vulnerabilidade e, ainda, depender da solidariedade alheia, também não contribui à saúde emocional do indivíduo.

Assim, Moronte (2020, p. 227) dispõe que "muitos sucumbirão, desenvolvendo quadros de depressão, ansiedade generalizada, transtorno do estresse pós-traumático, esgotamento profissional (*burn out*) ou mesmo buscando uma solução no suicídio". Em um segundo momento, interpreta-se saúde como o sistema, a estrutura física, econômica e social de acessibilidade aos meios de tratamento, cura e recuperação, não havendo destinação de investimento estatal adequado à saúde pública. Nesse sentido, Neuenshwander e Giraldes (2020, p. 49) citam a "dificuldade dos sistemas de saúde em atender toda a demanda por tratamento" e, em um cenário global, muitas vezes têm de se escolher quem receberá o tratamento, uma vez que não há suporte para atender a todos os que se encontram em estado grave.

No Brasil houve relatos de falta de Equipamento de Proteção Individual (EPI) para os profissionais da saúde que atuavam na linha de frente (contato direto com os pacientes infectados pela Covid-19). Esses equipamentos (luvas, máscaras e aventais descartáveis) são essenciais para a rotina de proteção dos profissionais e a não utilização incide na provável contaminação pelo vírus. É inegável que a pobreza preexistente aumenta substancialmente diante das condições atuais e é importante a observância dos reflexos dessa economia que problematiza, no aspecto aqui abordado, o acesso aos direitos fundamentais do ser humano e sua dignidade, sendo as questões econômicas aqui descritas indissociáveis à vida e aos fatores de uma existência digna.

Assim, resta prejudicado, para a população marginalizada, o acesso à saúde que, quando é alcançado, tem condições precárias de tratamento, levando, inclusive, do contexto de miséria à mistanásia, que talvez pudesse ser evitada se a estrutura da saúde pública fosse amplamente superior a que se tem, de forma a permitir um atendimento humanitário e satisfatório a todos que o necessitassem.

3. Mistanásia na pandemia: o direito à saúde e a precarização da saúde pública

No Brasil, a saúde pública se encontra precarizada e o direito à saúde vem sendo relativizado na medida em que as deficitárias políticas públicas dão conta de medidas urgentes que não estão sendo adotadas (CABRAL, 2020a) – e neste momento, ainda sem fazer menção à pandemia, sabe-se que o direito à saúde ao qual todo cidadão brasileiro faz jus, em razão ao comando constitucional estabelecido pelos art. 6º e 196, encontra-se em verdadeiro caos.

As necessidades primárias da população têm sido negligenciadas pela Administração Pública nas três esferas de entes federados (federal, estadual e municipal). A escassez ou mesmo inexistência de investimentos em eficazes políticas públicas de atendimento às necessidades básicas do cidadão tais como saúde, educação e segurança têm sido uma realidade. Em relação à saúde, a população não conta com atendimento de qualidade, às vezes não tem sequer acesso a algum tipo de atendimento, sendo esse um fator capaz de desencadear a morte prematura, indigna e em péssimas condições sociais (CABRAL, 2020a).

Nessa conjuntura de saúde pública precarizada, no contexto da pandemia que se vem atravessando, torna mais evidente a situação de saúde pública sucateada e sem perspectiva para aqueles que dela dependem com exclusividade, como é o caso da camada vulnerada da população. Seguindo a linha de Schramm (2017), vale-se da expressão *vulnerada* em vez de vulnerável, que no contexto da Bioética da Proteção, torna-se mais adequada, pois a camada pobre da população já está em situação de perigo, e não apenas exposta a risco, conforme etimologia da expressão vulnerabilidade. A pandemia do coronavírus é uma realidade que originou de repente passando a impor sérias medidas de proteção à pessoa e aos grupos sociais, em especial àqueles considerados como *grupo de risco*. Naquele momento inicial, marcado pela imprevisibilidade, pelo temor e pela urgência das condutas, foram adotadas medidas de isolamento, inclusive *lockdown*. Eram providências importantes para aquele momento, entretanto, com o passar dos meses, essas precauções foram se mostrando difíceis de serem sustentadas, em razão da situação socioeconômica da população, pela imperativa necessidade de trabalhar, apesar do caos instalado.

O comércio e a indústria suportaram grande impacto e aqueles que não podiam parar continuaram diariamente expostos aos riscos. Aos profissionais da saúde, por exemplo, não foi dado direito à escolha: precisavam desenvolver a atividade profissional a despeito dos riscos e da exposição direta ao contágio, mediante utilização de precários EPI. Da mesma forma, a população da classe pobre não dispunha de meios para efetivar o isolamento social, tampouco condições para adoção das mais simples medidas de higiene ditadas pelos cuidados básicos em face da situação de emergência: higienizar as mãos, lavar com água e sabão e usar regularmente álcool em gel.

Tornou-se um desafio para quem não tem água em casa (em alguns casos, nem água potável para beber), sendo esse fato um dos que deflagra a desigualdade: algumas pessoas se trancaram dentro suas confortáveis casas, trabalhando em *home office*, e outras se expuseram a riscos de todas as naturezas, nos transportes coletivos e nas ruas das cidades para chegarem ao trabalho, sem o qual não têm direito ao mínimo de dignidade. A desigualdade se escancarou, mostrando-se ainda mais evidente e cruel. Não fosse o auxílio emergencial do Governo Federal a situação estaria ainda pior – o auxílio emergencial que no primeiro semestre da pandemia alcançou "mais de 65 milhões de brasileiros: Programa já repassou R$ 121 bilhões; região Nordeste recebeu R$ 41,8 bilhões" (GOV.BR., 08 de julho de 2020). Esse valor destinado às famílias carentes injetou na economia uma receita bastante significativa ante a crise.

Torna-se relevante explicar a origem da expressão mistanásia: é contemporânea e foi cunhada pelo bioeticista brasileiro Márcio Fabri dos Anjos, em 1989. Origina-se do grego (*mys* significando de infeliz e *thanathos* definindo morte), "morte infeliz, miserável, precoce e evitável em nível social, coletivo" e ainda "vida abreviada" de muitas pessoas, em nível social, em razão da pobreza, violência, droga, chacinas, falta de infraestrutura e condições mínimas de dignidade de vida, dentre outros fatores que a determinam (PESSINI, 2015). O conceito advindo de recentes estudos explica: "Mistanásia é a morte prematura, evitável, lenta e indigna de pessoas socialmente excluídas em consequência da banalização da vida humana, devido a causas diversas que vão desde o abandono social e doenças a outros riscos naturais ou provocados a que estão expostas as pessoas vulneradas" (CABRAL, 2020a, p. 27). Entende-se ainda a mistanásia da seguinte forma: "é a morte miserável e precoce de pessoas que sequer cumpriram o ciclo vital, mas tiveram a vida interrompida de forma cruel e desumana [...]" (CABRAL, 2020b, p. 24). As mortes desumanas e cruéis são decorrentes da violência, das práticas iníquas, de acidentes de trânsito, do tráfico de drogas ou da não acessibilidade ao atendimento de saúde, provocando a morte de forma precoce e sofrida.

Na maioria das vezes, as mortes mistanásicas ocorrem pelo descaso do poder público em relação à classe pobre da população (CABRAL, 2019). Nesse sentido, Sidnei Ferreira, Conselheiro do Conselho Federal de Medicina (CFM), afirma que "a mistanásia é pouco ou menos discutida do que merece", e analisa a ocorrência da mistanásia no Brasil explicando-a como morte "oferecida pelos três níveis de governo através da pobreza mantida, da violência, das drogas, da falta de infraestrutura e de condições mínimas de se ter uma vida digna" (FERREIRA, 2019, p. 5). O referido autor menciona a minimização no financiamento da saúde, a não utilização das verbas disponíveis, o fechamento de leitos, serviços e unidades de saúde, além do descompromisso dos três poderes em relação à vida da população, a corrupção, a incompetência e desumanidade como fatores que levam à mistanásia (FERREIRA, 2019). A situação de leitos por ele referida é comprovada com "Levantamento divulgado hoje (23) pela Confederação Nacional dos Municípios (CNM) aponta que o Brasil perdeu, nos últimos dez anos, mais de 41 mil leitos hospitalares no âmbito do Sistema Único de Saúde (SUS)" (LABOISSIÈRE, 23 de outubro de 2018).

"No Brasil e em outros países pobres, as cidades continuam como grandes palcos de violência, homicídios, trágicos acidentes, feminicídio, violência doméstica e outras formas igualmente miseráveis e indignas de morte de pessoas vulneradas" (CABRAL, 2020b, p. 33). Desse modo, tem-se "Mortes de pessoas desvalorizadas, reputadas inúteis à sociedade – que não fizeram diferença durante a vida indigna que tiveram e se transformam em estatística ao morrer também indignamente" (CABRAL, 2020b, p. 33). Assim, o fato a ser destacado é a mistanásia como uma prática constante e rotineira no Brasil: mortes indignas, infelizes e precoces da população que depende com exclusividade dos cuidados de saúde oferecidos pelo Poder Público, que não tendo acesso ao atendimento, vêm a óbito, sem que suas mortes não mais incomodem, uma vez que se tornaram comuns e fatos corriqueiros na tela da TV e estampadas em nítidas cores nos jornais de grande circulação.

Se no contexto social de precarização contínua, as mortes ocorrem de forma quase natural, é possível se esperar que em face da pandemia a situação se tornasse ainda mais gravosa, pois a pandemia surpreendeu a todos, de forma global, sendo caracterizada por uma forma agressiva de contágio e ainda que o vírus não seja de grande letalidade. Então, com a chegada da pandemia, a sociedade se viu assustada e tomada por grande medo de contrair o vírus, pois afinal trata-se de uma situação completamente nova, imprevisível, de situações inusitadas e de consequências ainda desconhecidas. Nesse contexto, esperava-se um contexto mais assustador do que o que de fato se estabeleceu em grande parte do Brasil, que é um país de proporções continentais e que apresenta sérios problemas sociais.

Não se pretende minimizar a dor de quem perdeu seus entes queridos, tampouco desconsiderar as mais de 140 mil mortes (LEAL, AGÊNCIA BRASIL, 2020). Toda a sociedade sofre com o número absurdo de mortes e uma morte na família é suficiente para atingir e enlutar todas as pessoas do núcleo familiar. Ainda mais quando se vê a morte multiplicada por todas as partes do globo. É uma situação inédita nesta geração e realmente alarmante. Entretanto, a mesma matéria informa: "O número de recuperados da covid-19 chega a 4.050.837" (LEAL, AGÊNCIA BRASIL, 2020). Essa é uma realidade que traz alento, até porque quando a mídia noticia a posição do Brasil no ranking de mortes o faz em números absolutos – fato que não traduz análise justa, pois, conforme já se pontuou, o Brasil é um país de grande extensão territorial, cuja camada pobre constitui a maioria da população, o que não corresponde à realidade de alguns países da Europa que foram igualmente assolados com perdas em números percentuais alarmantes, maiores que os do Brasil.

As mortes por Covid-19 trazem consigo uma dor adicional no que se refere ao adeus sufocado, já que a solidão se inicia desde as medidas de segurança a partir da internação do paciente, que passa a ser impedido de ter algum contato com a família e amigos. Em relação aos pacientes que falecem, esse afastamento progressivo se eterniza e a família se vê sem direito a velório e sem possibilidade de chorar e vivenciar a perda de forma compartilhada – uma situação que poderá causar danos irreversíveis do ponto de vista psicoemocional da família que não pôde dizer adeus nem realizar o sepultamento de forma convencional, uma vez que o corpo é entregue aos familiares pelo hospital já lacrado, não podendo a família contemplar a face de seu ente querido pela última vez (CABRAL et.al, 2020). Muitas são as situações difíceis de serem contornadas por medidas simplistas, sendo necessária a adoção de várias políticas públicas direcionadas à redução, quiçá eliminação das mortes miseráveis no Brasil. A mistanásia é uma séria questão social e uma realidade que parece não incomodar, motivo pelo qual se diz que as vidas são banalizadas, e a morte massiva ignorada.

A mistanásia ocorre há muito e continua a ocorrer em tempos de pandemia. Pessoas continuam a morrer por causas evitáveis, por motivos banais de saúde pública. A mistanásia não causa comoção porque não gera um amontoado de corpos em um mesmo local – como foi o caso da pandemia –, embora seja um número alarmante de vítimas de todo tipo de violência, diariamente, não gera perplexidade porque os corpos não são aglomerados, mas esparsos pelo território nacional, os dados não causam espanto, mas são estarrecedores. Vale observar: "Cerca de 829 brasileiros morrem diariamente em hospitais públicos e privados por falhas que poderiam ser evitadas, segundo o Anuário da Segurança Assistencial Hospitalar no Brasil [...]" (BARONI, 2017). Essa estatística supera as mortes por Covid no Brasil. Somente essa. Sem contar as mortes violentas no trânsito, os suicídios, o feminicídio e outras forma cruéis e indignas de morrer. E dizem respeito a situação de normalidade. Nada de excepcional. "Por todos esses motivos, tem-se hoje a Mistanásia como um silencioso holocausto, mortes de centenas de milhares de brasileiros desprezados, mortes que parecem não impactar a sociedade [...]" (CABRAL, 2020b, p. 33).

A pandemia de proporções mundiais trouxe consigo medo, ansiedade e ao apresentar verdadeiros amontoados de corpos em diversos países do mundo, como foi o caso da Itália e que se repetiu no Brasil (notadamente em Manaus e São Paulo, containers cheios de corpos), é um cenário que choca, pois digno dos horrores da ficção. Apesar de a pandemia ser uma situação de crise, vai cumprir o ciclo de um colapso: chegou, vai deixar rastros danosos, mas vai passar – pois a crise passa, não é uma situação que se perpetua no tempo, na realidade fática. Mas não é o que ocorre com a mistanásia. Assim são as crises, vêm e vão. Por esse motivo, a mistanásia no Brasil não pode ser considerada como crise em razão de seu caráter contínuo, perene e já instalado na realidade brasileira, notadamente em grandes centros urbanos (CABRAL, 2020a).

Preocupa a constatação de que a mistanásia não é uma crise, mas uma situação rotineira, do cotidiano nacional, que já nem merece destaque nos jornais; pelo seu caráter crescente e duradouro, já não importa mais. Não se pode deixar de mencionar importante contribuição do médico catarinense que afirma: "O Poder Público não tem o direito de optar, nem a prerrogativa de elencar prioridades quando os direitos fundamentais da cidadania estão em pauta" (BASTIAN JUNIOR, 2012). Ele advertiu para a existência de mistanásia nos hospitais públicos de Santa Catarina desde 2012, explicando que é dever do Estado cessar todas as demais atividades, passando a canalizar esforços para o cumprimento dos direitos fundamentais: suspender campanhas, realocar recursos de outra natureza, restringir recursos humanos e administrativos para o cumprimento da mais importante missão do governo democrático, que são saúde, segurança pública e educação (BASTIAN JUNIOR, 2012).

Entende-se, então, que a verdadeira crise não é a Covid-19, mas violência (em vários aspectos como no trânsito, doméstica e familiar), tráfico de drogas, estupros, feminicídio, suicídios, fome, miséria, desemprego, falta de acesso a atendimento de saúde, insuficiência de leitos hospitalares, exemplificativamente. São situações existentes antes da Covid-19 e que continuarão a existir no contexto de "normalidade" se não forem adotadas sérias medidas de proteção à dignidade humana em dimensão nacional, principalmente na periferia dos grandes centros urbanos, onde também a Covid-19 causa maior impacto do que nos bairros de classe elevada (CABRAL, 2020a).

Para finalizar, impende explicar que traçar reflexões transversais à mistanásia e à Covid-19 tem o intuito de despertar para os vieses da saúde pública, sendo uma realidade multifacetada em diversos matizes e que em todos esses aspectos impõe medidas urgentes de proteção à vida e à saúde do cidadão – em especial ao vulnerado – um cuidado que em última análise estará resguardando seu direito à dignidade que, além de ser um direito constitucional, atende aos princípios bioéticos da beneficência, da não maleficência e da justiça e equidade.

Conclusões

A pandemia de Covid-19, longe de ser apenas um enorme problema de saúde, está impactando profundamente a vida das pessoas em todos os seus domínios. Esse impacto efetivamente atingiu todas as pessoas e não apenas os infectados, na medida em que, na tentativa de conter a disseminação do vírus, tão contagioso, que não se intimidou com qualquer tipo de barreira, foram adotadas medidas de isolamento social, ora mais brandas, ora mais restritivas, de modo que as pessoas foram impedidas de circular, de trabalhar, de conviver em família e em sociedade. Os infectados viram-se ainda mais isolados, muitas vezes dentro de um quarto; outras, quando o quadro se complicou, dentro de unidades de terapia intensiva, sem o acompanhamento de qualquer familiar, tornando o processo de tratamento ainda mais assustador e aterrorizante.

Muitas mortes evitáveis, pois tem-se de um lado uma situação real e recorrente de vidas banalizadas e mortes precoces em situação indigna e, de outro lado, uma pandemia de dimensões globais que afeta a sociedade gerando cenas de pavor, com verdadeiros amontoados de corpos (em algumas localidades, em *containers* cheios de corpos), uma cena que ocasionou pavor e insegurança. Os ainda não infectados tiveram que se recolher em casa, pelas restrições governamentais, o que implicou a paralisação de funcionamento da indústria e do comércio, impactando sobremaneira a economia e, em consequência, gerando a perda de empregos e o fechamento de várias empresas, que não conseguiram se manter diante da tamanha crise.

A crise econômica passará e, por seu caráter transitório, ainda que grave, a crise sanitária também vai passar. Haverá um momento em que a denominada imunidade de rebanho será alcançada, o que de fato está acontecendo, inclusive em razão do desenvolvimento das variadas vacinas, em tempo recorde, por diversos laboratórios, incentivados e até subsidiados por governos do mundo inteiro, e sua aplicação na população mundial, até mesmo no Brasil pelo Sistema Público de Saúde (SUS). Nesse caso, há tendência à calmaria. Mas não é o caso da mistanásia, que depende de austeras e urgentes medidas em relação à adoção de políticas públicas eficazes. Não é uma questão de opção, mas de urgente tomada de decisão por parte do Poder Público, a fim de proteger a dignidade durante a vida e promovê-la no momento da morte: eis um desafio para este momento histórico de pandemia e pós-pandemia.

Referências

AITH, Fernando. **Curso de direito sanitário**: a proteção do direito à saúde no Brasil. São Paulo: Quartier latin, 2007.

ALEXY, Robert. Teoria da argumentação jurídica. **A Teoria do Discurso Racional como Teoria da Fundamentação Jurídica.** (Trad.: Zilda Hutchinson Shild Silva). 5. ed. Rio de Janeiro: Forense, 2020.

AZEM, Guilherme Beux Nassif. Direito à saúde e comprovação da hipossuficiência. *In:* ASSIS, Araken de. (Org.). **Aspectos polêmicos e atuais dos limites da jurisdição e do direito à saúde**. Porto Alegre: Notadez, 2007. p. 13-25.

BARCELLOS, Ana Paula de. Constitucionalização das políticas públicas em matéria de direitos fundamentais: o controle político-social e o controle jurídico no espaço democrático. *In:* SARLET, Ingo Wolfgang; TIMM, Luciano Benetti. (Orgs.). **Direitos Fundamentais: orçamento e reserva do possível**.2. ed. rev. amp. Porto Alegre: Livraria do Advogado, 2010. p. 101/132.

BASTIAN JUNIOR, Aguinel. Mistanasia: a morte miserável. In: PEREIRA, Moacir. (Org.). **Greve e a nota da ACM**: "Mistanasia – a morte miserável". 2012. Disponível em: https://bit.ly/2IQv57l. Acesso em: 20 set. 2020.

BOBBIO, Norberto. **Teoria do ordenamento jurídico**. Brasília: Pólis, 1989.

CABRAL, Hildeliza Lacerda Tinoco Boechat. Mistanasia y aspectos miserables de la muerte en el Brasil. In: TINANT, Eduardo Luis (Presidente del Consejo de Bioética del IIDHA y Director del Anuario). **Anuario de bioética y derechos humanos del Instituto Internacional de Derechos Humanos, capítulo para las Américas** (IIDH). Buenos Aires, 2019, p. 67-81.

CABRAL, Hildeliza Lacerda Tinoco Boechat. **Mistanásia em tempos de Covid-19**. Campos dos Goytacazes: Encontrografia, 2020a.

CABRAL, Hildeliza Lacerda Tinoco Boechat. Mistanásia no Brasil: o silencioso holocausto do século XXI. In CABRAL, Hildeliza Lacerda Tinoco Boechat; ROCHA-PONTES, Dulce Helena; PINHO, Leandro Garcia (Orgs). **Ensaios interdisciplinares em tempos líquidos**: homenagem a Zygmunt Bauman. Campos dos Goytacazes, RJ: Encontrografia, 2020b.

CABRAL, Hildeliza Lacerda Tinoco Boechat; ROUBLES-LESSA, Moyana Mariano; CRUZ, Raiza Sepulveda da; MONTEIRO, Juliana Rios; GUIMARÃES, Danielle Nascimento. Consequências do adeus negado às vítimas da covid-19. **Revista Transformar**. Disponível em: encurtador.com.br/ipuD9. Acesso em: 27 set. 2020.

BBC. **CORONAVÍRUS**: por que é fundamental 'achatar a curva' da transmissão no Brasil. 2020. Publicado em: 13 mar. 2020. Disponível em: encurtador.com.br/cmuKN. Acesso em: 27 ago. 2020.

DALL'AGNOL, Laísa. **Caixa explica problemas no aplicativo Caixa Tem**; veja como resolver. Publicado em: 09 jul. 2020. Disponível em: encurtador.com.br/dmpI8. Acesso em: 27 ago. 2020.

DUDH. **DECLARAÇÃO UNIVERSAL DOS DIREITOS HUMANOS**. Assembleia Geral das Nações Unidas em Paris. 10 dez. 1948. Disponível em: encurtador.com.br/fpuAK. Acesso em: 26 ago. 2020.

ESPOLADOR, Rita de C. Requetti Tarifa; FURLAN, Alessandra Cristina. Algumas considerações sobre o mínimo existencial à luz da dignidade da pessoa humana. **Revista do Direito Privado da UEL**, Londrina, v. 1, n. 3, set. 2008. Disponível em: encurtador.com.br/diyT4. Acesso em: 26 ago. 2020.

FERREIRA, Sidnei. A mistanásia como prática usual dos governos. **Jornal do CREMERJ**. Rio de Janeiro, RJ: Edigráfica, n. 324, p. 1-12, mar./abr. 2019.

FIGUEIREDO, Mariana Filchtiner. **Direito fundamental à saúde**: parâmetros para sua eficácia e efetividade. Porto Alegre: Livraria do Advogado, 2007.

GABRIEL, João. AO VIVO | Consequências sociais do coronavírus – Brasil Escola. **Brasil Escola in: YouTube,** 08 abr. 2020. Disponível em: encurtador.com.br/asHKU. Acesso em: 27 ago. 2020.

GABRIEL, João. AO VIVO | Pobreza e marginalização na epidemia do coronavírus – Brasil Escola**. Brasil Escola in: YouTube,** 24 mar. 2020. Disponível em: https://www.youtube.com/watch?v=uj1KYoJyZVM. Acesso em: 27 ago. 2020.

GOV. BR. Auxílio Emergencial alcança mais de 65 milhões de brasileiros. Site oficial **GOVERNO DO BRASIL**. 8 jul. 2020. Disponível em: https: encurtador.com.br/gkzAB. Acesso em: 27set.2020.

GOVERNO BRASILEIRO. Anvisa. Agência Nacional de Vigilância Sanitária. Regulamento Sanitário Internacional. Disponível em: encurtador.com.br/asFN9. Acesso em: 10 set. 2020.

GRUBER, Arthur. Covid-19: o que se sabe sobre a origem da doença. *In:* **Jornal da USP**. 14 abr. 2020. Disponível em: encurtador.com.br/rAG68. Acesso em: 10 set. 2020.

ISMAIL FILHO, Salomão. **Mínimo existencial**: um conceito dinâmico em prol da dignidade humana. 05 dez. 2016. Disponível em: encurtador.com.br/lDRU7. Acesso em: 27 ago. 2020.

LABOISSIÈRE, Paula. Brasil perdeu mais de 40 mil leitos do SUS nos últimos dez anos. **Agência Brasil**, Brasília, 23 out. 2018. Disponível em: encurtador.com.br/mnxHZ. Acesso em: 08 set. 2020.

LEAL, Aline. Brasil acumula 141.406 mortes pelo novo coronavírus. **Agência Brasil**, 26 set.e 2020. Disponível em: encurtador.com.br/pGMR1. Acesso em: 27 set. 2020.

LEDO, Maria Eduarda. **Taxa de Mortalidade do Coronavírus Pode Ser Inferior a 2%.** Disponível em: encurtador.com.br/evCU8. Acesso em: 10 set. 2020.

LIMA, Ricardo Seibel de Freitas. Direito à saúde e critérios de aplicação. *In:* SARLET, Wolfgang; TIMM, Luciano Benetti. (Orgs.). **Direitos Fundamentais**: orçamento e reserva do possível.2. ed. rev. amp. Porto Alegre: Livraria do Advogado, 2010. p. 237-253.

MENDONÇA, Márcia Helena e SILVA, Marco Antonio Monteiro da. Vida, dignidade e morte: cidadania e mistanásia. **Iusgentium**. v. 9. n. 6. Edição Extra. p. 151-190. Disponível em: encurtador.com.br/exHS8. Acesso em: 10 set. 2020.

MOLINARO, Carlos Alberto; MILHORANZA, Mariângela Guerreiro. Alcance político da jurisdição no âmbito do direito à saúde. *In:* ASSIS, Araken de (Org.). **Aspectos polêmicos e atuais dos limites da jurisdição e do direito à saúde**. Porto Alegre: Notadez, 2007. p. 201/230.

MORONTE, Elver Andrade. A pandemia do novo coronavírus e o impacto na saúde mental dos trabalhadores e trabalhadoras. In: AUGUSTO, Cristiane Brandão Augusto; SANTOS, Rogério Dultra dos. (Org.). **Pandemias e Pandemônio no Brasil**. São Paulo: Tirant lo Blanch, 2020, p. 219-228.

NEUENSCHWANDER, Juliana; GIRALDES, Marcus. "Amanhã vai ser outro dia"? Reflexões sobre as questões do presente no mundo em crise. In: AUGUSTO, Cristiane Brandão Augusto; SANTOS, Rogério Dultra dos. (Org.). **Pandemias e Pandemônio no Brasil**. São Paulo: Tirant lo Blanch, 2020, p. 45-59.

NOBRE, Marcos e RODRIGUEZ, José Rodrigo. Judicialização da política: déficits explicativos e bloqueios normativistas. **Fórum "Dilemas da Modernidade Periférica**. Disponível em: encurtador.com.br/buPQR. Acesso em: 10 set. 2020.

OLIVEIRA, Adriana Cristina de; LUCAS, Thabata Coaglio; IQUIAPAZA, Robert Aldo. O que a pandemia da Covid-19 tem nos ensinado sobre adoção de medidas de precaução? **Texto & contexto**: Enfermagem, Florianópolis, v. 29, 08 maio 2020. Disponível em: encurtador.com.br/emBEX. Acesso em: 10 set. 2020.

OLIVEIRA, Wanderson Kleber de et al. Como o Brasil pode deter a Covid-19. **Epidemiologia e Serviços de Saúde**, Brasília, v. 29, n. 2, 2020. Disponível em: encurtador.com.br/cswU6. Acesso em: 10 set. 2020.

OPAS. Organização Pan-Americana da Saúde. Folha informativa Covid-19 – Escritório da OPAS e da OMS no Brasil Disponível em: encurtador.com.br/ahizI. Acesso em: 10 set. 2020.

PAREDES, Norberto. **Coronavírus**: o que está por trás da aparente resistência da África à pandemia. 12 maio 2020. Disponível em: encurtador.com.br/ezBG5. Acesso em: 10 set. 2020.

PEREIRA, Flávia Canto; COELHO, Helenira Bachi. Limites da jurisdição: direito à saúde limite da obrigação do Estado. *In:* ASSIS, Araken de (Org.). **Aspectos polêmicos e atuais dos limites da jurisdição e do direito à saúde**. Porto Alegre: Notadez, 2007. p. 159/164.

PESSINI, Leo. **Em torno do conceito ético do mistanásia (II)**. 2015. Disponível em: encurtador.com.br/xQYZ2. Acesso em: 20 set. 2020.

PORFÍRIO, Francisco. Bioética. **Brasil Escola**. 07 jun 2019. Disponível em: encurtador.com.br/jmrL8. Acesso em: 27 ago. 2020.

PROFISSIONAIS da saúde reclamam da falta de equipamentos de proteção individual. **Cofen, 2020.** 12 abr. 2020. Disponível em: encurtador.com.br/muPWZ. Acesso em: 27 ago. 2020.

SARLET, Ingo Wolfgang. **Os direitos sociais como direitos fundamentais:** contributo para um balanço aos vinte anos da Constituição Federal de 1988. 2008. Disponível em : encurtador.com.br/aoBO1. Acesso em: 10 set. 2020.

______; FIGUEIREDO, Mariana Filchtiner. Reserva do possível, mínimo existencial e direito à saúde: algumas aproximações. *In:* SARLET, Wolfgang; TIMM, Luciano Benetti. (Orgs.). **Direitos Fundamentais**: orçamento e reserva do possível. 2. ed. rev. amp. Porto Alegre: Livraria do Advogado, 2010. p. 13/50.

______; ZOCKUN, Carolina Zancaner. **Notas sobre o mínimo existencial e sua interpretação pelo STF no âmbito do controle judicial das políticas públicas com base nos direitos sociais.** jul. 2016. Disponível em: encurtador.com.br/erwVY. Acesso em: 27 ago. 2020.

SCHRAMM, Fermin Roland. Bioética da Proteção: ferramenta válida para enfrentar problemas morais na era da globalização. **Revista Bioética**, v. 16, n. 1. p. 11-23. Disponível em: encurtador.com.br/cnyBT. Acesso em: 10 set. 2020.

______. A bioética de proteção: uma ferramenta para a avaliação das práticas sanitárias? **Ciência e saúde coletiva**, [s. l.], v. 22, n. 5, maio 2017. Disponível em: encurtador.com.br/hDV08. Acesso em: 20 set. 2020.

SCHUELER, Paulo. O que é uma pandemia. 23 mar. 2020. **Instituto de Tecnologia em Imunobiológicos**, Bio-Manguinhos/Fiocruz. Disponível em: encurtador.com.br/tFR47. Acesso em: 10 set. 2020.

SCHWARTZ, Germano. O tratamento jurídico do risco no direito à saúde. Porto Alegre: Livraria do Advogado, 2004. 199 p. *In:* SARLET, Wolfgang; TIMM, Luciano Benetti. (Orgs.). **Direitos Fundamentais**: orçamento e reserva do possível. 2. ed. rev. amp. Porto Alegre: Livraria do Advogado, 2010. p. 63-78.

UNIFESP. **Qual é a diferença entre surto, epidemia, pandemia e endemia?** Disponível em: encurtador.com.br/enH45. Acesso em: 10 set. 2020.

WERNECK, Guilherme Loureiro; CARVALHO, Marilia Sá. A pandemia de Covid-19 no Brasil: crônica de uma crise sanitária anunciada. **Cadernos de Saúde Pública**, v. 36 n. 5. Rio de Janeiro, maio 2020. Disponível em: encurtador.com.br/iBX27. Acesso em: 10 set. 2020.

13. PARTICIPAÇÃO DE CRIANÇAS EM PESQUISAS CLÍNICAS TERAPÊUTICAS: ENTRE A OBSTINAÇÃO TERAPÊUTICA DOS PAIS E O MELHOR INTERESSE DA CRIANÇA

FERNANDA SCHAEFER

Não é uma questão de morrer cedo ou tarde,
Mas de morrer bem ou mal

(SÊNECA).

Introdução

Há poucos anos duas notícias ganharam atenção mundial: o caso Charlie Gard (2017) e o caso Ashya King (2014), ambos do Reino Unido.

Na primeira situação, o menino sofria da síndrome de miopatia mitocondrial, doença genética e incurável que entre outros danos provoca a perda da força muscular e degeneração cerebral. Charlie nasceu em 2016 e dois meses depois foi internado no Hospital Great Ormond Street (Londres) de onde não mais saiu. Após várias tentativas de tratamentos, inclusive experimentais, quando o menino já não se movia mais e respirava com a ajuda de aparelhos o hospital ingressou com pedido de autorização judicial para realizar o desligamento das máquinas, entendendo que a obstinação terapêutica dos pais violava a dignidade da criança.

Os pais do bebê tentaram reverter a decisão judicial alegando que ainda havia possibilidade do menino ser transferido aos Estados Unidos onde poderia ser submetido a novo tratamento experimental que reduziria os efeitos da doença. No entanto, após análise de toda documentação clínica e declaração dos médicos pesquisadores americanos que afirmaram que não tinham observado melhora em crianças em estado tão avançado da síndrome, a Suprema Corte inglesa entendeu que a busca pelo tratamento experimental apenas prolongaria o sofrimento do já agonizante bebê, sem eficazmente oferecer-lhe qualidade de vida. Na mesma conclusão chegou a Corte Europeia de Direitos Humanos que orientou o desligamento do suporte artificial de vida (BBC, 2017).

No segundo caso, em 2014 a Interpol iniciou busca pelo menino britânico Ashya King (à época com 5 anos), levado por seus pais do hospital no qual fazia tratamento para combater um tumor cerebral. Os pais retiraram a criança do nosocômio sem autorização médica, colocando a sua saúde em risco uma vez que o menino além de ter sua saúde fragilizada em virtude da doença e de duas cirurgias pelas quais havia recentemente passado, dependia de suporte de equipamento que poderia ficar sem bateria. O hospital acionou a polícia britânica que diante da notícia de que a família já não estava mais em Londres acionou a Interpol.

Após o alerta internacional, a família foi localizada na Espanha já com a criança internada em outro hospital. Seus pais, após serem presos, justificaram a conduta afirmando que procuravam tratamento de feixe de prótons, disponível em Praga e que teria sido negado pelo hospital de origem que sustentava que o tratamento regular seria suficiente para a recuperação da criança e que o procedimento desejado não traria qualquer benefício.

A ordem de extradição da família acabou não sendo executada porque as autoridades consideraram que o retorno ao Reino Unido poderia colocar novamente em risco o menino. Após a soltura dos pais, a família seguiu para Praga onde o menino foi submetido ao tratamento desejado. Hoje os pais afirmam estar o menino curado, sem, no entanto, se saber ao certo se foram as duas cirurgias de extração do tumor realizadas no Reino Unido que o salvaram ou se foi o tratamento com feixe de prótons em Praga (BBC, 2015).

Para além dos demais desdobramentos e particularidades de cada situação o que se evidenciou foi a incessante busca dos pais das crianças, portadoras de graves doenças, por tratamentos alternativos ou ainda em fase de ensaios clínicos, mesmo contraindicados pelos médicos. Dessas situações, é impossível não pensar nos limites da participação de crianças em pesquisas clínicas, bem como, na obstinação terapêutica dos pais que buscam cura ou tratamento para seus filhos a qualquer custo. A reflexão aqui proposta, a partir de pesquisa bibliográfica, busca definir os limites da autoridade parental visando a proteção do melhor interesse da criança em face da obstinação terapêutica de seus pais.

1. Pesquisas clínicas com crianças

A pesquisa clínica com crianças, em termos históricos, é recente. Os estudos começaram a ser realizados no século XVII, ligados ao tratamento das condições da infância e, com o surgimento da Pediatria, foram ganhando cada vez mais espaço ao longo do século XVIII. No século XIX a Pediatria foi reconhecida oficialmente como especialidade médica, fomentando o interesse pela saúde infantil e a criação de alas especializadas em hospitais. No século XX as pesquisas clínicas com crianças desenvolveram-se com especial atenção nas doenças infectocontagiosas, chegando ao século XXI com o foco estabelecido nas doenças raras (ELER, *et al*, 2019, p. 2-4).

Ao longo dos últimos anos tratamentos experimentais e ensaios clínicos vêm se disseminando não só pela quantidade de patrocinadores e pela tecnologia envolvida, mas também em razão da proliferação de informações e notícias sobre eles.

Pesquisa[1] "significa uma classe de atividades cujo propósito é de contribuir para o conhecimento generalizável, que, por sua vez, consiste em teorias, princípios ou relações, ou no acúmulo de informações, que possam ser confirmadas por métodos cientificamente aceitos" (GODINHO, 2015, p. 328). Portanto, a pesquisa clínica é o estudo sistemático de molécula, medicamento ou tratamento médico em seres humanos, tendo por objetivo, segundo Paula Pereira (2019, p. 2),

> Obter conhecimento necessário para chegar a um tratamento capaz de curar ou, ao menos, de melhorar as condições de vida. O estudo clínico pode ser chamado de terapêutico, caso sua finalidade seja diagnosticar, voltada para o benefício direto da pessoa submetida à pesquisa, ora denominada

[1] Nos termos do item II.12, da Resolução 466/12, CNS, "pesquisa – processo formal e sistemático que visa à produção, ao avanço do conhecimento e/ou à obtenção de respostas para problemas mediante emprego de método científico".

de participante; e não terapêutico ou puro, sem fins terapêuticos imediatos para o voluntário, quando realizado em pessoas saudáveis ou doentes que não tenham a doença alvo do combate com a pesquisa.

Os estudos clínicos exigem o detalhamento em protocolos que indicam como a pesquisa será realizada, a que tipos de paciente se dirige, como será acompanhada, qual o objetivo, a metodologia, a duração, eventuais considerações estáticas, riscos e benefícios. No Brasil, os participantes da pesquisa devem ser voluntários[2], tendo sua identidade resguardada, devendo os estudos encontrarem justificativa na possibilidade concreta de extrair vantagens significativas ao pesquisado. Barboza (2009, p. 218-219) explica que as pesquisas com seres humanos são admitidas quando:

a) oferecem elevada possibilidade de gerar conhecimento para entender, prevenir ou aliviar um problema que afete o bem-estar dos sujeitos da pesquisa e de outros indivíduos;
b) o risco se justifique pela importância do benefício esperado;
c) o benefício seja maior, ou no mínimo igual, ao das outras alternativas já estabelecidas para a prevenção, o diagnóstico e o tratamento.

Os sujeitos de pesquisa devem assinar um termo de consentimento cujo principal pilar é o dever de esclarecer sobre potenciais riscos e benefícios esperados. O termo de consentimento, absolutamente essencial à legalidade dos estudos, caracteriza-se por ser um negócio jurídico bilateral atípico, de natureza existencial e que, portanto, exige capacidade civil do aderente da pesquisa, o que leva ao questionamento sobre a validade jurídica da autorização concedida pelos genitores para que seus filhos menores se submetam à determinada pesquisa clínica uma vez que estão a dispor de sua integridade físico-psíquica.

[2] Vide exceção no item II.10, da Resolução 466/12, CNS: "participante da pesquisa – indivíduo que, de forma esclarecida e voluntária, ou sob o esclarecimento e autorização de seu(s) responsável(eis) legal(is), aceita ser pesquisado. A participação deve se dar de forma gratuita, ressalvadas as pesquisas clínicas de Fase I ou de bioequivalência". Pesquisas de Fase I são aquelas que se usa pela primeira vez um medicamento em um ser humano, geralmente saudável e pesquisas de bioequivalência são aquelas que se destinam a estudar a equivalência esperada de duas preparações diferentes de um mesmo medicamento, sendo normalmente utilizadas para testar medicamentos genéricos.

A Resolução n. 466/2012, CNS, autoriza no item IV.6.a) a realização de pesquisas clínicas com crianças devendo a pesquisa ter "[...] justificativa clara de sua escolha, especificada no protocolo e aprovada pelo CEP, e pela CONEP, quando pertinente. Nestes casos deverão ser cumpridas as etapas do esclarecimento e do consentimento livre e esclarecido, por meio dos representantes legais dos convidados a participar da pesquisa, preservado o direito de informação destes, no limite de sua capacidade".

Embora a regulação ética[3] das pesquisas clínicas não seja suficiente para resguardar os sujeitos de pesquisa, não há legislação específica sobre o tema no Brasil, sendo que o pouco que há está distribuído em normas esparsas e de variados órgãos de controle e fiscalização, o que as torna pouco operacionais. Por isso, as normas éticas de boa prática médica acabam integradas no sistema jurídico tanto por meio da atividade pública de controle e fiscalização da pesquisa, bem como, pela integração entre regras administrativas, contratos e termos de consentimento, protocolos de pesquisa e normas como a Constituição Federal, o Código Civil e o Código de Defesa do Consumidor.

As pesquisas clínicas são parte importante e indissociável do desenvolvimento científico, contanto, inclusive com proteção constitucional (arts. 1º., IV; 5º., IX, 170; 218 e 219, CF). No entanto, por sua própria natureza as experimentações científicas exigem cautela, mesmo porque natural o paradoxo: a justificativa para sua realização são os potenciais benefícios ao doente com a comprovação da segurança e eficácia do tratamento, no entanto, a pesquisa se realiza justamente antes dessa prova ser obtida.

Então, aos pais que desejam submeter seus filhos a tratamentos experimentais e pesquisas clínicas deve ficar claro: ensaio clínico não é tratamento médico (no sentido funcional do termo) e, por isso, necessária a discussão quanto à autorização da inclusão de crianças nesses ensaios,

[3] Vide: Código de Nuremberg (1947); Declaração Universal dos Direitos Humanos (1948); Declaração de Helsink (2013); Pacto Internacional sobre os Direitos Econômicos, Sociais e Culturais (1966); Pacto Internacional sobre Direitos Civis e Políticos (1966); Diretrizes Internacionais para Pesquisas Envolvendo Seres Humanos (1982) e Diretrizes Éticas Internacionais para Pesquisas Biomédicas Envolvendo Seres Humanos (1993); Declaração Universal sobre o Genoma Humano e os Direitos Humanos (1997); Declaração Internacional sobre os Dados Genéticos Humanos (2003); Declaração Universal sobre Bioética e Direitos Humanos (2005).

especialmente quando o consentimento dos pais decorre de obstinação terapêutica.

2. Obstinação terapêutica

Inúmeras são as notícias (sensacionalistas ou não) sobre pesquisas clínicas em andamento, no entanto, especialmente quando voltadas à pesquisa de doenças raras, acabam por criar esperança de cura e/ou tratamento em pais de crianças acometidas por graves enfermidades, levando-os até mesmo à judicialização para obrigar o pesquisador a receber o enfermo no ensaio clínico.

Na busca de tratamento e muitas vezes influenciados por falsas esperanças esses pais acabam submetendo seus filhos a pesquisas clínicas que nem sempre representarão realmente ganho na qualidade de vida, garantindo, tão-somente, quantidade de vida biológica. E aí está o início do problema: qual é o limite da autoridade parental quando à situações existenciais da prole? Quando o tratamento será considerado útil ou quando será fútil?

As novas tecnologias e o desenvolvimento do conhecimento biológico parecem encarnar o desejo humano da imortalidade e, com isso, a obstinação terapêutica vem ganhando cada vez mais espaço. A distanásia acaba se justificando por essa fantasia da luta, a qualquer preço, contra a finitude da vida, o que conduz à distorção de preceitos fundamentais da Medicina que acaba por valorizar a vida apenas em sua dimensão física (retomada da visão mecanicista da prática médica), colocando em xeque o livre desenvolvimento da criança e sua dignidade.

A distanásia é "uma ação, intervenção ou um procedimento médico que não atinge o objetivo de beneficiar a pessoa em fase terminal ou que prolonga inútil e sofridamente o processo de morrer, procurando distanciar a morte" (PESSINI, 2007, p. 330). A (f)utilidade do tratamento, então, deve ser um guia prudente de avaliação ética e jurídica de condução de pesquisas clínicas e que deve levar em conta primordialmente o bem do paciente e a eficácia do tratamento, reconhecendo-se a pessoa em todas as suas dimensões.

De fato, a obstinação terapêutica, não confere dignidade ao processo de morrer, ao contrário, para o doente, muitas vezes, causa mais dor e sofrimento. A distanásia é uma resposta moral dos pais que para enfrentar a dor da perda iminente do filho, acabam buscando na esperança (nem sempre legítima) de tratamentos experimentais o consolo pela morte prematura.

"A onipotência técnico-científica a serviço da ciência médica criou a ilusão da saúde perfeita que vence todas as doenças e imperfeições da natureza humana. Consequentemente, não aceita nenhum fracasso diante da doença e da morte" (PESSINI, 2007, p. 332). A obstinação terapêutica sacrifica a dignidade humana em nome da manutenção de uma vida física, muitas vezes desprovida de significado para o próprio paciente.

Nota-se, então, que o conhecimento biotecnológico vem tornando a morte um evento cada vez menos digno. O morrer tornou-se um problema gerador de angústia, incertezas e desafios éticos e jurídicos que exige reflexão ainda mais aprofundada sobre os limites da atuação médica e da autoridade parental quando o paciente é um menor ou incapaz.

A absolutização da vida biológica pura e simplesmente sacrifica a dignidade humana em todas as suas dimensões (inclusive naquela que se refere à mortalidade). O cuidar, portanto, não deve ser compreendido como cuidado a qualquer custo. O cuidado com o paciente envolve também o reconhecimento da sua mortalidade, direcionando-se a atenção ao doente e não à cura que não virá, garantindo que a vida que lhe resta seja tomada por sentido e afeto.

Muito se discute sobre a oposição dos pais a tratamento médico por objeção de consciência, mas pouco se discute a obstinação terapêutica dos genitores também por razões de consciência. Tratam-se de situações que, sem dúvida, apresentam conflito entre a autoridade parental conferida pela lei e a tutela do melhor interesse da criança e que devem ter em conta que o poder familiar não faculta aos genitores a tomada de decisão livre quando se referem a situações jurídicas existenciais dos filhos.

"Já é tempo de entendermos que o propósito da Constituição Federal de 1988 é o da prevalência da dignidade da pessoa humana, em interpretação que se estende para uma concepção de garantia da integridade e do bem-estar psicofísico, como sendo algo construído e reconstruído pela pessoa titular do Direito" (FREIRE DE SÁ, *et al*, 2015, p. 166). A intangibilidade da vida conduz à fragilização da compreensão do seu significado a partir da dignidade e a obstinação terapêutica demonstra justamente a reificação do ser humano em razão de uma sacralidade que não encontra justificativa.

Não se está aqui sustentando a vedação da participação de crianças em pesquisas clínicas terapêuticas, o desprezo à vida humana, a coisificação da pessoa ou defendendo-se técnicas eugênicas. O que se está a afirmar é que toda vida humana tem o mesmo valor, sendo mesquinha e irracional a decisão pela obstinação terapêutica que se preocupa apenas com quantidade vida e não com sua dignidade, colocando todo seu foco no estéril combate à morte. Nas palavras de Vieira (2009, p. 235) deve-se "evitar que a Medicina e a tecnologia tornem-se um fim em si mesmas, verdadeiras armas na inútil batalha de preservar a vida que, do ponto de vista natural, praticamente não existe mais".

A obstinação terapêutica não visa prolongar a vida, mas sim, o processo de morrer, sendo seus efeitos nocivos para o paciente, que sofre muitas vezes em silêncio, sem qualidade mínima de vida. Assim, a decisão de autorizar a inscrição de uma criança em pesquisa clínica terapêutica deve levar em conta ser ela uma pessoa que possui direito ao livre desenvolvimento, à inviolabilidade de seu corpo e à dignidade, direitos garantidos constitucionalmente (arts. 1º., III; 5º., *caput*, II, III e 196, CF e arts. 11, 13 e 15, CC).

3. Autoridade parental e autonomia parental

A Constituição Federal de 1988 mudou radicalmente as relações familiares, especialmente no que tange à proteção da criança e do adolescente, conferindo-lhes a condição de sujeitos de direito e garantindo-lhes proteção especial em razão da sua (hiper)vulnerabilidade e da promoção do desenvolvimento de sua personalidade.

A partir dessa concepção, o poder familiar, tal como se encontra atualmente regulamentado, deixa de se revelar em seu sentido de dominação, apresentando-se no sentido de proteção, deixando claras as obrigações e deveres (patrimoniais e existenciais) dos pais com relação aos filhos menores e incapazes (arts. 1.630 a 1.638, CC), baseando-se no regime de colaboração familiar estabelecido pelo art. 227, CF, e sendo exercido em conformidade com melhor interesse da criança e do adolescente.

Daí decorre a necessidade de se reconhecer que o poder familiar se caracteriza por ser "menos um poder e mais um dever" (DIAS, 2016, p. 457) e, por essa razão, parte da doutrina prefere denominá-lo autoridade parental, refletindo, assim, a consagração do constitucional do princípio da proteção integral da criança e do adolescente que os reconhece como sujeitos de direito e determina aos pais o dever de proporcionar o seu pleno desenvolvimento e formação (física, moral e social) integral.

Dessa forma, não se trata do exercício de um poder ou de uma autoridade propriamente dita, mas sim, de encargo imposto por lei aos pais no melhor interesse dos filhos. Por isso, sendo um poder-função não pode ser exercido ilimitadamente, estando subordinado, inclusive, à intervenção estatal o que conduz a um ponto de constante tensão: como equilibrar a supremacia do Estado e a liberdade de crença, educação, privacidade e livre planejamento familiar?

A autoridade parental é irrenunciável, intransferível, inalienável e imprescritível, portanto, as obrigações dela decorrentes são personalíssimas. Por isso, o art. 1.634, CC, optou por enumerar uma série de deveres que decorrem do poder familiar, sendo o rol ali previsto meramente enumerativo, uma vez que olvidou a legislação de enunciar o maior dever dos pais com relação aos filhos: o de dar afeto, bem como, não fez referência aos deveres constitucionalmente previstos ou enumerados no art. 22, do ECA.

A violação a esses deveres pode resultar em responsabilização por ato ilícito (art. 186, CC) ou abuso de direito (art. 187, CC), além da suspensão, destituição ou até extinção do poder familiar (arts. 1.635; 1.637 e 1.638, CC), bem como, responsabilidade criminal por abandono (arts. 133, 244 a 246, CP).

Os deveres impostos pela lei aos pais com relação aos filhos menores, não são exclusivamente patrimoniais, possuem, também (e cada vez mais), natureza existencial. "A essência existencial do poder familiar é a mais importante, que coloca em relevo a afetividade do responsável que liga pais e filhos, propiciada pelo encontro, pelo desvelo, enfim, pela convivência familiar" (DIAS, 2016, p. 461).

Então, atendendo ao mandamento constitucional, a privacidade e opções familiares deixam de ser absolutas e agora se submetem ao melhor interesse da criança e à solidariedade familiar, que impõem aos genitores não apenas deveres de natureza material, mas também de natureza espiritual e social.

Dentre os deveres determinados os pais, destaca-se o dever jurídico de cuidar[4] (arts. 227 e 229, CF), corolário do princípio constitucional da

[4] "O cuidado é uma forma de amor, porém não se trata do amor que vincula um casal pelo afeto, ou do sentimento que os pais nutrem pelos filhos. O cuidado é um amor construído com dispêndio de tempo e energia – o amor proativo da pós-modernidade –, forjado em

paternidade responsável. O cuidado (em suas diversas formas de manifestação) é um valor jurídico objetivo, sendo o excesso ou a omissão do genitor caracterizada como conduta antijurídica (violação de dever legal) que agrava a condição de vulnerabilidade da criança e do adolescente e viola o dever de solidariedade dos pais. Sendo objetivamente aferível, independe do afeto e quando não exercido no melhor interesse do menor exige intervenção direta do Estado.

Assim, os pais que na busca incansável por cura ou tratamento de seus filhos portadores de doenças graves, degenerativas e sem cura, desconsiderando muitas vezes a dignidade da vida humana porque cegos em sua batalha, optam por incluir seus filhos em ensaios clínicos, submetendo-os a tratamentos experimentais que muitas vezes apenas garantem quantidade de vida e não qualidade, praticam, então, um ilícito qualificado pelo excesso no dever jurídico de cuidado.

Trata-se de uma espécie de ilícito continuado que no mínimo pode estar permeado pela culpa grave do genitor que opta pela obstinação terapêutica, pouco se importando se os resultados de determinado ensaio clínico são realmente úteis à garantia de qualidade mínima de vida ao seu filho. Portanto, pouco importa aqui a intenção de provocar (ou não) um dano ao filho, basta que se caracterize o comportamento antijurídico pela falta de observação de um dever legal.

O exagero no cuidado, visando mais uma satisfação pessoal ("fiz tudo que pude por ele") que sobrepõe quantidade de vida à qualidade de vida é um dado objetivo e se evidencia pela contradição do comportamento dos genitores a dever imposto pela lei. Dessa forma, sendo missão do Direito Civil também conter comportamentos exagerados e antijurídicos, a obstinação terapêutica com a inscrição de crianças doentes em ensaios clínicos pouco ou nada eficazes para o seu estado clínico não deve ser resolvida apenas pelo viés reparador da responsabilidade civil porque não

um processo diuturno de providências, e sacrifícios; ou seja, atos materiais perfeitamente sindicáveis e objetivamente aferíveis por um espectador privilegiado. [...] o inadimplemento do cuidado é fato jurídico que interessa ao ordenamento jurídico". (ROSENVALD, 2018). "Cuidado implica garantir às crianças e aos adolescentes condições de desenvolvimento físico e emocional adequado, que lhes permita, inclusive, o sentimento de fazer parte de uma família, em cujo seio possam vivenciar o afeto, a confiança, a cumplicidade, proporcionando-lhes condições de estabilidade emocional" (MENEZES, *et al*, 2015, p. 510).

seria suficiente para alcançar a verdadeira finalidade que resguardar o melhor interesse da criança.

Por isso, a sanção deve se realizar por meio da análise do seu valor sintomático, ou seja, da valoração do ato que rompe com o ordenamento jurídico, utilizando-se recursos legislativos[5] que potencializem a concretização do dever de cuidado exercido em conformidade com o melhor interesse da criança, operando-se em um verdadeiro perfil funcional da responsabilidade civil[6], inibidora de comportamento antijurídico.

4. A vulnerabilidade das crianças e a autoridade parental

Crianças e adolescentes, segundo a Constituição Federal, são sujeitos de direito e por estarem em desenvolvimento são considerados vulneráveis. Então, a expressão aqui não é utilizada apenas em seu sentido substantivo[7], mas também adjectivante, ou seja, não é axiologicamente neutra, pois impõe à família e ao Estado o dever de defesa e promoção, bem como, o respeito à autodeterminação e dignidade de crianças e adolescentes (arts. 15 e 16, ECA).

[5] Como por exemplo o uso de tutelas inibitórias de cumprimento de dever legal de fazer e imposição de astreintes; medidas que são direcionadas à realização do próprio interesse violado, garantindo-se utilidade para o titular.

[6] Vale aqui a ressalva de Rosenvald: "o contraste entre a vontade do particular e a vontade da norma imperativa evidencia o ilícito. Mas, a doutrina se limita a se referir ao ato ilícito para caracterizar a responsabilidade civil e o efeito desfavorável da reparação de danos, desconhecendo a recorrência de um ilícito não danoso. A relação entre o ilícito e a responsabilidade civil é de gênero e de espécie. A obrigação de reparar danos patrimoniais ou morais é uma das possíveis eficácias do ato ilícito. Em sua estrutura, o ilícito demanda como elementos nucleares a antijuridicidade (elemento objetivo) e a imputabilidade (elemento subjetivo) do agente. O dano não é elemento categórico do ilícito, mas a ele se acresce como fato gerador de responsabilidade civil (art. 927, CC). Assim, de forma equivocada e míope, substitui-se uma noção ampla e indiscriminada de ilícito por um conceito restrito de ilícito danoso, que descuida da decisiva consideração de que a intervenção do direito se realiza no sentido de tornar possível uma reação a uma situação de contraste entre aquilo que foi estatuído e um certo comportamento, prescindindo da causa que determinou o ilícito. Portanto, a noção de ilícito se estende a uma série de *fattispecies*, nos quais a proibição de determinados atos gera a aplicação de uma sanção em sentido amplo, de forma a infligir um mal ao transgressor" (ROSENVALD, 2018).

[7] No sentido substantivo a vulnerabilidade tem função nominal, é ampla e compreende a ideia de que todo ser humano é vulnerável (concepção antropológica) (NEVES, Maria do Céu, 2007, p. 39)

Na área da saúde a vulnerabilidade da criança é ainda mais agravada, não só pela falta de discernimento para a tomada de decisão, mas também por serem civilmente incapazes de tomar as próprias decisões sobre seu corpo e sua saúde, ficando dependentes do processo de decisão de seus pais ou representantes legais, o que nem sempre está em consonância com os seus interesses. A vulnerabilidade se estabelece principalmente na confusão feita pelos genitores entre o 'fazer o seu bem e fazer o meu bem', desconsiderando a individualidade e, principalmente, a dignidade, a privacidade e o direito ao próprio corpo dos filhos menores.

Dessa forma, a inscrição em pesquisas clínicas terapêuticas, bem como, a atuação individual em nome de crenças diversas, não estão autorizadas a agravar a vulnerabilidade humana, ao contrário, na medida do possível devem contribuir para eliminá-las, visando sempre resguardar o melhor interesse da criança.

Por isso, o fundamento para qualquer intervenção de terceiro sobre o corpo humano é o consentimento de seu titular. A autodeterminação sobre o próprio corpo é, como o nome indica, pensada como liberdade de conservar ou modificar a saúde de acordo com as próprias convicções. Mas essa liberdade, moldada pela identidade pessoal, embora ampla, não é absoluta, impondo-se, por exemplo, a proibição de colocar em risco a saúde de terceiros (princípio da solidariedade).

A lógica é a mesma para as pesquisas clínicas. Observado estritamente o regime legal das capacidades estabelecido pela legislação civil e os poderes decorrentes da autoridade parental os pais teriam legitimidade para autorizar a inscrição de um filho menor em ensaio clínico, independente da manifestação deste, pois sua vontade, no sentido jurídico, não seria considerada em razão de uma pretensa ausência de discernimento para o ato.

Contudo, se analisada a questão sob a luz dos direitos de personalidade (integridade do corpo) e dos direitos fundamentais (vida e saúde, especialmente), questiona-se se realmente o consentimento nessas situações deve ser equiparado ao consentimento dado para a prática de atos patrimoniais, mormente quando há possibilidade de conflito de interesses entre os representantes e os representados.

Ora, se a autoridade parental concedida aos genitores consiste na melhor forma de proteger os interesses dos filhos, é consequência natural que os atos praticados em decorrência desse poder sejam exclusivamente analisados a partir da salvaguarda da vida e da saúde do menor.

Dessa forma, nas hipóteses em que se verifica a aptidão do incapaz para decidir sobre seus direitos de personalidade e respectivas limitações, deve-se dar primazia ao seu consentimento sobre o de seus representantes (teoria do menor amadurecido). No entanto, não tendo o menor discernimento[8] ou maturidade suficiente para compreender o ato e consentir, ou estando incapacitado de manifestar seu assentimento, deve-se observar o interesse a ser tutelado e o melhor interesse deve conjugar proteção e autodeterminação.

No caso das pesquisas clínicas, estando o interesse dos pais em contraposição ao dos filhos, havendo risco de prejuízo irreversível para a saúde e/ou dignidade do menor, deve o Estado intervir no sentido de garantir o melhor interesse da criança e do adolescente, sub-rogando-se no direito-dever dos pais de salvaguardar os interesses dos filhos.

Além disso, é preciso recordar que a limitação a direitos de personalidade só pode ser feita pelo seu titular, não podendo o seu representante renunciar[9] a esse direito (art. 11, CC). Portanto, tratando-se de situação que coloque em risco a dignidade, a vida ou a saúde de um menor, deve-se priorizar pela tutela de sua integridade, desconsiderando-se os desejos e crenças dos pais que possam trazer prejuízo irreversível ou intolerável aos filhos ou prolongamento artificial da vida apenas consubstanciado em quantidade de dias vividos, independente da sua qualidade.

Conclusões

A Constituição Federal de 1988 estabeleceu que é dever da família, da sociedade e do Estado assegurar o direito à saúde de crianças e adolescentes. Em atenção ao mandamento constitucional o art. 3º, ECA,

8 A noção de discernimento do paciente diz respeito "à capacidade de tomar uma decisão racional sobre os riscos, sacrifícios dos seus próprios bens jurídicos. Só se dispensa a oitiva do incapaz, enfim, quando este estiver privado de qualquer discernimento quanto ao ato a ser praticado" (GODINHO, 2015, p. 137).

9 "A irrenunciabilidade se explica pela inerência dos direitos de personalidade ao seu titular: se este não pode dispor de tais direitos, não podendo renunciar a eles, já que a renúncia é uma forma de disposição" (CORTIANO JÚNIOR, 1996, p. 30). Portanto, se o seu titular não pode renunciar a esses direitos, embora possa não exercê-los, o seu representante, muito menos, poderá fazê-lo.

determina que crianças e adolescentes gozem de todos os direitos fundamentais, sem prejuízo da proteção integral, assegurando-lhes todas as oportunidades e facilidades que lhe garantam o pleno desenvolvimento físico, mental e social.

A proteção integral, cláusula geral, apresenta-se intimamente associada o princípio do melhor interesse da criança (*best interest of the child*), reconhecido também pelos arts. 1.583 e 1.584, CC, aliado ao princípio da solidariedade familiar. Juntos determinam que o dever de garantir com absoluta prioridade os direitos das crianças é imposto primeiramente à família, depois à sociedade e por último ao Estado. Por isso, a liberdade de crença dos pais ou a obstinação terapêutica não podem se sobrepor à dignidade dos filhos.

De fato, equilibrar os direitos das crianças em receber cuidados de saúde ou cuidados paliativos e os direitos dos pais em buscar a qualquer custo um tratamento médico (obstinação terapêutica), ainda que experimental, não é fácil. No entanto, aplicadas as regras de ponderação, não há dúvidas de que aqueles direitos devem prevalecer sobre estes, considerando-se que não há outros meios de se obter a proteção da dignidade do menor.

Não há dúvidas de que a natureza dos interesses e valores envolvidos é complexa, o que dificulta o debate. De fato, o melhor interesse da criança, no que diz respeito à sua saúde, não pode ser reduzido exclusivamente a objetivos médicos, porque mesmo nessas situações os interesses do facultativo, dos genitores e da criança podem estar em conflito.

Deve-se levar em conta o bem-estar (físico, emocional e social) da criança, minimizando-se os efeitos negativos dos conflitos entre médicos e genitores e da própria intervenção estatal. Por isso, para além de se identificar a alternativa que melhor representa os interesses da criança, é preciso determinar o limite no qual as decisões paternas não serão toleradas pelo Estado (o que corresponderia ao princípio bioético da não-maleficência).

Referências

BARBOZA, Heloisa Helena. A responsabilidade civil em face das pesquisas em seres humanos: efeitos do consentimento livre e esclarecido. *In:* MARTINS-COSTA, Judith; MÖLLER, Letícia Ludwig (Orgs.). **Bioética e responsabilidade**. Rio de Janeiro: Forense, 2009. p. 205-234.

BBC. **Caso Charlie Gard**: a polêmica sobre bebê britânico em estado terminal que envolveu Trump e o Papa. Disponível em: encurtador.com.br/blmLU. Acesso em: 30 nov. 2019.

______. **Pais presos por 'sequestrar' filho de hospital dizem que ele se curou do câncer**. Disponível em: encurtador.com.br/zLX56. Acesso em: 30 de nov. 2019.

CORTIANO JÚNIOR, Eroulths. A teoria geral dos direitos da personalidade. **Revista da Procuradoria Geral do Estado do Paraná**, Curitiba, v. V, ano X, dez. 1996.

DIAS, Maria Berenice. **Manual de direito das famílias**. 11. ed. São Paulo: Revista dos Tribunais, 2016.

ELER, Kalline Carvalho Gonçalves; OLIVEIRA, Aline Albuquerque Sant'Anna. O assentimento ao consentimento das crianças para participar em pesquisa clínica: por uma capacidade sanitária juridicamente reconhecida. **Revista de Ciências Jurídicas Pensar**, Fortaleza, v. 24, n. 1, p. 1-13, jan./mar. 2019.

FREIRE DE SÁ, Marida de Fátima; MOUREIRA, Diogo Luna. **Autonomia para morrer**. Belo Horizonte: Del Rey, 2015.

GODINHO, Adriano Marteleto. **Direito ao próprio corpo**. Curitiba: Juruá, 2015.

MENEZES, Joyceane Bezerra; MORAES, Maria Celina Bodin. Autoridade parental e privacidade do filho menor: o desafio de cuidar para emancipar. **Revista Novos Estudos Jurídicos** – Eletrônica, v. 20, n. 2, maio/ago. 2015, p. 501-532.

NEVES, Maria do Céu. Sentidos da vulnerabilidade: características, condição, princípio. *In:* BARCHIFONTAINE, Christian de Paul; ZOBOLI, Elma Lourdes Campos Pavone (Orgs.). **Bioética, vulnerabilidade e saúde**. Aparecida, SP: Ideias & Letras; São Paulo: Centro Universitário São Camilo, 2007. p. 29-45.

PEREIRA, Paula Moura Francesconi. **Responsabilidade civil nos ensaios clínicos**. São Paulo: Foco, 2019.

PESSINI, Leo. **Distanásia**: até quando prolongar a vida? São Paulo: Centro Universitário São Camilo; Loyola, 2007.

ROSENVALD, Nelson. **O ilícito omissivo parental**: as três travessias. Disponível em: <https://docs.wixstatic.com/ugd/d27320_47adb680219640af8c1ac8ad9be76f5b.pdf>. Acesso em: 02 jan. 2018.

VIEIRA, Mônica Silveira. **Eutanásia**: humanizando a visão jurídica. Curitiba: Juruá, 2009.

14. PRÁTICA MÉDICA NA CONTEMPORANEIDADE: REFLEXÕES SOBRE LIMITES, DISRUPÇÕES E PERSPECTIVAS

CRISTIANA GUIMARÃES PAES SAVOI

A coisa mais indispensável a um homem é reconhecer o uso que deve fazer do seu próprio conhecimento

(PLATÃO).

1. Medicina: passado, presente, futuro

As últimas décadas têm nos trazido inquietações e questionamentos a respeito do *modus operandi* da Medicina, no Brasil e em todo o mundo. A grande corrida tecnológica, a busca incessante por inovação, os avanços científicos experimentados na atualidade alimentaram a ilusão de resolução definitiva dos problemas de saúde. Ainda que muitas conquistas tenham sido alcançadas, a doença, o envelhecimento e a morte seguem presentes e intransponíveis.

Diante do engano evidenciado, nos deparamos com a constatação irrefutável da mortalidade humana, e, nas palavras de Ariès (2014, p. 34), somos convidados à "resignação ao inevitável".

O discurso reinante de lutar contra a morte com todas as armas, no intuito de salvar vidas a qualquer custo, referência ao caráter heroico e sacerdotal do médico, não contempla as demandas e desafios da prática clínica, deixa lacunas e se mostra insuficiente e irrealizável em muitos cenários. Buscam-se respostas realistas e conciliadoras, que tragam alento em situações em que a cura não é possível.

Em tempos hipocráticos, em que de pouca ciência a Medicina dispunha, a arte médica era a tônica, pautada no cuidado e no acompanhamento dos pacientes (HIPÓCRATES, 2007). Sabia-se muito pouco sobre a doença, menos ainda sobre as possibilidades efetivas de atuar sobre ela. Mas privilegiava-se o contato e a relação com o paciente. Ao hipertrofiar o conhecimento científico, o positivismo dos nossos tempos perscruta as causas e os processos de adoecimento, para modificar seus desfechos, na busca da cura definitiva. O efeito adverso que se observa é a objetificação do paciente, que tem suas moléculas destrinchadas, mas não tem seu sofrimento aliviado. Estamos sob risco de tornar a doença mais relevante que o próprio ser que a experimenta.

A prática secular foi menosprezada por não ser fundamentada em evidências, porém nos esquecemos das suas lições indubitáveis de ética, humanismo e amor. Inebriados pelos fatos científicos, perdemos a essência do fazer médico. O resultado é um desconcertante paradoxo: apesar da crescente sofisticação e acurácia dos meios diagnósticos e terapêuticos disponíveis, temos pacientes cada vez mais insatisfeitos, desconfiados e exigentes, e profissionais, por sua vez, frustrados, inseguros e desmotivados.

Felizmente, a Natureza tende ao equilíbrio. Dos extremos, nascem caminhos e interseções, em que técnica e arte se unem. Novas abordagens trazem propostas: cuidado centrado no paciente/na pessoa, medicina sem pressa (*slow medicine*), valorização da experiência do paciente, entre outras. Mais do que discursos novos, essas concepções da saúde propõem um resgate da antiga e ancestral essência da arte de cuidar. No cerne de todas elas, independentemente de suas especificidades, estão a relação médico (profissional de saúde) – paciente, a escuta empática e compassiva, o respeito à autonomia do paciente. Pretende-se a humanização da saúde. A visão de saúde como bem-estar bio-, psicossocial e espiritual se consolida como uma necessidade para a efetividade e sustentabilidade da assistência sanitária.

É preciso trabalhar para a "criação de um sistema médico que seja não apenas analítico, mas compreensivo; um sistema científico, porém sensível" (REMEN, 1993). Jesse Williams, ainda na década de 30, alerta:

> É importante pensar na saúde como a condição do indivíduo que torna possível uma vida mais prazerosa, um trabalho mais construtivo, e que se

manifesta num serviço melhora para o mundo. A saúde como isenção de doença é um padrão de mediocridade. A saúde como a qualidade de vida é um modelo de inspiração e realização crescentes (WILLIAMS, 1934).

O desenvolvimento dos chamados *soft skills* são, portanto, imperativos para a transformação do cenário e concretização dessa nova forma de cuidar. Bernard Lown chama atenção para "a necessidade de complexo envolvimento com o paciente", e advoga que, "para ter êxito no curar, o médico precisa ser treinado acima de tudo o mais a ouvir" (LOWN, 2008). A escuta ativa tem efeito terapêutico e é ferramenta indispensável para a prática do profissional de saúde. Contudo, a análise crítica dos cursos de graduação aponta grande deficiência na formação médica, no que tange os fatores relacionais e humanísticos.

Como colaborar para a mudança efetiva do currículo das faculdades médicas? É possível ensinar valores, princípios, atitudes morais e éticas? Como fazer? O desafio da contemporaneidade é preparar profissionais capazes de congregar os fatos (evidências científicas) e os valores (personalização e individualização), integrando o fator humano na escolha da melhor conduta a ser seguida. Objetiva-se a aliança harmoniosa entre técnica e arte, entre o objetivo e o subjetivo, entre o mensurável e o intangível.

Nesse contexto, o paternalismo médico, sustentado pela certeza da melhor escolha por parte do profissional em benefício do paciente, é posto em xeque e urge ser revisitado. A unilateralidade do saber do médico é insuficiente. Não cabem mais condutas impostas autoritariamente, baseadas na supremacia absoluta do médico, antes tido como incontestável.

Não basta a perspectiva puramente técnica; é necessária uma compreensão holística do sujeito adoecido, que passa a ter voz e desejo reconhecidos e valorizados, tornando-se ativo no processo de tomada de decisão. Abre-se espaço para uma construção de saber conjunto e comum; entramos no tempo da decisão compartilhada.

2. Decisão compartilhada: particularidades e desafios

Longe de ser a prática vigente, a decisão verdadeiramente compartilhada é extremamente complexa; não é a mera oferta de opções por parte do profissional, para a livre escolha do paciente. A isso costumamos chamar, jocosamente, de medicina 'de cardápio', numa analogia à escolha de um prato no restaurante.

Igualmente errônea é a ideia de que toda decisão deve ser partilhada. Muitas situações que envolvem questões estritamente técnicas, como por exemplo a escolha do antibiótico adequado para o tratamento de um paciente séptico ou a indicação de operar uma apendicite complicada num adolescente, prescindem da participação do doente na tomada de decisão. Nesses casos, o profissional indica a conduta a ser tomada, à qual o paciente pode consentir ou não. Da mesma forma, casos de emergência médica, que exigem condutas imediatas, não são passíveis de prévia discussão e deliberação junto ao paciente, por razões claras. Casos como esses ilustram cenários em que o benefício esperado é inequívoco e, via de regra, não representam ameaça aos valores dos pacientes.

Mesmo nos casos em que a conduta médica seja bem definida, é fundamental cuidar para que a comunicação seja transparente e respeitosa, de modo a dar ao doente a ciência do que está acontecendo com ele, e garantir a sua concordância com a proposta do profissional. Deixar-se levar pela conduta imposta (ex. "não há como escapar da cirurgia; é a única saída", ou "o médico não me deu opção; disse que a quimioterapia é inevitável") é diferente de compreender a estratégia de tratamento e escolher livremente submeter-se a ela. O envolvimento do paciente na deliberação coloca-o numa postura ativa e corresponsável, favorecendo a adesão ao tratamento e o enfrentamento das consequências provocadas por ele. Há menos chance de resistência, ressentimento e raiva por parte de quem se sabe partícipe da escolha. O paciente precisa escolher não apenas se submeter à cirurgia ou à quimioterapia, mas também abandonar todas as outras situações alternativas – o futuro alternativo – em que a cirurgia não seria necessária ou a doença não ocorreria.

Viktor Frankl (1970), em seu livro *Em busca de sentido*, traz a ideia de que a capacidade de escolher nossa atitude num determinado conjunto de circunstâncias é o último dos privilégios humanos. O posicionamento do paciente permite a ele o exercício desse privilégio, preservando a sua identidade, dignidade e humanidade.

Problemas se apresentam em circunstâncias menos óbvias, em que o profissional de saúde julga saber indubitavelmente o melhor caminho a seguir, e sequer considera cursos alternativos que não são cogitados e muito menos discutidos com os pacientes. Cito exemplo de caso real, para ilustrar a questão: paciente portadora de câncer ovariano avançado, com obstrução intestinal por progressão tumoral, é levada ao bloco cirúrgico para tratamento, não se discutindo com ela a real situação clínica, a intratabilidade da doença de base, os limites e riscos da abordagem cirúrgica, a necessidade de conviver com bolsa de colostomia permanente, além da possibilidade de novas obstruções devido à persistência dos implantes tumorais no abdome. Diante da obstrução mecânica do intestino, a única opção vislumbrada pela equipe era a cirurgia. No entanto, no pós-operatório, ciente das complicações evidentes e da irreversibilidade da doença oncológica, a paciente questiona a conduta e diz que, se soubesse o que estava acontecendo, não teria aceitado ser submetida à operação. Na visão do médico, não havia alternativa cabível: "se não fosse operada, a paciente morreria". Ao que a paciente objeta, alegando que preferiria morrer a viver daquele modo. Para o médico, a possibilidade de deixar a paciente morrer não era concebível, uma vez que agride de modo brutal a sua moral médica. Por sua vez, para a paciente, a vida com as limitações e sofrimentos impostos pela evolução da sua doença também era inconcebível.

Ainda que muito se fale em autonomia, a prática clínica dá margem a perguntas: estamos realmente preparados para a era da autonomia? Haverá limites para ela? Quem os determina? Gawande (2015) pontua que "nosso fracasso mais cruel na maneira como tratamos os doentes e idosos é nossa falha em reconhecer que eles têm outras prioridades além de simplesmente permanecer em segurança e viver por mais tempo". É relevante entender o que o paciente está disposto a enfrentar, o quanto está disposto a pagar em termos de custos físicos, emocionais, sociais e financeiros, por determinado tratamento ou procedimento.

Outro fator complicador da decisão compartilhada é que, em boa parte das vezes, os profissionais tendem a ser otimistas em relação aos benefícios dos procedimentos propostos e a menosprezar suas eventuais complicações, subestimando seus riscos. Ao se comunicarem com os pacientes, os vieses cognitivos dos profissionais podem influenciá-los, provocando uma tendência de o paciente optar pela decisão que o médico julga ser a mais acertada. Essa manipulação da decisão pode ocorrer consciente ou inconscientemente. Particularmente impactante é a atitude do profissional na comunicação, que é moldada não só pela linguagem – a fala propriamente dita –, mas pelas mensagens implícitas pela postura corporal, gestos, tom de voz, mímica facial, olhar. A adequação do discurso envolve aspectos verbais e não verbais da comunicação, ambos determinantes da qualidade do processo de tomada de decisão. Daí, reforça-se a responsabilidade do profissional no que diz respeito ao preparo e atenção à técnica da boa comunicação. Igualmente imprescindível é a busca do autoconhecimento, de modo a perceber as próprias dificuldades, preconceitos e inclinações que são capazes de nos conduzir sem termos a inteira consciência desses direcionamentos sutis das nossas condutas.

Cabe aqui outra reflexão: se defendemos que nem todas as decisões devem ser compartilhadas, quem define quais decisões serão e como serão compartilhadas é o médico. Por conseguinte, muito frequentemente, persistirá na relação médico-paciente, uma assimetria em que o profissional conduzirá a comunicação. Não se pode julgar obsoleto o paradigma de que o profissional é o sujeito que sabe e o paciente é o sujeito que sofre.

Não por acaso, vivenciamos muitos excessos terapêuticos, obstinação pela manutenção da vida, uso desproporcional de recursos médicos. A distanásia é bastante praticada e pouco questionada, seja pelos profissionais seja pelos pacientes e familiares. Perdura entre muitos a ideia de que fazer mais equivale a fazer melhor, o que comumente não se verifica na clínica. Dúvidas não são toleradas e são sufocadas em pilhas de exames cada vez mais caros. Somos intolerantes com as incertezas, teimamos em negar a sua constância em nossos leitos e consultórios. Doenças intratáveis são cutucadas com drogas cada vez mais sofisticadas, numa cruzada contra moinhos de vento. Expectativas irreais são cultivadas pela sociedade, alimentadas pela mídia e pelas indústrias farmacêuticas. É inadiável redimensionar a ótica que entende o exercício da Medicina como o dever de fazer, de intervir, de prescrever algo (*do somethig bias*).

Situações difíceis em que os limites da atuação médica são expostos exigem do profissional grande capacidade de comunicação e habilidades de relação, para garantir a transmissão correta, objetiva e honesta do diagnóstico, do prognóstico e das opções de tratamento disponíveis, ponderando sobre seus riscos e benefícios. Desse modo, será possível pensar em decisões compartilhadas, em que as escolhas terapêuticas sejam congruentes com as preferências, crenças e valores dos pacientes. Não pensemos em decisão compartilhada como um plano perfeito, uma solução absoluta e utópica que dá conta de todas as inúmeras questões relativas a decisões em saúde, mas como um instrumento suficientemente poderoso e útil na construção de modos mais humanos de assistir os nossos pacientes.

Vale ressaltar que o estilo de comunicação do profissional deve ser ajustado ao perfil do paciente. Nem todas as pessoas se sentem à vontade para compartilhar decisões. Haverá aqueles que espontaneamente solicitarão ao médico que assuma a responsabilidade pela decisão terapêutica, optando por não participar do processo decisório. Também se encontrarão em nosso meio os pacientes que delegam a seus familiares – genitor, cônjuge ou filho – a tarefa de tomar a decisão. Nesses casos, o poder é colocado deliberadamente nas mãos do profissional ou do parente, respectivamente, por escolha do paciente.

Não obstante, é clara a distinção entre casos dessa natureza e o exercício do paternalismo, em que o profissional assume a responsabilidade e detém o poder de decisão, a despeito da opinião do paciente.

3. Paliativismo e sua filosofia de cuidado

Em meados da década de 1960, duas mulheres – Cicely Saunders, no Reino Unido, e Elizabeth Kubler-Ross, nos Estados Unidos da América – revolucionaram a prática médica com suas ideias. O movimento hoje conhecido como Cuidados Paliativos nasceu a partir de suas angústias sobre a postura da Medicina diante dos pacientes em fase de terminalidade.

A grande contribuição da abordagem paliativista está na visão múltipla e aprofundada do sofrimento humano. Abrangidos por ela estão também a bioética e as práticas de comunicação compassiva, que dão norte ao comportamento do profissional comprometido com a paliação. Os princípios fundamentais de beneficência, não maleficência, justiça e autonomia devem estar articulados com a prática clínica, se almejamos sustentar com ética e dignidade a Medicina dos novos tempos. A proporcionalidade terapêutica, que pressupõe o uso de recursos de modo criterioso e judicioso, aliada à aceitação da finitude como parte da natureza humana, orientam a atividade basilar do paliativista.

Ao se pautar no tripé qualidade de vida, comunicação efetiva e autonomia, os cuidados paliativos trabalham dentro de uma perspectiva de atenção global às demandas do indivíduo doente, assim como de sua família. Da mesma forma, é imperioso honrar a premissa elementar do cuidado paliativo: o amparo ao sofrimento físico, por meio de recursos – medicamentos, procedimentos, terapias, tanto farmacológicos quanto não farmacológicos, permitindo, por conseguinte, a atenção ao sofrimento nas esferas psíquica, espiritual e social do doente. Sem esse olhar, não nos será dada a possibilidade de atuar sobre a dor total. Eis o nosso compromisso primordial: aliviar o sofrimento!

Para ser capaz de prestar o cuidado pleno, é indispensável escrupuloso preparo e formação, num esforço contínuo que permita transformar informação em conhecimento e experiência em sabedoria. A construção da Medicina do cuidado exige a compreensão de que somos seres humanos cuidando de seres humanos, com todas as vicissitudes, incertezas e vulnerabilidades que são exatamente o que nos torna, a todos nós, HUMANOS.

Conclusões

Diversas mudanças na sociedade e na Medicina nos convidam a repensar nosso papel enquanto cuidadores, em nossa interface com os pacientes de quem cuidamos. Novas demandas exigem de nós flexibilidade e capacidade de adaptação. Discutimos neste capítulo alguns aspectos necessários para o aprimoramento da relação médico-paciente. A decisão compartilhada e a abordagem dos Cuidados Paliativos se apresentam como estratégias congruentes com a prática médica que queremos ver no futuro.

Referências

ARIÈS, Philippe. **O homem diante da morte**. São Paulo: Unesp, 2014.

FRANKL, Viktor Emil. **Man´s search for meaning**. Nova York: Simon & Schuster, 1970.

GAWANDE, Atul. **Mortais**: nós, a medicina e o que realmente importa no final. Rio de Janeiro: Objetiva, 2015.

HIPÓCRATES. **O Juramento de Hipócrates**. Trad.: Francis Adams. The Oath 400 A. C. II IntraText Edition CT, Èulogos, 2007. Disponível em: encurtador.com.br/gitS7. Acesso em: 27 out. 2019.

LOWN, Bernard. **A arte perdida de curar**. São Paulo: Peirópolis, 2008.

REMEN, Rachel Naomi. **O paciente como ser humano**. 3.ed. São Paulo: Summus, 1993.

WILLIAMS, J. F. **Personal Hygiene Applied**, W. B. 5. ed. Filadélfia: Saunders Company, 1934.

15. RECUSA TERAPÊUTICA E OBJEÇÃO DE CONSCIÊNCIA: LIMITES E POSSIBILIDADES SEGUNDO A ORDEM CONSTITUCIONAL

Alinne Arquette Leite Novais
Maria Eduarda Pereira Arquette Leite
Carlos Henrique Medeiros de Souza

A vida humana constitui-se de escolhas feitas a cada instante.
A principal delas, obviamente, é a escolha de si mesmo

(BOECHAT; SOUZA; MANHÃES).

Considerações iniciais

Direito humano e fundamental por excelência – a vida é pressuposto para o exercício dos demais direitos inerentes à pessoa humana. Contudo, esse direito vai além da sobrevivência, devendo estar adjetivado pela dignidade, prevista como fundamento da República Federativa do Brasil, na esteira do estabelecido pela Declaração Universal dos Direitos Humanos. Viver dignamente pressupõe não apenas sobreviver, mas ter uma vida associada aos demais direitos fundamentais, dentre os quais a liberdade, que se caracteriza como instrumento essencial à concreção da dignidade da pessoa humana, através do exercício da autonomia privada existencial.

Superada a fase do paternalismo que imperava na relação médico-paciente, em que o profissional, como detentor do conhecimento, era também o detentor da decisão sobre o tratamento, chegou-se a uma época em que o médico tem o dever de prestar ao paciente todas as informações que envolvem sua saúde ou doença, como diagnóstico, propostas terapêuticas e prognósticos, gerando para o paciente o direito à informação clara e precisa, passando a decisão a ser construída pelos agentes, de acordo com suas escolhas, ganhando enorme relevância, ao lado do direito à vida, o direito à liberdade dos envolvidos.

Expressões do direito fundamental à liberdade, à recusa terapêutica e à objeção de consciência revelam-se como instrumentos de materialização da autonomia existencial, importando em escolhas realizadas pelo paciente ou pelo médico que devem ser respeitadas dentro de limites impostos pela ordem constitucional, notadamente porque o exercício da autonomia existencial nesses casos pode revelar situações de colisão entre direitos fundamentais.

Esse é o pano de fundo do presente estudo, através do qual se procurou analisar a autonomia existencial como fundamento da escolha terapêutica na relação médico-paciente, que permite a ambos o exercício do direito fundamental à liberdade como concreção do princípio da dignidade da pessoa humana, através da recusa terapêutica e da objeção de consciência, cujos contornos são dados pela ordem constitucional.

Com esse objetivo, inicialmente foi abordada a questão dos direitos humanos e fundamentais à luz da dignidade e sua possível colisão, solucionada através da ponderação. Em seguida, foram analisados os limites e possibilidades da recusa terapêutica enquanto realização da autonomia existencial, abordando seu aspecto subjetivo, com a indagação de quem pode exercê-la, inclusive questionando sobre a posição dos incapazes. Também foi estudado o seu aspecto objetivo, indagando-se quando a recusa pode ser realizada e, por fim, seu aspecto formal, demonstrando que, inobstante a ausência de forma prescrita, é aconselhável a sua instrumentalização. Em seguida, foram analisadas as previsões normativas sobre o tema e as possíveis soluções para eventual colisão entre direitos fundamentais. Depois, a objeção de consciência foi detalhada, assim como suas previsões normativas, sendo analisada também a questão dos conflitos entre os direitos fundamentais presentes na situação e a interpretação condizente com a dignidade da pessoa humana.

A metodologia utilizada no presente estudo foi a qualitativa, com base no referencial teórico sobre as questões tratadas, observando-se a possibilidade de colisão entre direitos fundamentais no exercício da autonomia existencial, com as possíveis soluções concretas, a partir do entendimento de que não há direitos absolutos, devendo prevalecer o direito com maior conteúdo em dignidade.

1. Autonomia existencial: fundamento da escolha terapêutica na relação médico-paciente

Uma certeza que sempre "assombrou" a pessoa humana é a ocorrência da morte, do seu ocaso, do seu fim enquanto ser encarnado, dotado de um corpo físico e com necessidades físicas, e também psicológicas, de tudo que o faz vivo. Assombrou e assombra, pois, a morte como termo final desta existência; é permeada por muitos mistérios que geram medo, fazendo com que tal momento, mais natural ainda que o nascimento – na medida em que este necessariamente o precede, já que só morre quem nasceu –, seja encarado como fracasso pessoal e social, como algo do que se envergonhar e fugir incessantemente e a qualquer custo.

A vida, portanto, é considerada como um fim em si mesma, significando que viver, ou sobreviver, é o que importa – ideia reforçada com as aplicações do desenvolvimento científico e tecnológico na medicina, fazendo com que o ser humano acredite da vencibilidade da morte, ainda que não se possa vencer o envelhecimento ou a doença. Tal posicionamento perante a vida, entretanto, tem gerado grande infelicidade e insatisfação às pessoas ante o paradoxo entre vida e morte, entre a certeza da terminalidade e a esperança da perpetuação, havendo necessidade clara de reconhecimento da extensão da vida e do direito que ela representa.

O direito à vida, entendido como direito humano por excelência, consagrado nos tratados internacionais sobre o tema, notadamente na Declaração Universal dos Direitos Humanos, aprovada em Assembleia Geral da ONU, em 1948, foi consagrado no ordenamento jurídico brasileiro como direito fundamental, pela Constituição da República de 1988, revelando a clara aproximação entre as duas categorias de direitos essenciais à pessoa humana, pois, para além das distinções teóricas entre direitos humanos, entendidos como aqueles consagrados na ordem internacional, e direitos fundamentais, como os previstos no direito nacional (RAMOS, 2018, p. 51-54), elas se refletem mutuamente, tanto que André de Carvalho Ramos conclui que "os direitos fundamentais espelham, então, os direitos humanos", abrindo-se "a porta para a uniformização de interpretação, erodindo-se o sentido de termos separado rigidamente o mundo internacional dos 'direitos humanos' e mundo constitucional dos 'direitos fundamentais'" (RAMOS, 2018, p. 54).

Barroso (2014, p. 6), ao comentar a obra de Robert Alexy, explica essa relação entre direitos humanos e direitos fundamentais:

> Uma vez incorporados à Constituição, os direitos humanos se convertem em direitos fundamentais, vinculam todos os Poderes estatais e representam uma abertura do sistema jurídico perante o sistema moral. Os direitos fundamentais desfrutam de uma posição central no sistema, irradiando-se por todos os domínios do direito infraconstitucional.

O direito humano e fundamental à vida, pressuposto para o exercício dos demais direitos inerentes à pessoa humana, vai além do direito à sobrevivência, devendo estar necessariamente adjetivado pela dignidade, condição dela indissociável, conforme estabelece a Declaração Universal dos Direitos Humanos e, nessa esteira, a Constituição brasileira, que erigiu tal princípio a fundamento da República Federativa do Brasil, norteando, portanto, todo o ordenamento jurídico.

A dignidade da pessoa humana, segundo Ingo Wolfgang Sarlet, pode ser definida como a

> [...] qualidade intrínseca e distintiva de cada ser humano que o faz merecedor do mesmo respeito e consideração por parte do Estado e da comunidade, implicando, neste sentido, um complexo de direitos e deveres fundamentais que assegurem a pessoa tanto contra todo e qualquer ato de cunho degradante e desumano, como venham a lhe garantir as condições existentes mínimas para uma vida saudável, além de propiciar e promover sua participação ativa e corresponsável nos destinos da própria existência e da vida em comunhão com os demais seres humanos (SARLET, 2006, p. 60).

Portanto, na conclusão de Ramos (2018, p. 78-79), a dignidade é atributo de todo indivíduo, inerente à sua condição humana, "sendo um valor que identifica o ser humano como tal". Aliás, esse entendimento fica claro no pensamento de Kant (1960, p. 77), que afirma:

> No reino dos fins tudo tem ou um preço ou uma dignidade. Quando uma coisa tem um preço, pode-se pôr em vez dela qualquer outra como

equivalente; mas quando uma coisa está acima de todo o preço, e, portanto, não permite equivalente, então ela tem dignidade.

O que se relaciona com as inclinações e necessidades gerais do homem tem um preço venal; aquilo que, mesmo sem pressupor uma necessidade, é conforme a um certo gosto, isto é uma satisfação no jogo livre e sem finalidade das nossas faculdades anímicas, tem um preço de afeição ou de sentimento (Affektionpreis); aquilo porém que constitui a condição só graças à qual qualquer coisa pode ser um fim em si mesma, não tem somente um valor relativo, isto é um preço, mas um valor íntimo, isto é dignidade.

Nesse sentido, a dignidade da pessoa humana, como valor e qualidade do ser humano, deve garantir o direito à vida necessariamente associado aos demais direitos fundamentais, sem os quais a dignidade se perde, voltando a vida a ser sinônimo raso de sobrevivência.

Se a vida e a saúde, esta entendida não mais apenas como a ausência de doença e sim como bem-estar físico, psíquico e social do indivíduo (PEREIRA; COELHO, 2007, p. 159), são direitos fundamentais, a liberdade também o é e, portanto, caracteriza-se igualmente como instrumento essencial à concreção da dignidade da pessoa humana, através do exercício da autonomia privada existencial, tanto que Kant (1960, p. 79) conclui: "Autonomia é pois o fundamento da dignidade da natureza humana e de toda a natureza racional".

Para Francisco Hupsel,

> O sujeito concreto vive; deixa de ser uma embalagem confeccionada pela lei. E, para viver com dignidade, tanto tem que prover suas carências quanto dirigir a sua existência com as suas próprias opções. Viver com dignidade pressupõe a autonomia vital, com o que se pode declarar que a pessoa e a autonomia são temas afins. Onde não há autonomia, não haverá dignidade. Para que a dignidade se efetive, a pessoa humana há de ser destinatária de instrumento para sua realização, para ser e existir; para viver, dignamente. E este instrumento é exatamente a sua autonomia (HUPSEL, 2016, p. 88).

A autonomia privada existencial decorre da liberdade e da igualdade das pessoas, integrando o conteúdo da dignidade, pois "as pessoas têm o direito de eleger seus projetos existenciais e de não sofrer discriminações em razão de sua identidade e de suas escolhas" (BARROSO; MARTEL, 2012, p. 17).

No contexto em que a morte pressupõe algo mais terrível que a falta de saúde, surgem situações em que pessoas se recusam a submeter-se a determinados tratamentos terapêuticos, ainda que para salvar sua vida, causando grande discussão, leiga e científica, já que tal escolha gera questionamento familiar e social e, ainda, entre os profissionais que cuidam de analisar a questão no campo da medicina, do direito, da sociologia, da filosofia e de muitos outros saberes que investigam a pessoa humana em todos os seus aspectos.

A recusa terapêutica, entendida como a escolha do paciente de não se submeter a determinado tratamento ou intervenção médica, surge então como expressão da liberdade e da autodeterminação, revelando-se instrumento da autonomia existencial, uma das dimensões do direito fundamental à liberdade, que permite a concreção da dignidade da pessoa humana (HUPSEL, 2016, p. 91-92).

A escolha decorre de um processo de decisão do paciente, resultante da análise das informações que ele recebeu, necessariamente, sobre o seu quadro de saúde, as opções terapêuticas, diagnóstico e prognósticos. Nesse sentido, recebendo as informações para que possa prestar seu consentimento ou não, o paciente opta, no exercício de sua autonomia privada no campo existencial, entre emitir o consentimento informado ou a recusa terapêutica, ou parcialmente um e outro. Isso porque, conforme lição de Cláudia Monge,

> Os deveres estatais incidem sobre o direito à proteção da saúde, mas igualmente sobre o direito à vida e o direito à integridade física com ele intrincados e sobre os restantes direitos das pessoas em contexto de saúde, como o direito à informação, à integridade moral, expressão da sua autonomia, e à confidencialidade dos seus dados de saúde (MONGE, 2019, p. 99-100).

Disso decorre que, na relação estabelecida entre médico e paciente, inicialmente surge o dever de informação do primeiro ao segundo e, noutra perspectiva, o direito de informação do paciente, constitucional e legalmente garantido (art. 5º, XIV, CRFB; art. 6º, III, CDC), para que este possa escolher com segurança os rumos de seu tratamento, que importarão, em última análise, em escolhas refletidas em sua própria vida.

Para Ruy Rosado de Aguiar Jr.,

> O direito de ser informado tem (i) assento constitucional, fundado nos princípios da dignidade da pessoa humana e da liberdade para a sua autodeterminação; (ii) o fundamento legal, na regulação do Código Civil, do Código de Defesa do Consumidor e de leis esparsas [...]; (iii) o fundamento ético, regulado no Código de Ética Médica e em documentos internacionais.
>
> Já dever de informar é a outra face desse direito; de sua infração pode decorrer a responsabilidade civil (AGUIAR Jr., 2017, p. 341-342).

Fala-se muito em consentimento informado como se a informação levasse necessariamente à concordância do paciente com a terapia proposta, mas a ordem é inversa. Informa-se claramente e confere-se ao paciente a possibilidade de consentir ou recusar, exercendo sua autonomia no aspecto mais importante e profundo, em relação às suas escolhas existenciais, considerando que a vida é um direito fundamental e não um dever (DELMANTO JR., 2017, p. 113; BORGES, 2007, p. 232; MABTUM; MARCHETTO, 2015, p. 54-55).

Aliás, Mabtum e Marchetto (2015, p. 54-55) analisam a questão da obrigatoriedade da vida, afirmando que "é comum usar-se os termos 'inviolabilidade' e 'indisponibilidade' como sinônimos, mas há diferenças de significado entre eles", pois a inviolabilidade é a oposição a uma agressão ou ameaça de agressão praticada por terceiros e a indisponibilidade significa a "proibição de o próprio detentor de um bem dispor dele, protegendo-o dele mesmo". Nessa esteira, concluem que a vida é relativamente inviolável, mas absolutamente disponível, na medida em que não há o dever de viver, pois a Constituição da República prevê a inviolabilidade da vida, de forma relativa, mas não a sua indisponibilidade.

Ao lado do paciente, cuja autonomia existencial deve ser respeitada e garantida como forma de dar concretude ao primado da dignidade da pessoa humana, está o médico, cuja dignidade também deve ser tutelada na relação com seu paciente, garantindo-se a ele, também, o pleno exercício de sua autonomia privada no aspecto existencial.

Assim, paralelamente aos conceitos de consentimento informado e de recusa terapêutica, exercícios da autonomia privada pelo paciente, ganha destaque o direito à objeção de consciência, em que é possível ao profissional da saúde recusar-se à prática de determinadas condutas, por serem contrárias aos ditames de sua consciência. Objeção de consciência é, portanto, o exercício da autonomia, também existencial, eis que ligada às questões subjetivas e anímicas, pelo profissional da saúde, em que ele se posiciona contrariamente à realização de procedimentos ou tratamentos que, embora não sejam ilegais, contrariam seus princípios, suas crenças, seus entendimentos pessoais e, assim, se nega a fazê-los.

Se, por uma perspectiva, o direito à vida, à saúde e à autonomia do paciente devem ser respeitados, para que lhe seja garantida a dignidade inerente à sua condição humana, sob outra a autonomia do profissional sanitário também merece respeito, eis que, da mesma maneira, é seu direito fundamental e forma de preservação de sua dignidade humana. Essa análise revela que nenhum direito, ainda que fundamental, é absoluto, e que, por vezes, direitos da mesma categoria entram em conflito, revelando que o ordenamento jurídico é um sistema que, a par do dogma da coerência, apontado por Norberto Bobbio (1989), apresenta conflitos, ao menos aparentes, entre as nomas que o compõem.

A colisão entre direitos fundamentais se revela de forma clara em casos de recusa terapêutica e de objeção de consciência; eis que ambos são exercícios do direito fundamental à liberdade que podem conflitar entre si e, ainda, porque a autonomia exercida pelo paciente ou pelo profissional pode colidir com o direito à vida, à saúde e à segurança do paciente e, até mesmo, da sociedade.

Na situação de recusa terapêutica, a pessoa, dotada de capacidade de autodeterminar-se, faz uma escolha que pode gerar riscos à sua vida, à sua saúde, de modo que, inicialmente, revela-se um conflito entre seus próprios direitos fundamentais, havendo uma escolha entre a vida/saúde e a liberdade. Contudo, tal conflito pode ir além e atingir direitos fundamentais de terceiros, como em casos de recusa para tratamentos a doenças contagiosas, de modo que a solução de tais conflitos dependerá da análise concreta, sendo que o direito à recusa, conforme já afirmado, não é absoluto.

Em se tratando de objeção de consciência, há também conflitos entre as normas que permeiam a atividade médica, pois de um lado está o dever de aplicar todos os conhecimentos disponíveis para curar, salvar ou aliviar e, de outro, está o direito à liberdade. Há, ainda, colisão entre os direitos do médico, de se recusar ao tratamento ou procedimento disponível, e os direitos do paciente, de escolher o tratamento, o profissional, além do seu direito à vida.

Assim, a colisão entre os direitos fundamentais, no aspecto subjetivo, pode envolver direitos do mesmo titular, ocorrendo a chamada concorrência de direitos, ou pode envolver direitos de titulares diferentes (RAMOS, 2018, p. 116) e, necessariamente, precisa ser solucionada no caso concreto, para que o conflito não fique sem resposta. A solução para a concorrência ou a colisão entre direitos fundamentais passa pela compreensão de que o gênero normas jurídicas é composto das espécies regras e princípios, conforme construção de Ronald Dworkin, aperfeiçoada por Robert Alexy. Isso porque as técnicas para resolução dos conflitos entre regras não são as mesmas para a solução de colisão entre princípios.

Segundo Bruno Sacramento (2019), Dworkin sustentou que os sistemas jurídicos não são compostos apenas de regras, mas também de princípios, diferenciando as duas espécies de normas jurídicas "em função das diferentes capacidades regulativas", sendo as regras "razões definitivas para agir", se aplicando pela "lógica do tudo ou nada", enquanto os princípios "são razões que indicam uma ou outra decisão, mas que podem não prevalecer em função da precedência de outro princípio", possuindo uma dimensão de peso, revelada em situações concretas de colisão.

Aperfeiçoando a teoria de Dworkin, Alexy trata os princípios como mandamentos de otimização, que podem ser aplicados em maior ou menor grau, "na maior medida possível, progressivamente, dentro das possibilidades fáticas e jurídicas presentes no caso" (SACRAMENTO, 2019), não havendo critérios para que se estabeleça uma ordem definitiva de precedências entre princípios (MEZZAROBA; STRAPAZZON, 2012). Quanto às regras, Alexy estabelece que são mandamentos definitivos, aplicados por subsunção (BARROSO, 2014).

Considerando a distinção entre regras e princípios como "a estrutura de uma teoria normativo-material dos direitos fundamentais", Alexy foi além de Dworkin, entendendo que ela, a distinção, é "a base da teoria da fundamentação no âmbito dos direitos fundamentais e uma chave para a solução de problemas centrais na dogmática dos direitos fundamentais" (ALEXY, 2006).

Conquanto nem todos os direitos fundamentais sejam formalizados em princípios, pois, conforme observa Barroso (2005), "há direitos fundamentais que assumem a forma de princípios (liberdade, igualdade) e outros a de regras (irretroatividade da lei penal, anterioridade tributária)", havendo ainda "princípios que não são direitos fundamentais (livre-iniciativa)",

Alexy (2006, p. 86 e 120) afirma que a maioria de tais direitos tem natureza principiológica, trazendo consequências importantes para a solução de conflitos.

Enquanto um conflito normativo entre regras, que ocorre no plano da validade, resolve-se pela inclusão de uma cláusula de exceção ou pela consideração de invalidade de uma das regras, que será retirada do ordenamento jurídico, a colisão entre princípios, que ocorre na dimensão do peso, não pode ser resolvida da mesma forma, mas pelo "sopesamento entre os interesses" conflitantes, para definir qual deles, "abstratamente no mesmo nível, tem maior peso no caso concreto" (ALEXY, 2006).

Assim, os conflitos entre direitos fundamentais, como os direitos envolvidos em casos de recusa terapêutica e objeção de consciência, notadamente a vida, a saúde do paciente e de terceiros, a liberdade e autonomia, tanto do paciente quanto do médico, não se solucionam com a exclusão de um direito em função do outro ou por meio de uma cláusula de exceção, mas através da técnica em que, no caso concreto, um princípio cede ao outro, mas não é declarado inválido.

Ademais, é fato que os direitos fundamentais estão previstos em normas constitucionais, o que elimina a possibilidade de aplicação dos critérios hierárquico, cronológico e da especialidade na solução das colisões, sendo também insuficiente para resolver a questão a fórmula da subsunção. Então, a colisão entre direitos fundamentais, previstos em normas constitucionais, conforme já afirmado, é solucionada pela técnica da ponderação. Segundo Barroso (2005, p. 11),

> Neste cenário, a ponderação de normas, bens ou valores é a técnica a ser utilizada pelo intérprete, por via da qual ele (i) fará concessões recíprocas, procurando preservar o máximo possível de cada um dos interesses em disputa ou, no limite, (ii) procederá à escolha do direito que irá prevalecer, em concreto, por realizar mais adequadamente a vontade constitucional.

Leite (2017, p. 28) aborda a ponderação, afirmando que "ela consistirá em uma formulação de juízos e tomada de decisão acerca dos pesos relativos das normas", considerando que "os princípios não são absolutos, mas *prima facie*, encontrando-se no mesmo nível hierárquico" e, portanto, obrigando enquanto não entram em colisão no caso concreto, em que a "solução se dá através de um juízo ponderativo".

Para realizar a ponderação, o intérprete se vale dos princípios instrumentais da proporcionalidade e da razoabilidade.

O princípio da proporcionalidade, conforme conceitua Ramos (2018, p. 122), "consiste na aferição da idoneidade, necessidade e equilíbrio da intervenção estatal em determinado direito fundamental". De fato, através do princípio da proporcionalidade, em seu sentido estrito, concebido por Alexy (2006, p. 117) como a "máxima da proporcionalidade em sentido estrito", o intérprete realiza a ponderação "de bens e valores, ao colocar, de um lado, os interesses protegidos com a decisão normativa e, por outro lado, os interesses que serão objeto de restrição", sendo a decisão válida e de acordo com os direitos humanos se "o peso da proteção a um determinado valor for superior ao peso da restrição de outro valor", buscando-se "o equilíbrio da intervenção estatal em determinado direito fundamental" (RAMOS, 2018, 127). Ao seu turno, segundo Ramos (2018, p. 127),

> O princípio da razoabilidade no campo dos direitos humanos consiste na exigência de verificação da legitimidade dos fins perseguidos por uma lei ou ato administrativo que regulamente ou restrinja o exercício desses direitos, além da compatibilidade entre o meio empregado pela norma e os fins visados.

Através da técnica da ponderação entre os direitos fundamentais em conflito, dada a sua natureza principiológica, a recusa terapêutica e a objeção de consciência encontram respaldo no ordenamento jurídico brasileiro, mas somente podem ser exercidas dentro de limites, alcançados pela aplicação da proporcionalidade e da razoabilidade, usadas como instrumentos para se averiguar, no caso concreto, qual direito deve ceder em relação a outro direito de igual natureza e apenas na medida do necessário, preservando-se, ao máximo, os interesses em conflito, somente escolhendo um deles se essa preservação, ainda que parcial, não for possível, buscando-se, então, a realização da vontade constitucional, conforme ensina Barroso (2005).

E qual é a vontade constitucional?

A análise da vontade constitucional passará, necessariamente, pela solução em que o primado da dignidade humana encontrar maior realização. De fato, estabelecendo a dignidade como fundamento da República, a Constituição necessariamente erigiu a mesma a axioma fundamental que norteia sua interpretação e aplicação, inclusive em casos de colisão entre os direitos que estabelece.

Conclui Barroso (2010):

> Três observações finais relevantes. A primeira: a dignidade da pessoa humana é parte do conteúdo dos direitos materialmente fundamentais, mas não se confunde com qualquer deles. Nem tampouco é a dignidade um direito fundamental em si, ponderável com os demais. Justamente ao contrário, ela é o parâmetro da ponderação, em caso de concorrência entre direitos fundamentais. Em segundo lugar, embora seja qualificada como um valor ou princípio fundamental, a dignidade da pessoa humana não tem caráter absoluto. É certo que ela deverá ter precedência na maior parte das situações em que entre em rota de colisão com outros princípios, mas, em determinados contextos, aspectos especialmente relevantes da dignidade poderão ser sacrificados em prol de outros valores individuais ou sociais, como na pena de prisão, na expulsão do estrangeiro ou na proibição de certas formas de expressão. Uma última anotação: a dignidade da pessoa humana, conforme assinalado acima, se aplica tanto nas relações entre indivíduo e Estado como nas relações privadas.

Se, de um lado, os direitos fundamentais não são absolutos, é fato que a medida da preponderância de um em detrimento de outro é dada pela dignidade da pessoa humana, que, conquanto também tenha sido entendida por parte da doutrina como não absoluta, parece-nos correto afirmar que somente pode ceder em conflito com ela mesma. Isso porque se todas as pessoas são dotadas de igual dignidade, é possível, no plano fático, que as colisões entre seus direitos fundamentais importem em necessidade de ponderação que restrinja ou relativize a dignidade de uma em relação a outra, a depender, no caso concreto, daquele direito que tem mais conteúdo em dignidade, conforme observa Sarlet (2006, p. 131).

Alexy (2006), ao tratar dos "princípios absolutos", afirmou que, se tais existissem, a definição de princípios deveria ser modificada e o teorema da colisão não seria aplicável, concluindo que nem mesmo a norma da dignidade humana é um princípio absoluto. O entendimento do caráter relativo da dignidade também, conforme citação supra, é defendido por Luís Roberto Barroso, bem como, atualmente, por Daniel Sarmento (2016,

p. 98) que, após esclarecer a sua mudança de posicionamento quanto à questão, sustenta que "afirmar que a dignidade humana é relativa não equivale a recusar a natureza absoluta de algumas das suas concretizações", concluindo que,

> Apesar de não ser absoluta em toda a sua extensão, a dignidade humana, pela sua estatura moral e relevância ímpar em nosso sistema constitucional, deve assumir um peso abstrato muito elevado na ponderação de interesses, de forma que, nos casos em que esteja efetivamente presente, ela quase sempre prevaleça no confronto com outros bens e princípios.

Ainda que se discuta sobre o caráter absoluto ou relativo do princípio da dignidade da pessoa humana, não havendo consenso na doutrina nacional ou no direito comparado, é fato que não se olvida da sua importância como valor fundamental na ordem constitucional dos estados democráticos em geral e, particularmente, do Brasil. Nesse aspecto, a dignidade é, de fato, o ponto central para a realização da técnica da ponderação, em que os direitos fundamentais em colisão serão analisados à sua luz e, ainda que em ambos haja conteúdo de dignidade, no caso concreto, não sendo possível a prevalência de todos, deverá ceder aquele que tiver conteúdo menor em dignidade.

Assim, a relativização da dignidade da pessoa humana parece ter espaço somente quando a colisão importa na necessidade de proteção da dignidade de outrem. Nesse sentido, Sarlet, após analisar situações concretas de colisão, conclui:

> Os exemplos colacionados, no nosso sentir, são pálida amostra da miríade de hipóteses nas quais nos deparamos com a necessidade real de resolver conflitos (ou, pelo menos, tensões) estabelecidos quando se trata de proteger e resguardar a igual dignidade de todos os seres humanos. É nesse contexto que não podemos deixar de relembrar – na esteira de Alexy – que até mesmo o princípio da dignidade da pessoa humana (por força de sua própria condição principiológica) acaba por sujeitar-se, em sendo contraposto à igual dignidade de terceiros, a uma necessária relativização, e isto não obstante se deva admitir, no âmbito de uma hierarquização axiológica – sua prevalência no confronto com outros princípios e regras constitucionais, mesmo em matéria de direitos fundamentais (SARLET (2006, p. 130).

Portanto, na recusa terapêutica e na objeção de consciência, cujas bases são os direitos fundamentais, refletindo o direito à liberdade e a realização da autonomia existencial, as colisões que, no caso concreto, surgirem, devem ser decididas considerando o primado da dignidade da pessoa humana como parâmetro para o exercício da ponderação, que permitirá definir o direito que deve prevalecer, limitando o outro em maior ou menor grau.

2. Recusa terapêutica: possibilidades e limites da autonomia existencial do paciente

A relação médico-paciente, antes extremamente paternalista, em que o profissional de saúde, detentor do conhecimento, decidia o que era melhor para o seu paciente, passou e vem passando por mudanças importantes, absorvendo as transformações da sociedade em que está inserida e cedendo à necessidade de incorporação da dignidade da pessoa humana e de todos os seus reflexos.

Os direitos fundamentais à vida e à saúde na citada relação, antes exercidos por decisão unilateral do profissional sanitário, passam a concorrer com o direito fundamental à liberdade, através da autonomia, como reflexo do primado da dignidade, passando então as decisões de vida e saúde a ser compartilhadas entre os sujeitos da relação, o médico, detentor do conhecimento científico, e o paciente, detentor do direito de escolha sobre os rumos de sua vida.

O exercício da autonomia existencial pelo paciente, conforme já analisado no presente capítulo, passa necessariamente pela fase da informação, quando essa é possível, e essa é uma via de mão dupla, devendo ser realizada com base na boa-fé objetiva de ambos os sujeitos, princípio que, conforme bem observam Teixeira e Rodrigues (2017, p. 369), "impõe um padrão de comportamento aos contratantes que, muito além de estar marcado somente pela liberdade e autonomia, encontra-se regido por deveres de lealdade e confiança, coibindo quaisquer condutas desleais, mentirosas e desonestas".

Somente haverá respeito à dignidade e ao direito fundamental à liberdade, permitindo que o paciente exerça sua autonomia existencial, se o dever de informação for respeitado pelo profissional da saúde, exceto nas situações de urgência e emergência, em que não for possível seu estrito cumprimento sem prejuízo à própria vida do paciente. Portanto, partindo-se da premissa de cumprimento fiel do dever de informação pelo médico, passa-se então à análise dos limites e das possibilidades do exercício da autonomia existencial do paciente para recusar o tratamento, segundo a ordem jurídica brasileira, notadamente considerando a possível colisão entre direitos fundamentais que tal escolha pode encerrar.

Como afirmado, após receber as informações necessárias, o paciente pode consentir ou recusar. Consentindo, ele emite o consentimento informado que, segundo Cabral (2018, p. 52), no âmbito da atividade médica, "é o ato pelo qual o paciente autoriza o médico a proceder à determinada atuação em sua esfera psicofísica, com o propósito de interferir positivamente objetivando melhorar suas condições de saúde". Esse consentimento não precisa, em tese, ser instrumentalizado, embora seja recomendável a sua formalização por meio do Termo de Consentimento Informado (CABRAL, 2018, p. 60-61).

Em contrapartida, considerando que, segundo o art. 5º, II, da Constituição da República, ninguém pode ser obrigado a fazer ou deixar de fazer alguma coisa senão em virtude de lei, o paciente pode recusar o tratamento. Contudo, tal direito à recusa terapêutica não é irrestrito, valendo repetir que não há direitos absolutos, podendo ser, portanto, exercido dentro de limites estabelecidos no ordenamento, seja por regras previstas abstratamente, seja em decorrência de sua colisão com outros direitos fundamentais, em casos concretos levados à apreciação judicial.

Ao lado das bases constitucionais para o exercício da recusa terapêutica como reflexo do direito fundamental à liberdade, previsto no *caput* do art. 5º da Constituição da República, interpretado à luz da dignidade, princípio insculpido no seu art. 1º, o Código Civil prevê, em seu art. 15, que "ninguém pode ser constrangido a submeter-se, com risco de vida, a tratamento médico ou a intervenção cirúrgica", cujos contornos serão adiante analisados.

Prestigiando a autonomia existencial, o Código de Ética Médica, instituído através da Resolução CFM nº 2.217, de 2018, modificada pelas Resoluções CFM nº 2.222/2018 e 2.226/2019, estabeleceu entre seus princípios fundamentais, no item VI, "que o médico guardará absoluto respeito pelo ser humano e atuará sempre em seu benefício, mesmo depois da morte" e, no seu item XXI, previu a necessidade de o médico aceitar as escolhas de seus pacientes relativas aos procedimentos diagnósticos e terapêuticos, desde que adequadas ao caso e cientificamente reconhecidas.

Além disso, o Código de Ética Médica estabeleceu em seu art. 24, ser vedado ao médico "deixar de garantir ao paciente o exercício do direito de decidir livremente sobre sua pessoa ou seu bem-estar, bem como exercer sua autoridade para limitá-lo" e, em seu art. 31, ser vedado ao médico, entre outros atos, "desrespeitar o direito do paciente ou de seu representante legal de decidir livremente sobre a execução de práticas diagnósticas ou terapêuticas, salvo em caso de iminente risco de morte".

Considerando as previsões normativas acerca do tema, tanto a Constituição quanto as Leis e, ainda, o Código de Ética Médica, o Conselho Federal de Medicina editou a Resolução CFM nº 2.232/2019, estabelecendo normas éticas para a recusa terapêutica por pacientes e para a objeção de consciência pelo médico. Segundo o seu art. 1º, "a recusa terapêutica é, nos termos da legislação vigente e na forma da Resolução, um direito do paciente a ser respeitado pelo médico, desde que esse o informe dos riscos e das consequências previsíveis de sua decisão".

Assim, a análise dos limites e possibilidades da recusa terapêutica importa em saber quem pode fazê-la, quando e como ela pode ser feita, considerando as regras e princípios que formam o sistema jurídico. Em primeiro lugar, então, é necessária a análise da recusa terapêutica no seu aspecto subjetivo. Não se pretende aqui fazer uma análise profunda da teoria das incapacidades, abordando todos os seus vieses, sendo necessário estabelecer que os objetivos propostos se limitam a reflexões sobre a recusa terapêutica e seu exercício por todas as pessoas.

A indagação sobre quem pode recusar a terapia é algo que, em primeira análise, parece simples, pois de maneira rasa poder-se-ia responder que somente a pessoa maior e dotada de plena capacidade civil poderia validamente manifestar sua vontade e, de fato, ela pode, o que não importa em maiores indagações. Inclusive, a Resolução CFM nº 2.232/2019 estabelece, em seu art. 2º, que "é assegurado ao paciente maior de idade, capaz, lúcido, orientado e consciente, no momento da decisão, o direito de recusa à terapêutica proposta em tratamento eletivo, de acordo com a legislação vigente, evidenciando tal conclusão".

Contudo, em se tratando de exercício da autonomia existencial, em cujo fundamento está a dignidade da pessoa humana, a questão ganha enorme complexidade, na medida em que todas as pessoas, capazes ou não na ordem civil, são dotadas de igual dignidade e, sendo a autonomia privada, decorrente do direito fundamental à liberdade, forma de concreção da referida dignidade, ela também não está adstrita às pessoas capazes.

Isso porque, entender diversamente e limitar o exercício da autonomia existencial apenas às pessoas capazes, importaria em permitir que, através do excesso, o sistema protetivo da teoria das incapacidades se tornasse um sistema violador de direitos fundamentais. Portanto, para além do simples entendimento de que as pessoas dotadas de capacidade podem livremente exercer o direito à recusa terapêutica, é necessário reconhecer que todas as pessoas podem exercê-lo, em realização de sua dignidade, restando indagar como as pessoas que não têm capacidade plena poderão fazê-lo de forma válida. Tem-se, então, nessa perspectiva, a situação dos menores, sejam absoluta ou relativamente incapazes, e a situação das demais pessoas consideradas, pelo Código Civil, como relativamente incapazes.

Assim também entende Luciana Dadalto que, ao analisar a questão da capacidade como requisito ou mera formalidade para manifestação do consentimento informado, servindo, por óbvio, o mesmo raciocínio para a recusa terapêutica, conclui que é indispensável que o paciente tenha discernimento para que possa consentir, constatando que o discernimento, e não a capacidade de fato, é um requisito essencial do consentimento informado (DADALTO, 2105, p. 76). Em sentido contrário, Maluf (2015, p. 460) afirma que, legalmente, "a capacidade de autodeterminação é requisito de validade do consentimento informado, de modo que, ainda que, do ponto de vista ético-filosófico possamos reconhecer a capacidade de autodeterminação dos civilmente incapazes", o consentimento manifestado por eles "não terá validade jurídica" – entendimento que parece realmente estar perdendo força na atual conjuntura, em que todos os institutos jurídicos, dentre eles a teoria das incapacidades, devem ser relidas à luz do princípio da dignidade da pessoa humana.

Quanto aos menores, é óbvio que aqueles em idade tenra não têm condições de se expressar acerca dos rumos de um tratamento de saúde, sequer compreendendo o que é a vida, a saúde, a autonomia. Assim, bebês e crianças pequenas não podem se manifestar sobre o que desconhecem e não contam com os requisitos mínimos para conhecerem. À medida que vão crescendo, vão também aprendendo a fazer escolhas e a se expressar e, ainda que a lei os considere incapazes para os atos da vida civil, ressaltando tratar-se, evidentemente, de incapacidade de exercício, ou de fato, e não de direito, suas vontades devem passar a ser consideradas e não ignoradas quanto às escolhas existenciais.

A construção de um sistema jurídico nacional de proteção e reconhecimento das crianças e adolescentes como sujeitos de direitos, dotados de igual dignidade, teve como marco fundamental a Constituição da República que, em seu art. 227, estabeleceu como dever tanto da família, quanto da sociedade e também do Estado, a assecuração dos direitos fundamentais da criança, do adolescente e do jovem, com absoluta prioridade. Em seguida, a Convenção sobre os Direitos da Criança de 1989, assinada e ratificada pelo Brasil, detalhou direitos e estabeleceu obrigações para seu respeito, instituindo como finalidade a busca pelo melhor interesse da criança e do adolescente. Por seu turno, a Lei nº 8.069, de 1990, que estabeleceu o Estatuto da Criança e do Adolescente, dispôs, conforme seu art. 1º, "sobre a proteção integral à criança e ao adolescente".

O Estatuto da Criança e do Adolescente, aliás, estabelece, em seu art. 15, que "a criança e o adolescente têm direito à liberdade, ao respeito e à dignidade como pessoas humanas em processo de desenvolvimento e como sujeitos de direitos civis, humanos e sociais garantidos na Constituição e nas leis". Essa previsão legislativa, decorrente da matriz constitucional, que tem como fundamento a dignidade da pessoa humana, revela o reconhecimento de que o desenvolvimento da pessoa encontra na infância e na adolescência terreno fértil que precisa ser cultivado adequadamente, sob pena de não garantir o alcance pleno de suas habilidades individuais e sociais.

Ademais, o direito à liberdade, entre outros aspectos, compreende, segundo o art. 16 do ECA, o direito à opinião e expressão, e o art. 17 prevê que "o direito ao respeito consiste na inviolabilidade da integridade física, psíquica e moral da criança e do adolescente, abrangendo a preservação da imagem, da identidade, da autonomia, dos valores, ideias e crenças, dos espaços e objetos pessoais", prestigiando, dentre outras formas de garantir a dignidade da criança e do adolescente, a necessidade de respeito à sua autonomia. Em seguida, o art. 18 do mesmo diploma legal estabelece ser "dever de todos velar pela dignidade da criança e do adolescente, pondo-os a salvo de qualquer tratamento desumano, violento, aterrorizante, vexatório ou constrangedor", estabelecendo a obrigação correspondente ao direito.

A adoção de novos parâmetros para o exercício do poder familiar, fundado na corresponsabilidade em prol do melhor desenvolvimento das crianças e adolescentes, revela a evolução da relação entre pais e filhos, em que os pais "devem considerar as pretensões, percepções, características e o paulatino processo de amadurecimento dos filhos, de modo que eles também sejam chamados a protagonizar sua história e a se posicionar como sujeitos ativos na formação de sua personalidade" (MENEZES; MULTEDO, 2016, p. 192). Ocorre que, inobstante a necessidade de promoção da dignidade das crianças e adolescentes, através do respeito à sua liberdade, autonomia, valores, crenças, nas situações concretas podem surgir divergências entre pais e filhos no tocante às escolhas referentes à vida dos filhos, gerando conflitos envolvendo direitos existenciais, como nos casos de recusa terapêutica de um ou de outro.

Do mesmo modo, em relação às pessoas portadoras de deficiência que não sejam plenamente capazes, a proteção a elas dirigida não pode ser óbice à realização plena de sua dignidade. Nesse compasso, a Lei nº 13.146, de 2015, que instituiu Lei Brasileira de Inclusão da Pessoa com Deficiência, mais comumente chamada de Estatuto da Pessoa com Deficiência, na esteira da Convenção Internacional sobre os Direitos das Pessoas com Deficiência de 2007, promoveu profunda alteração no regime das incapacidades, inclusive excluindo do rol dos absolutamente incapazes todos os portadores de deficiência, expressão que sequer existe atualmente no Código Civil, conforme se observa em seu art. 4º.

É de se notar que o Estatuto da Pessoa com Deficiência busca proteger todos os portadores de qualquer de deficiência, que afete ou não a sua autodeterminação, por considerá-los vulneráveis, pois assim dispõe em seu art. 2º:

> Art. 2º. Considera-se pessoa com deficiência aquela que tem impedimento de longo prazo de natureza física, mental, intelectual ou sensorial, o qual, em interação com uma ou mais barreiras, pode obstruir sua participação plena e efetiva na sociedade em igualdade de condições com as demais pessoas.

Por óbvio, no presente momento do estudo interessa a análise da situação da pessoa portadora de deficiência submetida à curatela, decorrente do reconhecimento de sua relativa incapacidade para os atos negociais, pois a pessoa com deficiência que não importe em necessidade da proteção extraordinária de tal medida, dentre as quais está a pessoa sob o regime de tomada de decisão apoiada, é dotada de capacidade de direito e de exercício, o que se encontra confirmado pelo art. 6º da Lei nº 13.146, de 2015.

A pessoa deficiente submetida ao regime de curatela não perde sua autonomia existencial pois, conforme previsão do art. 85 do Estatuto protetivo, "a curatela afetará tão somente os atos relacionados aos direitos de natureza patrimonial e negocial", não alcançando "o direito ao próprio corpo, à sexualidade, ao matrimônio, à privacidade, à educação, à saúde, ao trabalho e ao voto", conforme seu § 1º.

Diante disso, conforme observam Sampaio e Menezes (2018, p. 141), "a pessoa com deficiência intelectual ou psíquica tem capacidade civil em igualdade com as demais e, mesmo quando sujeita a curatela, não se transmitirão ao curador os poderes para decidir sobre suas questões existenciais e personalíssimas". Portanto, na atual conjuntura, a pessoa deficiente que necessite de curatela preservará sua autonomia existencial intacta e integral, cabendo ao Juiz limitar o exercício da curatela aos atos efetivamente necessários, além do limite imposto pela lei, no sentido de que o regime especial alcança apenas a autonomia patrimonial.

Para além da consideração do enorme avanço protecionista promovido pelo Estatuto da Pessoa com Deficiência, é inegável que ele trouxe também dificuldades, pois não fazendo qualquer distinção entre os tipos de deficiência e sua repercussão jurídica, acabou por manter sob o mesmo regime legal as pessoas que não têm qualquer discernimento em razão de deficiência que atinja sua autodeterminação, daquelas que o tem, em algum grau.

Sobre a questão, Gozzo e Monteiro (2019, p. 15-16) fazem a seguinte reflexão:

> [...] a Lei n. 13.146/15, ao intentar garantir dignidade à pessoa com deficiência, envidando esforços para tornar sua integração uma realidade na sociedade, parece ter se esquecido de que as diferenças entre as deficiências não só existem, como devem ser respeitadas, para que o deficiente seja protegido em todos os aspectos de sua vida – pessoal e patrimonial.

Sem aprofundamentos maiores, é possível então concluir que, para pessoas em regime de curatela, o exercício da autonomia existencial para a recusa terapêutica pode ensejar, assim como para os menores, colisão entre direitos fundamentais, na medida em que o curador pode, em representação ao curatelado (ou tecnicamente em assistência, considerando se tratar de relativamente incapaz), entender diversamente do mesmo.

A Resolução CFM nº 2.232/2019, além de tratar da recusa terapêutica pelos capazes, também aborda a situação dos incapazes, dispondo, em seu art. 3º que, "em situações de risco relevante à saúde, o médico não deve aceitar a recusa terapêutica de paciente menor de idade ou de adulto que não esteja no pleno uso de suas faculdades mentais, independentemente de estarem representados ou assistidos por terceiros". Prestando esclarecimentos sobre a citada Resolução, o próprio Conselho Federal de Medicina publicou comentários em seu sítio eletrônico, afirmando, quanto à recusa terapêutica dos incapazes:

> A dignidade do paciente incapaz, menor de idade ou adulto que não esteja no pleno uso de suas faculdades mentais, independentemente de estar representado ou assistido, foi especialmente considerada nesta Resolução. Nesses casos, impõe-se a prevalência do tratamento indicado, sem consentimento livre e esclarecido, em casos de risco de morte e de urgência e emergência com risco relevante à saúde (CFM, 2019).

Em seguida, o art. 4º da Resolução trata da situação de "discordância insuperável entre o médico e o representante legal, assistente legal ou familiares do paciente menor ou incapaz quanto à terapêutica proposta", estabelecendo que em tais casos é dever do médico "comunicar o fato às autoridades competentes (Ministério Público, Polícia, Conselho Tutelar etc.), visando o melhor interesse do paciente".

Os arts. 3º e 4º citados acima, interpretados sistematicamente, revelam que, pelas normas éticas, se o incapaz ou seu representante/assistente recusar o tratamento, tratando-se de situação de urgência e emergência, o médico deve ignorar a recusa e proceder à terapia necessária, devendo, portanto, aceitar a recusa somente para tratamentos eletivos. A interpretação demonstra, ainda, que, havendo discordância entre o médico e o representante/assistente do incapaz, a questão deve ser comunicada às autoridades competentes, revelando que a vontade do incapaz é pouco ou nada considerada.

Longe de ser uma questão simples, é fato que muita evolução ainda é necessária acerca da recusa terapêutica do incapaz e, mesmo havendo tais orientações éticas, não se pode esquecer que a Constituição da República e as leis protetivas da criança e do adolescente, bem como da pessoa com deficiência, hierarquicamente superiores à Resolução do CFM, devem prevalecer em caso de conflito envolvendo a recusa terapêutica.

Feitas tais considerações, resta analisar a questão de como conciliar a autonomia existencial dos incapazes com a intervenção dos seus representantes ou assistentes. Nesse ponto, inicialmente é preciso entender que, em se tratando de situação envolvendo os incapazes, sejam menores sob poder familiar, sejam deficientes sob regime de curatela, as escolhas feitas pelos representantes ou assistentes não se referem aos próprios direitos, mas aos direitos dos representados ou assistidos.

Analisando a questão do ponto de vista dos menores, Thaís Sêco, propõe "a valoração das decisões existenciais com base nos critérios da reversibilidade ou irreversibilidade, e da adiabilidade ou inadiabialidade (SÊCO, 2014, p. 18). Para a autora, "enquanto as decisões irreversíveis e adiáveis devem ser postergadas para o momento futuro, as decisões reversíveis e inadiáveis devem ser praticadas no momento correto, ou imediatamente". Já a decisão "classificada como reversível e adiável, deve-se deixar a cargo da própria interação social-afetiva a decisão, a ser livremente tomada". Por fim, existem as situações consideradas "irreversíveis e inadiáveis", em relação às quais, consideradas "*hard cases*, é fundamental o conhecimento do caso concreto e a participação de profissionais habilitados em outras áreas, como a psicologia e a medicina, para se encontrar a solução adequada" (SÊCO, 2014, p. 19-20).

Menezes e Multedo (2016) referem-se a esses critérios e recomendam a sua aplicação, afirmando:

> A autonomia do adolescente para decidir sobre questões que impactam no seu próprio corpo tem fundamento no sistema constitucional brasileiro. Trata-se de um aspecto existencial que não pode ser manejado sem a oitiva ou a escolha da pessoa sobre a qual os efeitos impactarão de modo direto. Na tentativa de conciliar sua autonomia com a proteção, sugere-se a aplicação dos critérios assinalados por Thais Sêco, quais sejam, avaliar a reversibilidade e irreversibilidade da decisão e a sua adiabilidade ou inadiabilidade para depois

da maioridade. Sempre tendo por meta primordial a realização do melhor interesse da pessoa adolescente.

Essas mesmas proposições podem, com as necessárias adequações, ser transpostas para a situação dos demais incapazes, justamente as pessoas portadoras de deficiência, valendo destacar que a incapacidade pode ser transitória, situação em que os critérios apontados têm serventia, ou pode ser definitiva, caso em que a adiabilidade ou inadiabilidade para momento posterior de plena capacidade torna-se critério sem sentido.

Nesse compasso, pode-se afirmar que os incapazes podem fazer escolhas no campo existencial que, em tese, devem ser respeitadas, mas cuja implementação efetivamente pode trazer situações concretas difíceis e complexas, notadamente quando tais escolhas colidirem com o entendimento dos seus representantes ou assistentes – pais, tutores e curadores, acerca do mesmo assunto. Assim é que, no que tange às decisões sobre consentimento informado e recusa terapêutica, as divergências entre as escolhas dos incapazes e de seus representantes ou assistentes serão resolvidas pela ponderação, através da análise do caso concreto, a depender, inclusive, do aspecto objetivo das questões envolvidas, para se concluir sobre a adiabilidade ou não e sobre a irreversibilidade ou não.

Entra em cena, então, a questão de quando pode ser feita a recusa terapêutica, aspecto objetivo do exercício da autonomia existencial. Como regra, pode-se afirmar que as pessoas podem, em quaisquer situações, recusar a submissão a tratamentos de saúde, o que, como repetidamente afirmado, decorre do exercício de seu direito fundamental à liberdade.

Nesse sentido, o já citado art. 15 do Código Civil estabelece, ao tratar dos direitos da personalidade, que “ninguém pode ser constrangido a submeter-se, com risco de vida, a tratamento médico ou a intervenção cirúrgica”. Importante previsão legal, o dispositivo traz, no entanto, ambiguidade, parecendo que somente em casos em que o procedimento gere risco à sua vida poderia o paciente recusá-lo. Essa interpretação, no entanto, não faz sentido, pois o paciente, ainda que se trate de procedimento que não gere risco de vida, poderá recusar a terapia proposta.

Comentando o dispositivo, Tepedino, Barboza e Moraes (2007, p. 42-43) afirmam, com propriedade:

> Na esteira de tais considerações, há de ser interpretado o art. 15: não só o constrangimento que induz alguém a se submeter a tratamento com risco deve ser vedado, como também a intervenção médica imposta a paciente que, suficientemente informado, prefere a ela não se submeter, por motivos que não sejam fúteis e que se fundem na afirmação de sua própria dignidade. Nesta sede, a normativa deontológica há de se conformar aos princípios constitucionais.

Aguiar Jr. (2017, p. 360) também faz a mesma interpretação do dispositivo, inclusive afirmando que o entendimento contrário o eivaria de inconstitucionalidade. Nas palavras do autor:

> O art. 15 permite a leitura de que, não havendo risco de vida no tratamento ou na intervenção, a pessoa poderia ser constrangida a submeter-se ao ato médico. Não é assim, porém. Se o fosse, o dispositivo seria inconstitucional, por obrigar a pessoa a submeter-se a tratamento ou intervenção cirúrgica contra a sua vontade. O princípio a ser obedecido é o inverso: ninguém deve ser constrangido a tratamento ou cirurgia contra sua vontade, ressalvados casos especiais (urgência, imposição legal, absolutamente incapaz).

Criar categorias de tratamentos recusáveis ou não, como fez o art. 15 do Código Civil se interpretado literalmente e não nos moldes aqui defendidos tornaria, conforme acentuam Teixeira e Rodrigues (2017, p. 372), a vida um dever e não um direito, lesando uma gama de princípios constitucionais, como a dignidade e a liberdade. Portanto, a interpretação do art. 15 do Código Civil que se alinha à Constituição da República e ao respeito pelos direitos fundamentais e pela dignidade da pessoa humana é aquela no sentido de que, como regra, em qualquer situação, independentemente de o procedimento envolver risco, a terapêutica proposta pode ser recusada pelo paciente.

A questão de quando pode ser feita a recusa ao tratamento, então, pode ser respondida afirmando-se em princípio que sempre. Contudo, repita-se, como nenhum direito é absoluto, a recusa terapêutica também encontra limites, dados pelos direitos fundamentais de outras pessoas, de modo que em determinadas situações a recusa terapêutica pode consistir em verdadeiro exercício abusivo do direito, vedado pelo art. 187 do Código Civil.

A caracterização do abuso de direito independe, aliás, da intenção de causar dano, bastando que seja o ato contrário ao interesse geral, sendo que seu critério, no dizer de Farias e Rosenvald (2016, p. 683), "não reside no plano psicológico da culpabilidade, mas no desvio do direito de sua finalidade ou função social".

Sobre a questão dos limites da recusa terapêutica quando ela consistir em abuso do direito, a Resolução CFM nº 2.232/2019 estabelece:

> Art. 5º A recusa terapêutica não deve ser aceita pelo médico quando caracterizar abuso de direito.
>
> § 1º Caracteriza abuso de direito:
>
> I – A recusa terapêutica que coloque em risco a saúde de terceiros.
>
> II – A recusa terapêutica ao tratamento de doença transmissível ou de qualquer outra condição semelhante que exponha a população a risco de contaminação.

O citado dispositivo ético traz, obviamente, um rol meramente exemplificativo de condutas em que há abuso de direito em caso de recusa terapêutica, embora em suas hipóteses, bastante abertas, possam estar enquadradas praticamente todas as situações de abusividade. De fato, a norma em questão revela que a base da caracterização do abuso de direito na recusa terapêutica está na colisão entre os direitos fundamentais do enfermo e os direitos fundamentais de todas as demais pessoas que poderiam ser negativamente afetadas pela falta de tratamento àquela enfermidade eis que, conforme Prado, Abreu e Boechat (2017, p. 106), "o privilégio individual diante de uma conduta médica nunca poderá predominar ao coletivo – restante da população – e muito menos colocar em risco a saúde de terceiros".

Entretanto, não se pode fechar as possibilidades de que situações concretas, examinadas à luz dos direitos fundamentais, possam revelar outras abusividades, que serão reconhecidas através da ponderação, prevalecendo o interesse com mais conteúdo de dignidade.

Ainda acerca do aspecto objetivo da recusa do paciente, prevê a Resolução CFM nº 2.232/2019, em seu art. 11, que "em situações de urgência e emergência que caracterizarem iminente perigo de morte, o médico deve adotar todas as medidas necessárias e reconhecidas para preservar a vida do paciente, independentemente da recusa terapêutica".

Essa previsão revela clara colisão entre o direito à vida e o direito à liberdade do paciente, tendo a norma ética optado por determinar a prevalência da vida, o que efetivamente pode importar em violação à dignidade do paciente.

Por óbvio, conforme observam Mabtum e Marchetto (2015, p. 82), em se tratando de urgência, encontrando-se o paciente em risco iminente de morte, não há obrigação alguma de que a equipe médica obtenha o consentimento do paciente para agir. Contudo, pode ser que, mesmo em caso de urgência ou emergência, o paciente esteja consciente e manifeste seu consentimento ou sua recusa e, nesse último caso, segundo a citada Resolução do Conselho Federal de Medicina, sua manifestação deve ser ignorada, preservando-se sua vida.

Ocorre que, em se tratando de situação em que não há tempo hábil sequer para prestar ao paciente todas as informações sobre os riscos do procedimento ou, na verdade, sobre os maiores riscos de não se submeter a ele, de fato não é razoável determinar que a recusa terapêutica seja acatada. É que para se considerar a recusa terapêutica como exercício da autonomia existencial, repita-se, é imprescindível que ela seja precedida da informação clara, completa e precisa sobre o quadro de saúde, as condutas e o prognóstico, o que não ocorre, por total impossibilidade fática, em casos tais, em que o mínimo tempo transcorrido pode importar em completa perda da necessidade de intervenção, pela ocorrência de um dano maior e irreversível.

Sem maiores aprofundamentos, incabíveis no momento, conclui-se que as situações propostas pela normativa ética limitam o exercício da recusa terapêutica em seu aspecto objetivo, revelando quando ela não pode ela ser aceita.

Resta a análise do aspecto formal da recusa terapêutica. Aspecto e não requisito, na medida em que não há exigência de forma para a validade da manifestação de vontade do paciente no sentido de concordar ou recusar um tratamento clínico ou cirúrgico, havendo várias maneiras, todas válidas, que poderão ser usadas pelo paciente para expor suas escolhas nas questões existenciais objeto desse estudo.

O indivíduo pode expressar suas escolhas quanto aos rumos de seu tratamento médico diretamente ao médico, verbalmente, no momento em que a conduta pode ser realizada, sendo recomendável ao profissional da saúde, no entanto, que reduza a termo a opção terapêutica escolhida pelo paciente, se o consentimento informado ou a recusa terapêutica, justamente para evitar questionamentos posteriores quanto à sua propedêutica e sua responsabilidade civil. Essa, aliás, é a recomendação da Resolução CFM nº 2.232/2019, que assim estabelece:

> Art. 12. A recusa terapêutica regulamentada nesta Resolução deve ser prestada, preferencialmente, por escrito e perante duas testemunhas quando a falta do tratamento recusado expuser o paciente a perigo de morte.
>
> Parágrafo único. São admitidos outros meios de registro da recusa terapêutica quando o paciente não puder prestá-la por escrito, desde que o meio empregado, incluindo tecnologia com áudio e vídeo, permita sua preservação e inserção no respectivo prontuário.

Além disso, as escolhas também podem ser expressas através das diretivas antecipadas de vontade, feitas por meio do testamento vital, em que a pessoa estabelece previamente, de forma expressa, as condutas que pretende ou não verem implementadas em seu futuro tratamento e das quais o médico se valerá quando ele estiver inconsciente. Outro tipo de diretiva antecipada de vontade é o mandato duradouro, em que a pessoa nomeia alguém para decidir em seu lugar sobre a recusa ao tratamento, em caso de sua incapacidade, nos moldes da sua vontade antes informada à pessoa escolhida (DADALTO, 2015, p. 30-31; 86; 91).

As diretivas antecipadas de vontade, seja por testamento vital ou por mandato duradouro, não possuem regulamentação legal específica no Brasil, mas estão previstas na Resolução CFM nº 1.995/2012, demonstrando a preocupação ética da classe médica com o respeito à autonomia privada do paciente. Entretanto, o reconhecimento de sua validade decorre, como já afirmado, da aplicação do direito fundamental à liberdade, em que a autonomia privada se revela instrumento de realização da dignidade da pessoa humana.

Concluindo a questão da recusa terapêutica, sem pretensão de esgotar o tema, é possível afirmar que a sua possibilidade subjetiva, objetiva e formal encontra respaldo na ordem constitucional que, contudo, também é a responsável por estabelecer os limites de sua realização, a serem considerados casuisticamente, em observância à maior realização da dignidade da pessoa humana, considerada não apenas individualmente, mas em seu aspecto coletivo.

3. Objeção de consciência: contornos normativos da autonomia existencial do profissional da saúde

Se é verdade que a autonomia existencial do paciente deve ser respeitada em sua relação com o médico, é também verdade que o médico, dotado de igual dignidade enquanto pessoa humana, tem direito de exercer sua autonomia na relação com seu paciente, encontrando espaço a objeção de consciência. Nesse sentido, Pereira (2012, p. 336) descreve:

> A objeção de consciência é a face personalizadora do profissional de saúde: este antes de o ser é uma pessoa, uma fonte de liberdade, uma personalidade que também busca – como os outros, com as suas náuseas (Sartre), as suas hesitações e as suas audácias – o que Orlando de Carvalho designava por "liberdade de desabrochar", ou numa terminologia de teor constitucional, o direito ao desenvolvimento da personalidade, respeitando o seu quadro ético, o seu sistema de valores. Só com este ator – o médico, rectius, o profissional de saúde – devidamente respeitado e dignificado se podem lançar pontes de confiança.

Tendo surgido há séculos, ligada a questões de liberdade religiosa, âmbito em que ainda está muito presente, a objeção de consciência expandiu-se para além dessas fronteiras, podendo-se dizer que ela "coincide com as liberdades públicas clássicas, que impõem um não-fazer do indivíduo, estabelecendo uma fronteira em benefício do titular do direito que não pode ser violada por quem quer que seja, nem pelo Estado" (BUZANELLO, 2001, p. 174).

Sendo expressão da dignidade, a objeção de consciência não é vislumbrada apenas na relação médico-paciente, mas em várias outras situações, como no serviço militar, por exemplo, valendo ressaltar que, no entanto, a abordagem que ora interessa é justamente aquela em que o profissional da saúde figura como objetor, podendo-se chamar, na esteira de Ribeiro (2017, p. 65), de objeção clínica, tida por ele como "um capítulo da objeção de consciência que surgiu para a proteção de pessoas que não chegam a ser 'estranhos morais' (pessoas com premissas ou regras morais diferentes), mas que têm divergências pontuais sobre religião, ética, filosofia, enfim, valores pessoais".

A objeção de consciência manifestada pelo profissional da saúde tem assento no direito fundamental à liberdade e na realização da dignidade da pessoa humana, mas nesses mesmos direitos ela encontra limites, na medida em que, além das restrições impostas pela profissão, há restrições importantes decorrentes dos direitos do paciente que, muitas vezes, estão dotados de maior conteúdo em dignidade.

Além do direito fundamental à liberdade, a Constituição da República prevê, no rol de direitos fundamentais, a liberdade de consciência e crença, segundo art. 5º, VI, além de dispor, no inciso VIII do mesmo dispositivo que "ninguém será privado de direitos por motivo de crença religiosa ou de convicção filosófica ou política, salvo se as invocar para eximir-se de obrigação legal a todos imposta e recusar-se a cumprir prestação alternativa, fixada em lei". Portanto, a objeção de consciência tem bases constitucionais sólidas que, simultaneamente, revelam os contornos intransponíveis que limitam o seu exercício.

Nesse contexto, o direito à liberdade de consciência e crença, viés do direito à liberdade previsto no *caput* do art. 5º da Constituição da República, revela-se também fundamento da escusa médica a determinado procedimento, se embasada nas crenças ou por razões de consciência do objetor que, nos moldes do inciso VIII supracitado, não será privado de seus direitos se, ao manifestar sua objeção por razões tais, cumprir eventual prestação alternativa prevista em lei.

No caso da objeção clínica, entendida como a objeção de consciência exercida pelo profissional da saúde (embora se fale mais em médico, ela por ser exercida por qualquer profissional sanitário além do médico, como o enfermeiro, o odontólogo, o fisioterapeuta, entre outros), não há lei no Brasil que a regulamente, não havendo prestação alternativa, o que não afasta o direito ao seu exercício, considerando que, nos moldes do art. 5º, § 1º, da Constituição da República, "as normas definidoras dos direitos e garantias fundamentais têm aplicação imediata".

Diante da conclusão de que o profissional da saúde pode ser objetor de consciência, recusando-se a realizar atos contrários aos seus princípios pessoais, é imperioso destacar que o exercício desse direito não pode caracterizar abuso, pois a ninguém é dado deixar de cumprir normas jurídicas impositivas inconsequentemente. De fato, conforme observam Pamplona e Cardoso (2015, p. 24), "o direito de objeção de consciência não pode ser utilizado de forma arbitrária, [...] não podendo funcionar como criador de desigualdades injustificadas que permitam a obtenção de privilégios de isenção de cumprimento de alguns deveres jurídicos".

Não obstante a falta de regulação legislativa do direito à objeção de consciência pelo profissional sanitário, o Código de Ética Médica estabelece, em vários dispositivos, a possibilidade de seu exercício. Assim é que, no capítulo dos princípios fundamentais, citada norma deontológica prevê os seguintes:

> VII – O médico exercerá sua profissão com autonomia, não sendo obrigado a prestar serviços que contrariem os ditames de sua consciência ou a quem não deseje, excetuadas as situações de ausência de outro médico, em caso de urgência ou emergência, ou quando sua recusa possa trazer danos à saúde do paciente.
> VIII – O médico não pode, em nenhuma circunstância ou sob nenhum pretexto, renunciar à sua liberdade profissional, nem permitir quaisquer restrições ou imposições que possam prejudicar a eficiência e a correção de seu trabalho.
> XXI – No processo de tomada de decisões profissionais, de acordo com seus ditames de consciência e as previsões legais, o médico aceitará as escolhas de seus pacientes relativas aos procedimentos diagnósticos e terapêuticos por eles expressos, desde que adequadas ao caso e cientificamente reconhecidas.

Portanto, sob o ponto de vista ético, a atividade médica se assenta, entre outros, nos princípios acima descritos, que revelam o respeito à liberdade de consciência dos profissionais, exercida de acordo com as previsões legais e, portanto, em caráter relativo e não absoluto.

Em seguida, o Código de Ética Médica prevê os direitos do médico e, quanto à sua autonomia privada e à recusa à realização de procedimentos, prescreve, já no seu item I, ser direito do médico exercer a medicina sem "discriminação por questões de religião, etnia, cor, sexo, orientação sexual, nacionalidade, idade, condição social, opinião política, deficiência ou de qualquer outra natureza", garantido, assim, a objeção de consciência, notadamente por crença. Citado direito ganha mais especificidade no item IX, que prevê que o médico pode "recusar-se a realizar atos médicos que, embora permitidos por lei, sejam contrários aos ditames de sua consciência", o que efetivamente define a figura da objeção de consciência.

Além de prever, de forma genérica, a objeção de consciência, o Código de Ética Médica estabelece ser vedado ao médico "deixar de atender paciente que procure seus cuidados profissionais em casos de urgência ou emergência quando não houver outro médico ou serviço médico em condições de fazê-lo", conforme seu art. 33, em que fica clara a impossibilidade de objeção de consciência em casos de urgência e emergência em que não haja outro médico ou serviço médico para prestar o atendimento em seu lugar. Portanto, a recusa do médico, direito previsto no item IX já citado, encontra esse obstáculo, revelando que a vida do paciente que está sob risco iminente tem mais conteúdo em dignidade do que a objeção do profissional.

Do Código de Ética Médica ainda consta a seguinte vedação ao médico:

> Art. 36. Abandonar paciente sob seus cuidados.
>
> § 1º Ocorrendo fatos que, a seu critério, prejudiquem o bom relacionamento com o paciente ou o pleno desempenho profissional, o médico tem o direito de renunciar ao atendimento, desde que comunique previamente ao paciente ou a seu representante legal, assegurando-se da continuidade dos cuidados e fornecendo todas as informações necessárias ao médico que o suceder.
>
> § 2º Salvo por motivo justo, comunicado ao paciente ou à sua família, o médico não o abandonará por este ter doença crônica ou incurável e continuará a assisti-lo e a propiciar-lhe os cuidados necessários, inclusive os paliativos.

Mais uma vez permite-se objeção de consciência em situações que prejudiquem a boa relação médico-paciente, mas limita-se seu exercício à necessidade de que o paciente ou seu representante seja previamente comunicado e de que os cuidados médicos não sejam interrompidos, passando-se todas as informações ao novo profissional escolhido para acompanhar o paciente. Além disso, ainda que a doença não tenha cura, o citado dispositivo estabelece que o médico não pode abandonar o paciente, salvo por motivo justo, que, por óbvio, importa em apreciação casuística.

Ainda no campo das normas deontológicas, o Conselho Federal de Medicina editou a Resolução CFM nº 2.232/2019, que prevê, quanto ao tema:

> Art. 7º. É direito do médico a objeção de consciência diante da recusa terapêutica do paciente.

> Art. 8º. Objeção de consciência é o direito do médico de se abster do atendimento diante da recusa terapêutica do paciente, não realizando atos médicos que, embora permitidos por lei, sejam contrários aos ditames de sua consciência.
>
> Art. 9º. A interrupção da relação do médico com o paciente por objeção de consciência impõe ao médico o dever de comunicar o fato ao diretor técnico do estabelecimento de saúde, visando garantir a continuidade da assistência por outro médico, dentro de suas competências.
>
> Parágrafo único. Em caso de assistência prestada em consultório, fora de estabelecimento de saúde, o médico deve registrar no prontuário a interrupção da relação com o paciente por objeção de consciência, dando ciência a ele, por escrito, e podendo, a seu critério, comunicar o fato ao Conselho Regional de Medicina.

Através dessa nova Resolução, o Conselho Federal de Medicina pretendeu lançar luzes sobre a matéria da recusa terapêutica e da objeção de consciência, mas parece ter mesmo feito o contrário. É que, ao limitar a objeção de consciência apenas aos casos de recusa terapêutica, a norma administrativa limitou o que sequer a Constituição da República limita.

De fato, a leitura dos arts. 7º e 8º da Resolução CFM nº 2.232/2019 leva ao errôneo entendimento de que a objeção de consciência somente pode ser exercida pelo médico quando, proposta por ele uma conduta, ela é recusada pelo paciente e, em seguida, o médico, discordando da recusa terapêutica, decide não adotar outras terapias além da que ele propôs. Ocorre que esse é apenas um viés da objeção de consciência, eis que o seu exercício independe da prévia recusa do paciente à terapia proposta. Pense-se no caso de aborto legal, em que a paciente solicita o procedimento ao médico e este, por objeção de consciência, se recusa a fazê-lo. Ora, nesse caso não houve recusa terapêutica alguma da paciente e, não obstante, o médico pode objetar, desde que dentro dos limites impostos pelas normas jurídicas, sejam princípios ou regras, devendo, por exemplo, encaminhar a paciente para profissional não objetor.

A citação do exemplo do aborto legal foi apenas ilustrativa, não se pretendendo adentrar nas nuances filosóficas, religiosas, morais e até jurídicas da questão, pois não serão abordadas as previsões legais específicas acerca do tema.

Sobre a objeção médica na Resolução CFM nº 2.232/2019, resta ainda o art. 10, que estabelece:

> Art. 10. Na ausência de outro médico, em casos de urgência e emergência e quando a recusa terapêutica trouxer danos previsíveis à saúde do paciente, a relação com ele não pode ser interrompida por objeção de consciência, devendo o médico adotar o tratamento indicado, independentemente da recusa terapêutica do paciente.

Citado dispositivo teve os efeitos suspensos em relação à assistência e atendimento ao parto, conforme decisão judicial liminar proferida no Processo nº 5021263-50.2019.4.03.6100, do TRF 3ª Região, em que foi determinado que somente o risco efetivo à vida ou saúde da gestante e/ou do feto deverá ser considerado como justificativa legal para afastar a escolha terapêutica da gestante em relação ao parto.

Mais uma vez é importante ressaltar que neste ensaio não serão analisados casos específicos, como é a situação da gestante e sua escolha quanto ao parto, valendo registrar que o citado art. 10 limita tanto a objeção de consciência quanto a recusa terapêutica e, embora tenha se referido a situação de urgência e emergência, não estabeleceu como critério balizador o risco à vida ou à saúde do paciente.

Através da regulamentação prevista nas regras acima referidas, é possível verificar que a objeção de consciência tem como limites implícitos e explícitos a vida e a saúde do paciente, sendo imprescindível a análise da urgência e emergência, dos riscos envolvidos no processo de decisão e da justa causa como seu fundamento, de modo que a objeção de consciência pode esbarrar em limitações que, na prática, configurem abuso de direito e cujo reconhecimento dependerá da análise do caso concreto, ponderando-se o direito do paciente e, ainda, da coletividade, com o direito do profissional.

Pode-se, então, afirmar que a legitimidade da objeção de consciência dependerá da situação concreta, privilegiando-se sempre a vida e a saúde do paciente em detrimento da autonomia do profissional, na medida em que, em se tratando de conduta inadiável, ou seja, de urgência ou emergência, o objetor somente fará jus a deixar de fazer o procedimento se houver outro médico que o faça. Isso significa que, em caso de confronto direto entre o direito do paciente à vida e à saúde e o direito do médico à liberdade de consciência, prevalecerá sempre o direito do paciente, pois no caso de haver outro médico a vida do paciente não estará em confronto com a liberdade do médico, havendo, sim, claro conflito entre as liberdades – do paciente, que por acaso poderia escolher determinado profissional, e do profissional escolhido, que por acaso não concorda com a prática de que necessita o paciente. Nesse caso de colisão entre as escolhas, embasadas no direito fundamental à liberdade, em que a vida não está em jogo, a objeção pode ser feita.

Assim, enquanto a recusa terapêutica, manifestada pelo paciente, encontra óbices apenas em eventuais direitos fundamentais de terceiros relacionados à vida e à saúde, como nas situações trazidas pelo art. 5º da Resolução CFM nº 2.232/2019, a objeção de consciência do médico, conquanto se trate de exercício de seu direito fundamental à liberdade, esbarra em maiores limites, na medida em que, conforme bem observa Oliveira (2017, p. 68), a função médica tem natureza de função pública, que não se confunde com função do Estado, pois a função pública pode ser exercida por agente estatal ou por particular. Nas palavras do autor:

> Funções públicas são aquelas que dizem respeito à satisfação de necessidades ou à realização de interesses gerais da sociedade, cuja ausência ou mal exercício, em larga escala, podem resultar em desagregação social. É em razão de sua relevância para a conservação e o aprimoramento da solidariedade social no âmbito da saúde que a medicina é uma atividade que desvela uma função pública em sua essência e no seu exercício. Logo, o médico, como titular dessa função pública, tem o direito e o dever (direito-dever) de exercê-la.

Segundo Coutinho (2010, p. 10), a objeção de consciência tem como características (i) a ocorrência de um incumprimento de uma norma jurídica impositiva para o objetor, que o coloca numa situação de desvantagem, exigindo dele um determinado comportamento ativo ou passivo; (ii) a tolerância da ordem jurídica a esse comportamento, isentando o médico de qualquer sanção; (iii) que ela, a objeção de consciência, decorra do incumprimento de normas legais por razões de consciência, de modo que o objetor deve agir rejeitando uma ação eticamente absurda para a sua pessoa; (iv) que o descumprimento tenha um carácter individual e pacífico; (v) que a objecção de consciência não prejudique gravemente terceiros. Segundo o mesmo autor, tais características permitem distinguir "objecção de consciência de algumas figuras jurídicas que com ele compartilham algumas semelhanças, como são o caso do direito de rebelião, o direito de resistência, a desobediência civil, a desobediência ao direito e a liberdade religiosa" (COUTINHO, 2001, p. 11).

A caracterização de uma conduta médica como objeção de consciência, que justamente a torna legítima e afasta a possibilidade de sanção estatal, importa no seu reconhecimento como direito fundamental do profissional da saúde. Nesse sentido, Zamora e Vicco (2019) afirmam que, "corretamente utilizada e regulada, a objeção de consciência é um recurso seguro que não afeta o paciente, mas que apenas resguarda o médico. Em outras palavras, amplia as liberdades sem restringir os direitos".

Mais uma vez é possível afirmar que a solução envolvendo objeção de consciência, conquanto refira-se à questão envolvendo direitos fundamentais, revela-se complexa, havendo necessidade de ponderação dos princípios em colisão, preservando-se, ao máximo, os direitos envolvidos e, sendo isto impossível, prevalecendo o direito que tenha mais conteúdo em dignidade.

Conclusões

A relação entre o profissional da saúde e seu paciente evoluiu, deixando para trás o caráter verticalizado de outrora para assumir uma posição horizontalizada, em que as vontades de ambos os envolvidos são consideradas e merecem ser respeitadas. De fato, o direito à vida e o dever de conservá-la a todo custo deixou de ser o único objetivo da citada relação, que passou a ser campo de fundamental realização da dignidade da pessoa humana e do direito à liberdade.

O exercício do direito fundamental à liberdade permite a realização da autonomia existencial, em que a pessoa faz escolhas quanto à sua vida, em todos os seus aspectos físicos e psicológicos, e tem a proteção estatal para, através de tais escolhas, ver-se realizada enquanto pessoa humana dotada de dignidade.

Expressões da autonomia existencial a recusa terapêutica e objeção de consciência são instrumentos válidos, mas que podem gerar conflitos entre direitos fundamentais, notadamente a vida, a saúde do paciente e de terceiros, a liberdade e autonomia, tanto do paciente quanto do médico, que precisam ser solucionadas, através da técnica da ponderação, eis que a subsunção é ineficaz quando normas principiológicas estão envolvidas, de modo que, no caso concreto, não sendo possível a preservação de ambos os interesses, um cede ao outro, mas não é declarado inválido.

A recusa terapêutica, em que o paciente não aceita se submeter a determinado tratamento por escolha livre e autônoma, quanto ao aspecto subjetivo, pode ser realizada por pessoas capazes e até mesmo pelos incapazes, que mantêm sua autonomia existencial, de modo que, tanto quanto possível, seus anseios e suas vontades manifestadas devem ser considerados ao máximo para a tomada de decisões nesta seara. Nesse contexto, havendo concorrência entre os direitos do incapaz à vida e à liberdade e, ainda, existindo divergência entre a vontade manifestada pelo incapaz e por seu representante ou assistente, o caso concreto deve ser analisado sob a luz da dignidade da pessoa humana, para que prevaleça o direito que tenha maior conteúdo em dignidade. Objetivamente considerada, a recusa terapêutica pode ser realizada em qualquer momento, podendo ser inclusive consignada em diretivas antecipadas de vontade e, quanto ao aspecto formal, embora não há exigência de que seja manifestada por escrito, é fato que precisa ser inequívoca, sendo recomendável sua instrumentalização ou registro, por qualquer meio legítimo.

Ao seu turno, o profissional da saúde também merece ver respeitado o seu direito fundamental à liberdade e, para tanto, pode se recusar a realizar determinada conduta que contrarie sua consciência, suas crenças, seus princípios pessoais. Essa postura do profissional é denominada objeção de consciência e, assim como a escolha do paciente, pode importar em colisão entre direitos fundamentais, sendo possível afirmar que em conflito com o direito à vida, esta deve prevalecer, precedendo o direito do paciente ao direito do profissional, solução diversa se o conflito se der com a liberdade do paciente, em que prevalece a autonomia do médico.

Enfim, não havendo direitos absolutos, nem mesmo entre os direitos fundamentais, é possível afirmar que, havendo colisão entre eles, deve haver a ponderação, prevalecendo o direito que tiver mais conteúdo em dignidade, eis que esta, embora também entendida como relativa, somente pode ceder frente a ela mesma, na perspectiva de outro titular.

Colidindo direitos ou princípios dotados de conteúdo em dignidade e sendo necessária a ponderação, poderá até haver relativização da dignidade concreta, mas tal somente ocorrerá em função da dignidade presente no direito que prevaleceu, de modo que, ao final, o respeito à dignidade, através da prevalência do direito em que, concretamente, ela esteja mais presente, é uma necessidade absoluta.

Referências

AGUIAR JR., Ruy Rosado. Consentimento informado. *In:* GODINHO Adriano Marteleto; LEITE, George Salomão; DADALTO, Luciana (Coords.). **Tratado brasileiro sobre o direito fundamental à morte digna**. São Paulo: Almedina, 2017. p. 339/362.

ALEXY, Robert. **Teoria dos direitos fundamentais**. Trad.: Virgílio Afonso da Silva. São Paulo: Malheiros, 2006.

BARROSO, Luís Roberto. Neoconstitucionalismo e constitucionalização do direito (O triunfo tardio do direito constitucional no Brasil). *In*: **Revista de Direito Administrativo**, v. 240. p. 1-42, abr./jun. 2005. Rio de Janeiro. Disponível em: encurtador.com.br/zAFQ5. Acesso em: 02 jul. 2020.

______. **A dignidade da pessoa humana no direito constitucional contemporâneo**: natureza jurídica, conteúdos mínimos e critérios de aplicação. Versão provisória para debate público. Mimeografado, dezembro de 2010. Disponível em: encurtador.com.br/euDQZ. Acesso em: 02 jul. 2020.

______. **Grandes transformações do direito contemporâneo e o pensamento de Robert Alexy**. 2014. Disponível em: encurtador.com.br/qJQRT. Acesso em: 01 jul. 2020.

BARROSO, Luís Roberto; MARTEL, Letícia de Campos Velho. **A morte como ela é**: dignidade e autonomia individual no final da vida. 2012. Disponível em: encurtador.com.br/rxBTZ. Acesso em: 01 jul. 2020.

BOBBIO, Norberto. **Teoria do ordenamento jurídico**. Brasília: Pólis, 1989. 184 p.

BOECHAT, IedaTinoco; SOUZA, Carlos Henrique Medeiros de; MANHÃES, Fernanda Castro. *Autodeterminação da pessoa humana na perspectiva da psicologia fenomenológico-existencial*. p. 74-89. *In:* CABRAL, Hildeliza Boechat; ZAGANELLI, Margareth Vetis. (Orgs.).**Diretivas antecipadas de vontade**: autonomia e dignidade do paciente. v. 2. Campos dos Goytacazes: Brasil Multicultural, 2017.

BORGES, Roxana Cardoso Brasileiro. **Direitos da personalidade e autonomia privada**. 2. ed. São Paulo: Saraiva, 2007. 257 p.

BRASIL. Resolução CFM nº 2.217, de 27 de setembro de 2018. **Código de Ética Médica**. Conselho Federal de Medicina – Brasília: Conselho Federal de Medicina, 2019. 108 p. Disponível em: encurtador.com.br/jmuBS. Acesso em: 01 jul. 2020.

BRASIL. Resolução CFM Nº 2.232, de 17 de julho de 2019. **Conselho Federal de Medicina**, Brasília. Disponível em: encurtador.com.br/qIO25. Acesso em: 01 jul. 2020.

BRASIL. Resolução CFM Nº 1.995, de 09 de agosto de 2012. **Conselho Federal de Medicina**, Brasília. Disponível em: encurtador.com.br/crN37. Acesso em: 01 jul. 2020.

BRASIL. **CFM esclarece pontos da Resolução que trata da recusa terapêutica e objeção de consciência**. 02 de outubro de 2019. Disponível em: encurtador.com.br/jmwzE. Acesso em: 01 jul. 2020.

BRASIL. Presidência da República. **Constituição da República Federativa do Brasil de 1988**. Disponível em: encurtador.com.br/hGVY2. Acesso em: 01 jul. 2020.

BRASIL. Presidência da República. **Código Civil**. Disponível em: encurtador.com.br/gpDQT. Acesso em: 01 jul. 2020.

BUZANELLO, José Carlos. Objeção de consciência: uma questão constitucional. **Revista de informação legislativa**, v. 38, n. 152, p. 173-182, out./dez. 2001. Brasília. Disponível em: encurtador.com.br/fxFP8. Acesso em: 06 jul. 2020.

CABRAL, Hildeliza Lacerda Tinoco Boechat. **Consentimento informado no exercício da medicina e tutela dos direitos existenciais**. Curitiba: Appris, 2018.

COUTINHO, Francisco Pereira. Sentido e limites do direito fundamental à objecção de consciência. **FDUNL**, n. 6, 2001. Disponível em: encurtador.com.br/gwHM9. Acesso em: 04 jul. 2020.

DADALTO, Luciana. **Testamento vital**. 3. ed. São Paulo: Atlas, 2015. 245 p.

DELMANTO JÚNIOR, Roberto. Existe o direito de morrer? p. 109-127. Medicina, direito, ética e justiça: reflexões e conferências do **VI Congresso Brasileiro de Direito Médico**. Brasília: Conselho Federal de Medicina, 2017.

FARIAS, Cristiano Chaves de; ROSENVALD, Nelson. **Curso de direito civil**: parte geral de LINDB. v. 1. 14. ed. Salvador: JusPodivm, 2016.

GOZZO, D.; MONTEIRO, J. R. A concretização da autonomia existencial e a Lei n. 13.146/15: apontamentos sobre o casamento da pessoa com deficiência. **Civilistica.com**, v. 8, n. 1, p. 1-23, 28 abr. 2019. Disponível em: encurtador.com.br/sDY39. Acesso em: 03 jul. 2020.

HUPSEL, Francisco. **Autonomia privada na dimensão civil-constitucional**: o negócio jurídico, a pessoa concreta e suas escolhas existenciais. Salvador: JusPodivum, 2016. 223p.

KANT, Immanuel. **Fundamentação da Metafísica dos Costumes**. Trad.: Paulo Quintela. Lisboa: 70, 1960. 117 p.

LEITE, George Salomão. *Bioética constitucional. In:* GODINHO Adriano Marteleto; LEITE, George Salomão; DADALTO, Luciana (Coords.). **Tratado brasileiro sobre o direito fundamental à morte digna**. São Paulo: Almedina, 2017. p. 19-34.

MABTUM, Matheus Massaro; MARCHETTO, Patrícia Borba. **O debate bioético e jurídico sobre as diretivas antecipadas de vontade**. [recurso eletrônico] São Paulo: Cultura Acadêmica, 2015. Disponível em: encurtador.com.br/hsOTZ. Acesso em: 03 jul. 2020.156 p.

MALUF, Adriana Caldas do Rego Freitas Dabus. **Curso de bioética e biodireito**. 3. ed. São Paulo: Atlas, 2015. 496 p.

MENEZES, Joyceane Bezerra de; MULTEDO, Renata Vilela. A autonomia ético-existencial do adolescente nas decisões sobre o próprio corpo e a heteronomia dos pais e do Estado no Brasil. **Revista de Direito Administrativo & Constitucional**. Ano 16, n. 63, pp. 187-210, jan./mar. 2016. Belo Horizonte. Disponível em: encurtador.com.br/ptEKP. Acesso em: 02 jul. 2020.

MEZZAROBA, Orides; STRAPAZZON, Carlos Luiz. Direitos fundamentais e a dogmática do bem comum constitucional. **Sequência**. n. 64. Florianópolis, jul. 2012. Disponível em: encurtador.com.br/ilJOS. Acesso em: 02 jul. 2020.

MONGE, Cláudia. *O direito fundamental à proteção da saúde*. **Revista Eletrônica de Direito Público**. e-Pública v. 6. n. 1, p. 075-100, abril 2019. Disponível em: encurtador.com.br/mxG16. Acesso em: 01 jul. 2020.

OLIVEIRA, Márcio Luís. Situações limítrofes no conflito aparente entre médico e paciente: a liberdade de consciência e convicção e o exercício regular da medicina. p. 67-80. Medicina, direito, ética e justiça: reflexões e conferências do **VI Congresso Brasileiro de Direito Médico**. Brasília: Conselho Federal de Medicina, 2017.

PAMPLONA, Raquel; CARDOSO, Soraia. Os novos contornos do direito de objeção de consciência – os fundamentos e a evolução do direito à objeção de consciência no direito constitucional português. Análise de um direito em permanente evolução e presente em diferentes realidades. **CEDIS Working Papers. Direito, Estado e Religião**. n. 3. Jul. 2015. Disponível em: encurtador.com.br/jkKPT. Acesso em: 03 jul. 2020.

PEREIRA, André Gonçalo Dias. **Direitos dos pacientes e responsabilidade médica**. Dissertação de Doutoramento em Ciências Jurídico-Civilísticas apresentada à Faculdade de Direito da Universidade de Coimbra. Coimbra, dezembro de 2012. Disponível em: encurtador.com.br/bqX27. Acesso em: 03 jul. 2020.

PEREIRA, Flávia Canto; COELHO, Helena Bachi. Limites da jurisdição: direito à saúde limite da obrigação do Estado. *In:* Aspectos polêmicos e atuais dos limites da jurisdição e do direito à saúde. Org. Araken de Assis. Porto Alegre: Notadez, 2007. p. 159-164.

PRADO, Raul Rodrigues Valentim do; ABREU, Raiany Iasmim de; BOECHAT, Ieda Tinoco. Postura do médico em face da recusa de tratamento pelo paciente. p. 98-111. *In:* CABRAL, Hildeliza Boechat; ZAGANELLI, Margareth Vetis. (Orgs.).**Diretivas antecipadas de vontade**: autonomia e dignidade do paciente. v. 2. Campos dos Goytacazes: Brasil Multicultural, 2017.

RAMOS, André de Carvalho. **Curso de direitos humanos**. 5. ed. São Paulo: Saraiva, 2018.

RIBEIRO, Diaulas Costa. Há conflito entre a autonomia do médico e os direitos do paciente? p. 59-66. Medicina, direito, ética e justiça: reflexões e conferências do **VI Congresso Brasileiro de Direito Médico**. Brasília: Conselho Federal de Medicina, 2017.

SACRAMENTO, Bruno. A ponderação de regras e alguns problemas da teoria dos princípios de Robert Alexy. **Revista Direito GV**, v. 15, n. 2. São Paulo, jul. 2019. Disponível em: encurtador.com.br/nosK5. Acesso em: 01 jul. 2020.

SAMPAIO, Carolina Vasques; MENEZES, Joyceane Bezerra de. Autonomia da pessoa com deficiência e os atos de disposição do próprio corpo. **Revista Jurídica Cesumar**, v. 18, n. 1, p. 133-157, jan./abr. 2018. Disponível em: encurtador.com.br/kqQX2. Acesso em: 03 jul. 2020.

SARLET. Ingo Wolfgang. **Dignidade da pessoa humana e direitos fundamentais na Constituição Federal de 1988**. 4. ed. Livraria do Advogado: Porto Alegre, 2006.

SARMENTO, Daniel. **Dignidade da pessoa humana**: conteúdo, trajetórias e metodologia. Belo Horizonte: Fórum, 2016.

SÊCO, T. F. T. Por uma nova hermenêutica do direito da criança e do adolescente. **civilistica.com,** v. 3, n. 2, p. 1-26, 23 maio 2018. Disponível em: encurtador.com.br/jpyZ2. Acesso em: 03 jul. 2020.

TEIXEIRA, Ana Carolina Brochado; RODRIGUES, Renata de Lima. Análise do ordenamento jurídico brasileiro: o conteúdo jurídico do direito fundamental à liberdade no processo de morrer. *In:* **Tratado brasileiro sobre o direito fundamental à morte digna**. São Paulo: Almedina, 2017. p. 363/386.

TEPEDINO, Gustavo; BARBOZA, Heloísa Helena; MORAES, Maria Celina Bodin. **Código Civil interpretado conforme a Constituição da República**. v. I. 2 ed. Rio de Janeiro: Renovar, 2007.

ZAMORA, María Ayelén Gaitán Zamora; VICCO, Miguel Hernán. Objeção de consciência como necessidade legal: um olhar sobre o aborto. **Revista Bioética**, v. 27. n. 3. Brasília, jul./set. 2019. Disponível em: encurtador.com.br/dCGP9. Acesso em: 03 jul. 2020.

16. AS MODIFICAÇÕES DAS NORMAS QUE REGULAM A CAPACIDADE JURÍDICA DAS PESSOAS COM DEFICIÊNCIA NO BRASIL

Joyceane Bezerra de Menezes

Introdução

A partir do último censo demográfico realizado (2010) e, considerando as pesquisas parciais, o Instituto Brasileiro de Geografia e Estatística – IBGE, projeta que a população brasileira soma um total de 212.563.656, das quais cerca de 6,7% são pessoas que, em virtude de alguma deficiência, afirmam apresentar *muita dificuldade* ou *total impedimento* para participação na sociedade, haja vista os seus "domínios funcionais centrais".[1] Segundo a mesma fonte, estima-se que 1,4% (um, virgula quatro por cento) da população possui deficiência psíquica ou intelectual. Trata-se de um quantitativo de pessoas extremamente significativo que, anteriormente à Convenção sobre os Direitos da Pessoa com Deficiência e a Lei Brasileira de Inclusão, eram consideradas incapazes para o fim de se lhes garantir maior proteção. Grosso modo, viviam sob os cuidados da família ou curador, sem que lhes fosse considerada a vontade e autonomia. Sob um regime assistencial, eram meros objeto de proteção. Nem sempre se sujeitavam à curatela formal. Tantas vezes mantinham-se sob o cuidado informal dos familiares e sem a chancela do direito para a participação nas diversas

[1] BRASIL. Instituto Brasileiro de Geografia e Estatística – IBGE. Conheça o Brasil. A população com deficiência. Disponível em: < Instituto Brasileiro de Geografia e Estatística – IBGE >. Acesso em: 12/01/2021.

relações jurídicas. Uma vez que eram considerados incapazes, não podiam casar, adotar, exercer os direitos sexuais e reprodutivos. Também não tinham capacidade negocial e tampouco direito de constituir crédito. Se submetidos à curatela, ante à necessidade de representação ou assistência para a prática de atos da vida civil, fazia-se a interdição total, legando-os o *status* de absoluta incapacidade com os efeitos protetivos do regime das incapacidades. Depoimento subscrito por uma ex-curatelada, publicado nos Anais do I Congresso do Instituto Brasileiro de Direito de Família, diz que "A primeira pergunta que me vem à cabeça é: "qual a finalidade da interdição e posterior curatela? Proteger? Cuidar? Posso afirmar absolutamente que durante os quatorze anos em que estive curatelada, vivi sob o signo do abandono e do descaso. A interdição é um dispositivo de controle e coerção social, desagregador e excludente. Conto a minha história."[2] Ainda que a curatela cumpra o papel assistencial pertinente ao seu perfil funcional, ao longo dos anos esteve vocacionada à proteger a sociedade e à família antes de atender às demandas da pessoa curatelada. Razão pela qual persistia o regime das incapacidades, negando qualquer autonomia volitiva às pessoas que não podiam decidir por si. Por meio do sistema assistencial e substitutivo de vontade, um representante lhe seria nomeado para agir em seu nome e buscar, a seu próprio juízo, o que seria melhor para o representado.

Com a viragem provocada pela Convenção sobre os Direitos da Pessoa com Deficiência, a autonomia é reconhecida como inerente à dignidade que é um valor comum a toda pessoa. Dignidade, personalidade e autonomia são reconhecidos à pessoa com deficiência que também não pode ver restringida a sua capacidade jurídica, pelo fato da deficiência. Do sistema assistencial substitutivo migra para o sistema de apoio que legitima a autonomia na interdependência e não apenas a autonomia insular. O Brasil é signatário da CDPD e a ratificou com o *status* de norma constitucional. Em 2015, promulgou a Lei Brasileira de Inclusão por meio da qual revogou expressamente o regime das incapacidades, excluindo a

[2] FERNANDES, Maria das Graças Dias. "Depoimento". Anais do I Congresso Brasileiro de Direito de Família. Repensando o direito de família. Instituto Brasileiro de Direito de Família – IBDFAM. Disponível em: < https://www.ibdfam.org.br/assets/upload/anais/57.pdf >. Acesso em: 11/01/2021.

deficiência como um critério mitigador.[3] Hoje, no plano formal, a pessoa com deficiência é plenamente capaz, ainda que a sua deficiência seja psíquica ou intelectual.

Na prática, porém, ante à incipiência do instrumento de apoio e o apego da sociedade e dos operadores do direito ao regime das incapacidades, tem sido difícil a implementação do escopo da CDPD. As pessoas com deficiência continuam sendo pouco legitimadas, inclusive pela própria família que persiste com a atenção assistencial e em recusa aos estímulos emancipatórios. Visando resguardar direitos previdenciários ou assistenciais preferem a interdição como forma de assegurar algum rendimento aos seus parentes com deficiência. O Instituto de Previdência e Assistência Social – INSS corrobora com isso na medida em que, para os fins de concessão da aposentadoria ou benefício assistencial, dispensa a perícia administrativa se apresentada a sentença de curatela.

O presente capítulo se volta a analisar a mudança na disciplina legal da capacidade da pessoa com deficiência, no Brasil. Para tanto, o texto é se subdivide em três partes: analisa os impactos da ratificação da CDPD no regime das incapacidades; a mudança que a Lei Brasileira de Inclusão – LBI, Lei n.º 13.146, de 06 de julho de 2015, operou; por fim, traz um esboço panorâmico da jurisprudência, a partir das decisões que

[3] Na explicação do Relatório do Comitê da ONU sobre o artigo 12 da CDPD, é necessário dissociar capacidade jurídica da capacidade mental (que chamamos, nesse texto, de capacidade de agir). Para o ONU, a capacidade jurídica engloba aquilo que entendemos capacidade de direito e capacidade de fato, constituindo importante instrumento para a efetiva inclusão da pessoa na vida social. In verbis, "La capacidad jurídica y la capacidad mental son conceptos distintos. La capacidad jurídica es la capacidad de ser titular de derechos y obligaciones (capacidad legal) y de ejercer esos derechos y obligaciones (legitimación para actuar). Es la clave para acceder a una participación verdadera en la sociedad. La capacidad mental se refiere a la aptitud de una persona para adoptar decisiones, que naturalmente varía de una persona a otra y puede ser diferente para una persona determinada en función de muchos factores, entre ellos factores ambientales y sociales. En virtud del artículo 12 de la Convención, los déficits en la capacidad mental, ya sean supuestos o reales, no deben utilizarse como justificación para negar la capacidad jurídica." (ONU. CRPD/C/11/4. Observación general sobre el artículo 12: igual reconocimiento como persona ante la ley. Comité sobre los Derechos de las Personas con Discapacidad. Disponível em: < https://www.google.com.br/search?q=ONU.+CRPD%2FC%2F11%2F4&ie=utf-8&oe=utf-8&client=firefox-b&gfe_rd=cr&ei=7Md7V9moAYKJwQSM5bLQBA> Acesso em 22 de maio de 2016).

refletem o entendimento majoritário dos tribunais estaduais. Considere-se que os tribunais superiores: Superior Tribunal de Justiça e Supremo Tribunal Federal não foram instados a analisar e decidir, especificamente sobre o regime das incapacidades após o advento da Convenção e da LBI.

2. A ratificação da Convenção sobre os Direitos da Pessoa com Deficiência pelo Brasil e as mudanças no regime das incapacidades

O Brasil subscreveu a Convenção sobre os Direitos da Pessoa com Deficiência – CDPD, em 30 de março de 2007, aderindo à integridade do texto convencional, sem oposição de qualquer reserva. Por meio do Decreto legislativo no.186, de 9 de julho de 2008,[4] o documento foi ratificado pelo Congresso Nacional sob o rito e quórum previstos no art. 5.º, parágrafo terceiro da Constituição da República Federativa do Brasil (CF/88), o que lhe rendeu o *status* de norma constitucional.[5] Adicionalmente, para afastar qualquer dúvida quanto à validade do processo ratificador da CDPD, o Presidente da República à época, também efetuou a sua promulgação e a de seu Protocolo Facultativo, por meio Decreto n.º 6.949, de 25 de agosto de 2009, seguindo o rito tradicionalmente previsto.[6]

A CDPD foi o primeiro tratado do sistema universal de direitos humanos do século XXI e é o único que, no Brasil, foi ratificado com o *status* de norma constitucional por respeitar o procedimento assinalado no art. 5.º, §3.º da Constituição Federal. Embora parte significativa da doutrina brasileira admita que os tratados de direitos humanos possuem

[4] Decreto legislativo no.186, de 9 de julho de 2008. Aprova o texto da Convenção sobre os Direitos das Pessoas com Deficiência e de seu Protocolo Facultativo, assinados em Nova Iorque, em 30 de março de 2007. Disponível em: < http://www.planalto.gov.br/ccivil_03/CONGRESSO/DLG/DLG-186-2008.htm>. Acesso em: 20/11/2020.

[5] CF/88 – Art. 5º Todos são iguais perante a lei, sem distinção de qualquer natureza, garantindo-se aos brasileiros e aos estrangeiros residentes no País a inviolabilidade do direito à vida, à liberdade, à igualdade, à segurança e à propriedade, nos termos seguintes: (...) § 3º Os tratados e convenções internacionais sobre direitos humanos que forem aprovados, em cada Casa do Congresso Nacional, em dois turnos, por três quintos dos votos dos respectivos membros, serão equivalentes às emendas constitucionais.

[6] Decreto no.6.949, de 25 de agosto de 2009. Promulga a Convenção Internacional sobre os Direitos das Pessoas com Deficiência e seu Protocolo Facultativo, assinados em Nova York, em 30 de março de 2007. Disponível em: < http://www.planalto.gov.br/ccivil_03/_ato2007-2010/2009/decreto/d6949.htm>. Acesso em 20/11/2020.

fundamentalidade material em virtude do que dispõe o art. 5.º, §2.º da CF/88,[7] há opiniões divergentes que lhes atribuem apenas uma natureza de norma supra-legal.[8] Em que pesem essas discussões teóricas, é indiscutível a fundamentalidade formal da CDPD, cujo processo e quórum de ratificação seguiu o teor do art. 5.º, parágrafo terceiro.

Sob o pálio do modelo social, a CDPD adota uma nova abordagem da deficiência que passa a ser compreendida como um fenômeno social resultante da interação entre as limitações naturais do sujeito e as barreiras sociais. Desse modo, para realizar a efetiva inclusão das pessoas com deficiência impõem uma série de medidas que perpassam a reestruturação da própria sociedade, com a reformulação de institutos jurídicos tradicionais como o regime das incapacidades, inclusive.

A partir do princípio da igualdade material, a CDPD assegura a dignidade, a personalidade e a autonomia da pessoa com deficiência, o que implica o respeito à sua condição de sujeito de direitos e responsabilidades. Migra de um sistema assistencial, no qual a pessoa com deficiência é praticamente um objeto de proteção, para um sistema de apoios que fomenta a autonomia e o protagonismo interdependente da vida pessoal. Nessa medida, afasta a possibilidade de mitigação da capacidade jurídica por meio de qualquer critério relacionado à deficiência.

Tanto o propósito geral da CDPD, assentado no art. 1.º, qual seja, o de "promover, proteger e assegurar o exercício pleno e equitativo de todos os direitos humanos e liberdades fundamentais por todas as pessoas com deficiência e promover o respeito pela sua dignidade inerente", quanto o rol dos princípios gerais assinalados no art. 3.º, especialmente o da

[7] Comungam do mesmo entendimento, Flavia Piovesan e Valério Mezzuoli. Segundo este último, "Para nós, cláusula aberta do § 2o do art. 5o da Carta da 1988 sempre admitiu o ingresso dos tratados internacionais de proteção dos direitos humanos no mesmo grau hierárquico das normas constitucionais, e não em outro âmbito de hierarquia normativa. Portanto, segundo sempre defendemos, o fato de esses direitos se encontrarem em tratados internacionais jamais impediu a sua caracterização como direitos de status constitucional." (MAZZUOLI, Valério de Oliveira. 2005. "O novo § 3.º do art. 5.º da Constituição e sua eficácia", Revista de Informação Legislativa, a. 42 n. 167 jul./set., Brasília, Brasil, 2005. Disponível em: https://www2.senado.leg.br/bdsf/bitstream/handle/id/739/R167-08.pdf?sequence=4. Acesso em 21/11/2020).

[8] SILVA, José Afonso da. Comentário contextual à constituição,7ª ed. São Paulo, Malheiros, 2010, p. 182.

não-discriminação e do respeito à dignidade inerente, à autonomia individual e à independência, antecipam os fundamentos do art. 12, item 2 que impõe o reconhecimento da capacidade legal das pessoas com deficiência em igualdade de condições com as demais para todos os aspectos da vida.

Sob a ótica da CDPD, o regime das incapacidades que foi estabelecido nos códigos para o fim de proteger a pessoa do "incapaz",[9] constitui uma barreira ao exercício dos direitos e pode resultar em discriminação, na medida em que utiliza a deficiência como critério para mitigar a capacidade jurídica.

Basta observar o que dispunha o Código Civil brasileiro, de 1916, no art. 5.º, II. Usando o critério do *status*, a mera diagnose da deficiência intelectual ou psíquica, ali designada pela locução "loucos de todos os gêneros", justificava a qualificação da pessoa como absolutamente incapaz.[10]

[9] Sob a ótica tradicional, o regime das incapacidades visava, antes de tudo, a proteção da pessoa com deficiência quando, por si, não reunisse condições para a prática dos atos necessários ao gozo dos direitos. É o que diz Caio Mario, na edição atualizada por Maria Celina Bodin de Moraes, "Aos indivíduos às vezes faltam requisitos materiais para dirigirem-se com autonomia no mundo civil. Embora não lhes negue a ordem jurídica a capacidade de direito, recusa-lhes a autodeterminação, interdizendo-lhes o exercício dos direitos, pessoal e diretamente, porém condicionado sempre à intervenção de outra pessoa, que os representa ou assiste. A ocorrência de tais deficiências importa em incapacidade. (...)Toda pessoa tem a faculdade de adquirir direitos, mas nem toda pessoa tem o poder de usá-los pessoalmente e transmiti-los a outrem por ato de vontade. (...) O instituto das incapacidades foi imaginado e construído sobre uma razão moralmente elevada, que era a proteção dos que são portadores de uma deficiência juridicamente apreciável. Essa era a ideia fundamental que o inspirava, e acentuá-lo ainda é de suma importância para a sua projeção na vida civil. A lei jamais instituiu o regime das incapacidades com o propósito de prejudicar aquelas pessoas que delas padecem, mas, ao contrário, com o intuito de lhes oferecer proteção, atendendo a que uma falta de discernimento, de que sejam portadores, aconselha tratamento especial, por cujo intermédio o ordenamento jurídico procura restabelecer um equilíbrio psíquico, rompido em consequência das condições peculiares dos mentalmente deficitários." (PEREIRA, Caio Mário da Silva. MORAES, Maria Celina Bodin (atualizadora), Instituições de Direito Civil, Vol. I, Rio de Janeiro, Forense, 2018, p. 213-215).

[10] Na vigência do Código Civil, de 1916 (Lei n.º 3.071, de 01 de janeiro de 1916), hoje revogado, qualificavam-se como absolutamente incapazes, os menores de 16 anos; os loucos de todo o gênero; os surdos-mudos que não pudessem exprimir a sua vontade e os ausentes.
Art. 5. São absolutamente incapazes de exercer pessoalmente os atos da vida civil:
I. Os menores de dezesseis anos.
II. Os loucos de todo o gênero.
III. Os surdos-mudos, que não puderem exprimir a sua vontade.

Desconsiderava-se qualquer capacidade mental da pessoa, reputando-a incapaz apenas em virtude de um diagnóstico atestado por um médico e/ou da apreciação do juiz, nas ações de interdição. Descontando as variáveis históricas e a insuficiência do conhecimento específico para lidar com as diversas modalidades e graus da deficiência, no começo do século XX, esse dispositivo manteve a sua vigência até o início do ano de 2003, quando o estágio de desenvolvimento da ciência era outro e expunha a sua inadequação à realidade corrente.

A capacidade civil ou jurídica plena prevista pelos códigos pressupunha uma autonomia insular por meio da qual o sujeito teria o poder de regular as suas questões pessoais por si ou de negociar com outras pessoas aspectos atinentes às relações que com elas viesse a estabelecer.[11] O elemento funcional do negócio jurídico era a realização dos interesses das partes envolvidas,[12] nos limites da lei. Sem a hígida capacidade mental para agir por si, o sujeito não alcançaria a capacidade jurídica plena.

Com a CDPD, a capacidade jurídica se funda em uma autonomia na interdependência, admitindo que a manifestação volitiva e a construção da própria vontade do sujeito se faça mediante apoio de terceiros. Essa perspectiva convencional representa, sem dúvida, uma profunda ruptura com o sistema anterior.[13]

A considerar o art. 12, da Convenção, todos os Estados signatários deverão reconhecer a capacidade legal das pessoas com deficiência em igualdade de condições com as demais. Ressalta-se que o conceito de

IV. Os ausentes, declarados tais por ato do juiz.

[11] Nas linhas de Karl Larenz, "O individuo só pode existir socialmente como personalidade quando lhe seja reconhecida pelos outros não apenas a sua esfera da personalidade e da propriedade, mas também quando, além disso, possa em princípio regular por si mesmo as suas questões pessoais e, na medida em que com isso seja afectada outra pessoa, possa regulamentar as suas relações com ela com carácter juridicamente obritatório mediante um acordo livremente estabelecido." (LARENZ, Karl. Derechos de obligaciones, Tomo I, Trad. Espanhola, Madrid, 1958, p. 65-66).

[12] PRATA, Ana. Tutela constitucional da autonomia privada, Coimbra, Almedina, 2016, p. 24.

[13] Como explica Roig, "o que se entende por capacidade no âmbito ético e jurídico são consequências da própria ideia de dignidade humana, tal e como tem sido construída desde sua origem (na modernidade) até nossos dias e que se apresenta como argumento justificador dos direitos". ROIG, Rafael Asís. Sobre la capacidad. In: Papeles el tiempo de los derechos. Disponível em: < https://e-archivo.uc3m.es/bitstream/handle/10016/7828/wp32.pdf?sequence=1>. Acesso: 12/01/2021.

capacidade jurídica ali referido é exatamente o mesmo que a legislação civil reconhece como um atributo da personalidade. Assim, pressupõe a "la capacidad de ser sujeto de derechos y obligaciones (elemento estático), pero también presupone la capacidad de ejercer dichos derechos, o asumir obligaciones a través de sus propias decisiones (elemento dinámico)".[14]

Sem desconsiderar a eventual vulnerabilidade da pessoa com deficiência, a CDPD também incumbiu aos Estados o dever de estruturar os mecanismos de apoio necessários ao exercício dessa capacidade, com as respectivas salvaguardas, afim de evitar abusos ou lesão aos direitos da pessoa com deficiência. Diz o citado dispositivo,

Artigo 12
Reconhecimento igual perante a lei

1. Os Estados Partes reafirmam que as pessoas com deficiência têm o direito de ser reconhecidas em qualquer lugar como pessoas perante a lei.

2. Os Estados Partes reconhecerão que as pessoas com deficiência gozam de capacidade legal em igualdade de condições com as demais pessoas em todos os aspectos da vida.

3. Os Estados Partes tomarão medidas apropriadas para prover o acesso de pessoas com deficiência ao apoio que necessitarem no exercício de sua capacidade legal.

4. Os Estados Partes assegurarão que todas as medidas relativas ao exercício da capacidade legal incluam salvaguardas apropriadas e efetivas para prevenir abusos, em conformidade com o direito internacional dos direitos humanos. Essas salvaguardas assegurarão que as medidas relativas ao exercício da capacidade legal respeitem os direitos, a vontade e as preferências da pessoa, sejam isentas de conflito de interesses e de influência indevida, sejam proporcionais e apropriadas às circunstâncias da pessoa, se apliquem pelo período mais curto possível e sejam submetidas à revisão regular por

[14] Por ello, la capacidad jurídica incluye la "capacidad de obrar", entendida como la capacidad y la facultad de una persona en virtud del derecho de asumir compromisos o transacciones particulares, mantener un estatus determinado, o una relación con otro, o, en un sentido más general, de crear, modificar o extinguir relaciones jurídicas (BARIFFI, Francisco. El regimen jurídico internacional de la capacidad juridical de las personas con discapacidad. Grupo Editorial Cinca c/ General Ibanez Íbero: Madrid, 2014, p. 303).

> uma autoridade ou órgão judiciário competente, independente e imparcial. As salvaguardas serão proporcionais ao grau em que tais medidas afetarem os direitos e interesses da pessoa.
>
> 5. Os Estados Partes, sujeitos ao disposto neste Artigo, tomarão todas as medidas apropriadas e efetivas para assegurar às pessoas com deficiência o igual direito de possuir ou herdar bens, de controlar as próprias finanças e de ter igual acesso a empréstimos bancários, hipotecas e outras formas de crédito financeiro, e assegurarão que as pessoas com deficiência não sejam arbitrariamente destituídas de seus bens. (grifo intencional)

Em virtude do impacto que provoca no clássico regime das incapacidades, o artigo 12 tende a ser o dispositivo mais polêmico do texto convencional. Houve um giro copernicano nessa matéria, abalando severamente o regime assistencial das incapacidades.[15] Mas não é fácil romper com um instituto tão arraigado na doutrina civilistica.

No Brasil, o Professor Paulo Lobo compreende a capacidade legal como um *tertium genus*, distinto da capacidade jurídica dos códigos civis. Segundo ele, a capacidade legal assinalada no art. 12 da CDPD não se confunde com a capacidade jurídica prescrita no Código Civil. *In verbis*

> A capacidade legal da pessoa com deficiência não se confunde com a capacidade civil, nem com as hipóteses de incapacidades absoluta e relativa, estas especificadas nos arts. 3.º e 4.º do CC. São duas modalidades de capacidade jurídica, que transitam paralelamente, sem se confundirem: a capacidade civil geral, prevista no Código Civil, e a capacidade geral específica, prevista no Estatuto da Pessoa com Deficiência. A pessoa com deficiência não é absolutamente incapaz nem relativamente incapaz. É dotada de capacidade legal irrestrita para os atos jurídicos não patrimoniais e de capacidade legal restrita para os atos jurídicos patrimoniais, para os quais fica sujeita a curatela temporária e específica, sem interdição transitória ou permanente, ou a tomada de decisão apoiada.

[15] É superada a aplicação da deficiência como critério de modulação da capacidade. DANDHA, Amita. Legal capacity in the disability rights in the rights convention: stranglehold of the past or lodestar for the future? 34 Syracuse J. Int'l L. & Com. 2006-2007, p. 439.

Uma vez que engloba a *capacidade civil de gozo e de exercício,* Carlos Pianovski Ruzyk e Luiz Alberto Davi Araújo a tem qualificado como *capacidade conglobante.*[16] Enquanto Ana Beatriz Lima Pimentel,[17] optou por qualifica-la como *capacidade unificada,* haja vista a conjugação daquelas duas faces da capacidade civil plena. Ora, se a ela se reconhece a mesma capacidade que se reconhece às demais pessoas, à ela se credita à capacidade civil plena. Não cremos que haja necessidade de um novo designativo, exatamente, para evitar discriminação ou mal entendido acerca do que dispôs o artigo 12 da CDPD, no que foi seguido pelos artigos 6.º e 84 da LBI.

Pablo Stolze, por sua vez, entende que não há um novo conceito de capacidade, paralelo ao conceito geral do Código Civil. "Se assim o fosse", conclui, "haveria um viés discriminatório e inconstitucional".[18]

Em duas oportunidades escrevemos sobre a capacidade jurídica da pessoa com deficiência, sustentando que a CDPD revogou todo e qualquer critério mitigador da capacidade pautado na deficiência o que corroborou a chamada Lei Brasileira de Inclusão, Lei n.º 13.146, de 2015.[19]

[16] RUZYK, Carlos Pianovski; ARAÚJO, Luiz Alberto Davi. "A perícia multidisciplinar no processo civil de curatela e o aparente conflito entre o Estatuto da Pessoa com Deficiência e o Código de Processo Civil: reflexões metodológicas à luz da teoria geral do direito." R. Dir. Gar. Fund., Vitória, v. 18, n. 1, p. 227-256, jan./abr. 2017.

[17] PIMENTEL, Ana Beatriz Lima. A capacidade civil unificada da pessoa com deficiência na legalidade constitucional e o sistema de apoio para o planejamento da vida. Tese de doutoramento. Programa de Pós-Graduação Stricto Sensu em Direito – Universidade de Fortaleza. Defesa em 29/09/2020. 226 f.

[18] STOLZE, Pablo. "A Invalidade do Negócio Jurídico em face do Novo Conceito de Capacidade Civil". Revista Científica da Academia Brasileira de Direito Civil, Vol. 2, n.º 2, 2018, p. 1-10. Disponivel em: <https://abdc.emnuvens.com.br/abdc/article/view/19/15>. Acesso em 29/01/2021

[19] MENEZES, Joyceane Bezerra e TEIXEIRA, Ana Carolina Brochado. "Desvendando o conteúdo da capacidade civil a partir do Estatuto da Pessoa com Deficiência", Pensar, Revista de Ciências Jurídicas, Vol. 21, n.2, 2016. Disponível em: <https://periodicos.unifor.br/rpen/article/view/5619>. Acesso em 12/01/2021. E MENEZES, Joyceane Bezerra. A capacidade jurídica pela Convenção sobre os Direitos da Pessoa com Deficiência e a insuficiência dos critérios do status, do resultado da conduta e da funcionalidade. Pensar, Revista de Ciências Jurídicas, Vol. 23, n. 2, 2018. Disponível em: < https://periodicos.unifor.br/rpen/article/view/7990>. Acesso em: 21/01/2021.

Para evitar dissensões interpretativas, o Comitê sobre os Direitos da Pessoa com Deficiência publicou a Observação Geral (no.1) com os comentários elucidativos ao dispositivo.[20] Relativamente ao parágrafo segundo, em específico, reafirma que a capacidade legal é a mesma capacidade jurídica, a capacidade de fato ou de exercício e a capacidade de direito ou de gozo. *In verbis,*

> Artículo 12, párrafo 2 12. En el artículo 12, párrafo 2, se reconoce que las personas con discapacidad tienen capacidad jurídica en igualdad de condiciones con las demás en todos los aspectos de la vida. **La capacidad jurídica incluye la capacidad de ser titular de derechos y la de actuar en derecho. La capacidad jurídica de ser titular de derechos concede a la persona la protección plena de sus derechos por el ordenamiento jurídico. La capacidad jurídica de actuar en derecho reconoce a esa persona como actor facultado para realizar transacciones y para crear relaciones jurídicas, modificarlas o ponerles fin**. El derecho al reconocimiento como actor jurídico está establecido en el artículo 12, párrafo 5, de la Convención, en el que se expone la obligación de los Estados partes de tomar "todas las medidas que sean pertinentes y efectivas para garantizar el derecho de las personas con discapacidad, en igualdad de condiciones con las demás, a ser propietarias y heredar bienes, controlar sus propios asuntos económicos y tener acceso en igualdad de condiciones a préstamos bancarios, hipotecas y otras modalidades de crédito financiero, y [velar] por que las personas con discapacidad no sean privadas de sus bienes de manera arbitraria". (grifo intencional).

Dito isto, e considerando que a CDPD ingressou na ordem jurídica brasileira com a hierarquia de norma constitucional, é possível afirmar que ela própria revogou os artigos do vigente Código Civil (Lei no.10.406, de 10 de janeiro de 2002) que instituíam o regime das incapacidades, usando a deficiência como critério para, direta ou indiretamente, restringir a

[20] Naciones Unidas. Comité sobre los Derechos de las Personas con Discapacidad. Observación general n.01/2014. Artículo 12: Igual reconocimiento como persona ante la ley. Disponível em: < http://www.convenciondiscapacidad.es/wp-content/uploads/2019/01/Observaci%C3%B3n-1-Art%C3%ADculo-12-Capacidad-jur%C3%ADdica.pdf>. Acesso em: 11/01/2021.

capacidade da pessoa. Mas o efeito dessa mudança não foi considerado pelos civilistas nos anos seguintes à ratificação.[21] Tampouco pelos tribunais estaduais, quando levados a examinar a matéria das incapacidades em ações de interdição. Segue no exemplo, decisão do Tribunal de Justiça do Estado de Minas Gerais,

> APELAÇÃO CÍVEL. INTERDIÇÃO DE FILHA REQUERIDA PELA GENITORA. INTERDITANDA AVALIADA POR PERITO JUDICIAL QUE ATESTOU A INCAPACIDADE PARCIAL. SENTENÇA QUE DECRETOU A INCAPACIDADE TOTAL. POSSIBILIDADE. NECESSIDADE DE SE IMPOR AO CURADOR A OBRIGAÇÃO DE PRESTAR CONTAS. Inequívoco que o laudo pericial atestou que a interditanda é portadora de retardo mental (oligofrenia), nos limites leve/moderado, bem como sua incapacidade relativa, não absoluta, tal como reconheceu a sentença, pugnando o Ministério Público pela correção do julgado para ver decretada a interdição parcial, não total. Todavia, em determinadas hipóteses excepcionais, o julgador pode motivadamente decidir que a tutela do interditando se faça de forma mais ampla, em razão do princípio do contato direto do magistrado com o interditando, na audiência de impressão pessoal, dentre outros elementos de prova contidos nos autos, acautelando-se efetivamente os reais interesses daquela pessoa diagnosticada com incapacidade ou alguma deficiência mental que comprometa sobremaneira o seu senso volitivo. À luz dos demais elementos contidos nos autos e observando-se o princípio do livre convencimento motivado, é lícito que o magistrado não se atenha, exclusivamente, ao laudo pericial para fundamentar sua decisão, conforme, inclusive, autoriza o artigo 436 do CPC (O juiz não está adstrito ao laudo pericial, podendo formar a sua convicção com outros elementos ou fatos provados nos autos). Embora o laudo afirme que se trata de incapacidade relativa (à luz do Código Civil), é claro ao concluir que a interditanda demonstra incapacidade em se auto proteger, possui transtorno intelectivo permanente e incurável,

[21] Citam-se os seguintes autores a título de exemplo: DINIZ, Maria Helena, Curso de Direito Civil brasileiro, Parte Geral, Volume I, São Paulo, Editora Saraiva, 2012, p. 163-217. GONÇALVES, Carlos Roberto. Direito Civil brasileiro. Parte geral. Vol. 1, São Paulo, Editora Saraiva, 2012. FARIAS, Cristiano Chaves e ROSENVALD, Nelson, Direito Civil – Teoria geral, Rio de Janeiro, Editora Lumen Juris, 2011. VENOSA, Silvio de Salvo. Direito Civil. Parte geral, São Paulo, Editora Atlas, 2013. TARTUCE, Flávio. Manual de Direito Civil. Volume único, São Paulo, Editora Gen, 2015.

não passível de melhora mediante tratamento especializado, inexistindo intervalo lúcido. O laudo deve ser interpretado em seu aspecto técnico, relevando para a solução da controvérsia a conclusão técnica alcançada e não a denominação jurídica que o douto perito conferiu à incapacidade da interditanda se relativa ou absoluta. A curadora deverá prestar contas, na forma do disposto nos artigos 1.755 e seguintes do Código Civil. RECURSO PROVIDO, EM PARTE. (TJ-RJ – APL: 00241138520118190209 RIO DE JANEIRO BARRA DA TIJUCA REGIONAL 2 VARA DE FAMILIA, Relator: ELISABETE FILIZZOLA ASSUNCAO, Data de Julgamento: 05/12/2012, SEGUNDA CÂMARA CÍVEL, Data de Publicação: 10/12/2012). Disponível em: < https://tj-rj.jusbrasil.com.br/jurisprudencia/386317525/apelacao-apl-241138520118190209-rio-de-janeiro-barra-da-tijuca-regional-2-vara-de-familia>. Acesso em: 22/01/2021.

Um exemplo interessante data de 2013 e tem sede na comarca de São Bernardo do Campo, município do estado de São Paulo. Após a vigência da CDPD, mas antes da promulgação da Lei Brasileira de Inclusão, o Juiz de Direito da 3ª Vara de Família e Sucessões daquela Comarca, após a provocação do Oficial de Registro de pessoas naturais, instaurou um processo de recusa de atribuição contra o promotor de justiça que se recusou a promover a ação declaratória de nulidade do casamento de J.T.T.S. e L.B.G., uma vez que L.B.G. estava sob interdição total.

Nos moldes do Código Civil brasileiro, a pessoa sob interdição total era considerada absolutamente incapaz (art. 3.º II) e nulo o seu casamento (art. 1.548, inciso I), cabendo ao interessado ou ao Ministério Público a propositura da correspondente ação de nulidade (art. 1.549).[22] Em sua defesa, o promotor justificou a recusa nas disposições da CDPD que autorizam à pessoa com deficiência a constituição da família pelo casamento. Em parecer final, o Procurador Geral de Justiça do Estado de São Paulo acolheu as razões ministeriais da recusa, haja vista o direito da pessoa com deficiência em se casar, mesmo estando sob interdição. *In verbis*,

[22] Art.1.548 É nulo o casamento contraído:
I – pelo enfermo mental sem o necessário discernimento para os atos da vida civil;
II – por infringência de impedimento.
Art. 1.549 A decretação de nulidade de casamento, pelos motivos previstos no artigo antecedente, pode ser promovida mediante ação direta, por qualquer interessado, ou pelo Ministério Público.

RECUSA DE ATRIBUIÇÃO. CASAMENTO. PESSOA COM DEFICIÊNCIA. INCAPACIDADE CIVIL ABSOLUTA. INTERDIÇÃO. RATIFICAÇÃO DO ATO PELO CURADOR. NEGATIVA À PROVOCAÇÃO JUDICIAL PARA PROMOÇÃO DE AÇÃO DECLARATÓRIA DE NULIDADE DE CASAMENTO. CONVENÇÃO SOBRE OS DIREITOS DA PESSOA COM DEFICIÊNCIA. DIREITOS HUMANOS. INCORPORAÇÃO COM STATUS DE EMENDA CONSTITUCIONAL. PREVISÃO DE DIREITO AO MATRIMÔNIO. MANUTENÇÃO DA CONVICÇÃO DO PROMOTOR DE JUSTIÇA.

1. Para fins de casamento, a incapacidade não se confunde com o impedimento: aquela impede que alguém se case com qualquer pessoa, enquanto este somente atinge determinadas pessoas e situações, pressupondo a capacidade.

2. Se à luz da interpretação dos arts. 3º, II, e 1.548, I, CC, a pessoa absolutamente incapaz não pode contrair núpcias nem manter união estável, essa interpretação sucumbe à Convenção Internacional sobre os Direitos das Pessoas com Deficiência (Nova York, EUA, 30.03.2007) promulgada pelo Decreto nº 6.949, de 25-08-2009, após sua aprovação pelo Decreto Legislativo nº 186, de 09-07-2008, conforme o procedimento do §3º do art. 5º, CF/88, e cujo art. 23assim dispõe: 1. Os Estados Partes tomarão medidas efetivas e apropriadas para eliminar a discriminação contra pessoas com deficiência, em todos os aspectos relativos a casamento, família, paternidade e relacionamentos, em igualdade de condições com as demais pessoas, de modo a assegurar que: a) Seja reconhecido o direito das pessoas com deficiência, em idade de contrair matrimônio, de casar-se e estabelecer família, com base no livre e pleno consentimento dos pretendentes.

3. A incorporação dessa convenção internacional – cujo objeto reflete direitos humanos – no direito brasileiro com o status de emenda constitucional torna insubsistente qualquer norma jurídica subalterna (infraconstitucional) ou interpretação conducente à proibição de pessoa com deficiência contrair núpcias. 4. Manutenção da recusa do douto Promotor de Justiça à promoção de ação de nulidade do casamento, considerada a ratificação do ato pela curadora (Disponível em: <https://conjur.com.br/dl/pessoa-deficiencia-mental-casar.pdf>. Acesso em: 20 dez. 2017).[23]

[23] SÃO PAULO. PROCURADORIA GERAL DO ESTADO. Recusa de atribuição. Protocolado n. 196.159/13. Disponível em: < http://www.mpsp.mp.br/portal/page/

Observa-se, porém, que a despeito de o Procurador Geral demonstrar a ciência do texto da Convenção e usá-lo como fundamento para a sua resposta final, manteve a expressão *absolutamente incapaz* ao referir-se à pessoa com deficiência, em completa desatenção ao que dispõe o art. 12, parágrafo segundo.

Em suma, o ingresso da CDPD na ordem jurídica interna com toda a importância e destaque, não foi suficiente para modificar a prática dos operadores jurídicos, em geral.

3. A Lei Brasileira de Inclusão e a revogação parcial expressa dos artigos 3.º e 4.º do Código Civil Brasileiro

Somente a partir de 2016, quando iniciada a vigência da Lei Brasileira de Inclusão, também designada por Estatuto da Pessoa com Deficiência (Lei n.º 13.146, de 06 de julho de 2015),[24] a mudança paradigmática que a CDPD havia provocado no regime das incapacidades passou a ocupar a atenção dos civilistas brasileiros, sendo alvo de variadas críticas.

Coube à LBI definir algumas das ações do Estado brasileiro para dar cumprimento ao texto da Convenção, trazendo, inclusive, inúmeras alterações ao Código Civil Brasileiro.[25] Revogou parcialmente o regime das incapacidades, assinalado nos arts. 3.º e 4.º e diversos outros dispositivos tal como se observa no art. 114.[26] Sempre com vistas a permitir a inclusão da pessoa como sujeito de direitos, em igualdade de condições com as

portal/Assessoria_Juridica/Civel/Art_28_CPP_Civel/MP%20196.159-13%20-%20JU%C3%8DZO%20DE%20DIREITO%20DA%203%C2%AA%20VARA%20DE%20FAM%C3%8DLIA%20E%20SUCESS%C3%95ES%20DE%20S%C3%83O%20BERNARDO%20DO%20CAMPO>. Acesso em: 22/01/2021.

[24] BRASIL, Lei no.13.146, de 06 de julho de 2015. Institui a Lei Brasileira de Inclusão da Pessoa com Deficiência (Estatuto da Pessoa com Deficiência). Disponível em: http://www.planalto.gov.br/ccivil_03/_Ato2015-2018/2015/Lei/L13146.htm#art123. Acesso em: 21/01/2021.

[25] Atualmente há diversas publicações que analisam a Lei Brasileira de Inclusão, valendo ressaltar a obra intitulada "Comentários ao Estatuto da Pessoa com Deficiência, organizada pela Professora Heloisa Helena Barboza e Vitor Almeida, com a colaboração de civilistas vinculados a diversas instituições de ensino superior do país. (BARBOZA, Heloisa Helena; ALMEIDA, Vitor. Comentários ao Estatuto da Pessoa com Deficiência à Luz da Constituição da República. Belo Horizonte, Fórum, 2019).

[26] A Lei nº 10.406, de 10 de janeiro de 2002 (Código Civil), passa a vigorar com as seguintes alterações:

"Art. 3º São absolutamente incapazes de exercer pessoalmente os atos da vida civil os menores de 16 (dezesseis) anos.
I – (Revogado);
II – (Revogado);
III – (Revogado)." (NR)
"Art. 4º São incapazes, relativamente a certos atos ou à maneira de os exercer:
....
II – os ébrios habituais e os viciados em tóxico;
III – aqueles que, por causa transitória ou permanente, não puderem exprimir sua vontade;
....
Parágrafo único . A capacidade dos indígenas será regulada por legislação especial." (NR)
"Art. 228...
....
II – (Revogado);
III – (Revogado);
....
§ 1º ....
§ 2º A pessoa com deficiência poderá testemunhar em igualdade de condições com as demais pessoas, sendo-lhe assegurados todos os recursos de tecnologia assistiva." (NR)
"Art. 1.518 . Até a celebração do casamento podem os pais ou tutores revogar a autorização." (NR)
"Art. 1.548. ....
I – (Revogado);
...." (NR)
"Art. 1.550...
....
§ 1º ....
§ 2º A pessoa com deficiência mental ou intelectual em idade núbia poderá contrair matrimônio, expressando sua vontade diretamente ou por meio de seu responsável ou curador." (NR)
"Art. 1.557. ....
....
III - a ignorância, anterior ao casamento, de defeito físico irremediável que não caracterize deficiência ou de moléstia grave e transmissível, por contágio ou por herança, capaz de pôr em risco a saúde do outro cônjuge ou de sua descendência;
IV – (Revogado)." (NR)
"Art. 1.767. ....
I - aqueles que, por causa transitória ou permanente, não puderem exprimir sua vontade;
II – (Revogado);
III – os ébrios habituais e os viciados em tóxico;

demais, para interagir nas diversas modalidades de relações jurídicas no âmbito do direito privado.

Mas a LBI foi alvo de severas críticas, a exemplo da que se extrai da leitura do manual *Instituições de Direito Civil*, de Caio Mário da Silva Pereira, ora atualizado por Maria Celina Bodin de Moraes. Segundo a professora atualizadora, o legislador renegou a importância do regime das incapacidades na proteção dessas pessoas. Em nome de uma bem-intencionada mudança ideológica, findou por deixá-las desamparadas, vez que já não gozarão das prerrogativas comuns ao *status de incapaz*: nulidade dos negócios celebrados, a inocorrência da prescrição em detrimento dos seus interesses e a responsabilidade civil objetiva de indenização mitigada.

> Alheio a essa nobre função, há muito enunciada pela doutrina, da teoria das incapacidades, provocou o legislador profunda mudança no sistema brasileiro, modificando, com as alterações previstas pela Lei nº 13.146/2015, o rol de incapazes previsto pelo Código Civil para deles retirar todos os enfermos mentais, independentemente de seu nível de discernimento, passando a

IV – (Revogado);

...." (NR)

"Art. 1.768. O processo que define os termos da curatela deve ser promovido:

....

IV – pela própria pessoa." (NR)

"Art. 1.769 . O Ministério Público somente promoverá o processo que define os termos da curatela:

I – nos casos de deficiência mental ou intelectual;

....

III – se, existindo, forem menores ou incapazes as pessoas mencionadas no inciso II." (NR)

"Art. 1.771. Antes de se pronunciar acerca dos termos da curatela, o juiz, que deverá ser assistido por equipe multidisciplinar, entrevistará pessoalmente o interditando." (NR)

"Art. 1.772. O juiz determinará, segundo as potencialidades da pessoa, os limites da curatela, circunscritos às restrições constantes do art. 1.782, e indicará curador.

Parágrafo único. Para a escolha do curador, o juiz levará em conta a vontade e as preferências do interditando, a ausência de conflito de interesses e de influência indevida, a proporcionalidade e a adequação às circunstâncias da pessoa." (NR)

"Art. 1.775-A . Na nomeação de curador para a pessoa com deficiência, o juiz poderá estabelecer curatela compartilhada a mais de uma pessoa."

"Art. 1.777. As pessoas referidas no inciso I do art. 1.767 receberão todo o apoio necessário para ter preservado o direito à convivência familiar e comunitária, sendo evitado o seu recolhimento em estabelecimento que os afaste desse convívio." (NR)

> reputá-los plenamente capazes (art. 6º da lei especial). Em nome de uma bem-intencionada mudança ideológica, deixou, na prática, tais pessoas, em princípio, menos amparadas, alijando-as do manto protetor antes proporcionado pelo *status* de incapaz. Na impossibilidade de se superar a mudança legislativa, sobretudo em matéria que, como exposto, tem necessária fonte legal (ordem pública), instaura-se nesse momento grande dificuldade, que demandará os melhores esforços da doutrina e da jurisprudência para que, no afã de se adotar terminologia e tratamento não discriminatórios, não se exponham tais pessoas a toda sorte de riscos, perigos, e golpes, supostamente chancelados pela reforma legislativa.[27]

A LBI foi promulgada no mesmo período em que o novo Código de Processo Civil Brasileiro, no qual se acha a disciplina da ação de interdição. Observadas algumas inconsistências entre os dois textos legais e, considerando a insatisfação dos civilistas em face da LBI, o Senado Federal apresentou um projeto de lei para a sua alteração – o PLS n.º 757/2015.[28]

Em que pese a valia da Convenção em reconhecer igual personalidade e capacidade jurídica às pessoas com deficiência, a LBI poderia ter enfrentado mais objetivamente os desdobramentos desse reconhecimento e não o fez. Falhou em não detalhar as salvaguardas, tal como impunha a CDPD. Conquanto seja capaz, a pessoa com deficiência, notadamente aquela de ordem psíquica e intelectual, continua sendo uma pessoa vulnerável e pode ser alvo de abusos, como lembram Gustavo Tepedino e Milena Oliva.[29]

Se não estiver sob apoio e tampouco tiver capacidade mental para compreender e celebrar os negócios jurídicos, esses serão considerados válidos? Não interpondo a ação que visa assegurar certo direito seu, sofrerá os efeitos da prescrição? Na hipótese em que causar dano a outrem,

[27] PEREIRA, Caio Mário da Silva. MORAES, Maria Celina Bodin (atualizadora), Instituições de Direito Civil, Vol. I, Rio de Janeiro, Forense, 2018, p. 218.

[28] Esse projeto de Lei sofreu dois substitutivos, ainda no Senado Federal e foi aprovado sendo remetido à Câmara dos Deputados, onde tramita sob o n.º 11.091/2018. Disponível em: <https://www.lexml.gov.br/urn/urn:lex:br:camara.deputados:projeto.lei;pl:2018-11-29;11091>. Acesso em: 12/01/2021.

[29] TEPEDINO, Gustavo; OLIVA, Milena Donato. Fundamentos do direito civil. Teoria geral do direito civil. Vol.1, São Paulo, Gen, 2020, p. 115.

será civilmente responsável sem o benefício da redução equitativa da indenização, tal como previsto no art. 928, do Código Civil?

Embora tais questões venham merecendo a atenção da doutrina[30] e da jurisprudência, uma expressa previsão legal facilitaria a defesa dos interesses da pessoa com deficiência. A LBI silenciou sobre esses aspectos que estavam bem delimitados no Código Civil como efeito do status da incapacidade. Falhou quanto ao detalhamento das salvaguardas.

A LBI – Lei n.º 13.146 de 06 de julho de 2015, tem por base a CDPD e o seu protocolo facultativo. Seu objetivo é assegurar e a promover, em condições de igualdade, o exercício dos direitos e das liberdades fundamentais por pessoa com deficiência, visando à sua inclusão social e cidadania.

Reitera o direito à igualdade de oportunidades e o principio da não-discriminação já previstos na CDPD (art. 4.º), definindo o que considera

[30] Eduardo Nunes de Souza e Rodrigo da Guia escreveram um texto que defende a nulidade virtual dos negócios jurídicos celebrados pela pessoa com deficiência que não tem a necessária consciência e compreensão sobre o teor do negócio e suas repercussões jurídicas. (SOUZA, Eduardo Nunes de; SILVA, Rodrigo da Guia. "Dos negócios jurídicos celebrados por pessoa com deficiência psíquica e/ou intelectual: entre a validade e a necessária proteção da pessoa vulnerável". In: MENEZES, Joyceane Bezerra. Direito das pessoas com deficiência nas relações privadas. Rio de Janeiro: Editora Processo, 2019, p. 343). Pablo Stolze também se pronunciou sobre a invalidade dos negócios jurídicos celebrados por pessoa com deficiência psíquica ou intelectual. Segundo esse autor, é possível defender a inexistência do negócio naquela hipótese em que a pessoa, com grave limitação mental e não alfabetizada, sem intervenção do curador, vier a apor a sua digital em um determinado contrato. Ante à ausência absoluta da manifestação de vontade, o negócio poderia ser considerado inexistente. Porém, afastando a análise sob o plano da existência dos negócios jurídicos, ainda seria possível afirmar a sua nulidade por vício em sua forma, haja vista. Ausência do curador na realização do ato negocial (art. 166, IV, Código Civil). Se a pessoa sequer possuía um curador e mesmo assim celebrou o negocio jurídico, não haverá previsão legal para a nulidade expressa, mas é possível identificar um defeito invalidade no ato negocial ou mesmo apostar "em tese mais arrojada", havendo evidente prejuízo e diante da violação manifesta à cláusula geral de boa-fé, falar-se em "nulidade virtual". (STOLZE, Pablo. "A Invalidade do Negócio Jurídico em face do Novo Conceito de Capacidade Civil". Revista Científica da Academia Brasileira de Direito Civil, Vol. 2, n.º 2, 2018, p. 1-10. Disponível em: <https://abdc.emnuvens.com.br/abdc/article/view/19/15>. Acesso em 29/01/2021). Caitlin Mullholand trata da responsabilidade civil objetiva da pessoa com deficiência que não tem capacidade mental suficiente para compreender os efeitos de sua conduta (MULLHOLAND, Caitlin, A responsabilidade civil da pessoa com deficiência psíquica e/ou intelectual En MENEZES, Joyceane Bezerra. Direito das pessoas com deficiência nas relações privadas. Rio de Janeiro: Editora Processo, 2019, p. 703).

discriminação por motivo da deficiência (art. 4.º, parágrafo primeiro) e, assinala a vulnerabilidade da pessoa com deficiência e o dever geral de protegê-la contra toda forma de negligência, discriminação, exploração, violência, tortura, crueldade, opressão e tratamento desumano ou degradante (art. 5.º, caput e parágrafo único).[31]

Na esteira do art. 12, da CDPD, dispõe que a deficiência não afeta a plena capacidade jurídica da pessoa inclusive para se casar, viver união estável, exercer os direitos sexuais e reprodutivos, desenvolver seu planejamento familiar, conservar a fertilidade, exercer o direito de adotar e de convivência familiar e comunitária, bem como o *múnus da* guarda, da tutela e da curatela (art. 6.º).[32] Repete, no art. 84, que o direito da pessoa com deficiência ao exercício de sua capacidade legal em igualdade de condições com as demais pessoas.

Por meio do art. 114, a LBI revogou diversos dispositivos do Código Civil, dentre os quais os artigos 3.º e 4.º que tratam do regime das incapacidades, visando a suprimir qualquer referência à deficiência como critério mitigador da capacidade civil. *In verbis*,

> Art. 114. A Lei nº 10.406, de 10 de janeiro de 2002 (Código Civil) , passa a vigorar com as seguintes alterações:

[31] Como dispõem, Gustavo Tepedino e Milena Donato Oliva (2016, p. 241), "Com o advento do Estatuto da Pessoa com Deficiência, portanto, a pessoa com deficiência afigura-se plenamente capaz. Nada obstante, ostenta especial vulnerabilidade que a lei busca debelar com a previsão de uma série de medidas que objetivam a inclusão e a vedação à discriminação da pessoa com deficiência. Além disso, se a pessoa com deficiência não lograr ter pleno discernimento para a prática de atos civis, a lei prevê mecanismos para suprir essa carência na exata proporção em que necessitar o portador de deficiência." (TEPEDINO, Gustavo e OLIVA, Milena Donato, "Personalidade e capacidade na legalidade constitucional", In: MENEZES, Joyceane Bezerra. Direito das pessoas com deficiência nas relações privadas. Rio de Janeiro: Editora Processo, 2019, p. 291).

[32] Art. 6º A deficiência não afeta a plena capacidade civil da pessoa, inclusive para:
I – casar-se e constituir união estável;
II – exercer direitos sexuais e reprodutivos;
III – exercer o direito de decidir sobre o número de filhos e de ter acesso a informações adequadas sobre reprodução e planejamento familiar;
IV – conservar sua fertilidade, sendo vedada a esterilização compulsória;
V – exercer o direito à família e à convivência familiar e comunitária; e
VI – exercer o direito à guarda, à tutela, à curatela e à adoção, como adotante ou adotando, em igualdade de oportunidades com as demais pessoas.

"Art. 3º São absolutamente incapazes de exercer pessoalmente os atos da vida civil os menores de 16 (dezesseis) anos.

I – (Revogado);

II – (Revogado);

III – (Revogado)." (NR)

"Art. 4º São incapazes, relativamente a certos atos ou à maneira de os exercer:

....

II – os ébrios habituais e os viciados em tóxico;

III – aqueles que, por causa transitória ou permanente, não puderem exprimir sua vontade;

....

Parágrafo único . A capacidade dos indígenas será regulada por legislação especial." (NR)

Na redação original do Código Civil, esses artigos tinham a seguinte redação:

Art. 3º São absolutamente incapazes de exercer pessoalmente os atos da vida civil:

I – os menores de dezesseis anos;

II – os que, por enfermidade ou deficiência mental, não tiverem o necessário discernimento para a prática desses atos;

III – os que, mesmo por causa transitória, não puderem exprimir sua vontade.

Art. 4º São incapazes, relativamente a certos atos, ou à maneira de os exercer:

I – os maiores de dezesseis e menores de dezoito anos;

II – os ébrios habituais, os viciados em tóxicos, **e os que, por deficiência mental, tenham o discernimento reduzido;**

III – os excepcionais, sem desenvolvimento mental completo;

IV – os pródigos.

Parágrafo único. A capacidade dos índios será regulada por legislação especial.

O art. 3.º, inciso II, referia-se à enfermidade como sinônimo de deficiência, deixando clara a sua vinculação ao modelo médico, segundo o qual a deficiência seria algo intrínseco à pessoa e não um fenômeno social, resultante da interação entre as suas limitações físicas, psíquicas, intelectuais ou sensoriais com as barreiras sociais como explica o modelo social. Ao mesmo tempo associava a falta de discernimento à deficiência, como se a pessoa com determinada limitação psíquica e/ou intelectual não pudesse, a partir do histórico de vida e dos estímulos recebidos, desenvolver uma maior capacidade mental.

Entre os relativamente incapazes, mencionava aqueles que, por deficiência mental, tinham o discernimento reduzido (art.4º, item II), atrelando a deficiência à baixa capacidade mental. Adicionalmente, e sob a mesma *ratio*, qualificava como relativamente incapazes *os excepcionais*, referindo-se às pessoas com deficiência intelectual. Em nenhuma das hipóteses considerava a possibilidade de um maior desenvolvimento cognitivo a partir dos estímulos e da complementação de suas funcionalidades pelo apoio do meio externo. Reconhecia a capacidade jurídica apenas àqueles que ostentavam a autonomia insular de decidir por si. Com as alterações propostas pela LBI, os artigos passaram a viger com a seguinte redação:

> Art. 3 º-São absolutamente incapazes de exercer pessoalmente os atos da vida civil os menores de 16 (dezesseis) anos.
>
> Art. 4 º-São incapazes, relativamente a certos atos ou à maneira de os exercer:
>
> I – os maiores de dezesseis e menores de dezoito anos;
>
> II – os ébrios habituais e os viciados em tóxico;
>
> III – aqueles que, por causa transitória ou permanente, não puderem exprimir sua vontade;
>
> IV – os pródigos.
>
> Parágrafo único. A capacidade dos indígenas será regulada por legislação especial.

Entre os absolutamente incapazes restaram apenas os menores de 16 anos e, no rol dos relativamente incapazes, estão aqueles que, por causa transitória ou permanente, não puderem exprimir sua vontade (art. 4.º, III), o único dispositivo que tem sido usado pelo Judiciário para mitigar a capacidade da pessoa com deficiência, nas ações de "interdição" que visam a instituição da curatela, possível hoje, na modalidade de curatela parcial.

Mas vale lembrar que a LBI dispôs que a pessoa com deficiência conserva a sua capacidade legal ou jurídica (art. 84). No mesmo parágrafo primeiro desse mesmo artigo, diz que – "quando necessário, a pessoa com deficiência será submetida à curatela, conforme a lei". Trata a curatela como uma medida protetiva extraordinária, proporcional às necessidades e às circunstâncias de cada caso, que deve durar o menor tempo possível.

Cuide-se para que o dispositivo não favoreça a falsa compreensão de que a curatela estaria entre as espécies de apoio ao exercício da capacidade civil.[33] No sistema jurídico brasileiro a sua feição é notadamente assistencial e, na prática, tem sido estabelecida com poderes substitutivos de vontade. Tanto que o relatório do Comitê sobre os Direitos da Pessoa com Deficiência da ONU, de 2015, que traz uma análise sobre as ações realizadas pelo Estado brasileiro para atender aos ditames da CDPD, foi eloquente em apontar a curatela – substitutiva de vontade, como um ponto negativo da Lei Brasileira de Inclusão. Diz o relatório,

> Igual reconocimiento como persona ante la ley (art. 12)
>
> 24. Preocupa al Comité que algunas leyes del Estado parte sigan contemplando, en ciertas circunstancias, la sustitución en la adopción de decisiones, que es contraria al artículo 12 de la Convención, tal como se explica en la observación general núm. 1 del Comité (2014) sobre el igual reconocimiento

[33] A esse respeito, cita-se a informação colhida no sítio eletrônico do Ministério Público do Estado do Paraná, deixando transparecer que a curatela é uma modalidade de apoio. Cita-se: "A curatela é uma medida excepcional, a ser utilizada como último recurso de apoio. A expressão de vontade por parte do indivíduo que se encontra com alguma dificuldade de comunicação ou prejuízo de discernimento deve ser primeiramente tentada por outros meios, como o uso de tecnologias, formas alternativas de comunicação e o recurso a estratégias individuais e sociais (como a constituição de redes de apoio informais, por exemplo) que promovam o pleno desenvolvimento da pessoa. Superadas as alternativas disponíveis e constatando-se que, mesmo assim, a pessoa encontra grande dificuldade para exercer os atos da vida civil de maneira independente, deve-se avaliar a possibilidade de utilização do instrumento da tomada de decisão apoiada – uma forma de auxílio mais adequada porque preserva maior participação da pessoa afetada nos atos que lhe dizem respeito (confiram-se na seção abaixo as perguntas relativas à tomada de decisão apoiada). Portanto, a curatela só é indicada nos casos em que realmente não foi possível suprir as necessidades da pessoa por meios informais e nem pela tomada de decisão apoiada."

como persona ante la ley. También le preocupa que los procedimientos de apoyo para la adopción de decisiones requieran aprobación judicial y que no primen la autonomía, la voluntad y las preferencias de las personas con discapacidad.

25. **El Comité insta al Estado parte a que derogue todas las disposiciones legales que perpetúen el sistema de la sustitución en la adopción de decisiones**. También le recomienda que adopte, en consulta con las organizaciones de personas con discapacidad y otros proveedores de servicios, medidas concretas para reemplazar el sistema basado en la adopción de decisiones sustitutiva por otro basado en el apoyo a la adopción de decisiones que privilegie la autonomía, la voluntad y las preferencias de las personas con discapacidad, en plena conformidad con el artículo 12 de la Convención. Le recomienda además que mantenga debidamente informadas sobre el nuevo marco legal a todas las personas con discapacidad que se encuentren bajo custodia, y que garantice en todos los casos el ejercicio del derecho al apoyo para la adopción de decisiones.[34] (grifo intencional).

Ainda que a LBI tenha tratado de alguns aspectos da curatela para aproximá-la do escopo da Convenção, o instituto é disciplinado pelo Código Civil (art. 1.767 e seguintes), e pelo Código de Processo Civil (art. 747 e segs.), quanto aos aspectos materiais e processuais, respectivamente. Na dicção do art. 1.767, do Código Civil, estão sujeitos à curatela, *aqueles que, por causa transitória ou permanente, não puderem exprimir sua vontade*; os ébrios habituais e os viciados em tóxico; e os pródigos. Ocorre que "as pessoas que, por causa transitória ou permanente, não puderem exprimir sua vontade" estão arroladas no art.4º., inciso III, do mesmo Código como *relativamente incapazes*. Em consequência, quando a pessoa com deficiência é submetida à curatela, passa a ser qualificada com o *status* de relativamente incapaz.

A questão é que em diversas situações, a pessoa com deficiência é submetida a curatela mesmo quando tem a capacidade para manifestar a sua vontade. Não se coteja a possibilidade da tomada de decisão apoiada, mesmo ante à disposição da CDPD pela preservação da capacidade

[34] NACIONES UNIDAS, CRPD/C/BRA/CO/1, Observaciones finales sobre el informe inicial del Brasil. Disponível em: < http://acnudh.org/comite-onu-sobre-derechos-de-las-personas--con-discapacidad-emitio-informe-sobre-brasil/>. Acesso em: 12/01/2021.

daquele que tem condições de manifestar a sua vontade por qualquer meio. Podendo manifestar sua vontade, a pessoa não poderia sequer ser considerada relativamente incapaz.[35]

A tomada de decisão apoiada, genuíno instrumento de apoio previsto pelo art. 116, da LBI para inserir o art. 1.783-A no Código Civil, não foi encampada pela sociedade brasileira que ainda é extremamente afeiçoada à curatela.[36] Na conclusão de Nelson Rosenvald, o perfil histórico da curatela tem se prestado mais a tutelar à sociedade e à família do que a pessoa curatelada, em si, razão pela qual é mais prestigiada. Em sua percepção, que nos parece refletir a realidade brasileira, "A coletividade se sente mais segura por neutralizar a atuação de uma pessoa sem discernimento no trânsito social. Igualmente o núcleo familiar evita que o curatelado possa colocar em risco o patrimônio comum (ou futuro)."[37]

4. A leitura dos tribunais brasileiros acerca da capacidade civil das pessoas com deficiência: um retrato panorâmico em 2020

Como foi a LBI que efetivamente trouxe a mudança no regime das incapacidades à pauta dos civilistas e aos processos judiciais, sua promulgação e vigência são relativamente recentes (2015 e 2016, respectivamente), de sorte que conflitos sobre a sua aplicação ainda não chegaram aos tribunais superiores – Superior Tribunal de Justiça – STJ, a quem a Constituição Federal incumbe de pacificar a interpretação das leis federais; e ao Supremo Tribunal Federal – STF, guardião da Constituição.

[35] Esboçam o mesmo entendimento, Cristiano Chaves e Nelson Rosenvald, quando comentam a excepcionalidade de se qualificar a pessoa com deficiência como relativamente incapaz, somente quando não puder, por qualquer meio, externar sua vontade. E como dizem: "nessa hipótese, exclusivamente se não puder externar seus desejos, a pessoa com deficiência pode ser considerada incapaz relativamente. Seria o caso de uma pessoa privada totalmente de discernimento mental." (CHAVES, Cristiano; ROSENVALD, Nelson. Curso de direito civil. Parte geral e LINDB. Salvador, JvsPodivm, 2016, p. 335).

[36] MENEZES, Joyceane Bezerra. "Tomada de decisão apoiada: instrumento de apoio ao exercício da capacidade civil da pessoa com deficiência instituído pela lei brasileira de inclusão (Lei n. 13.146/2015)", In: Revista do Instituto Brasileiro de Direito Civil – RBDCIVIL, Vol. 9, n. 3, 2016. Disponível em: < https://rbdcivil.ibdcivil.org.br/rbdc/article/view/53>, Acesso em: 11/01/2021.

[37] ROSENVALD, Nelson. "Novas reflexões sobre a tomada de decisão apoiada: como conciliar autonomia, cuidado e confiança". En Revista do IBDFAM. Famílias e sucessões, Vol 20, IBDFAM, Belo Horizonte, 2017, p. 59.

Mesmo assim, o Recurso Especial (R.Esp No 1.645.612 – SP 2015/0264695-8)[38] foi julgado pelo STJ para reconhecer, em caráter excepcionalíssimo, a legitimidade do curador provisório em promover a ação de divórcio da pessoa sob seu curadoria, mesmo quando a LBI afasta a incidência dos poderes do curador sobre as questões relativas ao casamento (art. 85, § 1º).

No corpo da decisão, o STJ afirma que o "cônjuge" em processo de curatela, é alegadamente considerado *incapaz* e que, em caráter excepcional, atendendo às circunstâncias do caso, seria legítima a representação do curador provisório para a propositura do divórcio.

> Na hipótese, a ação de divórcio foi ajuizada pelo curador provisório, em representação do cônjuge alegadamente incapaz, tendo a sentença e o acórdão recorrido afastado a preliminar suscitada pelo recorrente ao fundamento de que a lei não faz distinção entre a espécie de curatela exigível para o ajuizamento da ação – se provisória ou se definitiva. Examinando-se a justificativa que deu origem ao projeto de lei destinado a criar a figura do curador provisório – PLC n. 71/2005 (proteger o interditando com a nomeação de curador provisório para a prática de atos de vida civil, exceto alienação ou oneração de bens), a natureza jurídica da nomeação de curador provisório (tutela provisória antecipada) e a exigência legal de que a nomeação judicial especifique quais atos poderão ser praticados pelo curador (especialmente atos de gestão negocial e patrimonial), conclui-se não ser possível equiparar o curador provisório e o curador definitivo de modo que a melhor interpretação aos arts. 1.576, parágrafo único, e 1.582, *caput,* do CC/2002, é no sentido de, em regra, limitar a sua incidência exclusivamente ao curador definitivo, especialmente diante da potencial irreversibilidade dos efeitos concretamente produzidos com a eventual procedência da ação de dissolução de vínculo conjugal ajuizada pelo curador provisório, inclusive no que diz respeito a terceiros. Diante desse cenário, é possível concluir, em síntese, que: (i) a ação em que se pleiteia a dissolução do vínculo conjugal, por possuir natureza personalíssima, deve ser ajuizada, em regra, pelo próprio

[38] Superior Tribunal de Justiça – STJ. REsp 1.645.612-SP, Rel. Min. Nancy Andrighi, por unanimidade, julgado em 16/10/2018, DJe 12/11/2018. Disponível em: < https://processo.stj.jus.br/jurisprudencia/externo/informativo/?acao=pesquisarumaedicao&livre=0637.cod.>. Acesso em: 11/02/2021.

cônjuge; (ii) excepcionalmente, admite-se a representação processual do cônjuge por curador, ascendente ou irmão; (iii) justamente em virtude de se tratar de representação de natureza absolutamente excepcional, a regra que autoriza terceiros a ajuizarem a ação de dissolução de vínculo conjugal deverá ser interpretada restritivamente, limitando-se a sua incidência apenas à hipótese de curatela definitiva; (iv) em situações ainda mais excepcionais, poderá o curador provisório ajuizar a ação de dissolução do vínculo conjugal em representação do cônjuge potencialmente incapaz, desde que expressa e previamente autorizado pelo juiz após a oitiva do Ministério Público, como orientam os arts. 749, parágrafo único, do CPC/2015, e 87 da Lei n. 13.146/2015.

Ao STF, por sua vez, foi submetida uma Ação Direta de Inconstitucionalidade (ADI n.º 5357) pela Confederação Nacional dos Estabelecimentos de Ensino, visando a declaração de inconstitucionalidade dos arts. 28 e 30 da LBI que impunham aos estabelecimentos de ensino a obrigatoriedade de oferecer o apoio necessário aos estudantes com deficiência, sem ônus adicional às mensalidades escolares. Em sessão plenária o Supremo Tribunal Federal julgou constitucionais as normas citadas, negando provimento ao pedido formulado pela ADI.[39] Mas a decisão não trouxe qualquer análise sobre o tema da capacidade jurídica.

Em geral, os tribunais brasileiros tem assinalado que após a LBI ou Estatuto da Pessoa com Deficiência – EPD, a incapacidade absoluta é restrita ao menor de 16 anos; e que a pessoa com deficiência sob *interdição,* o *interdito,* é considerado relativamente incapaz.

Em suma, não existe mais no sistema privado brasileiro pessoa absolutamente incapaz que seja maior de idade, afirmação esta que tem sido seguida por vários julgados prolatados sob a vigência do EPD. Por todos, do Tribunal Paulista: "Reforma legislativa, decorrente da Lei n.º 13.146/15 (EPD), que restringe a incapacidade absoluta aos menores impúberes. Reconhecimento de que o interdito é relativamente incapaz, abrangendo a curatela os atos relacionados aos direitos de natureza patrimonial e negocial. Artigo 4.º, inciso III, do Código Civil, e artigo 85 do Estatuto da Pessoa com Deficiência.

[39] SUPREMO TRIBUNAL FEDERAL. ADI NO.5357. Disponível em: < http://portal.stf.jus.br/processos/downloadPeca.asp?id=310709378&ext=.pdf>. Acesso em 10/01/2021.

Sentença reformada em parte. Apelo parcialmente provido" (TJSP, Apelação Cível com Voto 36.737, 3.ª Câmara de Direito Privado, Rel. Des. Donegá Morandini, j. 16.12.2016).[40]

Decisão recente do Tribunal de Justiça do Estado de São Paulo gera sensível preocupação. Anuncia que após o advento da LBI, a regra é a "incapacidade relativa". Registra-se que esse tribunal exerce forte influência sobre os tribunais dos outros estados.

> APELAÇÃO CÍVEL. Interdição. Curatela. Estatuto da Pessoa com Deficiência. **A regra passou a ser a incapacidade relativa, mercê da releitura da teoria das incapacidades trazida pelo Estatuto da Pessoa Portadora de Deficiência, que introduziu mudanças substanciais em relação à curatela, instituto que busca garantir os interesses e a proteção da dignidade da pessoa humana com deficiência**. O laudo médico que, no caso presente, confirma a incapacidade decorrente da esquizofrenia e do alcoolismo, circunstâncias que afastam sua capacidade negocial e para os atos patrimoniais da vida civil, mas também ressalta que o curatelado mantém a autonomia e o diálogo para as demais questões civis de natureza pessoal. Incapacidade absoluta afastada. Reconhecimento da incapacidade relativa e apenas para os atos negociais e patrimoniais, na forma do artigo 4º, inciso III, do Código Civil c.c. artigos 84, § 1º e 85 da Lei nº 13.146/15 (Estatuto da Pessoa Portadora de Deficiência). Recurso parcialmente provido. (TJ-SP – AC: 10127200220178260223 SP 1012720-02.2017.8.26.0223, Relator: José Eduardo Marcondes Machado, Data de Julgamento: 30/09/2020, 1ª Câmara de Direito Privado, Data de Publicação: 30/09/2020) – grifo proposital.

Insista-se que após os dispositivos citados, a regra é a capacidade plena, em igualdade de condições com as demais pessoas (art. 12, CDPD e arts. 6.º e 84, LBI). Na hipótese em que a pessoa com deficiência intelectual e/ou psíquica precisar de apoio ao exercício dessa capacidade, que lhe seja explicada e deferida a alternativa da tomada de decisão apoiada. E nesse caso, não se há que falar em restrição de sua capacidade.

[40] TARTUCE, Flávio. Direito civil. Lei de introdução e parte geral. Rio de janeiro: Forense, 2020, p. 142.

A tomada de decisão apoiada é o instituto criado pela LBI, aditando o art. 1.783-A e parágrafos, ao Código Civil. Transcreve-se decisão do mesmo tribunal paulista – advertindo que a capacidade civil é a regra e a interdição (curatela), medida excepcional,

TOMADA DE DECISÃO APOIADA – **LEI BRASILEIRA DE INCLUSÃO QUE DETERMINA QUE A CAPACIDADE CIVIL É A REGRA E A INTERDIÇÃO MEDIDA PROVISÓRIA E EXCEPCION**AL – ELEMENTOS NOS AUTOS QUE APONTAM A NECESSIDADE DE CURADORIA E NÃO APENAS DE TOMADA DE DECISÃO APOIADA – INDEFERIMENTO DA PETIÇÃO INICIAL APÓS A AUTORA INSISTIR EM SEU PLEITO. FUNDAMENTOS DA SENTENÇA QUE DÃO SUSTENTAÇÃO ÀS RAZÕES DE DECIDIR – APLICAÇÃO DO ARTIGO 252 DO REGIMENTO INTERNO DO TRIBUNAL DE JUSTIÇA DE SÃO PAULO – PRECEDENTES DO EGRÉGIO SUPERIOR TRIBUNAL DE JUSTIÇA – DECISÃO MANTIDA – RECURSO NÃO PROVIDO. (TJ-SP – AC: 10168588520178260037 SP 1016858-85.2017.8.26.0037, Relator: Erickson Gavazza Marques, Data de Julgamento: 30/10/2020, 5ª Câmara de Direito Privado, Data de Publicação: 30/10/2020). Grifo intencional.

AÇÃO DE INTERDIÇÃO – Apelante que pretende decretar a interdição de seu irmão, diagnosticado com esquizofrenia, e que faz uso de medicação controlada – Avaliação psiquiátrica que atesta capacidade para a prática de atos da vida civil, e recomenda a adoção do instituto da tomada de decisão apoiada, previsto no Código Civil – Inexistência de contradição entre o julgamento de improcedência do pedido de interdição do apelado e a recomendação da adoção da tomada de decisão apoiada – **Os institutos da curatela e da tomada de decisão apoiada não se confundem, pois ao contrário do primeiro, o segundo não restringe o exercício da capacidade de agir da pessoa – Desnecessidade da decretação de interdição do apelado, que poderá, se assim o desejar, formular pedido de tomada de decisão apoiada, com a indicação de duas pessoas idôneas de sua confiança para prestar-lhe suporte em decisões sobre atos da vida civil** – Sentença mantida – Honorários recursais devidos – RECURSO DESPROVIDO. (TJ-SP – AC: 10116074020178260602 SP 1011607-40.2017.8.26.0602, Relator: Angela Lopes, Data de Julgamento: 24/04/2020, 9ª Câmara de Direito Privado, Data de Publicação: 24/04/2020). Grifo intencional.

Contudo, a legitimidade ativa para pleitear a tomada de decisão apoiada é exclusiva da pessoa com deficiência e não haverá como terceiros pleiteá-la em seu nome, tampouco o Ministério Público.[41]

Como a regra é a capacidade, somente nas hipóteses extraordinárias e excepcionais, quando a pessoa já não puder manifestar sua vontade por qualquer meio, nem mesmo sob apoio, é que poderá ser submetida à curatela (LBI, art. 84, §1.º). Nessas circunstâncias, a jurisprudência passa a considerá-la como relativamente incapaz, a partir da combinação do que dispõem os artigos 1.767, I[42] e art. 4.º, III,[43] do Código Civil. A decisão do Tribunal de Justiça do Distrito Federal, em 2016, é clara em afirmar o reconhecimento da capacidade da pessoa com deficiência, salvo se estiver sob interdição, quando passará ao *status* de relativamente incapaz.

> APELAÇÃO CÍVEL. DIREITO CIVIL. INTERDIÇÃO. CURATELA INTEGRAL. ESTATUTO DA PESSOA COM DEFICIÊNCIA. MEDIDA EXCEPCIONAL. ATOS RELACIONADOS AOS DIREITOS DE NATUREZA PATRIMONIAL E NEGOCIAL. INCAPACIDADE RELATIVA. RECURSO CONHECIDO E PROVIDO. SENTENÇA REFORMADA. 1. As regras de incapacidade destinam a proteger a pessoa do incapaz, isto é, são para pessoas que merecem cuidados do direito para que não acabem sofrendo prejuízos em suas relações econômicas e jurídicas. 2. A incapacidade com interdição tem causas diversas da insuficiência de idade legal. E para que haja a interdição é preciso ter pelo menos uma situação descrita: a) prodigalidade; b) embriaguez habitual ou vício em tóxico; c) impedimento permanente ou

[41] APELAÇÃO CÍVEL. INTERDIÇÃO. CAPACIDADE CIVIL. EXISTÊNCIA. IMPROCEDÊNCIA DO PEDIDO. TOMADA DE DECISÃO APOIADA. DESCABIMENTO, NO CASO. \n\n1. No caso, deve ser mantida a sentença de improcedência do pedido de interdição, porquanto a prova pericial atesta a capacidade do réu para a prática dos atos da vida civil.\n 2. Considerando que a legitimidade para requerer a tomada de decisão apoiada é exclusiva da pessoa a ser apoiada (inteligência do art. 1.783-A do CCB), não possui a apelante legitimidade ativa para requerê-lo, sopesado que o réu é pessoa capaz.\n\n APELAÇÃO DESPROVIDA. (TJ-RS – AC: 70072156904 RS, Relator: Ricardo Moreira Lins Pastl, Data de Julgamento: 09/03/2017, Oitava Câmara Cível, Data de Publicação: 20/03/2017).

[42] Art. 1.767. Estão sujeitos a curatela:

I – aqueles que, por causa transitória ou permanente, não puderem exprimir sua vontade;

[43] Art. 4 º São incapazes, relativamente a certos atos ou à maneira de os exercer:

III – aqueles que, por causa transitória ou permanente, não puderem exprimir sua vontade;

temporário para a expressão da vontade. 3.Como advento da lei 13.146/2015 (Estatuto da pessoa com Deficiência), houve alterações no Código Civil trazendo grandes mudanças estruturais e funcionais na antiga teoria das incapacidades, o que repercute diretamente para institutos do Direito de Família, como o casamento, a interdição e a curatela. 4. Não mais existe pessoa absolutamente incapaz que seja maior de idade. Desse modo, não há que se falar em ação de interdição absoluta no nosso sistema civil, pois os menores não são interditados. **Todas as pessoas com deficiência passam a ser, em regra, plenamente capazes para o Direito Civil, o que visa a sua plena inclusão social, em prol de sua dignidade. 5. O decreto da interdição deve ocorrer quando o interditado for considerado relativamente capaz, porquanto a assistência tem cabimento em favor dos relativamente incapazes e, diferentemente da representação, o assistente pratica o ato ou negócio jurídico em conjunto com o assistido.** 6. Recurso CONHECIDO e PROVIDO. Sentença reformada. (TJ-DF 20160310153756 – Segredo de Justiça 0015024-34.2016.8.07.0003, Relator: ROBSON BARBOSA DE AZEVEDO, Data de Julgamento: 12/07/2017, 5ª TURMA CÍVEL, Data de Publicação: Publicado no DJE : 27/07/2017. Pág.: 313/319)

Infelizmente, como já adiantamos, há uma tendência em utilizar a curatela em detrimento da tomada de decisão apoiada, inclusive nos casos de deficiência moderada, quando a pessoa ainda tem condições de manifestar a sua vontade. Na hipótese da decisão abaixo, a curatela foi imposta a um jovem rapaz com deficiência psíquica moderada que é para-atleta e recebe incentivo financeiro do poder público pelo fato de ser desportista. O juízo de primeira instância denegou a sua interdição, sob o fundamento de que demonstrava condições de manifestar a sua vontade. Em sede de recurso, o autor da ação de interdição e pai do jovem, insistiu no fato de que o "retardo mental" do rapaz o impedia de qualquer ato de administração patrimonial. O tribunal acolheu as razões do recurso reformou a decisão do juízo *a quo*, determinando a interdição.

DIREITO CIVIL. AÇÃO DE INTERDIÇÃO. APELAÇÃO CÍVEL. ESTATUTO DA PESSOA COM DEFICIÊNCIA. CURATELA. MEDIDA EXTRAORDINÁRIA. DEFICIENTE MENTAL MODERADO. INCAPACIDADE RELATIVA. NECESSIDADE. INTERDIÇÃO ESPECÍFICA. ATOS NEGOCIAIS E PATRIMONIAIS. 1. Com o advento do Estatuto da Pessoa com Deficiência, Lei nº 13.146/2015, as normas concernentes à capacidade civil sofreram severas modificações, com enfoque no princípio da dignidade humana, a fim de que houvesse maior inclusão destas pessoas com deficiência. Dentre as alterações realizadas no Código Civil, a mais impactante foi no sentido de excluir a pessoa com deficiência de natureza mental, intelectual ou sensorial, no rol daquelas consideradas civilmente incapazes, uma vez que a deficiência não afeta a plena capacidade civil da pessoa. 2. Ainda que dotada de plena capacidade legal, a pessoa com deficiência, extraordinariamente, pode necessitar de auxílio para o exercício de certos direitos, de modo que, embora o instituto da interdição não tenha sido extinto, este deve ser visto com outras perspectivas, devendo a curatela, com as novas normas definidas no Estatuto, ser extraordinária e limitada aos atos relacionados aos direitos de natureza patrimonial e negocial, não atingindo os demais direitos existenciais, conforme parágrafos dos art. 84 e caput e parágrafos do art. 85. **3. Não possuindo o interditando a capacidade para administrar seus bens de modo autônomo, a movimentação da conta bancária onde será depositado mensalmente o benefício do Programa Bolsa Atleta do Governo do Distrito Federal, necessita de curador, a fim de que haja adequada gestão dos valores recebidos**. 4. Em que pese a existência da tomada de decisão apoiada como medida assistencial e protetiva menos invasiva, no caso em comento, ficou constatado que o interditando não detém a aptidão para tomar a iniciativa de nomear duas pessoas idôneas, com as quais mantenha vínculos e que gozem de sua confiança, para prestar-lhe apoio na tomada de decisão sobre os atos da vida civil, nos termos do art. 1.783-A do Código Civil, incluído pela Lei nº 13.146/2015. 5. Deu-se provimento ao recurso. (TJ-DF 07011711620188070012 DF 0701171-16.2018.8.07.0012, Relator: LEILA ARLANCH, Data de Julgamento: 24/07/2019, 7ª Turma Cível, Data de Publicação: Publicado no PJe : 31/07/2019 . Pág.: Sem Página Cadastrada.)

Segundo a LBI, os poderes do curador somente poderão incidir sobre assuntos patrimoniais (art. 85, §1.º).[44] Nesse ponto, o legislador deixou transparecer a ideia de que, relativamente às questões existenciais, a

[44] Art. 85. A curatela afetará tão somente os atos relacionados aos direitos de natureza patrimonial e negocial. § 1º A definição da curatela não alcança o direito ao próprio corpo, à sexualidade, ao matrimônio, à privacidade, à educação, à saúde, ao trabalho e ao voto.

capacidade de direito e de exercício não podem se desconectar.[45] Não obstante a isso, há muitas decisões judiciais que fixam a curatela sobre assuntos existenciais, inclusive a que foi proferida pelo STJ no REsp no. No 1.645.612 (citado em nota de rodapé n.º 37). Eis como exemplo, a seguinte decisão do Tribunal de Justiça do Distrito Federal,

> CIVIL E PROCESSUAL CIVIL. APELAÇÃO. JURISDIÇÃO VOLUNTÁRIA. SUBSTITUIÇÃO DE CURADOR. INTERDITO PORTADOR DE DEFICIÊNCIA MENTAL. INCAPACIDADE RELATIVA (ART. 4º, III, CC). CURATELA. PODERES PARA REPRESENTAÇÃO LIMITADA AOS ATOS PATRIMONIAIS. MEDIDA SUFICIENTE À PROTEÇÃO DO INCAPAZ. EXTENSÃO PARA AS QUESTÕES EXISTENCIAIS. IMPOSSIBILIDADE. ARTS. 84 E 85 DA LEI Nº 13.146/2015. RECURSO DESPROVIDO. 1. Procedimento de jurisdição voluntária relativo à curatela de incapaz, com pedido de homologação de acordo de substituição da curatela. 1.1. De acordo com a inicial, a primeira autora, mãe do interditado, é sua atual curadora. Entretanto, não possui mais condições de cuidar do filho, pois já é idosa e apresenta cansaço físico. Diante disto, a segunda requerente, esposa do curatelado, se dispôs a assumir o encargo. 1.2. Apelação do MPDFT contra a sentença que acolheu o pedido inicial, para: a) nomear nova curadora em substituição à anterior; b) conferir poderes para representar os interesses do curatelado nos seguintes atos da vida civil: administração do benefício previdenciário ou social; em hospitais, clínicas e farmácia de alto custo; em escolas ou instituições de ensino; c) determinar à curadora a prestação de contas, de dois anos em dois anos, acerca de sua administração. 1.3**. O recorrente postula a reforma da sentença, a fim de que a curatela seja plenamente exercida, abrangendo também as questões existenciais do interditado**. Argumenta, em síntese, que os poderes concedidos à curadora são insuficientes à proteção do incapaz, uma vez que é portador de transtorno mental grave. 2. Segundo o art. 2º da Lei nº 13.146/2015 (Estatuto da Pessoa com Deficiência): Considera-se pessoa com deficiência aquela que tem impedimento de longo prazo de natureza física, mental, intelectual ou sensorial, o qual, em interação com uma ou

[45] Esse entendimento já vinha sendo professado pelos professores Paulo Lobo, Gustavo Tepedino e, mais recentemente, por Nelson Rosenvald (FARIAS, Cristiano Chaves; ROSENVALD, Nelson. *Curso de direito civil.* Parte geral e LINDB. Salvador, Juspodivm, 2016).

mais barreiras, pode obstruir sua participação plena e efetiva na sociedade em igualdade de condições com as demais pessoas. 2.1. Referida lei alterou o art. 3º do CC, que passou a prever como absolutamente incapazes somente os menores de dezesseis anos, incluindo, no rol dos relativamente incapazes, as pessoas que por causa transitória ou permanente, não possam exprimir a sua vontade (art. 4º, inciso III, CC). 3. Portanto, toda pessoa maior portadora de alguma forma ou grau de deficiência não pode mais ser considerada absolutamente incapaz, sendo a sua interdição medida extraordinária. 3.1. Nessa esteira, o ordenamento jurídico restringiu a curatela do interdito aos atos relacionados aos direitos de natureza patrimonial e negocial, devendo ser aplicada de forma excepcional e proporcional às necessidades do curatelado (arts. 84 e 85, Lei nº 13.146/2015). 4. Na hipótese em tela, o exame pericial verificou que o curatelado é portador de transtorno mental grave (esquizofrenia residual), que impacta sua capacidade de percepção de dados da realidade e de expressão do pensamento, com prejuízo do discernimento para executar atividades de regência de sua pessoa e de administração de bens, apresentando notável prejuízo para a tomada de decisões, e redução das capacidades cognitivas e do pragmatismo. Constatou, também, que não há perspectiva de recuperação 4.1. Atento a estas circunstâncias, o juízo sentenciante conferiu proteção especial ao interdito, pois, ao invés de aplicar a regra geral da mera assistência ao relativamente incapaz, concedeu à curadora poderes para representação. 4.2. Embora a representação esteja limitada aos atos patrimoniais, tal medida é suficiente para suprir as necessidades do incapaz. **4.3. Impõe-se considerar que, segundo a perita judicial, ainda subsiste ao interdito alguma capacidade para os atos concernentes às questões existenciais. 5. Logo, a decisão apelada, seguindo a lógica do Estatuto da Pessoa com Deficiência, conjugado com o Código Civil, definiu corretamente os limites da curatela no caso, buscando efetivar em prol do incapaz, no que for possível, o direito de exercer sua capacidade legal em igualdade de condições com as demais pessoas.** 6. Neste sentido, a Procuradoria de Justiça destaca, em seu parecer, que: [...] não obstante o laudo pericial tenha assentado, em 1ª instância, que o interditado não possui discernimento para a prática de qualquer ato, isso não significa que o art. 85 do Estatuto da Pessoa com Deficiência deva ser desconsiderado. **Em realidade, restrições que ultrapassem a questão patrimonial podem evidentemente ser adotadas, desde que necessárias à tutela da dignidade do curatelado, devendo-se utilizar, nessas situações,**

os procedimentos judiciais de jurisdição voluntária (e não a curatela). 7. Apelação desprovida. (TJ-DF 07006194420198070003 – Segredo de Justiça 0700619-44.2019.8.07.0003, Relator: JOÃO EGMONT, Data de Julgamento: 09/09/2020, 2ª Turma Cível, Data de Publicação: Publicado no PJe : 18/09/2020. Pág.: Sem Página Cadastrada).

Embora a curatela não conduza a pessoa ao *status* de absolutamente incapaz, segundo a legislação (art. 1.767, art. 3.º e art. 4.º, Código Civil), excepcionais circunstâncias tem justificado a atribuição de poderes de representação ao curador pelos tribunais.

O Conselho de Justiça Federal, órgão vinculado ao Superior Tribunal de Justiça que tem por competência assegurar a uniformidade da interpretação da legislação federal pelos tribunais (CF/88, art. 105, III, c), aprovou um enunciado n.º 637 (VIII Jornada de Direito Civil), admitindo a possibilidade de outorga de poderes de representação ao curador, inclusive em matéria de natureza existencial.[46] É assim que a decisão abaixo do Tribunal de Justiça de São Paulo dispôs, admite a representação substitutiva de vontade, ante a inaptidão do curatelado para agir em nome próprio.

INTERDIÇÃO. Ação de interdição. Sentença que declara incidentalmente a inconstitucionalidade parcial do art. 114 da Lei 13.146/2015, no que tange às alterações feitas nos artigos 3.º e 4.º do Código Civil, e decreta a interdição absoluta do apelado. Inconstitucionalidade parcial do art. 114 da Lei 13.146/15 afastada. O intuito protetivo persiste no Estatuto da Pessoa com Deficiência, bastando que se faça um interpretação do art. 114 que atenda aos critérios teleológico e sistemático, notadamente para entender corretamente o que pretendeu o legislador, no artigo 84 do mesmo diploma, ao possibilitar que à pessoa com deficiência seja submetida à curatela, quando necessário. O art. 84 do Estatuto da Pessoa com Deficiência que assegura

[46] BRASIL. Conselho de Justiça Federal (STJ). VIII Jornada de Direito Civil. ENUNCIADO 637 – Art. 1.767: Admite-se a possibilidade de outorga ao curador de poderes de representação para alguns atos da vida civil, inclusive de natureza existencial, a serem especificados na sentença, desde que comprovadamente necessários para proteção do curatelado em sua dignidade. Disponível em: < https://www.cjf.jus.br/cjf/corregedoria-da-justica-federal/centro-de-estudos-judiciarios-1/publicacoes-1/jornadas-cej/viii-enunciados-publicacao-site-com-justificativa.pdf>. Acesso em 13/01/2021.

> a regra da capacidade jurídica da pessoa com deficiência, mas possibilita que seja submetida à curatela. **A curatela deverá ser imposta conforme a situação do interditando. Não ostentando condição de praticar ato algum, ainda que auxiliado por outrem, o interditando será submetido à curatela e o curador funcionará como seu representante;** havendo condições do curatelado praticar todos os atos, mas com auxílio do curador, este funcionará como um assistente; e, por fim, havendo condições do curatelado praticar alguns atos com assistência, mas outros não, o curador funcionará ora como assistente, ora como representante, conforme o caso. Na espécie, laudo atesta que o interditando não tem condições de praticar ato algum, de sorte que a interdição deve prevalecer, e a curadora nomeada funcionará como sua representante. Sentença parcialmente reformada. RECURSO PARCIALMENTE PROVIDO. (TJ-SP – AC: 10064480420158260565 SP 1006448-04.2015.8.26.0565, Relator: Cristina Medina Mogioni, Data de Julgamento: 27/01/2020, 6ª Câmara de Direito Privado, Data de Publicação: 27/01/2020). Grifo intencional.

No mesmo sentido, nova decisão do mesmo tribunal atribuiu poderes de representação ao curador e, inclusive qualificou a pessoa curatelada como absolutamente incapaz,

> INTERDIÇÃO. Autor que pretende a interdição de sua filha e a sua nomeação com curador d. Sentença de procedência. Declaração de incapacidade absoluta da requerida e nomeação de curador para todos os atos da vida civil. Apelo do autor. Laudo psicossocial que evidencia a total incapacidade da ré para gerir os atos da vida civil, não se limitando apenas àqueles de natureza patrimonial ou negocial. Medida protetiva extraordinária que se encontra satisfatoriamente justificada diante das necessidades da requerida (art. 84, § 3º, da Lei nº 13.146/15 e arts. 1767 e ss do CC) as quais ultrapassam os limites do art. 85 da Lei da Inclusão. Sentença mantida. Recurso desprovido. (TJ-SP – AC: 10121815220188260562 SP 1012181-52.2018.8.26.0562, Relator: Mary Grün, Data de Julgamento: 27/02/2020, 7ª Câmara de Direito Privado, Data de Publicação: 27/02/2020)

Em suma, a despeito da CDPD e da LBI que chancelaram a capacidade civil da pessoa com deficiência, preferindo o sistema de apoio ao sistema assistencial substitutivo de vontade, a prática aponta muitos exemplos nos quais a pessoa com deficiência moderada é lançada à curatela sem que lhe seja explicada e oportunizada a possibilidade do apoio pela tomada de decisão apoiada. A curatela que seria uma medida extraordinária e *in extremis*, reservada às hipóteses nas quais a pessoa não consegue manifestar sua vontade sob qualquer meio, tem sido adotada ordinariamente. Tantas vezes é interpretada como uma medida de apoio. Embora a LBI haja restringido o campo de incidência da curatela às questões patrimoniais, a jurisprudência tem reconhecido poderes de representação.

E, de resto, como também, mais grave, falta-nos uma sistematização das salvaguardas. Não há uma previsão satisfatória de medidas para salvaguardar os excessos do apoiador tampouco para garantir maior proteção à pessoa com deficiência que já não goza das prerrogativas que acompanhavam o *status* de incapaz.

Conclusão

1. O Brasil é signatário da Convenção sobre os Direitos da Pessoa com Deficiência (CDPD), tratado que foi ratificado no ano de 2009, com o rito especial previsto no art. 5.º, §3.º, alçando o *status* de norma constitucional.
2. O art. 12 da CDPD operou a revogação do regime das incapacidades previsto no Código Civil Brasileiro que utilizava a deficiência como critério indireto para mitigar a capacidade civil.
3. Pouco efeito prático a CDPD operou nas relações privadas até que a Lei Brasileira de Inclusão (LBI), também chamada Estatuto da Pessoa com Deficiência, Lei n.º 13.146, de 06 de julho de 2015, expressamente revogou os artigos 3.º e 4.º, do Código Civil, reformulando o regime das incapacidades, de sorte a excluir a deficiência como critério mitigador. Além de outras alterações ao Código Civil para o fim de facilitação da inclusão, expressamente dispôs que a deficiência não altera a capacidade jurídica, especialmente para a prática de diversos atos e relações jurídicas comuns à vida civil (art. 6.º). Dispôs, no art. 84 que a pessoa com deficiência tem assegurado o exercício de sua capacidade legal em igualdade de condições com as demais pessoas.
4. Relativamente ao sistema de apoio, instituiu a tomada de decisão apoiada, instituto que visa a dar suporte à pessoa que o requer. Segundo a LBI que, no art. 116, acrescentou o art. 1.793-A do

Código Civil, a pessoa com deficiência pode requerer a homologação judicial de acordo de apoio para tomada de decisão, indicando duas ou mais pessoas de sua confiança, como apoiadoras. Conquanto o instituto não altere a capacidade plena da pessoa, requer ação judicial, em procedimento de jurisdição voluntária, com a participação do Ministério Público como fiscal da lei. Esse instituto ainda não alcançou franca aplicabilidade, vez que a população, em geral, e os aplicadores do direito tem optado pela curatela.

5. Embora a LBI haja reformulado a curatela para aproximá-la do escopo da CDPD, continua sendo o resultado da "interdição". Segundo a lei, deve ser aplicada em caráter excepcional, quando a pessoa já não desfruta de capacidade mental e, nem mesmo sob o apoio de terceiros consegue manifestar a sua vontade.
6. Quem está sob curatela, no Brasil, é também considerado relativamente incapaz, segundo a combinação do art.1.767, inciso I com o art.4º., inciso III, do Código Civil.
7. Como a tomada de decisão apoiada não vingou êxito na prática judiciária, as pessoas com deficiência intelectual e psíquica que necessitam de algum apoio são lançadas à situação de curatela. E pior, sob o sistema de substituição de vontade.
8. Desde 2015, o relatório do Comitê sobre os direitos da pessoa com deficiência, da ONU já deu conta deste fato, no relatório formulado àquele período.
9. Em assim sendo, a ordem jurídica brasileira reconhece à pessoa com deficiência plena capacidade, haja vista a CDPD e a LBI, garantindo-lhe um sistema de apoio ao exercício da capacidade que ainda não logrou eficácia social. Na prática as pessoas com deficiência são lançadas à curatela, muitas vezes por vontade própria e da família, para fazer jus aos poucos benefícios que o instituto reserva, notadamente, o acesso à previdência e à assistência social. E com isso, são legadas ao *status* de relativamente incapazes, quando não, de absolutamente incapazes.

Referências

BARBOZA, Heloisa Helena; ALMEIDA, Vitor. **Comentários ao Estatuto da Pessoa com Deficiência à Luz da Constituição da República**. Belo Horizonte, Fórum, 2019.

BARIFFI, Francisco. **El regimen jurídico internacional de la capacidad juridical de las personas con discapacidad**. Grupo Editorial Cinca c/ General Ibanez Íbero: Madrid, 2014.

BRASIL. Conselho de Justiça Federal (STJ). **VIII Jornada de Direito Civil**. ENUNCIADO 637 – Art. 1.767: Admite-se a possibilidade de outorga ao curador de poderes de representação para alguns atos da vida civil, inclusive de natureza existencial, a serem especificados na sentença, desde que comprovadamente necessários para proteção do curatelado em sua dignidade. Disponível em: < https://www.cjf.jus.br/cjf/corregedoria-da-justica-federal/centro-de-estudos-judiciarios-1/publicacoes-1/jornadas-cej/viii-enunciados-publicacao-site-com-justificativa.pdf>. Acesso em 13/01/2021.

BRASIL. Instituto Brasileiro de Geografia e Estatística – IBGE. **Conheça o Brasil**. A população com deficiência. Disponível em: < Instituto Brasileiro de Geografia e Estatística – IBGE >. Acesso em: 12/01/2021.

CHAVES, Cristiano; ROSENVALD, Nelson. **Curso de direito civil.** Parte geral e LINDB. Salvador, JvsPodivm, 2016, p. 335.

DANDHA, Amita. Legal capacity in the disability rights in the rights convention: stranglehold of the past or lodestar for the future? **34 Syracuse J. Int'l L. & Com.** 2006-2007.

DINIZ, Maria Helena, **Curso de Direito Civil brasileiro,** Parte Geral, Volume I, São Paulo, Editora Saraiva, 2012, p. 163-217.

FARIAS, Cristiano Chaves e ROSENVALD, Nelson, **Direito Civil** – Teoria geral, Rio de Janeiro, Editora Lumen Juris, 2011.

FERNANDES, Maria das Graças Dias. "Depoimento". **Anais do I Congresso Brasileiro de Direito de Família. Repensando o direito de família**. Instituto Brasileiro de Direito de Família – IBDFAM. Disponível em: < https://www.ibdfam.org.br/assets/upload/anais/57.pdf >. Acesso em: 11/01/2021.

GONÇALVES, Carlos Roberto. **Direito Civil brasileiro**. Parte geral. Vol. 1, São Paulo, Editora Saraiva, 2012.

LARENZ, Karl. **Derechos de obligaciones**, Tomo I, Trad. Espanhola, Madrid, 1958.

MAZZUOLI, Valério de Oliveira. 2005. "O novo § 3o do art. 5o da Constituição e sua eficácia". In: **Revista de Informação Legislativa**, a. 42 n. 167 jul./set., Brasília, Brasil, 2005. Disponível em: https://www2.senado.leg.br/bdsf/bitstream/handle/id/739/R167-08.pdf?sequence=4. Acesso em 21/11/2020.

MENEZES, Joyceane Bezerra. "Tomada de decisão apoiada: instrumento de apoio ao exercício da capacidade civil da pessoa com deficiência instituído pela lei brasileira de inclusão (Lei n. 13.146/2015)". In: **Revista do Instituto Brasileiro de Direito Civil – RBDCIVIL**, Vol. 9, n. 3, 2016. Disponível em: < https://rbdcivil.ibdcivil.org.br/rbdc/article/view/53>, Acesso em: 11/01/2021.

MENEZES, Joyceane Bezerra e TEIXEIRA, Ana Carolina Brochado. "Desvendando o conteúdo da capacidade civil a partir do Estatuto da Pessoa com Deficiência", Pensar. In: **Revista de Ciências Jurídicas**, Vol. 21, n. 2, 2016. Disponível em: <https://periodicos.unifor.br/rpen/article/view/5619>. Acesso em 12/01/2021.

MENEZES, Joyceane Bezerra. A capacidade jurídica pela Convenção sobre os Direitos da Pessoa com Deficiência e a insuficiência dos critérios do status, do resultado da conduta e da funcionalidade. Pensar. In: **Revista de Ciências Jurídicas**, Vol. 23, n. 2, 2018. Disponível em: < https://periodicos.unifor.br/rpen/article/view/7990>. Acesso em: 21/01/2021.

MULLHOLAND, Caitlin, A responsabilidade civil da pessoa com deficiência psíquica e/ou intelectual En MENEZES, Joyceane Bezerra. **Direito das pessoas com deficiência nas relações privadas**. Rio de Janeiro: Editora Processo, 2019.

NACIONES UNIDAS, CRPD/C/BRA/CO/1, **Observaciones finales sobre el informe inicial del Brasil**. Disponível em: < http://acnudh.org/comite-onu-sobre--derechos-de-las-personas-con-discapacidad-emitio-informe-sobre-brasil/>. Acesso em: 12/01/2021.

PIMENTEL, Ana Beatriz Lima. **A capacidade civil unificada da pessoa com deficiência na legalidade constitucional e o sistema de apoio para o planejamento da vida**. Tese de doutoramento. Programa de Pós-Graduação Stricto Sensu em Direito – Universidade de Fortaleza. 2020, 226 f.

PEREIRA, Caio Mário da Silva. MORAES, Maria Celina Bodin (atualizadora), **Instituições de Direito Civil**, Vol. I, Rio de Janeiro, Forense, 2018.

PRATA, Ana. **Tutela constitucional da autonomia privada**. Coimbra, Almedina, 2016.

ROIG, Rafael Asís. Sobre la capacidad. In: **Papeles el tiempo de los derechos**. Disponível em: < https://e-archivo.uc3m.es/bitstream/handle/10016/7828/wp32.pdf?sequence=1>. Acesso: 12/01/2021.

ROSENVALD, Nelson. "Novas reflexões sobre a tomada de decisão apoiada: como conciliar autonomia, cuidado e confiança". In: **Revista do IBDFAM**. Famílias e sucessões, Vol 20, IBDFAM, Belo Horizonte, 2017.

SILVA, José Afonso da. **Comentário contextual à constituição,** 7ª ed. São Paulo, Malheiros, 2010.

SOUZA, Eduardo Nunes de; SILVA, Rodrigo da Guia. "Dos negócios jurídicos celebrados por pessoa com deficiência psíquica e/ou intelectual: entre a validade e a necessária proteção da pessoa vulnerável". In: MENEZES, Joyceane Bezerra. **Direito das pessoas com deficiência nas relações privadas**. Rio de Janeiro: Editora Processo, 2019.

STOLZE, Pablo. "A Invalidade do Negócio Jurídico em face do Novo Conceito de Capacidade Civil". In: **Revista Científica da Academia Brasileira de Direito**

Civil, Vol. 2, n.º 2, 2018, p. 1-10. Disponivel em: <https://abdc.emnuvens.com.br/abdc/article/view/19/15>. Acesso em 29/01/2021.

TARTUCE, Flávio. **Manual de Direito Civil**. Volume único, São Paulo, Editora Gen, 2015.

TARTUCE, Flávio. **Direito civil. Lei de introdução e parte geral**. Rio de janeiro: Forense, 2020.

TEPEDINO, Gustavo e OLIVA, Milena Donato, "Personalidade e capacidade na legalidade constitucional", In: MENEZES, Joyceane Bezerra. **Direito das pessoas com deficiência nas relações privadas**. Rio de Janeiro: Editora Processo, 2019.

TEPEDINO, Gustavo; OLIVA, Milena Donato. **Fundamentos do direito civil. Teoria geral do direito civil**. Vol.1, São Paulo, Gen, 2020.

VENOSA, Silvio de Salvo. **Direito Civil**. Parte geral, São Paulo, Editora Atlas, 2013.

17. SAÚDE DA PESSOA COM DEFICIÊNCIA: HUMANIZAÇÃO E BIOÉTICA NO CUIDADO

CHRISTIAN DE PAUL DE BARCHIFONTAINE

Introduzindo o assunto

Re-encantar-se com a arte de cuidar

Vivemos hoje uma verdadeira "crise de cuidados" cujos sintomas mais evidentes se manifestam na absolutização ingênua do tecnicismo sem coração, no descuido, descaso, indiferença e abandono da vida dos mais vulneráveis que clamam aos céus! Para citar apenas alguns exemplos: encontramos-nos com crianças famintas perambulando nos cruzamentos de nossas cidades, aumento do número dos excluídos das benesses do progresso, descaso para com os idosos, utilitarismo depredatório em relação ao meio ambiente e instituições de saúde tecnicamente impecáveis, mas frias, sem calor e alma humana!

Felizmente estamos começando a ter exemplos de sensibilidade e solidariedade competentes em relação ao cuidado da vida humana vulnerabilizada pela doença e sofrimento que nos deixam esperançosos ao nos apontar que a essência da vida é o cuidado. Mas o que entender por cuidado? A expressão terapêutica deriva do grego *therapéuo*, que significa "eu cuido". Na Grécia antiga, o *thérapeuter* era aquele que se colocava junto ao que sofre, que compartilhava da experiência da doença do doente para poder compreendê-la, e então mobilizar seus conhecimentos e sua arte de cuidar, sem saber se poderia realmente curar. Para compreender a doença, ele se interessava pela totalidade de vida do doente, inclinando-se para ouvi-lo e examiná-lo. Essa inclinação (*klinos*, em grego, termo do qual deriva a palavra clínica) significava também uma reverência e respeito ante o sofrimento do outro.

Considerar a pessoa não simplesmente como um corpo, não a reduzindo à biologia, pura e simplesmente é um grande desafio. Uma visão holística, multi-, inter- e transdiciplinar, é imperiosa. O ser humano é um todo uno, um nó de relações. Ser gente é possuir corpo, é ter um psiquismo e coração, é conviver com os outros, cultivar uma esperança e crescer na perspectiva de fé em valores humanos.

É zelando, promovendo e cuidando desta unidade vulnerável pela dor e sofrimento que estaremos sendo instrumentos propiciadores de vida digna.

A ética do cuidado tem diante de si neste futuro imediato, três grandes desafios:

1) compromisso ético-político-ecológico: promover e defender a vida em todos os níveis (humana e cósmico-ecológico).
2) ciência com consciência e ternura: competência tecnocientífica aliada à competência ética, desde o âmbito pessoal passando pelo comunitário, sociopolítico e planetário.
3) reflexão ética consistente: educar para resgatar os valores fundamentais que constroem uma vida humana saudável e feliz.

Introdução

Uma auscultação prospectiva inquietante se apresenta a respeito do legado que estamos deixando para as gerações vindouras. Começa-se a falar em justiça transgeracional! Como será o mundo no fim deste século XXI? Que desafios enfrentaremos? Que condições de vida e saúde? Estas são apenas algumas das interrogações emergentes.

1. Biopoder

Nos tempos atuais, o biopoder é exercido principalmente pelas multinacionais que fabricam medicamentos e aparelhos para diagnóstico e cirurgia, bem como pelas empresas que produzem linhagens novas de animais, plantas e micróbios. Nas universidades e institutos de pesquisa, cada vez mais o biopoder produz conhecimento, que reverte em mais biopoder.

As aplicações da engenharia genética estão revolucionando a agronomia. Criaram-se dúvidas sobre a legitimidade de certas patentes. A própria privacidade das pessoas parece ameaçada pelo biopoder da genética molecular, capaz de, no nível de DNA, esquadrinhar nossa constituição. Existe um exagerado temor em relação aos tratamentos de doenças hereditárias por transferência de genes: genoterapia de células somáticas, e até germinativas. Portanto, emerge uma crescente preocupação sobre como serão utilizados, nessa área, os aportes gerados pelos saberes oriundos do Projeto Genoma Humano, sobretudo via seus resultados mais imediatos – os "Kits de diagnósticos genéticos" – o que traz à tona as imensas preocupações de ordem moral e ética na área da medicina fetal, da genética e da clonagem, sob a égide da engenharia genética e o biopoder decorrente da manipulação da vida (GARRAFA, 2001, p. 52-59).

2. Estamos preparados para enfrentar a 4ª Revolução Industrial?

2.1. 4ª Revolução Industrial – 4.0

As chamadas revoluções industriais têm seu início na segunda metade do século XVIII. A característica dessas revoluções foi a transição da força muscular para a energia mecânica, a qual evoluiu até a atual 4ª revolução industrial, momento em que a produção humana aumenta exponencialmente por meio da potência aprimorada da cognição.

A *1ª. revolução industrial* aconteceu entre 1760 e 1840. Temos a invenção da máquina a vapor e a construção de ferrovias, e tem início a produção mecânica. A *2ª. revolução industrial* teve início no final do século XIX, e entrou no sec. XX com o advento da eletricidade e da linha de montagem, possibilitou a produção em massa (fordismo). Esta revolução precisa ainda ser vivida por 17% da população mundial, pois quase 1,3 bilhão de pessoas ainda não tem acesso à eletricidade. A *3ª. revolução industrial* começou na década de 1960. É também denominada de revolução digital ou do computador, pois foi desencadeada pelo desenvolvimento dos semicondutores, da computação em *mainframe* – computador de grande porte dedicado normalmente ao processamento de um volume enorme de informações – (década de 1970), da computação pessoal (década de 1970 e 1980) e da internet (década de 1990). Porém, mais da metade da população mundial, 4 bilhões de pessoas, vive em países pobres sem acesso à internet. Uma curiosidade histórica: em relação ao tear mecanizado, que é a marca da primeira revolução industrial, este instrumento levou quase 120 anos para se espalhar para fora da Europa. Em contraste, a internet se espalhou pelo mundo em menos de uma década.

A chamada *4ª revolução – "revolução 4.0"* acontece após três processos históricos transformadores. A primeira revolução marcou o ritmo da produção manual à mecanizada (1760- 1830). A segunda trouxe a eletricidade e permitiu a manufatura em massa (1850). A terceira concretizou a chegada da eletrônica, da tecnologia da informação e das telecomunicações (meados do sec. XX). Agora, a quarta revolução industrial traz consigo uma tendência à automatização total das fábricas – seu nome vem, na verdade, de um projeto de estratégia de alta tecnologia do governo da Alemanha, trabalhado desde 2013 para elevar sua produção a uma total independência da obra humana. A automatização acontece através de sistemas ciber-físicos, que foram possíveis graças à internet das coisas (é uma rede de objetos físicos, veículos, prédios e outros que possuem uma tecnologia embarcada (a tecnologia embarcada, também conhecida como sistema embutido, é o sistema que permanece integrado a um microprocessador, conhecido como Chip, e através de circuito integrado, é considerado o cérebro do computador, já que é o responsável pela execução de cálculos, armazenamento de dados, além de tomar as próprias decisões, é como se fosse a inteligência do computador), sensores de conexão (com rede capaz de coletar e transmitir dados) e à computação na nuvem. Os sistemas ciber-físicos, que combinam máquinas com processos digitais, são capazes de tomar decisões descentralizadas e de cooperar – entre eles e com humanos – mediante a internet das coisas. Mas nem tudo é entusiasmo a respeito destas incríveis inovações, também surgem questionamentos e inquietações éticas: para que mundo tudo isto nos levará?

Existem três razões pelas quais as transformações atuais não representam uma extensão da 3ª revolução industrial, mas a chegada de um diferente: a velocidade, o alcance e o impacto nos sistemas. A velocidade dos avanços atuais não tem precedentes na história e está interferindo em quase todas as indústrias de todos os países.

Algumas inovações da 4ª. revolução industrial podem assim ser descritas. Temos no âmbito da física, veículos autônomos, impressão em 3 D, robótica avançada e novos materiais. Veículos autônomos refere-se a carros, caminhões, aviões, barcos e drones que, sem condutor, serão capazes de executar tarefas. Na robótica avançada, vamos ter sensores que capacitam os robôs a compreenderem melhor o seu ambiente e empenharem-se em tarefas variadas. No âmbito dos novos materiais, teremos matérias mais leves, mais fortes, recicláveis e adaptáveis. Destacam-se aqui os nanomateriais como o grafeno que é 200 vezes mais resistente que o aço, milhões de vezes mais fino que um cabelo humano e eficiente condutor de calor e eletricidade. No âmbito da biologia molecular, especificamente a genética, o projeto genoma levou 10 anos para ser concluído a um custo de US$ 2,7 bilhões. Hoje, um sequenciamento de genoma é feito em poucas horas e custa menos de US$ 1 mil. O próximo passo é a biologia sintética, capaz de modificar organismos já existentes, alterando seus códigos genéticos possibilitando a criação de organismos personalizados. Espera-se criar micróbios que possam combater o câncer e outras doenças incuráveis para um futuro próximo. No âmbito da engenharia genética, teremos a capacidade de interferir e modificar seres vivos, animais e plantas adaptando-os a condições adversas. Abre-se também a possibilidade de xenotransplantes, bem como recriação de órgãos. Em relação à segurança internacional, fala-se da possiblidade da guerra cibernética: dos robôs voadores (drones); de armas autônomas que atacam alvos de acordo com critérios predefinidos; da militarização espacial – nova geração de armas hipersônicas (12 mil km). Os avanços na nanotecnologia permitirão armas mais leves, móveis e inteligentes e aumentarão os riscos de armas biológicas: armas letais que podem se propagar pelo ar; de armas bioquímicas (SCHWAB, 2017, p.15)

3. Inteligência artificial

A inteligência artificial é um ramo de pesquisa da ciência da computação que busca, através de símbolos computacionais, construir mecanismos e/ou dispositivos que simulem a capacidade do ser humano de pensar, resolver problemas, ou seja, de ser inteligente. O estudo e desenvolvimento desse ramo de pesquisa teve início na Segunda Guerra Mundial com o objetivo e a intenção de criar um "ser" que simulasse a vida do ser humano.

O desejo de construir máquinas capazes de reproduzir a capacidade humana de pensar e agir vem de muitos anos. Tal fato pode ser comprovado através da existência de máquinas autônomas e também através de personagens místicos, como é o caso do Frankenstein (personagem da escritora Mary Shelley) (SHELLEY, 2017, p. 75; 232).

Com a evolução computacional a inteligência artificial ganhou mais força, possibilitando um grande avanço na análise computacional, podendo a máquina chegar a fazer análise e síntese da voz humana. No início os estudos sobre inteligência artificial buscavam apenas uma forma de reproduzir a capacidade humana de pensar, mas assim como todas as pesquisas que evoluem, com essa não foi diferente. Percebendo que esse ramo da ciência tinha muito mais a ser descoberto, os pesquisadores e cientistas abraçaram a ideia de fazer com que uma máquina pudesse reproduzir não só a capacidade de um ser humano pensar como também a capacidade de sentir, de ter criatividade, e de ter autoaperfeiçoamento e uso da linguagem.

O progresso na principal área dessa pesquisa, que é a de fazer uma inteligência similar à do ser humano, é lento. Porém, os estudos nessa área têm surtido efeito em várias outras áreas, como o planejamento automatizado e escalonamento, jogos, programas de diagnóstico médico, controle autônomo, robótica e outras mais.

Esse ramo de pesquisa é muito conflitante, pois existem os que apoiam as pesquisas e a ideia da máquina ter vida própria, como também existe o lado dos que não apoiam a ideia. Para muitos a existência de máquinas com o poder de pensar, sentir e até ter a capacidade de realizar atividades humanas é um fato inconcebível (SCHWAB, 2017, p. 107-108).

4. A tecnologia é neutra?

Nenhuma máquina ou procedimento técnico é capaz de substituir o diálogo entre pessoas humanas. Não podemos deixar de ter uma visão crítica dos efeitos colaterais da técnica. A tecnologia é neutra? Fala-se que é preciso desmistificar o conceito de neutralidade da técnica e que depende do homem fazer dela bom ou mau uso. Esta ótica parece ser simplista e não leva em conta os aspectos políticos e econômicos da questão.

Uma corrente forte do pensamento diz o seguinte: a tecnologia é neutra e isenta de valores, sendo meramente resposta à demanda econômica. Este quadro está demais simplificado. Hoje, nas nações industrializadas, as demandas surgem para suprir desejos, tanto quanto necessidades; e os desejos são estimulados por muitos fatores, dos quais não são os menores as campanhas planejadas para criá-los. Embora outra corrente negue a neutralidade da técnica, acredita que ela está nas mãos de seus criadores e operadores, não sendo consequentemente autônoma. Daí a importância analisar a nossa atitude frente à ciência.

5. Atitudes básicas operativas frente à ciência

5.1. A ciência tem o direito de fazer tudo o que é possível?

Nesta visão, o único limite colocado à pesquisa científica é o limite imposto pela capacidade técnica. O conhecimento novo tem valor em si e não interessa quanto de conhecimento se adquire. De fato, o direito de conhecer é uma liberdade humana básica e qualquer cerceamento é uma violação dos direitos do investigador. Adverte-se que a curiosidade intelectual e o crescimento dos conhecimentos são duas das características mais marcantes da espécie humana e que restringi-las seria negar nossa natureza. Finalmente, existe a suposição não verbalizada de que se temos a capacidade de fazer algo, assumimos que temos o direito de fazê-lo.

5.2. A ciência não tem o direito de intervir no processo da vida, que é sagrado

A expressão muito ouvida e divulgada desta posição é o dizer popular: "Os cientistas não deveriam querer ser Deus". Na sua forma mais simples, parece supor que deveríamos ser passivos em face da natureza e dos processos naturais e ignorar a longa tradição aceita de intervir na natureza em benefício da humanidade. Levada para uma conclusão extrema nos reduziria novamente ao homem da pedra lascada e, talvez, a morrer de fome. Esta atitude, contudo, não levanta a questão do mistério da vida para lembrar-nos da ardilosidade da natureza que confunde mesmo os experimentos mais bem elaborados. Somos forçados a olhar e examinar seriamente nossas intenções e motivos antes de agir para termos um conhecimento crítico.

5.3. A ciência não tem o direito de mudar as qualidades humanas mais características

Esta abordagem insiste que há um limite para o que a ciência pode fazer e que este limite é a natureza da pessoa humana como ela é atualmente entendida e valorizada. Acresce que a diferença qualitativa na vida humana aconteceria se a aplicação ou pesquisa fossem para mudar a vida humana como a conhecemos. Ela também levanta questões de ordem política em que a ciência é feita. O que aconteceria se estas forças para mudar a natureza humana caíssem nas mãos dos que não partilham os valores e crenças da maioria?

5.4. A ciência tem direito de incentivar o crescimento das características humanas de valor e eliminar aquelas que são prejudiciais

A motivação básica é atingir algum controle sobre os processos que afetam a vida humana e seu desenvolvimento. O objetivo é continuar a melhorar a qualidade da vida. Subjacente a esta posição está a convicção de que temos uma capacidade crescente de autodeterminação e, portanto, uma responsabilidade pelo que somos e pelo que seremos.

Nenhuma destas quatro teses é encontrada na sua forma pura. Apesar disso, elas sugerem uma variedade de maneiras com que nos podemos relacionar com a ciência e capacidades científicas. Elas nos ajudam a pensar nas nossas expectativas da ciência e avaliar seus possíveis efeitos no curso do desenvolvimento humano.

Agora, é importante analisar como nos relacionamos com a natureza.

6. Natureza X Pessoa

6.1. A natureza dotada de poder e elasticidade

A natureza é vista como essencialmente alheia e independente da pessoa, não possui um valor inerente e é dominada por forças e causas impessoais. É 'plástica" no sentido de que a pessoa pode usar, dominar e dar-lhe uma variedade de arranjos possíveis. Esse modelo sugere que a pessoa tem o direito ilimitado de dominar, manipular e controlar a natureza de qualquer maneira. A única restrição viria dos limites de nossos conhecimentos dos segredos da natureza. A implicação óbvia: a pessoa deve buscar alcançar tudo quanto pode porque conhecimento é poder.

6.2. A natureza como algo sagrado

A natureza é vista como uma realidade a ser reverenciada e respeitada. Na sua forma religiosa ocidental, a natureza é vista como uma parte da criação de Deus e aceita como sagrada pela sua origem. Os objetos da natureza são marcas ou traços do Criador e através deles podemos conhecer e amar a Deus. Nas religiões orientais, a natureza é vista como uma expressão do todo cósmico do qual tudo é uma manifestação. Os seres humanos devem se conformar com a natureza, sugere a tradição taoísta, de modo que eles possam chegar a uma unidade com ela e estar em paz. O relacionamento que emerge dessa descrição é de administração. A pessoa é uma parte da natureza, e se a pessoa deve ser respeitada, assim deve ser a natureza que nutre e sustém toda a vida.

6.3. A natureza como portadora de uma teleologia em si

É a visão secular da versão anterior. Ela vê um sentido e lógica na natureza em si, sem uma mão invisível por trás que está guiando. Nesta perspectiva é possível estudar a natureza e descobrir seu sentido e o significado da vida humana. Este modelo também sugere que, embora não sejamos escravos da natureza num sentido rígido, somos pelo menos capazes de contemplar limitações em intervenções violentas na natureza. Portanto existem limites no que podemos fazer. Contudo estes limites não vêm de uma realidade externa imposta tal como Deus, mas do sentido inerente da própria natureza (PESSINI; BARCHIFONTAINE, 2012, p. 211-213).

7. Ética da responsabilidade em Hans Jonas

Os cientistas, por serem humanos, nem sempre admitem seus erros e limitações, o que faz da aceitação de um novo paradigma, uma tarefa de progressiva conversão que não supõe a força, mas sim a aceitação lenta e gradual. A ciência tem um compromisso primordial com a compreensão cada vez mais detalhada e refinada da natureza. Faz-se mister reconhecer que os novos paradigmas raramente possuem todos os elementos persuasivos dos predecessores, que não raro prevalecem por séculos, porém, contêm o germe de respostas mais adequadas para os problemas que apontam para o futuro. Assim, o imperativo de Jonas: "Age de tal maneira que os efeitos de tua ação sejam compatíveis com a permanência de uma vida humana autêntica", ou formulado negativamente: "Não ponhas em perigo a continuidade indefinida da humanidade na Terra", que ainda não chegou a completar vinte anos, se oferece para substituir o imperativo Kantiano: "Age de tal maneira que o princípio de tua ação se transforme numa lei universal", que já comemorou duzentos anos.

Ainda na perspectiva de considerar a responsabilidade das ações humanas, desnecessária é a afirmação de que o homem, e somente ele no reino animal, é capaz de mudar o curso da história da vida com suas intervenções. Numa estrada que se bifurca, é o caminhante que detém a opção da escolha. Os rumos são diversos, assim como o destino final. Uma vereda pode terminar num precipício, enquanto a outra numa fonte de águas puras. Assim parece ocorrer com a tecnologia moderna, que vai nos apresentando bifurcações cada vez mais numerosas. É justamente nesses pontos de bifurcações que se impõe a questão da escolha, que quase sempre ganha contornos apropriados por meio de uma decisão ética. Diante das bifurcações que se apresentam, o que quer que façamos, quaisquer que sejam os critérios utilizados para nossa opção, sabemos que o produto final obtido depende exclusivamente de nossa decisão.

A responsabilidade de cada pessoa humana para consigo mesma é indissociável daquela que se deve ter em relação a todas as demais. Trata-se de uma solidariedade que a liga a todas as pessoas e à natureza que a cerca. Parece evidente, portanto, que a resultante final dessa reflexão busque atender também o universal. Concluímos, com Jonas, que a pessoa humana precisa responder, com seu próprio ser, a uma noção mais ampla e radical da responsabilidade que é a referente à natureza humana e extra-humana, já que a tecnologia hodierna permite ações transformadoras num espectro que vai do genoma humano ao plano cósmico, incluindo a 4ª revolução industrial e a inteligência artificial.

A antiga ideia de natureza acomodava-se à inatingível ordem natural que definia os contornos das normas éticas. Hoje, trabalhamos com uma concepção inteiramente distinta de natureza. O curso da existência não é mais dependente de uma lei superior, que reserva à pessoa humana a condição de espectador; muito pelo contrário: é ela hoje o agente das transformações e tem à sua mercê toda a existência, nela intervindo como bem lhe aprouver. A ideia de natureza deve, portanto, ser considerada como propriedade, domínio do homem. Impossível, diante dessa realidade, não interpor à atitude científica, exigências de uma nova responsabilidade ética.

O que caracteriza o imperativo de Jonas, é sua orientação para o futuro, mais precisamente para um futuro que ultrapassa o horizonte fechado no interior do qual o agente transformador pode reparar danos causados por ele ou sofrer a pena por eventuais delitos que tenha perpetrado. Segundo Paul Ricoeur, o vínculo entre responsabilidade e perigo para a humanidade impõe que se acrescente ao conceito de responsabilidade um traço que o distinga definitivamente da imputabilidade.

Considera-se responsável, sente-se afetivamente responsável aquele a quem é confiada a guarda de algo perecível. E o que há de mais perecível que a vida desviada para a morte pela inconsequente intervenção do homem? Assim, compreende-se melhor a ideia de vida que se apresenta na formulação do imperativo de Jonas. Ante essa possibilidade escatológica da morte substituindo a vida, compreende-se por que esse futuro longínquo é o lugar de um temor específico para o qual Jonas introduz a figura da "heurística do temor" (descoberta do temor). Um temor que tem por objeto, eventuais perigos que ameaçam a humanidade no plano de sua permanência, de sua sobrevivência. Emblemáticos são os perigos que afetam o ecossistema dentro do qual se desenvolvem as atividades humanas ou os que resultam das manipulações biológicas aplicadas à reprodução humana ou à identidade genética da espécie humana ou, ainda, a intervenção química ou cirúrgica sobre o comportamento do homem. Em suma, pela técnica, a pessoa humana tornou-se perigosa para a pessoa humana: isso ocorre na medida em que ela põe em perigo os grandes equilíbrios cósmicos e biológicos que constituem os alicerces vitais da humanidade. A ameaça que a pessoa faz pesar sobre a pessoa toma, de algum modo, o lugar das ameaças às quais os outros seres vivos já estão submetidos por ações humanas. À vulnerabilidade da vida, a pessoa da era tecnológica acrescenta um fator desagregador suplementar que é a sua própria obra. A vida no planeta deteve sua própria regulamentação durante muito tempo, pois a própria natureza constituía-se em cerca intransponível para o agir humano. Agora, porém, o agir da pessoa, deixando de ser regulado por fins naturais, se transforma no centro de um desequilíbrio específico. Hoje percebemos a força desse agente transformador. Por sua dimensão cósmica, por seus efeitos cumulativos e irreversíveis, as técnicas introduzem distorções tão definitivas que criam uma periculosidade sem precedentes na história da vida. A preservação da vida sempre teve um custo; todavia, com o homem moderno, esse custo, esse preço a ser pago, pode ser a destruição total. De maneira proporcional ao incremento da periculosidade do homem, cresce em importância sua responsabilidade como tutor de todas as formas de vida (JONAS,1974, p.163-184).

8. Transformar os desafios em novas oportunidades e a necessidade do pensamento crítico: progresso para quem?

Existem três passos a serem seguidos, a saber:

1) *Necessitamos aumentar a conscientização a respeito de que não podemos mais pensar de maneira compartimentada na tomada de decisões.* Os desafios que fatalmente teremos que afrontar são e serão sempre mais interligados. Somente uma abordagem inclusiva poderá gerar a compreensão necessária para abordar as questões que se apresentam. Isto exige estruturas colaborativas e flexíveis.

2) *Desenvolver narrativas positivas, compartilhadas e abrangentes para as gerações atuais e futuras.* Embora não saibamos o conteúdo exato destas narrativas, sabemos as características cruciais que devem contar, a saber, que abarquem os valores e os princípios éticos que nossos sistemas devem encarnar. "Assegurar que os valores e a ética sejam o centro de nossos comportamentos individuais e coletivos, bem como dos sistemas que alimentam. Essas narrativas devem também evoluir progressivamente para perspectivas mais amplas, desde a tolerância e o respeito até o cuidado e à compaixão"
3) *Iniciar a reestruturação de nossos sistemas econômicos, sociais e políticos para tirar o máximo proveito das oportunidades apresentadas, embasados na cooperação.* Não estaremos respondendo as necessidades das gerações futuras sem a contínua cooperação e diálogo local, nacional e supranacional, dando voz a todas as partes envolvidas. Precisamos nos concentrar em fazer que as condições subjacentes estejam corretas e não apenas darmos atenção aos aspectos técnicos. A cooperação é a única coisa que irá redimir a humanidade. Como a principal arquiteta de 4 bilhões de anos de evolução, a cooperação tem sido uma força motriz porque permite que nos adaptemos em meio à complexidade crescente e, além disso, fortalece a coesão política, econômica e social (SCHWAB, 2017, p. 112-113).

Inovação e tecnologia precisam ser focadas em função da humanidade, visando o interesse público, em direção a um desenvolvimento sustentável. No final, tudo dependerá das pessoas, da cultura e dos valores. Teremos de, juntos, dar forma a um futuro que funciona para todos, ao colocar as pessoas em primeiro lugar, capacitando-as e constantemente nos lembrando de que todas essas novas tecnologias são, sobretudo, ferramentas feitas por pessoas e para pessoas.

Frente a este horizonte que se abre da pós-humanidade, de homens-robô e pós-humanos desejados pelos nanotecnológicos, o dilema ética é saber se o que se tornou tecnicamente viável por meio da ciência deve ser tornado disponível pelas leis de mercado sem nenhum controle moral. Um alerta importante: quem fica entre a nostalgia do passado e a fantasia do futuro, recusa o presente, a única realidade disponível. Por seu turno, viver o presente pressupõe manter uma atitude lúcida e crítica sobre ele e assumir as ações que influem no futuro.

Conclusões

Os feitos da tecnociência são notórios e abundantemente proclamados pela mídia e até mesmo endeusados. Deparamo-nos diuturnamente com ambientes tecnicamente perfeitos, mas sem alma e ternura humana. Ressaltou-se que as coisas têm preço e podem ser trocadas, alteradas e comercializadas, porém, esqueceu-se de que as pessoas têm *dignidade* e clamam por respeito. A manipulação sutilmente se faz presente e rouba aquilo que é mais precioso à vida do ser humano: sua dignidade. Entramos num círculo vicioso de coisificação das pessoas humanas e sacralização das coisas, inversão cruel dos valores!

O conceito de dignidade humana é importante para salvaguardar o valor maior que é a pessoa. Deste modo, os comportamentos que mais indignificam a própria pessoa são os que indignificam os outros, sobretudo os mais débeis, vulneráveis e os sujeitos de pesquisa.

Com a 4ª revolução industrial e a inteligência artificial, como será tratada a pessoa humana? Como será nossa arte do cuidar da pessoa humana holisticamente? O que significará a dignidade humana? E a ética?

Ciência e ética não precisam e não devem ser consideradas como antagônicas, pelo contrário, necessitam-se e se iluminam reciprocamente. É esta a perspectiva que garante o respeito pela dignidade humana e por mais qualidade de vida. Precisamos zelar por vigilância ética no âmbito técnico-científico, que é uma instância de discernimento relacionada com o bom ou mau uso que se fizer dos novos conhecimentos científicos. Necessitamos, além do conhecimento científico, de sabedoria ética, a fim de proteger o ser humano, este universo singular que traz em seus genes a história da humanidade.

"A ética do laboratório terá de ser decidida em conjunto com a ética da sociedade", diz o geneticista Carlos Alberto do Vale, da Universidade de São Paulo. "Desconfio das proibições categóricas assim como desconfio das permissões categóricas".

Referências

GARRAFA, Volnei. Fundamento teórico do poder e liberdade humana, p.211-213. In: BARCHIFONTAINE; PESSINI (Orgs.). **Bioética, alguns desafios**. Loyola, São Paulo, 2001.

JONAS, Hans. Tecnologie et responsabilité – pour une nouvelle éthique. **Revue Esprit**, Paris, v. 2, n. 438, set.1974.

PESSINI, Léo; BARCHIFONTAINE, Christian de Paul de. **Problemas atuais de bioética**. 10. ed. São Paulo: Loyola e Centro Universitário São Camilo, 2012.

SCHWAB, Klaus. A quarta revolução industrial. World Economic Forum, p. 123-128. In: PESSINI; BARCHIFONTAINE (Orgs.). **Bioética, Frankenstein e a aposta em um futuro sustentável**. Loyola, 2017.

SCHWAB, Klaus. Inteligência artificial, p. 137-140. World Economic. Forum. In: PESSINI; BARCHIFONTAINE. (Orgs.). **Bioética, Frankenstein, e a aposta em um futuro sustentável**. Loyola, 2018.

SCHWAB, Klaus, Como transformar os desafios em novas oportunidades, p. 140-141. World Economic Forum. In: PESSINI; BARCHIFONTAINE. (Orgs.). **Bioética, Frankenstein, e a aposta em um futuro sustentável**. Loyola, 2018).

SHELLEY, Mary. Frankenstein ou o Prometeu, p. 98-103. Deluxe Edition. Rio de Janeiro. In: PESSINI; BARCHIFONTAINE (Orgs.). **Bioética, Frankenstein e a aposta em um futuro sustentável**. Loyola, 2017.

18. VULNERAVILIDADE NA SAÚDE DA FAMÍLA E A AUTOINSEMINAÇÃO

HILDELIZA LACERDA TINOCO BOECHAT CABRAL
KARLA DE MELLO SILVA
JOÃO CARLOS DE AQUINO ALMEIDA

> Nem tudo o que é científica e tecnicamente possível realizar, pode ser realizado, mas temos de utilizar um critério ético de avaliação em relação à preservação e à proteção da vida humana e da qualidade de vida.
>
> (PESSINI *et al.*, 2015, p. 28).

Considerações iniciais

A Bioética contemporânea tem-se dedicado ao estudo da vulnerabilidade como condição inerente a todo ser vivente que diz respeito à exposição a riscos. A humanidade se encontra em especial condição de vulnerabilidade, podendo estar exposta a riscos naturais e/ou provocados, físicos e/ou morais. Trata-se de possibilidade potencial que todos nós temos de nos vermos vulnerados, ainda que de forma eventual ou transitória, em algum momento de nossas vidas.

As técnicas de reprodução humana medicamente assistidas se constituem objeto de estudo da Bioética na medida em que o início e a finitude da vida humana estão entre os relevantes temas afetos à dignidade da pessoa humana. Nesse contexto, merece especial atenção o estudo da autoinseminação, também conhecida como inseminação caseira. Trata-se de uma técnica de fertilização heteróloga, simplificado, que consiste em um procedimento completamente informal e caseiro, não levando em conta questões médicas ou jurídicas. As mulheres que optam pela técnica são denominadas tentantes; elas geralmente não têm condições financeiras de arcar com os custos elevados de uma reprodução medicamente assista, optando assim pela inseminação caseira que, apesar de informal, é de baixo custo.

Diferente dos procedimentos de fertilização medicamente assistida, a técnica é geralmente implementada em ambiente doméstico, sem qualquer tipo de assistência de profissional da saúde, da seguinte forma: a mulher introduz, por meio de cateter ou seringa, no colo do útero o material genético (sêmen) coletado do doador. Por se tratar de um procedimento sem qualquer tipo de assistência, diversos problemas de saúde podem surgir, como a transmissão de doenças, choque anafilático ou mesmo perfuração do útero por inabilidade da pessoa que introduz o cateter ou seringa.

As tentantes se valem das redes sociais digitais, por meio de grupos especializados no Facebook, para encontrarem os doadores, transformando os grupos em verdadeiros bancos de sêmen online, ambiente virtual em que elas explicitam suas predileções em relação às características físicas que desejam para seu futuro bebê e os doadores expõem suas condições para realização do procedimento, como disponibilidade para viagens. O número de inscritos e adeptos às redes sociais digitais vem crescendo de forma vertiginosa.

Pretendendo alertar para a necessidade de se esclarecer a comunidade científico-acadêmica e a sociedade a respeito dos riscos à saúde da família que se vale desta espécie de fertilização, trazemos à reflexão, de forma exemplificativa, algumas situações de risco, pois a situação merece especial atenção dos órgãos públicos de saúde e jurídicos, em decorrência dos impactos médicos na saúde da mulher, da criança fruto da inseminação e da família, além de possíveis consequências jurídicas de difícil deslinde. Por esses motivos, entendemos pela necessidade de disciplina legal e regulamentação pelo CFM a respeito da autoinseminação a fim de que seja realizada de forma mais segura para os sujeitos que se valem dessa técnica reprodutiva.

Vulnerabilidade humana no contexto da Bioética, da saúde e "novas vulnerabilidades"

Vulnerabilidade é uma expressão de origem latina que significa estar exposto a risco. Amatriain (2017, p. 103) esclarece que o conceito etimológico *vulnerabilis* é latino e significa "exposto a risco, à lesão ou a perigos". A expressão refere-se ao indivíduo que pode ser lesionado ou ferido física e/ou moralmente, sendo entendida como fator subjacente à condição humana, mas que pode ser agravada em situações específicas:

> [...] trata-se um adjetivo utilizado para indicar uma debilidade ou fragilidade especial. Percebemos que esse conceito evoluiu ao longo da história da Bioética, ganhando notoriedade a partir da Declaração Universal de Bioética e Direitos Humanos da Unesco, que disciplinou, em seu artigo 8º, o especial cuidado a ser adotado em relação às pessoas ou grupos que apresentem uma causa que lhes seja capaz de agravar a qualidade de vulnerável (CABRAL, 2020, p. 31).

Have (2014), como estudioso da vulnerabilidade, considera-a primeiramente como uma fraqueza individual, uma situação de fragilidade segundo a qual certas pessoas não podem se proteger por si sós. Por isso, os indivíduos vulneráveis carecem de capacidade de decisão ou mesmo de informações adequadas para serem protegidas contra possível exploração ou excesso. Por seu turno, Pessini (2017) explica que, à medida em que a Bioética se torna global, passa a se apresentar em novos paradigmas como a bioética da intervenção, da proteção, da libertação – paradigmas mais visíveis na América Latina, onde se adotam conceitos e valores éticos, tais como a solidariedade, a vulnerabilidade e a precaução, entre outros referenciais éticos capazes de nortear visões, ações, intervenções para além do contexto macro da sociedade, mas delimitada prioritariamente para o âmbito das ciência da vida e da saúde.

Pessini situa a vulnerabilidade como palavra latina, derivada de *vulnus (-eris)* que significa "ferida", entendida como possibilidade de ser ferido. No contexto da reflexão bioética, o conceito de vulnerabilidade é discutido a partir de três perspectivas fundamentais: vulnerabilidade como condição humana universal; vulnerabilidade como característica particular de pessoas e grupos; vulnerabilidade como princípio ético internacional. Na Declaração Universal de Bioética e Direitos Humanos (UNESCO, 2005), o artigo 8º obriga ao respeito pela vulnerabilidade humana e pela integridade pessoal.

Outra forma de explicar a vulnerabilidade na perspectiva dos processos de globalização, segundo Have (2014), resultou em um mundo que criou mais e novas ameaças e ainda minou os mecanismos tradicionais de proteção (segurança social e sistemas de previdência social, sistemas de apoio à família) destruindo habilidades de indivíduos e comunidades para lidar com as ameaças. Assim, categorias inteiras de pessoas são desprivilegiadas, impotentes e sem voz. Nesse aspecto, imaginamos que o grupo de pessoas dotadas de poucas informações e que, por esse motivo, põe em risco a própria saúde e a de sua família são pessoas vulneradas.

Segundo Pessini (2017, p. 80), "quanto maior a vulnerabilidade, maior há que ser a proteção". No mesmo sentido, vem sendo implementada a Bioética da Proteção (BP), estudada por Schramm, que demonstra a necessidade de proteção a certos grupos em franca vulnerabilidade: a pacientes identificados como vulnerados, "que não são capazes de se protegerem sozinhos ou que não possuem algum amparo que venha da família, do grupo ao qual pertencem, do Estado ou da própria Sociedade [...]" (SCHRAMM, 2017, p. 1.534).

Ainda nesse sentido, a Bioética da Intervenção (BI) também se preocupa com a vulnerabilidade de pessoas e grupos e tem um viés interventivo na realidade a fim de transformá-la para melhor. Segundo Volnei Garrafa (2021), a BI é uma ferramenta capaz de auxiliar na busca por soluções de problemas sociais que se referem à pessoa e à coletividade atenta às transformações sociais: a BI é uma proposta conceitual e prática que visa interpretar a bioética como território ainda não explorado pelo conhecimento científico, cujo objetivo é procurar respostas mais apropriadas aos macroproblemas e conflitos coletivos que apresentem aproximação com os temas bioéticos persistentes encontrados nos "países periféricos".

Amatriain (2017, p. 215) reconhece um universo de vulnerabilidades que se constituem fragilidades outras para além daquelas já conhecidas, consagradas, naturais e ordinárias (comuns), próprias deste novo tempo de evoluções tecnocientíficas e transformações sociais, às quais denomina "novas vulnerabilidades". Nessa categoria ele inclui a vulnerabilidade oferecida pelo ciberespaço, a mecanização e robotização dos meios de produção; o grande número de pessoas vivendo em condições de extrema pobreza, fome, miséria, expostas a constantes riscos; os grupos em alta vulnerabilidade; a sífilis e outras doenças sexualmente transmissíveis (DST), que continuam alcançando números expressivos de vulneráveis; também a clonagem, a eugenia, as questões genéticas. E, nesse universo crescente e mutável de novas vulnerabilidades, ele inclui as técnicas de reprodução humana medicamente assistidas.

Assim, podemos situar dentre essas novas vulnerabilidades, a realidade da mulher ou da família que elege a técnica de autoinseminação ou inseminação caseira, devido à enorme vulnerabilidade de várias naturezas a que estão expostas essas famílias. Conforme comentado, as tentantes, movidas pelo desejo de engravidar para realizarem o sonho de serem mães, consideram somente as vantagens da adoção da inseminação caseira devido ao baixo custo do procedimento e à possibilidade de concretizar o projeto parental de forma mais simples e a curto prazo; ao contrário estão as técnicas medicamente assistidas que exigem vários quesitos, além de serem morosas. Todavia, são mais seguras quanto ao aspecto da saúde da mulher, da criança e do restante da família.

Muitas desvantagens podem advir da utilização da técnica de autoinseminação ou inseminação domiciliar, e desta situação decorre o agravamento da vulnerabilidade que ainda será acentuada pela forma simplista como é realizado o procedimento, sem cuidados adequados recomendados à fertilização. Percebemos no procedimento múltiplas fragilidades que podem desencadear efeitos maléficos, capazes de impactar, em tempo futuro, os sujeitos envolvidos, até mesmo de forma irreversível.

No âmbito da bioética, são sérias as questões éticas que subjazem à aplicação da técnica como, por exemplo, a não observância ao princípio do anonimato do doador e as precárias condições em que ocorre a concepção. Quanto aos possíveis efeitos jurídicos, a inexistência de regulamentação no Brasil é outra desvantagem, pois gera insegurança jurídica, que pode apresentar mais tarde inconvenientes como ação de reconhecimento de filiação, alimentos, guarda e convivência familiar, vínculo sucessório e óbices em relação ao registro civil da criança (no caso de casal homoafetivo, por exemplo: quando são duas mulheres, é considerada mãe apenas a mulher que engravidou; no caso de dois homens, dependem de sub-rogação do útero de terceira).

Na seara médica, podem advir sérios riscos à saúde da mulher e da criança a ser concebida: para a mulher há risco de perfuração no momento da introdução da seringa ou cateter, esterilidade, possibilidade de choque anafilático, aborto, contaminação por DST, infecção por fungos e bactérias e outras. Para a criança, além dos mesmos riscos referentes à mulher, há outros de natureza genéticas (hereditárias) e congênitas (que surgem durante a formação do feto, tais como microcefalia, cardiopatias e outras, além da possibilidade de futuro casamento entre irmãos biológicos (ARINS, 2018).

A vulnerabilidade humana é inerente à espécie humana, pois todos os seres humanos estão sujeitos a riscos. Aliás, segundo Amatriain (2017), os seres humanos estão sujeitos, em maior ou menor grau, a riscos físicos ou morais, naturais ou provocados, podendo a qualquer momento estarem vulnerados. Assim, a vulnerabilidade é latente aos humanos, segundo constatação de Pessini (2017, p. 80) ao concluir: "Não se pode esquecer de que a vida não deixa de ser uma passagem constante de uma vulnerabilidade para outra vulnerabilidade. O sentido profundo do ser humano é o acolhimento e a proteção de sua vulnerabilidade". De fato, todos os seres viventes estão expostos em maior ou menor grau a perigos e riscos, a situações de riscos, ainda que não lhes tenham dado causa.

A disciplina das técnicas de inseminação no Brasil e a Autoinseminação

A inseminação artificial e as demais técnicas de fertilização medicamente assistidas se fundam no direito constitucional ao planejamento familiar contido no art. 226, §7º, que estabelece como livre o planejamento familiar (BRASIL. CF, 1988) e no mesmo sentido, dispõe o Código Civil (BRASIL. Lei Federal n. 10.406, 2002) em seu artigo 1.565, § 2º afirmando que o casal terá livre decisão acerca do planejamento familiar, devendo o Estado oferecer recursos para o exercício desse direito, vedando qualquer tipo de intromissão. Corroborando tais dispositivos, foi publicada lei específica, regulamentando-o, em 1996 (BRASIL. Lei Federal n. 9.263, 1996). Em face então da importância do planejamento familiar, a infertilidade passou a ser considerada como um problema de saúde pública e de interesse social. Como o Conselho Federal de Medicina entende "[...] a infertilidade humana como um problema de saúde, com implicações médicas e psicológicas, e a legitimidade do anseio de superá-la" (BRASIL. CFM, Resolução nº 2.294, 2021), concedeu o legislador relevância no ordenamento jurídico pátrio, por meio de lei própria.

> O acesso aos modernos métodos de reprodução assistida é igualmente garantido em sede constitucional, pois planejamento familiar também significa a realização de projeto de parentalidade. O tema da inseminação

artificial e da engenharia genética encontra embasamento nesse preceito. Todas as pessoas têm direito fundamental à saúde sexual e reprodutiva. Assim, distúrbios da função reprodutora constituem problema de saúde pública, devendo o Estado garantir acesso a tratamento de esterilidade e reprodução (DIAS, 2015, p. 392).

No mesmo sentido:

> Ademais, a afirmação do planejamento familiar como obrigação positiva imposta ao Estado traz consigo, como corolário, o reconhecimento de um direito (constitucional) à concepção. Um direito de ser pai e mãe, seja através de critério natural (relacionamento sexual), seja por meio de critério artificial (fertilização medicamente assistida) (FARIAS; ROSENVALD, 2017, p. 584).

Por esse motivo, as técnicas de reprodução medicamente assistidas se tornaram procedimentos legítimos, promovendo a concepção no próprio corpo da mulher. Entretanto, nesses casos, há a atuação médica, especializada, que prepara o material genético e o implanta no corpo da mulher onde haverá a fecundação. Os casos de fertilização de proveta, explicam Farias e Rosenvald (2017, p. 594), a concepção é feita em laboratório, fora do corpo da mulher, no qual posteriormente serão implantados os embriões já fecundados.

Considerando a seriedade da disciplina do planejamento familiar pelo ordenamento jurídico, foi determinada a obrigatoriedade de o Sistema Único de Saúde (SUS) custear os tratamentos de fertilidade, regulamentada pelo art. 9º da Lei 9.2636/96, que legisla conforme a seguir: "Art. 9º Para o exercício do direito ao planejamento familiar, serão oferecidos todos os métodos e técnicas de concepção e contracepção cientificamente aceitos e que não coloquem em risco a vida e a saúde das pessoas, garantida a liberdade de opção" (BRASIL. Lei Federal n. 9.263, 1996). O mencionado artigo, em seu Parágrafo Único, prevê: "Parágrafo único. A prescrição a que se refere o caput só poderá ocorrer mediante avaliação e acompanhamento clínico e com informação sobre os seus riscos, vantagens, desvantagens e eficácia" (BRASIL. Lei Federal n. 9.263, 1996).

Em relação ao usuário exercer o direito de receber esse tratamento pelo SUS, a Portaria nº 426/2005 do Ministério da Saúde (BRASIL;

Ministério da Saúde, 2005), que instituiu a Política Nacional de Atenção Integral em Reprodução Humana Assistida, definiu sua constituição por três componentes: a Atenção Básica, a Média Complexidade e a Alta Complexidade. Somente na alta complexidade se enquadram os procedimentos de fertilização in vitro. Anos mais tarde, a Portaria n. 3.149/2012 (BRASIL. Portaria 3.149, 2012) determinou ao SUS oferecer o programa de reprodução assistida de inseminação artificial ou Fertilização In Vitro (FIV).

Entretanto, em termos práticos, muitos são os óbices enfrentados pelo usuário para assegurar seus direitos referentes à saúde pública; e a burocracia para se alcançar acesso ao tratamento é tão grande, que a pessoa opta por ajuizar um processo judicial para obter a efetividade do direito, sendo que nem assim conseguirá deslindar com rapidez; em razão da morosidade do Judiciário, o processo pode levar anos para ser julgado.

Outro aspecto importante deste estudo é o fato de que o Conselho Federal de Medicina (CFM) dispõe que não podem as pessoas receberem pagamento em troca do material genético (por isso a expressão doação), ou seja, não poderá haver propósito lucrativo ou finalidade comercial, assim como é imprescindível que a doação seja anônima, preservando-se a identidade do doador, de acordo com o Guia fácil e descomplicado de Saúde e Direito (MAIA; MUNHOZ, 2018). Nesse sentido,

> A procriação medicamente assistida é um desenvolvimento científico que invoca uma infinidade de considerações éticas e legais, com várias nuances sociais, religiosas e políticas. Várias décadas após o nascimento da primeira criança fruto da PMA, poucos lugares do mundo possuem leis abrangentes e claras sobre o estabelecimento da filiação das crianças originadas por essas técnicas (DANTAS, 2021).

É importante destacar a realidade de que no Brasil não dispomos de disciplina legal satisfatória a respeito das técnicas de inseminação. Há poucas orientações previstas na CF, apenas um artigo dispondo sobre o assunto no Código Civil e algumas determinações do CFM, que estabelecem considerações a respeito do direito ao planejamento familiar, da infertilidade como uma questão de saúde pública, da gratuidade da fertilização in vitro e da gratuidade e anonimato do doador de material genético. A partir dessas ponderações, podemos passar à análise da nova forma de inseminação utilizada no Brasil e que vem agregando número crescente de adeptos.

O Guia Fácil e descomplicado de Saúde e Direito (2018) ressalta a importância do anonimato nas doações de sêmen e a necessidade de preservação da identidade do doador, de acordo com o Conselho Federal de Medicina. Tais medidas têm o objetivo de resguardar o doador de futuras consequências jurídicas decorrentes da filiação e resguardar também os que optam pela técnica de que o doador futuramente não vai desejar exercer os direitos advindos da relação que a técnica reprodutiva de inseminação caseira estabeleceu.

Maiores detalhes acerca da inseminação caseira podem ser obtidos nos grupos especializados do Facebook, como o perfil "Tentantes & Doadores", que reúne pessoas que desejam efetivar o projeto parental e os pretensos doadores. De acordo com a análise no grupo, a autoinseminação ou inseminação caseira é um procedimento de inseminação domiciliar e informal, que consiste no ato de promover a fertilização sem intervenção médica especializada, em ambiente familiar (FACEBOOK, 2014). Essa técnica, embora não possa ser categorizada como ilegal, não conta com respaldo normativo. O procedimento é realizado pela própria mulher ou outra pessoa por ela escolhida para introduzir o material genético do doador (em estado natural, em temperatura ambiente e sem nenhum cuidado específico em relação à assepsia).

Os casais a escolhem em busca da realização de um sonho que não pode ser alcançado em virtude de questões financeiras, pois os procedimentos de inseminação artificial custam em média R$ 25 mil reais, enquanto os custos da inseminação caseira são baixos. Entretanto, quando analisamos os risco, tanto para mãe quanto para o bebê, o segundo método é considerado altamente arriscado para a saúde de ambos, assim como apresenta sérias inseguranças jurídicas.

O perfil do Facebook "Tentantes & Doadores", com 46 mil inscritos, é um espaço virtual no qual interagem as famílias com um projeto parental de ter um filho e as pessoas que se dispõem a doar material genético. Este recurso das redes sociais se tornaram um verdadeiro "banco de sêmen online", um ambiente virtual no qual as pessoas estabelecem contratos a respeito do procedimento: tentantes procuram o doador que melhor atenda suas expectativas; o doador oferece o material genético mediante pagamento ou não, sendo certo que eventuais despesas com deslocamento se darão às expensas da tentante; convencionam o local onde será realizado o procedimento (pode ser na residência da tentante ou do doador, em um hotel ou outro lugar por eles convencionado); marcam local, data e horário e levam a efeito a implantação no corpo da mulher tentante o material genético oferecido pelo doador.

Todo o procedimento é realizado de forma simplificada, sem acompanhamento médico (ou de outro profissional da saúde), o sêmen é introduzido em estado natural (sem nenhum tipo de tratamento) pela vagina da mulher, por meio de um cateter ou seringa, pela própria mulher ou por outra pessoa por ela escolhida, sem as medidas de segurança de uma clínica de reprodução medicamente assistida. Assim, a autoinseminação ou inseminação caseira consiste em um procedimento de baixo custo, realizado em ambiente doméstico, sem apoio médico especializado e, em regra, sem assistência de nenhum profissional da saúde.

A investigação da British Broadcasting Corporation (BBC) identifica como principal veículo de contato entre doador e receptor de material genético as redes sociais como o Facebook, "grupos e páginas sobre o assunto vêm crescendo nos últimos meses", ambiente virtual no qual ocorre o contrato em termos e condições para a doação do material e a realização do procedimento. Estipulam ainda ajuda de custo para viagem, hospedagem e despesas com o procedimento caseiro, que pode ser realizado na casa do doador do material genético. Há ainda a regra de realização de exames das DST e outras de grandes riscos à saúde da mulher e da criança (MONTALDE, 2021).

A prática da autoinseminação se torna cada vez mais atraente no Brasil, na proporção em que as pessoas têm acesso à fertilização de forma rápida e econômica, sendo geralmente procurada por pessoas de baixa renda que desejam efetivar o projeto parental de ter um filho e encontram dificuldades para consegui-lo por meios naturais.

Possíveis reflexos da autoinseminação na saúde da família

A Portaria nº 426/2005 do Sistema Único de saúde (SUS) instituiu a Política Nacional de Atenção Integral em Reprodução Humana Assistida. Porém, poucos hospitais públicos realizam os procedimentos, sendo a oferta pelo SUS restrita aos casos de infertilidade, em que os usuários precisam aguardar pelo atendimento durante longo prazo.

Então, quem pode arcar com as despesas da fertilização contrata as clínicas. Elas dispõem dos bancos de esperma, segurança do anonimato e garantia de que os doadores são saudáveis, pois estes passam por uma série de exames que detectam DST, além dos espécimes ficarem por 6 meses em quarentena antes de estarem disponíveis para a doação, a fim de garantir o período da janela imunológica de algumas doenças (ARINS, 2018).

Entretanto, à maioria da população brasileira torna-se inacessível a escolha por uma das técnicas de reprodução medicamente assistidas disponíveis no mercado, devido ao alto custo do procedimento. Em face desse cenário, vem-se expandindo a aceitação da denominada inseminação caseira, que embora considerada "artificial", oferece procedimento informal, na maioria dos casos, sem intervenção médica, utilizando-se material genético de um terceiro, normalmente realizada por pessoas leigas, em ambientes domésticos, ou seja, fora das instituições que prestam serviços de saúde e sem assistência de um profissional da saúde e sem regulamentação pelo ordenamento jurídico brasileiro (SOUZA; CUNHA, 2019).

Os doutrinadores Farias e Rosenvald (2017, p. 594) ensinam que as técnicas de reprodução assistidas se baseiam em certos procedimentos: ambiente devidamente equipado e estruturado, com médico especializado, o qual realiza o processo da inseminação no próprio corpo da mulher. Em relação à fertilização de proveta, a técnica de concepção é feita fora do corpo da mulher, em um laboratório, e posteriormente são implantados os embriões já fecundados na mulher.

No caso da inseminação caseira, a técnica se situa na contramão em relação aos cuidados adotados nos procedimentos realizados em clínicas especializadas, por se tratar de uma técnica simples, de baixo custo e completamente informal, sendo assim caracterizada pela Agência Nacional de Vigilância Sanitária (Anvisa):

> A prática envolve basicamente a coleta do sêmen de um doador e a imediata implantação no corpo da mulher com uso de seringa ou outros instrumentos, como cateter.
>
> A prática é normalmente feita entre pessoas leigas e em ambientes domésticos e hotéis, ou seja, fora dos serviços de Saúde e sem assistência de um profissional de Saúde (BRASIL. ANVISA, 2018).

Faz-se também necessário destacar que,

> Do ponto de vista biológico, o principal risco para as mulheres é a possiblidade de transmissão de doenças graves que poderão afetar a saúde da mãe e do bebê. Isso se dá devido à introdução no corpo da mulher de um material biológico sem triagem clínica ou social, que avalia os comportamentos de risco, viagens a áreas endêmicas e doenças pré-existentes no doador, bem como a ausência de triagem laboratorial para agentes infecciosos, como HIV, Hepatites B e C, Zika vírus e outros (BRASIL. ANVISA, 2018).

Em relação à saúde da mulher e do bebê, fruto do método, médicos se posicionam contrários à realização da inseminação caseira, em decorrência do alto índice de enfermidades que podem ocorrer, como o risco de transmissão de doenças graves e sexualmente transmissíveis, assim como as infecções por bactérias e fungos. A inexistência de regulamentação do método, bem como a falta de acompanhamento médico especializado e cuidados de proteção à saúde durante o procedimento são algumas das inúmeras preocupações médicas referentes ao tema.

A médica Nilka Fernandes Donadio, ressalta:

> Quando a gente pensa em inseminação, sabe que ela deve ser feita em laboratório e o sêmen deve passar por um processamento, que elimina fatores que podem trazer consequências graves à saúde da mulher. Na inseminação caseira, ela pode sofrer infecção no colo do útero ao injetar o sêmen por meio de uma seringa. Além disso, quem garante que os exames feitos pelo doador estão corretos? É difícil chancelar uma indicação para esse procedimento (DONADIO apud BARROS, 2017).

No mesmo sentido, Petracco, descreve como é o procedimento da inseminação caseira e alguns riscos que podem advir do método:

> Tal método, sem embasamento médico algum, consiste na obtenção de sêmen de forma clandestina e a introdução do material diretamente na vagina – ou até mesmo, com auxílio de um cateter, dentro do útero da mulher. O que os casais muitas vezes não sabem é que tal procedimento não é isento de riscos, muito pelo contrário (PETRACCO, 2021).

Impende destacar ainda como risco da inseminação caseira os seguintes aspectos: a quebra do anonimato na doação de sêmen (que contraria as regras do CFM); comercialização e transporte ilegal de gametas (espermatozoides); a não realização do processamento seminal que pode causar infecções uterinas, além de aumentar o risco de transmissão de doenças; a introdução do sêmen sem supervisão médica, com uso de cateter para alcançar a trompa, pode causar dor e reações alérgicas como, por exemplo, o choque anafilático; dificuldade de registro da criança, no caso de união homoafetiva; processos judiciais e disputa nos tribunais pela maternidade ou paternidade (MIKLOS, 2021).

Além dessas situações já mencionadas, no Brasil, há proibição de qualquer tipo de comercialização de material biológico humano, de acordo com o art. 199 da CF, e toda doação de substâncias ou partes do corpo humano, tais como sangue, órgãos, tecidos; assim também o esperma, deve ser realizada de forma voluntária e altruística.

De acordo com a Resolução n. 2.121/2015 do Conselho Federal de Medicina, o doador, obrigatoriamente é anônimo; no procedimento caseiro, é conhecido e a mulher interessada mantém contato direto com ele, firmando, desta forma, acordo com relação à prática da inseminação, assim como para celebrar um pacto de isenção de qualquer responsabilidade futura com relação ao filho (sem o efeito jurídico desejado, pois, a qualquer tempo, poderá ser intentada ação de investigação de paternidade em face do doador, que não terá condições de provar, que a criança é fruto de inseminação caseira (BRASIL, CFM, 2015). Além disso, o doador não é submetido a exames específicos, com a finalidade de pesquisar eventuais doenças genéticas, que podem ser transmitidas à mulher ou à prole, tais como HIV, HTLV-I/II, hepatite e outros (OLIVEIRA JÚNIOR, 2021). As implicações da inseminação doméstica fomentam uma margem crescente de questionamentos fundamentados na ética e na legalidade, relacionados à saúde e à conformação da filiação da prole almejada, corroborada pelo recente reconhecimento jurídico da multiparentalidade em determinados contextos familiares (ARAÚJO, 2020).

O procedimento de inseminação caseira oferece grande risco de lesões e infecções à saúde materna e à criança concebida. Além de comprometer a saúde materna, o processo infeccioso pode levar ao aborto e ao risco fetal de doenças congênitas, tais como microencefalia, cardiopatias, dentre outras, pois, algumas doenças durante a gestação podem ser transmitidas ao feto pela placenta ou pelo canal do parto. A placenta é uma barreira natural contra infecções no feto. No entanto, a presença de certos tipos de anticorpos maternos no recém-nascido (RN) indica a passagem do agente pela barreira placentária. Alguns desses agentes, apesar de não terem ocasionado doença na mãe, podem se manifestar no feto com quadros leves, graves e até fatais, levando a óbito fetal (VILLAS-BOAS, 2011).

A determinação de se o feto será alcançado por uma infecção materna, apresenta algumas variáveis: a gravidade da infecção na mãe provavelmente influenciará a gravidade da infecção no feto ou no RN, ou seja, quanto mais grave for a infecção na mãe, mais grave será a infecção no feto; o tempo de gestação, no momento da infecção, também é um fator importante, pois parece que o feto seria mais gravemente afetado pela infecção por alguns vírus no início da gestação, enquanto a infecção por outros agentes poderia causar danos independentemente de quando a mãe se infectou; o período embrionário é considerado o de maior risco para múltiplas complicações decorrentes de processo infeccioso, e o sistema nervoso central permanece suscetível a complicações durante toda a gestação, além de afetar outros órgãos e sistemas; muitas infecções, se ocasionadas na gestação, causam anomalias congênitas, e que devem ser objeto de vigilância e cuidado (BRASIL. MINISTÉRIO DA SAÚDE, 2017).

Segundo Araújo (2020, p. 110), o aconselhamento genético objetivando procriação visa analisar probabilidade de manifestação de doenças no filho pretendido: riscos de doença transmitida por fatores hereditários, com o intuito de evitá-la; no caso de existência de enfermidade conhecida ou suspeita do pretenso genitor ou de alguém de sua família; a existência de um diagnóstico pré-sintomático e pré-natal de doenças genéticas; os problemas oriundos do nascimento; o retardo mental não explicado; a idade materna avançada; a exposição a teratógenos; a consanguinidade; a repetição de abortos espontâneos; o nascimento do primeiro filho com malformação de origem genética. Para Araújo (2020), muitos relatos atestam que o cerne da prática avaliada tem sido a vontade das partes envolvidas. O problema está justamente nas consequências de permitir que apenas a vontade humana seja o centro de regulamentação do procedimento.

Concordamos com os argumentos apresentados pelo autor supramencionado, pois, por meio do juízo de ponderação, de sopesação de interesses, simplesmente o desejo de ter um filho que converge para o encontro de outro desejo de doar material genético não deve ser privilegiado em face do bem jurídico maior que é preservar a saúde de um núcleo familiar inteiro, tornando-se muito frágil o projeto parental em contraposição a fatos, enfermidades e danos que podem determinar o futuro de uma família inteira.

Há muitas fragilidades quanto à adoção na inseminação caseira como, por exemplo, as questões éticas do anonimato e da gratuidade, além dos eventuais efeitos jurídicos. Entretanto, este capítulo se ateve às sérias questões da saúde, pois os reflexos na saúde da mulher, da criança a ser concebida e de toda a família, por via de consequência direta podem se tornar irreversíveis ou de difícil reversão. É possível a ocorrência de lesões e infecções que podem acometer tanto a genitora quanto a criança concebida por meio do procedimento, podendo se estender esses riscos à prole, tornando-se a longo prazo uma questão macro e a comprometer todo o sistema de saúde pública brasileira.

Conclusões

Podemos compreender a autoinseminação ou inseminação caseira a partir da noção de uma técnica de reprodução heteróloga informal, simplificada, sem assistência médica e que apresenta muitas vulnerabilidades, sendo os principais reflexos desses riscos verificados na saúde da mulher, da criança fruto da concepção e de sua família.

Além de efeitos jurídicos indesejáveis, como eventuais ações, reconhecimento de paternidade, alimentos, efeitos sucessórios, situações de multiparentalidade e questões afetas à lavratura do registro das crianças oriundas do procedimento, há sérios desdobramentos passíveis de ocorrerem na saúde, uma vez que o procedimento é realizado em ambiente doméstico, sem qualquer tipo de regulamentação, sem assepsia necessária, nem assistência na maioria das vezes por profissional da saúde.

Considerando-se a vulnerabilidade inerente à condição humana, a partir das reflexões bioéticas em razão das implicações na vida humana (e, em consequência, nas técnicas de reprodução), é evidente a vulnerabilidade das optantes pela técnica, que não gozam de segurança jurídica ao escolherem o método para realização do sonho parental e ainda se tornam expostas a diversos tipos de doenças e riscos, que não se resumem à concepção, mas que, por seus efeitos, pode alcançar todo um núcleo familiar.

Mesmo com tantos riscos e efeitos que podem decorrer da utilização do método sem acompanhamento médico, vem crescendo o número de adeptos da técnica, questão que gera preocupação, necessitando de urgente regulamentação por parte dos órgãos públicos para garantir a integridade física das optantes pela técnica e das crianças dela advindas, a fim de evitar que as doenças afetem a qualidade de vida da população vulnerada.

No Brasil, há uma lacuna legislativa a respeito das técnicas de inseminação artificial, pois nem mesmo as convencionais e reputadas legais contam com disciplina legal satisfatória. Há poucas orientações previstas na CF, no CC e nas determinações do CFM, reconhecendo ao cidadão o direito ao planejamento familiar, concebendo a infertilidade como uma questão de saúde pública, prevendo gratuidade da fertilização in vitro como medida apta a minimizar essa questão e a cessão gratuita de gametas, além do anonimato do doador desse material genético.

Concluímos, portanto, pela necessidade de regulamentação da inseminação caseira, com um mínimo indispensável de cuidados às famílias, tais como acompanhamento médico, filtragem e quarentena do material genético para evitar a transmissão de doenças, além de exames gratuitos às partes, a fim de se efetivar os direitos das pessoas da classe pobre da população ao planejamento familiar, à paternidade ou maternidade por meio da inseminação. Se não existe disciplina legal e efetiva aplicação dessas técnicas à população que dela necessita gratuitamente (na forma da lei), como efetivar o direito constitucional ao planejamento familiar às pessoas da camada da população que dependem com exclusividade do atendimento pelo SUS? Como incentivá-las a buscar caminhos outros que não a inseminação caseira, se não há efetividade do direito que por lei lhes é outorgado?

Medidas são necessárias e até mesmo urgentes, pois não há mecanismos capazes de coibir o direito das pessoas à autoinseminação (inclusive em razão da ausência de ilicitude), sem lhes oferecer instrumentos hábeis à realização do projeto parental, embora seja importante iniciar uma campanha de esclarecimento e informação às pessoas que desejam engravidar para que elas, ao elegerem a inseminação caseira, façam-no cônscias dos riscos e vulnerabilidades a que estão expondo a si mesmas, ao fruto da concepção e à sua prole.

Referências

AMATRIAIN, Roberto Cataldi. **Introducción a la bioética del siglo XXI**. Buenos Aires: Hygea, 2017.

ARAÚJO, A. T. M. **Projetos parentais por meio de inseminações caseiras**: uma análise bioético-jurídica. [Internet] 2020 [acesso em 2021 nov 18]; 24: 101-119. Disponível em: https://rbdcivil.ibdcivil.org.br/rbdc/article/view/453.

ARINS, A. C. B. **Doação de material reprodutivo na reprodução assistida e possíveis reflexos na filiação**. 2018. Disponível em: encurtador.com.br/ckxW7. Acesso em: 17 nov 2021.

BARROS, Vinícius. **Os brasileiros que doam sêmen para inseminações caseiras**. Cuiabá, 29 nov. 2017. Disponível em: encurtador.com.br/bhAW7. Acesso em: 26 out. 2021.

BRASIL. Anvisa. **Ministério da Saúde**. Inseminação artificial caseira: riscos e cuidados: Procedimento feito em casa com uso de seringas e esperma colhido na hora pode trazer alguns riscos e está fora da competência da Anvisa. 6 abr. 2018. Disponível em: encurtador.com.br/ryW26. Acesso em: 26 out. 2021.

BRASIL. **Lei Federal n. 9.263, de 12 de janeiro de 1996**. Regula o § 7º do art. 226 da Constituição Federal, que trata do planejamento familiar, estabelece penalidades e dá outras providências. Disponível em: encurtador.com.br/vBM89. Acesso em: 15 maio 2021.

BRASIL. **Ministério da Saúde, 2017** Sobre as anomalias identificadas no pré-natal, nascimento ou puericultura relacionadas à gestação. 2017. [acesso em 2021 nov 18] Disponível em https://bvsms.saude.gov.br/bvs/publicacoes/orientacoes_integradas_vigilancia_atencao_e mergencia_saude_publica.pdf.

BRASIL. **Ministério da Saúde**. Portaria n. 3.149, de 28 de dezembro de 2012. Fica destinados recursos financeiros aos estabelecimentos de saúde que realizam procedimentos de atenção à Reprodução Humana Assistida, no âmbito do SUS, incluindo fertilização in vitro e/ou injeção intracitoplasmática de espermatozoides. Disponível em: encurtador.com.br/bkCEO. Acesso em: 15 maio 2021.

CABRAL, Hildeliza Lacerda Tinoco Boechat. Mistanasia y aspectos miserables de la muerte en el Brasil. In TINANT, Eduardo Luis (President del Consejo de Bioética del IIDHA y Director del Anuario). **Anuario de bioética y derechos humanos del Instituto Internacional de Derechos Humanos, capítulo para las Américas** (IIDH). Buenos Aires: Amazon Kindle, 2019, p. 67-81.

CABRAL, Hildeliza Lacerda Tinoco Boechat. **Mistanásia em tempos de Covid-19**. Campos dos Goytacazes: Encontrografia, 2020.

DANTAS, Eduardo. **Se não puder ajudar, atrapalhe**: o importante é participar: a reprodução humana assistida e a "contribuição legislativa" do Congresso Nacional.

Contraditor.com, 27 ago. 2021. Disponível em: encurtador.com.br/ozDJN. Acesso em: 27 out. 2021.

FACEBOOK. **Inseminação Caseira Tentantes & Doadores** [perfil], 2014. Disponível em: encurtador.com.br/dgrHO. Acesso em: 18 dez. 2021.

FARIAS, Cristiano Chaves de; ROSENVALD, Nelson. **Curso de direito civil**: famílias. Salvador: JusPodivm, 9. ed. rev. e atual. 2017.

GARRAFA, Volnei. **A Bioética de Intervenção no contexto do pensamento latino-americano contemporâneo – dura sem perder a ternura – movimento de insurgência antissistêmica e reterritorialização epistemológica da Bioética**. Palestra online proferida por meio da Universidade Estadual do Norte Fluminense Darcy Ribeiro (UENF), Campos dos Goytacazes, 10 horas do dia 22 de julho de 2021.

HAVE, Henk ten. Vulnerability as the Antidote to Neoliberalism. **Revista Redbioética/UNESCO**, [s. l.], v. 5, n. 1, p. 87-92, jan./jun. 2014.

MAIA, Thais; MUNHOZ, Luciana; SILVA, Beatriz de Mattos. Reprodução Assistida: Um guia fácil e descomplicado de Saúde e Direito. **Maia&Munhoz Consultoria e Advocacia**, 2018.

MIKLOS, T. **Os riscos da inseminação caseira**. [Internet] 2021. [acesso em 2021 nov 17] Disponível em: https://www.rrtclinicadamulher.com.br/os-riscos-da-inseminacao-caseira/.

MONTALDE, G. M. **Inseminação artificial caseira: reflexões sobre um uso não regulamentado e seus efeitos**. [Internet] 2021. [acesso em 2021 nov 17] 26. Disponível em: encurtador.com.br/gjAG4. Acesso em: 21 dez. 2021.

OLIVEIRA JÚNIOR, E. Q. **Inseminação artificial caseira**. [Internet] 2017 [acesso em 2021 nov 18] Disponível em: https://www.migalhas.com.br/depeso/267599/inseminacao- artificial-caseira.

PESSINI, Leo. Elementos para uma bioética global: solidariedade, vulnerabilidade e precaução. **Thaumazein** [revista]. Santa Maria, v. 10, n. 19, p. 75-85, 2017.

PETRACCO, Rafaella Gehm. Inseminação caseira: vale o risco para conquistar um sonho? Médica alerta para prática irregular e sem amparo científico. Ela pode causar prejuízos em vários sentidos à mulher ou ao casal. **Veja Saúde**, 16 mar. 2021. Disponível em: encurtador.com.br/euG16. Acesso em: 26 jun. 2021.

SCHRAMM, Fermin Roland. A bioética de proteção: uma ferramenta para a avaliação das práticas sanitárias? **Ciência e saúde coletiva**, [s. l.], v. 22, n. 5, maio 2017.

SOUZA, I. R; CUNHA, M. S. **Reprodução assistida: análise das consequências jurídicas da utilização da inseminação artificial caseira**. [Internet] 2019. [acesso 2021 nov 17] Disponível em: http://www.kennedy.br/arquivos_up/documentos/c9a07a1710a2683c6a0e885ceca199fa.p df#page=61.

UNESCO. DUBDH, 2005. **Declaração Universal sobre Bioética e Direitos Humanos**. Disponível em: https://bit.ly/2kgv9lt. Acesso em: 25 nov. 2020.

VILLA-BOAS, R. M. **Inseminação Artificial no Ordenamento Jurídico Brasileiro: A omissão presente no Código Civil e a busca por uma legislação específica**. [Internet] 2011. [acesso 2021 nov 18] Disponível em: https://ibdfam.org.br/artigos/734/Insemina%C3%A7%C3%A3o+Artificial+no+Ordenament o+Jur%C3%ADdico+Brasileiro:A+omiss%C3%A3o+presente+no+C%C3%B3digo+Civil+e+a+busca+por+uma+legisla%C3%A7%C3%A3o+espec%C3%ADfica.

19. AUTONOMIA EXISTENCIAL DA PESSOA COM DEFICIÊNCIA: UMA ANÁLISE NECESSÁRIA SOBRE SEUS CONTORNOS E LIMITES

Alinne Arquette Leite Novais
Moyana Mariano Robles-Lessa
Hildeliza Lacerda Tinoco Boechat Cabral

Considerações iniciais

Todas as pessoas são dotadas de igual dignidade, sendo a autonomia privada, decorrente do direito fundamental à liberdade, forma de sua realização. Assim, a autonomia não está adstrita apenas às pessoas capazes, mas a todas as pessoas, garantindo a materialização do princípio da igualdade que, ao lado da liberdade, também é direito fundamental.

O reconhecimento de que algumas pessoas não têm capacidade de fato, embora todas tenham capacidade de direito, importou na formulação da teoria das incapacidades, que inicialmente foi desenvolvida sob um modelo de intolerância e invisibilidade, passando ao modelo médico da deficiência, que criou uma abordagem assistencialista, inspirando os códigos oitocentistas e até mesmo o Código Civil brasileiro de 2002. Contudo, essa perspectiva foi reformulada, dando lugar a um modelo social, embasado na Convenção Internacional dos Direitos das Pessoas com Deficiência, aprovada pelo Congresso Nacional nos moldes previstos no art. 5º, § 3º, da Constituição da República e promulgada através do Decreto nº 6.949/09, que deu origem à Lei nº 13.146/2015, instituindo a Lei Brasileira de Inclusão da Pessoa com Deficiência, também chamada Estatuto da Pessoa com Deficiência, tratando de dar concretude aos compromissos assumidos pela aprovação e promulgação da citada convenção, reformulando a teoria das incapacidades no Brasil, fato que, em última análise, reflete a busca pela promoção da igual dignidade a toda pessoa humana, garantindo a plena autonomia existencial sem qualquer condicionamento.

Autonomia existencial, significando liberdade para realização da pessoa humana em suas questões não patrimoniais, independe de capacidade de fato, sendo garantida a todos, mesmo aos incapazes relativamente a certos atos ou à maneira de os exercer, revelando a importância das mudanças no tratamento legislativo sobre o tema, que transformou a teoria das incapacidades, buscando realizar a igualdade, liberdade e não-discriminação. Entretanto, é fato que há dificuldades materiais, que não podem ser ignoradas, na medida em que a previsão legislativa não afasta a realidade, em que pessoas não têm condições efetivas de exercer essa autonomia.

Por essa razão, é necessário questionar quais são os contornos e as possibilidades de exercício da autonomia existencial pela pessoa com deficiência que atinja sua capacidade de fato, analisando a existência de limites e a razoabilidade de sua adoção, como forma de proteger sua dignidade.

Assim, o estudo desenvolvido se justifica, uma vez que é necessário analisar em que medida a proteção dos incapazes se realiza com a garantia da plena autonomia existencial, perquirindo a possibilidade de a garantia levar à desproteção, na medida em que, concluindo-se que, concretamente, para garantir o respeito à dignidade da pessoa com deficiência que leve à incapacidade, poderá ser necessário estender aos atos existenciais o apoio e a proteção conferidas aos atos patrimoniais, sem que isso signifique suprimir a sua autonomia existencial.

Com o objetivo de investigar o tema proposto no presente estudo, foi realizada pesquisa bibliográfica interdisciplinar, envolvendo os universos jurídico e bioético, buscando inicialmente traçar um percurso histórico da teoria das incapacidades, passando pela mudança de seus paradigmas, que culminou com sua reformulação, além da análise das repercussões reais da garantia da plena autonomia existencial aos incapazes, sendo as informações tratadas e analisadas qualitativamente sob o viés da bioética jurídica. Espera-se, por meio desta proposta, motivar a comunidade científica e estudiosos do direito a discutirem a respeito da autonomia existencial da pessoa com deficiência, com o intuito de que sejam de fato incluídos e reconhecidos na sociedade, realizando, então, a efetividade de uma vida digna, que é um princípio fundamental, conforme assegurado na Carta Magna brasileira, em seu artigo inaugural.

1. Personalização: dignidade da pessoa humana e direitos fundamentais

Fala-se em personalização do direito para significar a mudança de paradigma do sistema jurídico, em que a pessoa humana é colocada no centro do mesmo (TEIXEIRA, 2018, p. 78), permitindo uma tutela qualitativamente diversa (PERLINGIERI, 2007, p. 34)[1] daquela de outrora, antes fundada no indivíduo abstrato e não na pessoa concreta, significando a substituição do individualismo pelo personalismo (SARMENTO, 2019, p. 42-51), em que "todos, independentemente de seus projetos pessoais", passaram a ter "igual valor para o direito", na medida em que "o indivíduo passou a ter importância pelo simples fato de ser pessoa, que pode elaborar seus projetos e viver segundo as próprias concepções, com as próprias singularidades (TEIXEIRA, 2018, p. 77).

Decorrência de uma mudança paradigmática no sistema, em que a unidade passou a ser conferida pela Constituição, perdendo o Código Civil a posição de centro gravitacional, a personalização do direito ocorreu como fenômeno das democracias ocidentais, iniciando-se no período do segundo pós-guerra e se consolidando no Brasil, pelo menos como opção do constituinte e não necessariamente como postura prática, ainda em desenvolvimento, com a Constituição da República Federativa do Brasil de 1988, que estabeleceu a dignidade da pessoa humana como ápice axiológico do sistema. A partir daí, começou-se a implantação de uma série de medidas para atendimento desse primado e sua realização concreta.

Nessa esteira, a Constituição da República, objetivando a construção de uma sociedade livre, justa e solidária, com erradicação da pobreza, elevou a pessoa humana e seus valores existenciais ao vértice do ordenamento jurídico, "de modo que é este o valor que conforma todos os ramos do direito" (MORAES, 2010, p. 11).

[1] Perlingieri se refere à "despatrimonialização" do Direito Civil, afirmando que o termo revela uma opção em favor do personalismo, como superação do individualismo, e do patrimonialismo, como superação da patrimonialidade em si (p. 33), afirmando que "não é suficiente, portanto, insistir na afirmação da importância dos 'interesses da personalidade do direito privado'; é predispor-se a reconstruir o Direito Civil não com uma redução ou aumento de tutela das situações patrimoniais, mas com uma tutela qualitativamente diversa." (p. 34).

A opção constitucional consolidada pela primazia da pessoa humana, além de merecer aplicação direta às relações intersubjetivas, conforme ensina Pietro Perlingieri (2007, p. 11-12)[2], impõe observância pelo legislador infraconstitucional e, ainda, pelos aplicadores do direito, de uma "verdadeira cláusula geral de tutela da pessoa humana" (MORAES, 2010, P. 15)[3], o que revela que, na prática, a dignidade da pessoa humana é conceito em desenvolvimento, em construção e constante aperfeiçoamento, permitindo a mobilidade protetiva, não como campo para o arbítrio, mas, no dizer de Ricardo Castilho (2019, p. 256), como "uma construção intelectual a ser efetivada diante do caso concreto, observadas as características históricas e culturais de cada povo."

Isso porque a noção de dignidade humana não é nova. Embora sua concepção atual não se relacione com a noção romana, denominada *dignitas hominis*, em que era associada a um *status* superior ou posição social mais elevada, seus fundamentos religiosos e filosóficos são também muito antigos (BARROSO, 2012, p. 14), se iniciando com o pensamento clássico, tendo "como marcos a tradição judaico-cristã, o Iluminismo e o período imediatamente posterior à Segunda Guerra Mundial" (BARROSO, 2012, p. 15), demonstrando a importância da contribuição das ideias religiosas, filosóficas e históricas para seu desenvolvimento.

No Brasil, conforme já afirmado, todo esse desenvolvimento resultou no reconhecimento da dignidade da pessoa humana como princípio

[2] Perlingieri discorre sobre as teorias da Constituição como limite, da relevância somente interpretativa da Constituição e da aplicabilidade indireta das normas constitucionais (p. 10-11), as critica e conclui que não existem "argumentos que contrastem a aplicação direta" da norma constitucional ao Direito Civil, afirmando que "ela pode, também sozinha (quando não existirem normas ordinárias que disciplinem a fattispecie em consideração), ser a fonte da disciplina de uma relação jurídica de direito civil", sendo "esta a única solução possível" e compatível com o reconhecimento da preeminência das normas constitucionais e dos valores por elas expressos no ordenamento jurídico, cuja unidade é conferida pela Constituição (p. 11).

[3] Nesse mesmo sentido, Gustavo Tepedino e Milena Donato Oliva afirmam que "a escolha da dignidade da pessoa humana como fundamento da República, associada ao objetivo fundamental da erradicação da pobreza e da marginalização, e de redução das desigualdades sociais, juntamente com a previsão do § 2º do art. 5º, no sentido da não exclusão de quaisquer direitos e garantias, mesmo que não expressos, desde que decorrentes dos princípios adotados pelo texto maior, configuram cláusula geral de tutela e promoção da pessoa humana, esta tomada como valor máximo pelo ordenamento." (TEPEDINO e OLIVA, 2020, p. 292).

fundamental deste Estado Democrático de Direito pela Constituição da República de 1988, em seu art. 1º, III, funcionando, ao lado dos demais fundamentos, como norma embasadora e informativa de toda a ordem constitucional, especialmente daquelas que definem os direitos e garantias fundamentais, que, junto com os princípios fundamentais, integram o que se pode denominar de núcleo essencial da nossa Constituição formal e material (SARLET, 2019, p. 73).

Mesmo reconhecendo a vagueza e fluidez do conceito, apontada também por Sidney Guerra (2020, p. 86) e Ricardo Castilho (2019, p. 256)[4], Ingo Wolfgang Sarlet (2019, p. 70) define a dignidade da pessoa humana como a qualidade intrínseca que distingue cada ser humano e o faz merecer o mesmo respeito e consideração pelo Estado e pela comunidade, formando uma série de direitos e deveres fundamentais de proteção contra atos degradantes e desumanos e de garantia de condições mínimas para uma vida saudável, assegurando sua participação ativa e responsável sobre sua vida e sua coexistência, sendo, na conclusão de André de Carvalho Ramos (2018, p. 78-79), atributo de todo indivíduo, inerente à sua condição humana, ou "um valor que identifica o ser humano como tal".

Ainda segundo Ingo Wolfgang Sarlet (2019, p. 95), dentre as funções exercidas pela dignidade da pessoa humana destaca-se "o fato de ser, simultaneamente, elemento que confere unidade de sentido e legitimidade a uma determinada ordem constitucional" e, ainda que seja possível discutir se todos os direitos e garantias fundamentais evidenciam a dignidade, "é possível endossar a existência de uma relação forte (maior ou menor) entre os direitos e garantias fundamentais e a dignidade da pessoa humana" (SARLET, 2019, p. 97).

De fato, há clara vinculação entre a dignidade da pessoa humana e os direitos fundamentais, o que não enseja grandes divergências doutrinárias (CASTILHO, 2019, p. 235), sendo que a luta pelo reconhecimento dos direitos humanos e sua institucionalização como direitos fundamentais sempre teve como norte a busca pela realização dessa dignidade.

Os direitos humanos e os direitos fundamentais são termos que claramente se inter-relacionam e interpenetram, pois, para além das

[4] O autor afirma, no entanto, que essa fluidez do conceito de dignidade da pessoa humana não significa que ele permite o voluntarismo e o arbítrio, na medida em que "há, de fato, um conteúdo mínimo de sentido para a dignidade" (p. 256).

distinções teóricas entre eles – os primeiros entendidos como aqueles consagrados na ordem internacional, os segundos como os previstos no direito nacional – é fato que os direitos fundamentais espelham os direitos humanos (RAMOS, 2018, p. 51-54)[5].

A vida é concebida como direito humano e fundamental por excelência, sendo pressuposto para o exercício dos demais direitos fundamentais, indo além da sobrevivência, para estar adjetivado pela dignidade. Essa adjetivação decorre da associação entre o direito à vida e os demais direitos fundamentais, sem muitos dos quais a dignidade se perde, voltando a vida a ser sinônimo raso de sobrevivência. Dentre esses direitos que garantem a concreção da vida digna, além da integridade psicofísica, destacam-se a igualdade, a liberdade e a solidariedade social (MORAES, 2010, p. 85)[6], princípios jurídicos que, portanto, dão conteúdo à dignidade.

Outrossim, a dignidade e os direitos fundamentais, além de terem uma dimensão positiva, no sentido de que ao Estado cabe concretizá-los através da adoção de políticas públicas executivas e legislativas, têm uma dimensão negativa, dotando as pessoas de possibilidades de questionamento de políticas públicas ou de normas jurídicas que violem tais direitos (CASTILHO, 2019, P. 264-265). Nesse mesmo sentido, André de Carvalho Ramos trata das funções dos direitos humanos, classificando-os como direitos de defesa, que têm clara eficácia ou dimensão negativa, e direitos a prestações, com dimensão ou eficácia positiva, aos quais ele acrescenta os direitos a procedimento e instituições (RAMOS, 2018, p. 61-62).

A proteção à integridade psicofísica pode ser entendida como um princípio que permite a concreção da dignidade e, conforme Maria Celina Bodin de Moraes, ele tem servido, na esfera cível, para a garantia de inúmeros direitos da personalidade, de modo que vai muito além da concepção tradicional de proteção contra a tortura e a imposição de penas

[5] Segundo o autor, com a aproximação entre direitos humanos e direitos fundamentais, "abre-se a porta para a uniformização de interpretação, erodindo o sentido de termos separado rigidamente o mundo internacional dos 'direitos humanos' e mundo constitucional dos 'direitos fundamentais.'" (p. 54).

[6] Perlingieri também discorre sobre o princípio da solidariedade, que denomina solidarismo constitucional, fazendo uma diferenciação entre ele e as demais formas de solidariedade (PERLINGIERI, 2007, p. 35-37), afirmando que pela solidariedade constitucional "a participação das pessoas na gestão das informações sociais não deve dirigir-se ao eficientismo destas últimas, mas ao pleno desenvolvimento da pessoa." (p. 37).

cruéis (MORAES, 2010, p. 86). Nessa esteira, Ingo Wolfgang Sarlet afirma que "a dignidade da pessoa humana engloba necessariamente o respeito e proteção da integridade física psíquica em geral da pessoa" (SARLET, 2019, p. 131).

O desenvolvimento biotecnológico tem impactado profundamente a existência humana, notadamente em seus aspectos físico e psíquico, de modo que a dimensão psicofísica da pessoa tem passado por várias reconstruções. De fato, os avanços na área biomédica representaram conquistas muito importantes, possibilitando aumento da longevidade, reprodução assistida, transplantes de órgãos e tecidos, redesignação ou readequação sexual, entre outros, mas também trouxeram dilemas profundos ao possibilitarem manipulação genética, clonagem, obstinação terapêutica, provocando distanásia, experimentos farmacêuticos e outras questões, apontando a necessidade de regulamentação ética e jurídica, demonstrando a importância da bioética e do biodireito em seu tratamento.[7]

Necessariamente ligada à integridade física, está a integridade psíquica, sendo dimensões humanas indissociáveis[8]. Assim, não se pode falar apenas em proteção de uma ou outra, mas de proteção à integridade psicofísica. E essa proteção deve ser realizada através da imposição de limites externos[9] pela elaboração de leis próprias, estabelecidas com base nos princípios que fundam nosso ordenamento jurídico, sobrelevando-se o princípio da dignidade da pessoa humana.

[7] Maria de Fátima Freire de Sá e Bruno Torquato de Oliveira Naves abordam a diferença entre bioética e biodireito em sua obra com o mesmo nome e, sob o subtítulo "Um último confronto: biodireito e bioética", afirmam que o biodireito é disciplina jurídica e, portanto, tem método dogmático, apesar de utilizar o conhecimento zetético para sua elaboração, enquanto a bioética é forma de conhecimento aberto, que permite investigação ampla e considera os valores éticos e os fins da sociedade (SÁ e NAVES, 2018, p. 15-16).

[8] Nesse sentido, Pietro Perlingieri (2007, p. 159) afirma: "Seja o perfil físico, seja aquele psíquico, ambos constituem componentes indivisíveis da estrutura humana. A tutela de um desses perfis traduz-se naquela da pessoa no seu todo, e a disciplina na qual consiste essa tutela é, de regra, utilizável também para cada um de seus aspectos. Deve ser utilizada não somente a normativa específica da integridade psíquica, mas, também, aquela prevista para a defesa da integridade física que é também inspirada pela garantia da pessoa."

[9] Maria Celina Bodin de Moraes (2010, p. 100) se refere à necessidade de estabelecimento de tais limites externos, afirmando que eles, obrigatoriamente, devem ter natureza tanto ética quanto jurídica, demonstrando a necessidade de abordagem bioética da questão.

O direito à igualdade encontra-se ancorado no princípio da dignidade da pessoa humana, assumindo importância não apenas na sua relação com o poder público, mas também nas relações interprivadas, especialmente na sua dimensão negativa (SARLET, 2019, p. 132-133), tornando-se "necessário interpretar e aplicar o direito a partir do respeito pela diferença, que deve sobressair, garantindo a coexistência pacífica dos mais variados projetos de vida" (MORAES, 2010, p. 96).

Revelam-se, nesse ponto, as dimensões da igualdade, pois esse princípio vai além da necessidade de garantir a todos os mesmos direitos e os mesmos deveres, para exigir a necessidade de tratamento desigual aos desiguais, através de ações afirmativas (RAMOS, 2018, p. 605).

Embora as normas constitucionais, dentre as quais o princípio da igualdade, tenham aplicação direta nas relações privadas, conforme ensina Pietro Perlingieri (2007, p. 11), inúmeros obstáculos se apresentam para a realização dessa igualdade no plano prático, pois convivemos com uma sociedade de inúmeros contrastes e desigualdades sociais e econômicas, não havendo forma de considerar que todas as pessoas se encontram em uma posição idêntica. Diante disso, o Estado assume papel de importância ímpar, no sentido de remover os entraves à consecução do princípio constitucional da igualdade, fazendo-o atuar substancialmente nas relações interprivadas, de forma a tratar os desiguais de forma também desigual, para que a igualdade ultrapasse aquele seu sentido meramente formal, assumindo seu caráter material, ou substancial, revelando-se o princípio da tutela do hipossuficiente ou vulnerável como corolário do direito fundamental à igualdade (ARQUETTE, 2001, p. 85-87.

Nesse sentido se revela o princípio através do qual o direito protege o hipossuficiente ou vulnerável, seja nas relações existenciais, seja nas relações patrimoniais, pois o princípio constitucional da igualdade, garantindo que todas as pessoas tenham tratamento igual, sem qualquer discriminação, não passaria de mera formalidade jurídica se o Estado não tratasse de trazê-lo para o mundo real, através da edição de normas garantidoras dessa igualdade, promovendo a igualdade substancial (ARQUETTE, 2001, p. 87).

Do princípio da igualdade exsurge ainda o reconhecimento, vital para que as pessoas possam se realizar e desenvolver livremente suas personalidades (SARMENTO, 2019, p. 241), podendo-se falar em um direito fundamental ao reconhecimento, significando um direito ao igual respeito da identidade pessoal, revelando-se, assim, como um viés do direito à igualdade, concebida pela perspectiva do outro, ligando-se à dimensão intersubjetiva da dignidade (SARMENTO, 2019, p. 257).

O direito fundamental à liberdade também tem íntima ligação com a dignidade, através do exercício da autonomia privada, um de seus componentes primordiais (SARMENTO, 2019, p. 182), notadamente no seu viés existencial, tanto que Immanuel Kant (1995, p. 79) concluiu: "Autonomia é pois o fundamento da dignidade da natureza humana e de toda a natureza racional."

Disso não discorda Ingo Wolfgang Sarlet (2019, p. 126), para quem a noção de dignidade repousa, mesmo que não exclusivamente, na autonomia pessoal, ou seja, na liberdade que a pessoa humana possui de formatar sua própria existência, de modo que a "liberdade e os direitos fundamentais inerentes à sua proteção constituem simultaneamente pressuposto e concretização direta da dignidade."

Para Amartya Sem (2011, p. 262), a liberdade é valiosa por, pelo menos, duas razões diversas, revelando o "aspecto de oportunidade" e o "aspecto de processo" – a primeira razão está no fato de que mais liberdade dá mais oportunidade de buscar os próprios objetivos; a segunda razão está na importância do processo de escolha.

Nessa perspectiva, Maria Celina Bodin de Moraes (2010, p. 108), após discorrer sobre a evolução do conceito de liberdade, conclui que esse direito "significa, cada vez mais, poder realizar, sem interferências de qualquer gênero, as próprias escolhas individuais", havendo situações claras de violação da dignidade da pessoa humana decorrentes de lesão ao princípio da liberdade.

Por óbvio, não obstante a importância da liberdade para a concreção da dignidade, esta não se limita àquela, na medida em que há pessoas sem capacidade de autodeterminação que, ainda assim, têm preservada a sua dignidade, o que, aliás, é o objeto primordial de análise desse estudo.

Assim, conforme bem salienta Daniel Sarmento (2019, p. 138-139), "afirmar a centralidade da autonomia para a dignidade humana não implica negar a dignidade dos seres humanos que não sejam capazes de exercitá-la, como as crianças e as pessoas com deficiências mentais", pois "mesmo em relação a esses indivíduos vulneráveis, o princípio da autonomia não deixa de incidir", se revelando no respeito e consideração das vontades deles na medida do possível e também na exigência de medidas políticas de promoção de sua autonomia. Ana Carolina Brochado Teixeira (2018, p. 79), inclusive, afirma que sendo a pessoa vulnerável, o papel do direito está justamente em oferecer instrumentos jurídicos para a correção da vulnerabilidade, realizando a igualdade material.

Além da igualdade e da liberdade, a dignidade pressupõe ainda que os direitos fundamentais de cada pessoa permitam a convivência social, de modo que eles encontram limites nos direitos fundamentais das demais pessoas, destacando-se nesse viés a solidariedade que, segundo Maria Celina Bodin de Moraes (2010, p. 111), se identifica "com o conjunto de instrumentos voltados para garantir uma existência digna, comum a todos, numa sociedade que se desenvolva como livre e justa, sem excluídos e marginalizados."

Amartya Sen (2010, p. 359), ao discorrer sobre o desenvolvimento como liberdade em seu livro homônimo, aborda a liberdade individual como comprometimento social e afirma que "nosso senso de responsabilidade não precisa relacionar-se apenas às aflições que nosso próprio comportamento eventualmente tenha causado (...), mas também pode relacionar-se de um modo mais geral às desgraças que vemos ao nosso redor e que temos condições de ajudar a remediar", de modo que, para ele, devemos "reconhecer a relevância de nossa condição humana comum para fazer as escolhas que se nos apresentam."

Essa solidariedade social, prevista no art. 3º, I, da Constituição da República, revela que a dignidade da pessoa humana depende, também, da realização de uma justiça distributiva, voltada para a igualdade substancial (MORAES, 2010, p. 111). Nesse sentido, Júlia Gonçalves Quintana e Jorge Renato dos Reis (2017, p. 235), afirmam que a solidariedade não é uma obrigação, mas um valor que necessita ser efetivado através da união da sociedade, como forma de concretizar o princípio da dignidade da pessoa humana e uma verdadeira justiça social.

Portanto, a toda pessoa humana deve ser garantida a dignidade, através dos direitos fundamentais, notadamente a vida, a igualdade, a liberdade e a solidariedade, independentemente das diferenças entre cada uma delas, demonstrando a insuficiência de qualquer fórmula preconcebida para sua realização material e revelando a necessidade de construir o conteúdo de dignidade à luz das particularidades humanas.

2. A evolução do tratamento jurídico da incapacidade

A diversidade é própria da natureza humana e deve ser concebida como característica enriquecedora, que nos torna iguais, porém únicos em nossas particularidades. Portanto, a diversidade não afasta a igualdade, sendo ideias que se complementam na concepção de igualdade material.

Dentre as inúmeras particularidades humanas, há pessoas dotadas de autodeterminação e pessoa que, por deficiência mental ou psíquica, não têm plena capacidade de se autodeterminar, ou que, por deficiência física, mesmo dotadas de autodeterminação, não podem exprimir sua vontade.

Assim, a partir do reconhecimento de que algumas pessoas, conquanto dotadas de capacidade de direito, inerente a todo ser humano, não têm capacidade de fato, surgiu a necessidade de criar meios para o exercício de tais direitos por aqueles desprovidos de condições fáticas de exercê-los pessoalmente, justificando a formulação da teoria das incapacidades.

A capacidade civil ou capacidade jurídica, numa concepção mais abrangente (ALBUQUERQUE, 2018, p. 45-47), é assunto afeto aos direitos humanos e historicamente se divide em capacidade de direito ou de gozo, que advém do nascimento com vida, e capacidade de fato ou de exercício, que decorre do preenchimento de condições biológicas e legais. Se uma pessoa não preenche as condições biológicas ou legais para o exercício pessoal da sua capacidade, não há o afastamento total dessa sua condição humana, mas é fato que, justamente para possibilitar o respeito à sua dignidade, é necessária a criação de instrumentos para suprir essa vulnerabilidade ou hipossuficiência, decorrente da incapacidade de fato.

Desde os primórdios houve a percepção da necessidade de tutelar essa situação jurídica, de modo que foi formulada uma teoria das incapacidades, em que se delineou hipóteses de restrição legal da capacidade plena, de forma excepcional, se bem que, não necessariamente embasada na preocupação com a tutela da dignidade.

A teoria das incapacidades foi inicialmente formulada com base em um modelo de intolerância, chamado de modelo clássico, em que os deficientes eram considerados prescindíveis e, portanto, excluídos da convivência social. Essa exclusão se dava de duas formas, conforme ensinam Ana Paula Barbosa-Fohrmann e Sandra Filomena Wagner Kiefer (2020, p. 135): a primeira chamada de prescindência eugênica, usada na antiguidade clássica, em que os deficientes eram exterminados; a segunda, comum na Idade Média, em que os deficientes eram segregados e colocados em locais próprios para os considerados como anormais. Esse modelo, também chamado de modelo da prescindência, realmente era calcado na ideia de que a sociedade prescindia dessas pessoas (MADRUGA, 2019, p. 34).

Com a evolução social, esse modelo de intolerância tornou-se odioso, de modo que deu lugar ao modelo médico da deficiência, desenvolvido no período do primeiro pós-guerra, justamente como resposta aos sobreviventes feridos (MADRUGA, 2019, p. 35), sendo um modelo assistencialista e paternalista que, embora tivesse o intuito de proteger o incapaz, levava a uma abordagem de discriminação, pois via a deficiência como um defeito que demandava tratamento e cura (RAMOS, 2018, p. 269) e como um problema individual da pessoa que, em razão de suas limitações, precisava de reabilitação e não conseguia, sem ela, desempenhar um papel social, precisando de assistência (MADRUGA, 2019, p. 35).

Contudo, os valores desenvolvidos a partir Declaração Universal dos Diretos Humanos da ONU, que estabeleceu a dignidade da pessoa humana como princípio fundamental, dando conteúdo ético aos direitos humanos e unidade axiológica aos sistemas jurídicos (RAMOS, 2018, p. 78)[10], tornaram esse modelo assistencialista inapto e ultrapassado, de modo que ele deu lugar ao chamando modelo social, refletindo a necessidade de respeito à igualdade substancial e à solidariedade.

De fato, a partir do estabelecimento da dignidade da pessoa humana como fundamento da tutela do ser humano, capacidade e incapacidade passaram a ser conceitos irrelevantes para a titularização dos direitos fundamentais que a toda pessoa humana se deve garantir, de modo que o modelo abstrato de incapacidade, generalizante e, em consequência, excludente, está dando lugar a um modelo concreto, personalizante e, em consequência, inclusivo, para permitir a modulação dos efeitos quanto à intensidade e à amplitude das medidas restritivas à plena capacidade, em respeito à dignidade da pessoa humana (NEVARES e SCHEREIBER, 2016, p. 41-43).

Isso significa que o modelo social, cujos fundamentos são buscados na Declaração Universal de Direitos Humanos da ONU, de 1948, mas que,

[10] O autor afirma que, "diferentemente do que ocorre com direitos como liberdade, igualdade, entre outros, a dignidade humana não trata de um aspecto particular da existência, mas sim de uma qualidade inerente a todo ser humano, sendo um valor que identifica o ser humano como tal." (p. 79).

segundo Sidney Madruga, surgiu em meados dos anos 1960 no Reino Unido (2019, p. 35), não está pronto mas, ao contrário, está em pleno desenvolvimento, notadamente por se tratar a tutela da pessoa humana de uma cláusula geral, conforme Maria Celina Bodin de Moraes (2010, p. 15 e 112-120)e também Gustavo Tepedino e Milena Donato Oliva (2020, p. 292).

Para José Luiz Gavião de Almeida, Marcelo Rodrigues da Silva e Roberto Alves de Oliveira Filho, embora o modelo social tenha sido responsável por "inaugurar amplamente a ideia de acessibilidade como forma de eliminação de barreiras externas" (2018, p. 43), ele não foi capaz de dar o tratamento cabível à questão, na medida em que não leva em conta o aspecto subjetivo da pessoa com deficiência, de modo que, no seu entendimento, surgiu o modelo misto que, "além de visar a eliminação de barreiras externas, também valoriza a individualidade e a subjetividade daquela pessoa com deficiência" (ALMEIDA, SILVA e OLIVEIRA FILHO, 2018, p. 44). Esse modelo é conhecido também como biopsicossocial, expresso na Classificação Internacional de Funcionalidade, Incapacidade e Saúde – CIF, referência proposta pela OMS – Organização Mundial de Saúde, em 2001 (2013).[11]

Analisando o modelo biopsicossocial, Marina Maria Ribeiro Gomes da Silva afirma que ele "esclarece que o fator limitador das pessoas com alguma deficiência é o meio em que esta se insere e não a deficiência em si", deixando claro que a existência de uma deficiência não indica a presença de uma doença, como sugeria o modelo biomédico (SILVA, 2019, p. 9).

Por sua vez, o professor espanhol José Antonio Seoane vai além, afirmando que, embora a análise dos modelos ou concepções de deficiência geralmente seja reduzida à dialética entre o modelo médico e o modelo social, há necessidade de alargar a perspectiva, de forma a incluir outras concepções que enriquecem a caracterização da deficiência (SEOANE, 2012).Ele afirma que *"en la actualidad han surgido propuestas que van más allá*

[11] No manual, fica clara a adoção do modelo biopsicossocial pela OMS na CIF, o que é afirmado em várias oportunidades, das quais se destaca a seguinte passagem: "A CIF oferece uma linguagem padronizada e uma base conceitual para a definição e mensuração da incapacidade, e ela fornece classificações e códigos. Ela integra os principais modelos de incapacidade – o modelo médico e o modelo social – como uma " síntese biopsicossocial".

de los modelos médico y social, enriqueciendo la caracterización de la discapacidad desde nuevas perspectivas" (SEONE, 2012).

Assim, Seoane traz, para além dos modelos tradicionalmente citados, médico e social, outras concepções da deficiência. Ele aborda o modelo biopsicossocial, sustentando que através dele se buscou harmonizar as abordagens médica e social, considerando a incapacidade como decorrente da interação do indivíduo com o ambiente físico e social, pois a deficiência não depende apenas do indivíduo, mas também dos grupos sociais dos quais ele faz parte (SEOANE, 2012)[12]. Em seguida, o autor traz o modelo da diversidade, que assume os postulados do modelo social, aliado às propostas de vida independente, considerando a incapacidade como característica da diversidade humana e fator de enriquecimento social (SEOANE, 2012).

Por fim, José Antonio Seoane apresenta o modelo dos direitos, que ele defende e considera como o modelo adotado pela Convenção Internacional sobre os Direitos da Pessoa com Deficiência (SEOANE, 2012)[13]. Segundo o autor, o modelo dos direitos não ignora a dimensão médica da deficiência e também a considera como parte da diversidade humana mas, para além disso, não envolve totalmente a identidade moral da pessoa com deficiência, requerendo a análise concreta das reivindicações para identificar quais constituem um direito genuíno e merecem um reconhecimento legal justo, tendo, portanto, uma natureza prática (SEOANE, 2012).[14]

[12] Nas palavras do autor: Ahora el significado de la discapacidad ya no depende sólo de la persona sino también de los grupos sociales de los que forma parte. De la discapacidad como deficiencia y responsabilidad individual se ha pasado a la discapacidad como diferencia y al reconocimiento de la responsabilidad social. La discapacidad es un fenómeno multidimensional, resultado de la interacción de las personas con su entorno físico y social, que integra los diversos factores de funcionamiento y discapacidad junto a los factores ambientales que interactúan con ellos.

[13] Seoane aponta o modelo dos direitos como uma proposta para corrigir as deficiências dos outros modelos e harmonizar suas contribuições, definindo um quadro básico conceitual e normativo de referência.

[14] Também reconhecendo a existência do modelo dos direitos, André de Carvalho Ramos entende que esse modelo é o próprio modelo social, ficando "consagrado o vetor de antidiscriminação das pessoas com deficiência, o que acarreta reflexão sobre a necessidade de políticas públicas para que seja assegurada a igualdade material, consolidando a responsabilidade do Estado e da sociedade na eliminação das barreiras à efetiva fruição dos direitos do ser humano" (RAMOS, 2018, p. 822).

Sem considerar todas essas evoluções no conceito de deficiência, no Brasil o Código Civil de 2002 ainda seguiu o modelo médico da deficiência, não tendo sido, àquela época, incorporadas as mudanças propostas pela adoção da dignidade da pessoa humana como princípio fundamental do Estado brasileiro, o que se deveu a vários motivos, dentre os quais o fato de que a Lei nº 10.406/2002 decorreu de um projeto de lei de 1975, portanto anterior à Constituição da República de 1988 e, mesmo tendo sido promulgado já no século XXI, ainda seguiu muitos dos ideais que fundaram o código anterior, reproduzindo, no dizer de Ana Luiza Maia Nevares e Anderson Schreiber, "com impressionante dose de desatualidade o regime único de incapacidade contido na codificação de 1916" (2016, p. 42).

Em 30 de março de 2007 foi assinada a Convenção Internacional sobre os Direitos das Pessoas com Deficiência, bem como seu Protocolo Facultativo, preenchendo o vazio até então existente sobre a disciplina da questão em nível internacional e de maneira vinculante, já que até então existiam diplomas esparsos apenas não vinculantes sobre a questão (RAMOS, 2018, p. 268). No Brasil, citada Convenção foi ratificada pelo Congresso Nacional através do Decreto Legislativo nº 186/2008 e promulgada por meio do Decreto Presidencial nº 6.949/2009, com hierarquia de emenda constitucional, considerando o disposto no art. 5º, § 3º, da Constituição da República.

Anos depois, com base na Convenção, foi elaborada e promulgada a Lei nº 13.146/2015, que instituiu o Estatuto da Pessoa com Deficiência, também chamado de Lei Brasileira de Inclusão, efetivamente representando a reformulação da teoria das incapacidades no Brasil, em plena vigência do modelo social ou de sua evolução, o modelo dos direitos, como prefere José Antonio Seoane (2012), demonstrando que o modelo da deficiência continua a evoluir, refletindo a busca pela promoção da igual dignidade a toda pessoa humana, garantindo a plena autonomia existencial sem qualquer condicionamento.

Destaca-se, nessa reformulação, a escolha da expressão usada, que na Constituição da República, em sua redação original, era "pessoa portadora de deficiência", como se o que se porta pudesse deixar de se portar, e que, a partir da Convenção da ONU e também no Estatuto da Pessoa com Deficiência, passou a ser "pessoa com deficiência" (RAMOS, 2018, p. 822), no sentido de que "a deficiência é inerente à pessoa que a possui" (MADRUGA, 2019, p. 21), sendo, portanto, um termo mais adequado.

Ainda se destaca a previsão expressa, no Estatuto da Pessoa com Deficiência, de que a deficiência, por si só, não afeta a plena capacidade civil da pessoa, tornando clara a distinção entre deficiência e incapacidade que, embora jamais fossem conceitos sinônimos, eram objeto de errônea equiparação. Assim, sem qualquer margem para manutenção da confusão de outrora, pode-se afirmar, na esteira de Cristiano Chaves de Farias e Nelson Rosenvald (2016, p. 327), que "a pessoa com deficiência desfruta plenamente, dos direitos civis, patrimoniais e existenciais."

A Lei nº 13.146/2015, portanto, mudou o regime de capacidades e modificou o Código Civil, excluindo do rol dos incapazes todas as pessoas com deficiência, de qualquer tipo e em qualquer grau, estabelecendo que além da regra da plena capacidade, somente haverá incapacidade para as pessoas que, por causa transitória ou permanente, não puderem exprimir sua vontade, sejam deficientes ou não, e que tal incapacidade será relativa a certos atos ou à maneira de os exercer, não alcançando sua autonomia existencial, muito bem ressalvada pelo art. 85 do Estatuto da Pessoa com Deficiência, ao estabelecer que "a curatela afetará tão somente os atos relacionados aos direitos de natureza patrimonial e negocial"[15], não alcançado "o direito ao próprio corpo, à sexualidade, ao matrimônio, à privacidade, à educação, à saúde, ao trabalho e ao voto."

Essa autonomia privada existencial, titularizada por todas as pessoas decorre dos princípios da liberdade e da igualdade, integrando o conteúdo da dignidade, na medida em que "as pessoas têm o direito de eleger seus projetos existenciais e de não sofrer discriminações em razão de sua identidade e de suas escolhas" (BARROSO e MARTEL, 2017, p. 17). Assim é Francisco Hupsel (2016, p. 88) afirma que viver com dignidade

[15] Aline de Miranda Valverde Terra e Ana Carolina Brochado Teixeira fazem uma interessante análise da expressão legal "atos relacionados aos direitos de natureza patrimonial e negocial" apontando a diferença entre atos patrimoniais e atos negociais e afirmando que a interpretação da citada expressão revela duas possibilidades, a primeira, no sentido de entender pela necessidade de cumulação das naturezas patrimonial e negocial para que os atos sejam objetos da curatela, o que, em seu entendimento, reduz o objeto da mesma, e a segunda, compreendendo que os atos submetidos à curatela podem ser os de natureza patrimonial ou os de natureza negocial, como requisitos alternativos, o que, amplia sua abrangência (TERRA e TEIXEIRA, 2019, p. 1-25).

pressupõe a autonomia vital, de modo que, onde não há autonomia, não haverá dignidade.

A pessoa com deficiência, então, tem preservada sua plena capacidade civil, mas se ela, por causa transitória ou permanente, não puder exprimir sua vontade, poderá ser declarada relativamente incapaz e, então, ser submetida ao regime de curatela, sem contudo ter alterada a sua plena autonomia existencial. Não obstante, garantir sua dignidade importa em reconhecer suas vulnerabilidades e hipossuficiências, através de sua consideração como pessoa humana concreta (TEIXEIRA, 2018, p. 80).

Aliás, para Gilberto Fachetti Silvestre (2021, p. 243), essa curatela das pessoas com deficiência prevista na Lei nº 13.146/2015, não pode ser acompanhada de interdição, pois para ele o estatuto protetivo, através dos arts. 83 e 114 extinguiu "as causas de incapacidades decorrentes de fatores intelectivos e as incapacidades que decorriam de problemas psicológicos ou psiquiátricos."

Tais modificações têm enorme importância, correspondendo à "tentativa, há muito defendida pela doutrina, de afastar as pessoas com deficiência do estigma da exclusão e ao mesmo tempo protegê-las" (BERLNI, 2020, p. 235). Contudo, é fato que, quanto à teoria das incapacidades, dificuldades materiais se apresentam e merecem atenção.

Vislumbrando essas dificuldades, Célia Barbosa Abreu (2020, p. 624) questiona, no plano prático, o disposto no art. 85 do Estatuto da Pessoa com Deficiência, afirmando que "nada impede que uma pessoa com deficiência necessite de cuidados de ordem existencial." Esse questionamento quanto à operabilidade da nova teoria das incapacidades é bem trabalhado por José Luiz Gavião de Almeida, Marcelo Rodrigues da Silva e Roberto Alves de Oliveira Filho, afirmando os autores que as alterações promovidas pela mudança "geraram, com razão, uma série de questionamentos no âmbito acadêmico, em especial por terem causado, ao menos no plano da dogmática formal, a desproteção de pessoas com deficiência mental" (2018, p. 55).

Portanto, o exercício da autonomia existencial, em cujo fundamento está a dignidade da pessoa humana, pelas pessoas sem capacidade de autodeterminação, é questão que ganha enorme complexidade pois, se de um lado a limitação ao exercício da autonomia existencial apenas às pessoas capazes pode importar em permitir que, através do excesso, o sistema protetivo da teoria das incapacidades se torne um sistema violador de direitos fundamentais, de outro lado, a falta de limites pode ter o mesmo significado, mas pela escassez ou ausência.

Então, analisar os impactos do Estatuto da Pessoa com Deficiência na teoria das incapacidades é necessário, mas, para além de perquirir o acerto ou o erro da lei, importante se mostra também a busca de meios para compatibilizar os vários interesses existenciais e as várias formas de realização da dignidade da pessoa incapaz em razão de deficiência.

Isso porque, conforme bem observam Heloísa Helena Barboza e Vítor Almeida (2020, p. 332), é necessário entender a intangibilidade dos direitos existenciais da pessoa curatelada com razoabilidade, de modo que o respeito a esses direitos não implique em deixar a pessoa tomar suas próprias decisões sem que tenha condições para tanto, o que, por óbvio, não foi o objetivo da norma e não é interpretação aceitável e condizente com a normativa constitucional.

Nesse sentido, a análise casuística deve nortear a proteção da pessoa curatelada, de modo que, nos termos do art. 755 do Código de Processo Civil, deverá o magistrado, ao sentenciar a ação de interdição, fixar os limites da curatela, considerando o estado e o desenvolvimento mental do interdito e considerar, ainda, as características pessoais do interdito, observando suas potencialidades, habilidades, vontades e preferências.

3. Dignidade dos (in)capazes – possibilidade de limitação da autonomia existencial

A pessoa com deficiência que, por causa transitória ou permanente, não possa exprimir sua vontade, pode ser submetida ao regime da curatela que, contudo, não alcançará os atos relacionados aos direitos existenciais.

Em tese, pode-se afirmar que a preservação integral da autonomia privada existencial dos curatelados, conforme disposto na lei, corresponde à adequada preservação da sua dignidade humana, revelando respeito à liberdade e à igualdade, além de consubstanciar importante forma de concreção do princípio da solidariedade social, garantindo uma existência digna numa sociedade livre, justa e sem excluídos ou marginalizados (MORAES, 2010, p. 111). Por isso fala-se em (in)capaz, pois a pessoa é incapaz para atos de natureza patrimonial, mas sempre será capaz para os atos existenciais, segundo a lei.

Na prática, contudo, a questão ganha enorme complexidade, surgindo indagações importantes, que precisam ser efetivamente respondidas, a fim de analisar se essa garantia de plena capacidade existencial aos (in) capazes importou em garantia ou violação à proteção dos seus direitos fundamentais e, enfim, concluir se é possível, através de uma interpretação sistemática do nosso ordenamento jurídico, estabelecer limites a essa plena capacidade.

A capacidade plena sempre foi norteada pela capacidade de autodeterminação do sujeito, pois a expressão de sua vontade deve decorrer de um processo válido de análise e decisão, de modo que, ausente a autodeterminação do indivíduo, sempre se reconheceu a necessidade de sua proteção, promovida através da teoria das incapacidades, embora não se olvide do seu caráter inicialmente exclusivo. Para corrigir as discriminações decorrentes do entendimento da exclusão e do assistencialismo que o seguiu, viu-se um claro movimento inclusivo nas organizações internacionais e nos ordenamentos jurídicos nacionais, culminando, no Brasil, com a Lei n.º 13.146/2015, cujo fundamento foi, nas palavras de Luciana Fernandes Berlini, "promover as liberdades fundamentais, especialmente no que se refere ao poder de autodeterminação existencial" (2020, p. 236).

A análise do desenvolvimento de uma teoria das incapacidades permite vislumbrar a mudança de seus paradigmas, outrora consistentes em busca de proteção patrimonial e exclusão do incapaz, agora voltados para sua plena realização como pessoa humana, a partir do reconhecimento da dignidade como valor intrínseco e inerente à condição humana, independentemente de quaisquer condições. Todavia, para além do plano formal, a garantia de plena autonomia existencial aos incapazes por deficiência gera dificuldades práticas, importando em situações de impossibilidade real de seu efetivo exercício pessoal. Nesse caso, se a curatela não afeta os atos de natureza existencial, mas apenas aqueles patrimoniais ou negociais, pela letra do art. 85 do Estatuto da Pessoa com Deficiência, o curador não poderia exercer tais escolhas pelo curatelado, o que acarretaria, então, uma situação mais gravosa do que aquela de outrora, em que o curador fazia todas as opções, tomava todas as decisões, pois assim pelo menos haveria alternativas e não um vácuo.

Conquanto não haja o Estatuto da Pessoa com Deficiência disciplinado, essas situações de impossibilidade de exercício pessoal dos atos existenciais pela pessoa com deficiência submetida ao regime de curatela, é fato e isso não afasta a necessidade de solucionar a questão, inclusive porque, caso judicializada, a pessoa tem direito fundamental a uma resposta, eis que, conforme art. 5º, XXXV, da Constituição da República, "a lei não excluirá da apreciação do Poder Judiciário lesão ou ameaça a direito".

Para solucionar a questão, revela-se importante considerar os graus ou níveis de deficiência, não abordados no Estatuto da Pessoa com Deficiência, não para rotular, mas para buscar o alcance de compreensão da pessoa, pois só assim se alcançará a realização material da dignidade, pois uma pessoa com deficiência grave não poderá exercer sua autonomia existencial e, a par de a lei protetiva não ter deixado margem para transferir seu exercício ao curador, essa transferência precisará ser feita, sob pena de deixar o deficiente sem proteção existencial alguma, o que não se pode admitir.

Nesse sentido, embora a pessoa com deficiência submetida ao regime de curatela seja relativamente incapaz e não mais absolutamente incapaz, de modo que o curador é seu assistente e não representante, é fato que em situações extremas a atuação do curador será de verdadeira representação, na medida em que o curatelado não tem qualquer condição de manifestar-se. Assim, Aline de Miranda Valverde Terra e Ana Carolina Brochado Teixeira (2019, p. 13) apontam que, em situações tais, "a doutrina brasileira tem admitido a excepcional outorga de poderes de representação no âmbito da curatela".

Para Gilberto Fachetti Silvestre (2021, p. 244) a pessoa com deficiência curatelada sequer é interditada e, portanto, não perde a plena capacidade civil, se submetendo a uma curatela *sui generis*, somente havendo a interdição em caso de subsunção à situação prevista no art. 4º, III, do Código Civil.[16]

Contudo, em situação alguma a vontade do curatelado pode ser ignorada, caso tenha sido expressa, ainda que com o mínimo de discernimento, seja no momento do ato, seja em momento anterior, podendo ser reconstruída a partir de sua "história biográfica"[17], de forma a garantir a realização de sua dignidade. Assim, é fundamental deixar de lado a concepção tradicional de capacidade como requisito de validade dos atos

[16] A posição do professor capixaba é muito interessante e merece reflexão, pois para ele, a pessoa com deficiência que possa expressar sua vontade não pode ser interditada, mas pode ser curatelada, mantendo, mesmo submetida ao regime de curatela, uma curatela extraordinária, sua plena capacidade civil. Caso ela não possa exprimir sua vontade, pode ser interditada e submetida à curatela ordinária do Código Civil, sendo então declara relativamente incapaz.

[17] A feliz expressão é de Aline de Miranda Valverde Terra e Ana Carolina Brochado Teixeira (2019, p. 13).

jurídicos, quando eles têm natureza existencial, passando-se a utilizar a figura do discernimento e da funcionalidade, para valorizar, tanto quanto possível, a subjetividade do agente e respeitar a sua manifestação de vontade (TEIXEIRA, 2018, p. 92).

Essa é a perspectiva possível para que os direitos humanos da pessoa com deficiência submetida ao regime de curatela sejam efetivamente preservados, considerando suas preferências, seus desejos e sonhos, respeitando tanto quanto possível suas manifestações de vontade que, em última análise, são manifestações de sua própria personalidade. Nesse sentido, Aline Albuquerque afirma que o critério correspondente às premissas da Convenção Internacional dos Direitos das Pessoas com Deficiência, que adotou o referencial dos direitos humanos, é o da vontade e preferências, já que "todas as pessoas podem e tentam se comunicar, mesmo aquelas com severos níveis de deficiência" (ALBUQUERQUE, 2018, p. 108), ou em algum momento já se comunicaram, como aquelas pessoas em estado vegetativo permanente ou em coma profundo, por exemplo, cujos anseios foram expressos no curso de suas vidas e devem ser considerados para a tomada de decisões sobre seus direitos existenciais.

Para tanto, nas decisões judiciais referentes aos processos de curatela, ao lado do dever do juiz de fixar os limites patrimoniais e negociais da curatela, portanto limites para o curador, poderá surgir o dever de fixar limites para a prática de atos existenciais pelo curatelado, justamente como forma de preservar a sua dignidade, ampliando a curatela para a prática de atos que, a rigor, estariam dela excluídos. Assim, é possível que, considerando o estado e o desenvolvimento mental do curatelado, na prática seja necessário limitar juridicamente a autonomia existencial, já limitada pela condição da pessoa, solução que certamente encontrar guarida na Constituição da República e na tutela da dignidade da pessoa humana enquanto fundamento de realização dos direitos fundamentais.

Assim, na busca por meios de compatibilizar a proteção das pessoas com deficiência que importe em redução ou exclusão de autodeterminação com a manutenção das garantias de realização de seus direitos à igualdade e à liberdade, garantindo o respeito à sua dignidade, é fundamental interpretar constitucionalmente o Estatuto, permitindo a transferência ao curador, em casos efetivamente necessários, das decisões sobre os direitos fundamentais existenciais do curatelado, que não importará em exercício próprio de autonomia privada em substituição ao curatelado, mas no exercício de um múnus, buscando compreender e exprimir, tanto quanto possível, a vontade do titular do direito.

Os questionamentos ora enfrentados, aliás, foram percebidos pelo legislador, tendo sido elaborado o Projeto de Lei do Senado nº 757/2015, que está em tramitação, atualmente na Câmara dos Deputados após a sua aprovação no Senado Federal e que, segundo explicação da ementa, altera o Código Civil, o Estatuto da Pessoa com Deficiência e o Código de Processo Civil para não vincular automaticamente a condição de pessoa com deficiência a qualquer presunção de incapacidade, mas garantindo que qualquer pessoa com ou sem deficiência tenha o apoio de que necessite para os atos da vida civil.

Entre as alterações propostas pelo aludido projeto de lei está a redação do art. 85 da Lei nº 13.146/2015, que passará a estabelecer que a curatela será limitada aos aspectos considerados estritamente necessários para a defesa e a promoção dos interesses do curatelado, preferencialmente limitando-se aos atos e negócios jurídicos de natureza patrimonial, respeitada a maior esfera possível de autonomia para os atos da vida civil, não excluindo, portanto, a possibilidade de a curatela atingir a autonomia existencial, o que de fato é necessário, sempre como medida excepcionalíssima e nos estritos limites exigidos no caso concreto.

Considerações finais

O estudo da teoria das incapacidades revela o caminho tortuoso percorrido até sua reformulação e para além dela, em que a exclusão e o preconceito, em maior ou menor grau, sempre estiveram presentes, passando por fases diversas que culminaram com a adoção do modelo social da deficiência, mais condizente com os direitos humanos e com a dignidade da pessoa humana insculpida na Declaração Universal dos Direitos Humanos.

Essa reformulação, que no Brasil ocorreu através do Estatuto da Pessoa com Deficiência, buscou superar estigmas e preconceitos, representando a conformação do tratamento legal com a tábua de valores insculpida na Constituição da República e nas Convenções Internacionais que tratam dos direitos da pessoa com deficiência, fulcradas nos ideais de igualdade, liberdade e não-discriminação, como forma de realização da dignidade.

Para além da importância inquestionável da modificação do tratamento da incapacidade e, mais ainda, da deficiência, que não representa necessariamente incapacidade, é fato que no plano concreto ela criou dificuldades ao excluir a possibilidade de reconhecimento da incapacidade absoluta, mesmo para aqueles deficientes graves, que não têm condição alguma de autodeterminação, e ainda preservou para eles a autonomia existencial, sem que eles tenham qualquer autonomia.

Ignorar as dificuldades não é uma opção, pois ensejaria violação à dignidade de tais pessoas. Assim, além das necessárias discussões sobre eventual alteração legislativa, há premente necessidade de buscar meios de compatibilizar os vários interesses existenciais e as várias formas de realização da dignidade da pessoa (in)capaz em razão de deficiência, inclusive permitindo que escolhas existenciais para o curatelado sejam feitas pelo curador, para evitar que não se realizem e, assim, violar irreversivelmente sua dignidade.

Concretamente, então, é fato que a autonomia existencial do deficiente (in)capaz será, quando estritamente necessário, expressa por seu curador, que deverá, no entanto, buscar compreender, interpretar e exprimir a vontade do curatelado sempre que isso for possível e na medida dessa possibilidade, privilegiando qualquer grau de discernimento que ele possa ter.

Referências

ABREU, Célia Barbosa. A curatela sob medida: notas interdisciplinares sobre o Estatuto da Pessoa com Deficiência e o novo CPC. In: MENEZES, Joyceane Bezerra de (org.). **Direito das pessoas com deficiência psíquica e intelectual nas relações privadas**. 2. ed. Rio de Janeiro: Processo, 2020. p. 611-634.

ALBUQUERQUE, Aline. **Capacidade jurídica e direitos humanos.** Rio de Janeiro: Lumen Juris, 2018. 284 p.

ALMEIDA, José Luiz Gavião de; SILVA, Marcelo Rodrigues da; OLIVEIRA FILHO, Roberto Alves de. Estatuto da Pessoa com Deficiência e a nova teoria das incapacidades: operabilidade em risco. FIUZA, César (Org.) SILVA, Marcelo Rodrigues da; OLIVEIRA FILHO, Roberto Alves de (coord). **Temas relevantes sobre o Estatuto da Pessoa com Deficiência: reflexos no ordenamento jurídico brasileiro**. Salvador: JusPodivm, 2018. p. 33-82.

ARQUETTE L. N. Alinne. **A teoria contratual e o Código de Defesa do Consumidor.** São Paulo: Revista dos Tribunais, 2001. 175 p.

BARBOSA-FOHRMANN, Ana Paula; KIEFER, Sandra Filomena Wagner. Modelo social de abordagem dos direitos humanos das pessoas com deficiência. In: MENEZES, Joyceane Bezerra de (org.). **Direito das pessoas com deficiência**

psíquica e intelectual nas relações privadas. 2. ed. Rio de Janeiro: Processo, 2020. p. 133-156.

BARBOZA, Heloísa Helena; ALMEIDA, Vítor. A capacidade à luz do Estatuto da Pessoa com Deficiência. In: MENEZES, Joyceane Bezerra de (org.). **Direito das pessoas com deficiência psíquica e intelectual nas relações privadas.** 2. ed. Org.. Rio de Janeiro: Processo, 2020. p. 315-342.

BARROSO, Luís Roberto. **A dignidade da pessoa humana no direito constitucional contemporâneo: a construção de um conceito jurídico à luz da jurisprudência mundial.** Tradutor Humberto Laport de Mello. Belo Horizonte: Fórum, 2012. 132 p.

BARROSO, Luís Roberto; MARTEL, Letícia de Campos Velho. **A morte como ela é: dignidade e autonomia individual no final da vida**. Disponível em https://luisrobertobarroso.com.br/wp-content/uploads/2017/09/a_morte_como_ela_e_dignidade_e_autonomia_no_final_da_vida.pdf. Acesso em 26 mai. 2021.

BERLINI, Luciana Fernandes. Lei Brasileira de Inclusão da Pessoa com Deficiência: modificações substanciais. In: MENEZES, Joyceane Bezerra de (org.). **Direito das pessoas com deficiência psíquica e intelectual nas relações privadas.** 2. ed. Rio de Janeiro: Processo, 2020. p. 225-248.

CASTILHO, Ricardo. **Direitos humanos.** 6. ed. São Paulo: Saraiva Educação, 2019. 480 p.

FARIAS, Cristiano Chaves de; ROSENVALD, Nelson. **Curso de direito civil: parte geral e LINDB.** 14 ed. Salvador: JusPodivm, 2016. 856 p.

GUERRA, Sidney. **Curso de direitos humanos.** 6. ed. São Paulo: Saraiva Educação, 2020. 629 p.

HUPSEL, Francisco. **Autonomia privada na dimensão civil-constitucional: o negócio jurídico, a pessoa concreta e suas escolhas existenciais**. Salvador: JusPodivum, 2016. 223 p.

KANT, Immanuel. **Fundamentação da Metafísica dos Costumes**. Tradução de Paulo Quintela. Lisboa: Edições 70, 1995. 117 p.

MADRUGA, Sidney. **Pessoas com deficiência e direitos humanos: ótica da diferença e ações afirmativas.** 3 ed. São Paulo: Saraiva Educação, 2019. 286 p.

MENEZES, Joyceane Bezerra de; MULTEDO, Renata Vilela. A autonomia ético-existencial do adolescente nas decisões sobre o próprio corpo e a heteronomia dos pais e do Estado no Brasil. In: **Revista de Direito Administrativo & Constitucional**. Ano 16, n. 63, p. 187-210, jan./mar. 2016. Belo Horizonte. Disponível em http://www.revistaaec.com/index.php/revistaaec/article/view/48/523. Acesso em 27 mai. 2021.

MORAES, Maria Celina Bodin de. **Na medida da pessoa humana: estudos de direito civil-constitucional.** Rio de Janeiro: Renovar, 2010. 494 p.

NEVARES, Ana Luiza Maia; SCHEREIBER, Anderson. Do sujeito à pessoa: uma análise da incapacidade civil. In: TEPEDINO, Gustavo; TEIXEIRA, Ana Carolina Brochado; ALMEIDA, Vítor (cood.). **O direito civil entre o sujeito e a pessoa: estudos em homenagem ao Professor Stefano Rodotà**. Belo Horizonte: Fórum, 2016. p. 39-56.

ORGANIZAÇÃO MUNDIAL DA SAÚDE. **Como usar a CIF: Um manual prático para o uso da Classificação Internacional de Funcionalidade, Incapacidade e Saúde (CIF)**. Versão preliminar para discussão. Outubro de 2013. Genebra: OMS. Disponível em http://www.fsp.usp.br/cbcd/wp-content/uploads/2015/11/Manual-Pra%CC%81tico-da-CIF.pdf. Acesso em 2 jun. 2021.

PERLINGIERI, Pietro. **Perfis do direito civil: introdução ao direito civil--constitucional.** Tradutora Maria Cristina De Cicco. 3 ed. Rio de Janeiro: Renovar, 2007. 369 p.

QUINTANA, Júlia Gonçalves; REIS, Jorge Renato dos. O princípio da solidariedade como meio de realização do macro princípio da dignidade. In: **Revista Constituição e Garantia de Direitos**. v. 10 n. 1 (2017): 16. ed. p. 223-242. Disponível em https://periodicos.ufrn.br/constituicaoegarantiadedireitos/article/view/13569/9210. Acesso em 27 mai. 2021.

RAMOS, André de Carvalho. **Curso de direitos humanos**. 5. ed. São Paulo: Saraiva, 2018.

SÁ, Maria de Fátima Freire de; NAVES, Bruno Torquato de Oliveira. **Bioética e biodireito.** 4. ed. Belo Horizonte: Del Rey, 2018. 448 p.

SAMPAIO, Carolina Vasques; MENEZES, Joyceane Bezerra de. Autonomia da pessoa com deficiência e os atos de disposição do próprio corpo. In: **Revista Jurídica Cesumar**. janeiro/abril 2018, v. 18, n. 1, p. 133-157. DOI: http://dx.doi.org/10.17765/2176-9184.2018v18n1p133-157. Disponível em https://periodicos.unicesumar.edu.br/index.php/revjuridica/article/view/6060/3186. Acesso em 3 jul. 2020.

SARLET. Ingo Wolfgang. **Dignidade da pessoa humana e direitos fundamentais na Constituição Federal de 1988**. 10 ed. Livraria do Advogado: Porto Alegre, 2019.

SARMENTO, Daniel. **Dignidade da pessoa humana: conteúdo, trajetórias e metodologia.** 2. ed. Belo Horizonte: Fórum, 2019. 375 p.

SARMENTO. Daniel. Os princípios constitucionais da liberdade e da autonomia privada. In: **Boletim Científico**. ESMPU, Brasília, a. 4 – n.14, p. 167-217 – jan./mar. 2005. Disponível em http://boletimcientifico.escola.mpu.mp.br/boletins/boletim-cientifico-n.-14-2013-janeiro-marco-de-2005/os-principios-constitucionais-da-liberdade-e-da-autonomia-privada. Acesso em 12 mai. 2021.

SEN, Amartya. **A ideia de justiça.** Tradutores: Denise Bottmann; Ricardo Doninelli Mendes. São Paulo: Companhia das Letras, 2011. 492 p.

SEM, Amartya. **Desenvolvimento como liberdade.** Tradutora: Laura Teixeira Mota. São Paulo: Companhia das Letras, 2010. 461 p.

SEOANE, José Antonio. La respuesta jurídica a la discapacidad: el modelo de los derechos. In: PEINADO, María Dolores Blázquez; PORTERO, Israel Biel (Editores). **La perspectiva de derechos humanos de la discapacidad: incidência en la comunidad valenciana**. – Valencia: Tirant. 2012. Kindle Edition.

SILVA, Marina Maria Ribeiro Gomes da. **Deficiências e Saúde: revendo modelos e conceitos**. Módulo 2. Curso acessibilidade e os princípios do SUS: Deficiências e saúde: revendo modelos e conceitos / Marina Maria Ribeiro Gomes da Silva; coordenação de Valéria Machado da Costa. – Rio de Janeiro: Fiocruz/Icict, 2019. Disponível em https://mooc.campusvirtual.fiocruz.br/rea/acessibilidade-sus/downloads/modulo_2/Apostila-acessivel_mod2.pdf. Acesso em 2 jun. 2021.

SILVESTRE, Gilberto Fachetti. A curatela dos doentes de Alzheimer após a Lei de Inclusão da Pessoa com Deficiência (Lei 13.146/2015): aspectos materiais e processuais. In: **Revista de Direito Civil Contemporâneo**. vol. 27. ano 8. p. 233-263. São Paulo: Ed. RT, abr./jun. 2021.

TEIXEIRA, Ana Carolina Brochado. Autonomia Existencial. In: **Revista Brasileira de Direito Civil – RBDCivil**. Belo Horizonte, v. 16, p. 75-104, abr./jun. 2018. 2018. p. 75-104. Disponível em https://rbdcivil.ibdcivil.org.br/rbdc/article/view/232. Acesso em 27 mai. 2021.

TEPEDINO, Gustavo; OLIVA, Milena Donato. Personalidade e capacidade na legalidade constitucional. In: MENEZES, Joyceane Bezerra de (org.). **Direito das pessoas com deficiência psíquica e intelectual nas relações privadas.** 2. ed. Rio de Janeiro: Processo, 2020. p. 292-214.

TERRA, Aline de Miranda Valverde; TEIXEIRA, Ana Carolina Brochado. **É possível mitigar a capacidade e a autonomia da pessoa com deficiência para a prática de atos patrimoniais e existenciais?** In: Civilistica.com, v. 8, n. 1. p. 1-25, 28 abr. 2019. Disponível em https://civilistica.emnuvens.com.br/redc/article/view/401. Acesso em 2 jun. 2021.